U0531243

本书得到教育部人文社科重点研究基地厦门大学东南亚研究中心、厦门大学南洋研究院"南洋文库"项目资助。

望加锡华人史

17—20世纪

Sejarah Masyarakat Tionghoa Makassar: Abad ke-17-20

[印尼] 黄烨励 (Yerry Wirawan) 著
[印尼] 王世圆 (Surinah) 许婷婷 译

中国社会科学出版社

图字：01-2023-6199号

图书在版编目（CIP）数据

望加锡华人史：17-20世纪／（印尼）黄烨励著；（印尼）王世圆，许婷婷译. —北京：中国社会科学出版社，2024.6
（南洋文库）
ISBN 978-7-5227-3612-9

Ⅰ.①望… Ⅱ.①黄…②王…③许… Ⅲ.①望加锡人—历史 Ⅳ.①K342.8

中国国家版本馆CIP数据核字（2024）第100226号

Sejarah Masyarakat Tionghoa Makassar: Dari Abad ke-17 hingga ke-20
© École française d'Extrême-Orient, Jakarta, 2013

出 版 人	赵剑英
选题策划	宋燕鹏
责任编辑	金　燕
责任校对	李　硕
责任印制	李寡寡

出　　版	中国社会科学出版社
社　　址	北京鼓楼西大街甲158号
邮　　编	100720
网　　址	http://www.csspw.cn
发 行 部	010-84083685
门 市 部	010-84029450
经　　销	新华书店及其他书店
印　　刷	北京明恒达印务有限公司
装　　订	廊坊市广阳区广增装订厂
版　　次	2024年6月第1版
印　　次	2024年6月第1次印刷
开　　本	710×1000　1/16
印　　张	20.75
插　　页	2
字　　数	319千字
定　　价	118.00元

凡购买中国社会科学出版社图书，如有质量问题请与本社营销中心联系调换
电话：010-84083683
版权所有　侵权必究

译校者序

2020年暑假，在厦门大学国际关系学院暨南洋研究院施雪琴教授的引荐下，译者有幸与漳州侨史研究专家郑来发先生会面。在郑老家中，我们分享了许多有关东南亚华人华侨历史研究的经验与方法，郑老十分慷慨地向我们展示了私人收藏的许多宝贵的侨史资料。其中，有一部印尼文书籍——黄烨励撰写的 *Sejarah Masyarakat Tionghoa Makassar dari Abad ke-17 hingga ke-20* 引起了大家的关注，这部介绍望加锡华人历史的著作，综合运用印尼文、荷兰文、中文的史料，详细描述了望加锡华人社会的发展历史，极大地丰富了印尼苏拉威西岛区域华侨华人史的研究内容。于是，在老师们的鼓励下，我们开启了毕业后首次翻译印尼文著作的旅程。

任务艰巨，难度较大。我们真切地体会到了译者在解读文本时的"艰难时刻"。原书作者黄烨励老师（Yerry Wirawan）是一位印尼华裔学者，这部著作是他攻读博士学位期间完成的毕业论文，文献多样，类别丰富，涉及荷兰、印尼、法国各地图书馆、档案馆资料。我们在翻译过程中面临的第一个难关就是如何处理多语种史料翻译，以及大量人名和地名的问题。除了参考相关的中文译著，总结已有的翻译习惯，我们还获得了聂德宁教授、施雪琴教授、孙蕴琦老师等具有相关语种翻译经验的前辈们的热心帮助。其次，在译文表述上，如何更准确、专业地传递相关学术概念，聂德宁教授、克劳婷·苏尔梦教授（Claudine Salmon）和施雪琴教授给予了许多指导意见。在此，我们向上述学者、老师、教授们表达我们最诚挚的谢意，感谢你们的鼓励和悉心指导。

在翻译任务的分配上，王世圆（Surinah）负责缩略语、第三章、

第四章、结论、参考文献、附录和索引部分的翻译工作，许婷婷负责前言、音译解释、绪论、第一章和第二章的翻译工作。完成第一稿的翻译后，双方互相交换译文，进行校对，统一前后用语和表述。同时，王世圆对人名、地名、脚注、地图进行翻译与校对，并对统一后的译文进行整体校对和排版，就期间译文出现的问题，与前辈们进行了多次沟通，最终呈现出今天的样貌。

得知本书能够出版的消息，我们怀着感激和忐忑的心情。感激是因为初次涉及翻译领域，能够获得前辈们的帮助，该书的顺利出版，要特别感谢厦门大学南洋研究院施雪琴教授、冯立军教授，法国远东学院（EFEO）雅加达办事处负责人阿尔洛·格里菲斯先生（Arlo Griffiths）和阿德·普里斯蒂·维桑丹尼女士（Ade Pristie Wisandhani），中国社会科学出版社宋燕鹏编审的大力支持；作为翻译领域的初学者，我们在中印尼互译领域的实践经验还十分不足，在东南亚华侨华人史研究的学术积淀也相对薄弱，因此，我们怀着忐忑的心情，同时希望这本译著能够开启我们翻译领域的第一页，也能为我们今后的翻译实践带来更多的借鉴和反思，欢迎读者朋友和业界同行、前辈们提供宝贵建议，希望在我们的共同努力下，东南亚华侨华人历史研究能够更上一层楼。

前　言

2003 年，恰逢印尼华人社会研究的解禁之风吹起，我们便开始计划进行相关研究。克劳婷·苏尔梦（Claudine Salmon）女士和欧阳春梅（Myra Sidharta）女士就建议我们研究望加锡的华人社会。对于我们这些在新秩序时期接受教育的学生而言，一听到她们给出的建议，我们着实吃了一惊。因为长久以来，这个微小的社群未足以引起我们的关注。但是，深思熟虑后，我们最终相信这个社群一定具备研究价值。接着，我们就开始了一段以前从未回顾过的悠久旅程，其中包括对我们祖先历史的追溯，它与我们的记忆和情感紧密相连。为了完善研究成果，我们也通过法国政府颁发的奖学金，获得了学习法语和荷兰语的机会。

2005 年，我们获得了法国远东学院（EFEO[①]）的奖学金，在雅加达和望加锡开展了为期两个月的调研，在雅加达的研究与那比尔基金会（Yayasan Nabil）的工作同时进行。2008 年 10 月，我们返回巴黎，完成调研并着手博士学位论文写作。其间，我们获得了法国社会科学高等研究院东南亚研究中心（EHESS-CNRS[②]）的帮助，在荷兰进行了三次短期的学术访问。

在这个过程中，当我们反思自己的身份认同问题，以及关注作为少数族群的华人社群如何被主要族群接纳的过程时，研究的压力就会变得更加沉重。此次研究也让我们有机会重新审视之前所接受的教育中有关中华性（ketionghoaan）的全部景象，并更加关注望加锡华人

[①] École française d'Extrême-Orient.

[②] Centre Asie du Sud-Est.

在当地历史中发挥的作用，从而获得新的理解。这次研究，我们感觉重新寻到了自己的根。

这项研究并不轻松，如果没有各方的支持和帮助，就不能顺利完成。首先，我们要向克劳婷·苏尔梦女士表达深深的谢意，她自始至终全力指导、帮助我们阐释论文，运用中文材料。还要感谢克劳德·桂友（Claude Guillot）先生，他是我们在研究困难阶段的重要的指导者和援助者。

感谢在研究期间帮助过我们的所有图书馆、档案馆的工作人员，包括印尼国家档案馆、印尼国家图书馆、巴黎文理研究大学远东学院图书馆、荷兰皇家东南亚与加勒比研究所[①]、荷兰海牙国家档案馆、荷兰莱顿大学图书馆。还要感谢《群岛》（Archipel）杂志秘书安娜·佩佐潘（Anna Pezzopane）女士对我们的论文提出的宝贵意见。

感谢为我们答疑解惑的研究人员，雅加达方面包括：已故莫娜·洛汉达（Mona Lohanda）女士有关使用档案的介绍，亨利·尚贝尔·洛瓦（Henri Chambert-Loir）先生、丹尼尔·佩雷（Daniel Perret）先生（他已阅读本书初稿），以及其他与我们进行讨论，帮助我们更清楚地关注相关问题的研究人员；荷兰莱顿大学方面包括：为我们介绍图书馆馆藏的玛丽·奥德特·斯卡列蒂（Marie-Odette Scalliet）女士，在特定馆藏方面经验丰富的高柏（Koos Kuiper）先生以及在获取重要材料中给予帮助的莫妮可·厄科伦斯（Monique Erkelens）女士。

感谢欧阳春梅（Myra Sidharta）女士介绍我们认识印尼华人社会的相关人士，如已故汪友山（Eddie Lembong）先生直接或间接地提供了许多帮助。感谢玛丽·萨默斯·海德胡斯（Mary F. Somers Heidhues）女士分享其收藏的图书。我们也不会忘记迪迪·瓜尔塔纳达（Didi Kwartanada）先生与我们全方位讨论有关印尼华人的信息。

在望加锡，我们要感谢迪亚斯·普拉达迪玛拉（Dias Pradadimara）先生、穆斯林明·艾樊迪（Muslimin Effendy）先生和沙里夫丁·巴赫鲁姆（Shaifuddin Bahrum）先生。感谢李氏、梁氏、汤氏家族对我们的接待，以及细心解答我们的问题，分享家谱等私人收藏。感谢

[①] Koninklijk Instituut voor Taal-Land-en Volkendunde.

望加锡华人群体，包括在印尼国内的法丽达·查赫雅蒂（Farida Tjahyadi）女士和已故陈东龙（Wilson Tjandinegara）先生；在国外的洪恒泽（Ang Heang Tek）先生。同时还要由衷感谢所有望加锡华人给予的帮助。谨以此书怀念我们的两位姑姑：玲婕（Lince 或 Liniwati Wirawan，1933—2013）姑姑、伊蒂（Itti 或 Netty Wirawan，1942—2008）姑姑，并将此书献给她们，以及望加锡华人社会。

最后，我们要感谢在巴黎的所有朋友，尤里安娜·珊迪（Yuliana Sandy）和她的家人，艾莎（Elsa）、伊芭（Iba）阿姨，她们在我生活遇到诸多困难时给予帮助；感谢伊拉（Ira）在翻译本论文时的耐心陪伴。

有关中文姓名的音译解释

为帮助读者理解,我们将解释在本书中使用的音译问题。

在历史早期至 19 世纪后半叶,望加锡的荷兰官员根据他们听到的闽南话发音记录中文名称,也就是说,不同的记录人员,甚至同一个记录员,都可能用不同的方式记录一个人的姓名。

我们注意到,记录的中文姓名会出现单音节,如 Lietsoeko(李祖哥);双音节,如 Nio Kikong(梁旗光);或三音节,如 Ong Goat Ko(王悦)。在我们搜集的有关 17—18 世纪的资料中,Ko(哥)这个称呼经常出现,是"哥哥"这个意思的一种叫法,放在人名后面,尤其常在口头称呼中出现。此外,同一个人名,称呼也会略有不同,如 Ong Goat Ko,有时也被叫作 Ong Goat Ek 或者 Wakko。

已经皈依伊斯兰教的华人,还会使用"baba"(峇峇)或"intje(Ince)、entje、antje"(阿叔)等称呼,如 Oeikoeko(黄舅哥)也被叫作 Ince Couko。Ince 这个称呼来自中文的"阿叔",在马来语中也用来称呼女性,如甲必丹黄雅(Oey Nyeeko)的女儿黄进娘(Oey Tjingnio)也被叫作娜娜姐(Intje Nanna)①。这些例子也体现了我们在确定材料中所讨论的人物身份时所面临的困难。

在中文或荷兰文的资料中,华社领袖常有多个称呼,如甲必丹汤[祥]堑(Thoeng Tjam,1845—1910)在中文资料中常被称为汤河清

---

① 译者加注:Intje(Ince)"阿叔"这个称呼在这里也用于女性,但中文一般称女性为"阿婶"(Entjim),详见 Russel Jones, *Chinese Loan-Words in Malay and Indonesian*,Kuala Lumpur:University of Malaya, 2009, p. 113. Intje 这种称呼的变换可能在印尼已经成为普遍现象。

（Thoeng Hoo Tjing 或 Tang Heqing）。

在望加锡的马来文原件文本中，华人的姓名常根据闽南话进行音译，这与在爪哇的报刊、书籍等复印文本中不同。其中最主要的区别是，前者受到望加锡语的影响，土生华人不再区分尾音"n"和"ng"，这一特点在马来语和闽南话中尤其突出。因此，一个中文名称常出现两种记录方式。以"善"这个字为例，有时被记录为"sian"，如德善社（Tek Sian Sia）；有时又被记录为"siang"，如乐善社（Lok Siang Sia）。又如"顺"这个字，闽南话为"soen"，而在成顺公司（Seng Soeng）这个名称中就成了"soeng"。

值得一提的还有1920—1930年的资料，记者们会用闽南话或普通话拼写他们的姓名，如黄松吉，闽南话为"Oei Siong Kiat"，普通话为"Huang Sung Chie"。

除了保留原始材料中的记录方式，在参考中文资料，或者当所提及的印尼华人姓名仅在中文材料中出现并没有拉丁字母记录其当地方言发音时，我们使用汉语拼音进行记录。

最后，涉及英文文献，如新加坡华人或华裔穆斯林的姓名，我们仍保留原文献中闽南话的音译方式，这与马来语或印尼语文献的音译略有不同。此外，为了方便读者阅读，我们将那些仅通过拉丁文字转写下来的华人姓名也用中文进行了音译，但是否能与其原本的中文姓名对应，暂无史料考证，因此，在这些音译姓名后添加了星号（*）作为标记。

缩 略 语

ANRI	Arsip Negara Republik Indonesia（印尼国家档案馆）
APRIS	Angkatan Perang Republik Indonesia Serikat（联邦共和国武装部队）
BAPERKI	Badan Permusjawaratan Kewarganegaan Indonesia（印尼国籍协商会）
BKI	*Bijdragen tot de Taal-Land-en Volkenkunde/Journal of the Humanities and Social Sciences of Southeast Asia*（《东南亚人文社会科学杂志》）
CHH	Chung Hwa Hui（中华会）
CS	*Chau Sing*（《潮声》）
HBS	Hogere Burger School（荷兰学校）
HCC	Hwa Chiao Chung Hui（华侨总会）
HCS	Hollandsch Chineesche School（荷华学校）
KITLV	Koninklijk Instituut voor Taal-Land-en Volkenkunde（荷兰皇家东南亚与加勒比研究所）
KMT	Kuomintang（国民党）
KNIL	Koninklijke Nederlandsche Indische Leger（荷兰皇家东印度军队）
KPM	Koninklijk Paketvaart Maatschappij（荷兰皇家轮船公司）
KRIS	Kebaktian Rakjat Indonesia Sulawesi（苏拉威西印尼人民忠诚组织）
NICA	Netherlands Indies Civil Administration（荷属东印度民政局）

NIGIEO	Netherlands Indies Government Import and Export Organization（荷属东印度进出口管理机构）
NHM	Nederlandsche Handels Maatschappij（荷兰贸易公司）
NISM	Nederlandsch Indische Stoomboot Matschappij（荷印汽船公司）
NIT	Negara Indonesia Timur（东印度尼西亚邦）
NV	Naamloze Vennootschap（有限责任公司）
PM	*Pemberita Makassar*（《望加锡报》）
PERMESTA	Piagam Perjuangan Semesta Alam（全体斗争宪章）
PERTIP	Persatuan Tionghoa Peranakan（中华侨生协会）
PERWITT	Persatuan Warga Indonesia Turunan Tionghoa（印尼华裔社团）
PIT	Persatoean Islam Tionghoa（中华伊斯兰党）
PITII	Partij Tionghoa Islam Indonesia（印尼中华伊斯兰教联合会）
PKI	Partai Komunis Indonesia（印尼共产党）
PNI	Partai Nasional Indonesia（印尼民主民族党）
PT	Perusahan Terbatas（有限公司）
PTI	Partai Tiong Hoa Indonesia（印尼中华党）
RIMA	*Review of Indonesian and Malaysian Affairs*（《印度尼西亚尼及马来西亚事务评论》）
SDB	Southern Development Bank（南部开发银行）
THHK	Tiong Hoa Hwee Koan（中华会馆）
THHT	Tiong Hoa Hak Tong（中华学堂）
TNI	Tentara Nasional Indonesia（印尼国民军）
UKM	Universiti Kebangasaan Malaysia（马来西亚国民大学）
VKI	*Verhandelingen van het Koninklijk Instituut voor Taal-Land-en Volkenkunde*（《荷兰皇家语言、地理及民族学研究所论文集刊》）
VOC	Oost-Indische Compagnie（荷兰东印度公司）

目　录

绪　论 …………………………………………………………（1）

第一章　早期至荷兰东印度公司末期(1799年)的望加锡华人社会 ……………………………………………（8）
　　第一节　望加锡华人社会的起源 ……………………………（14）
　　第二节　18世纪望加锡华人社会的发展 ……………………（26）

第二章　19世纪望加锡华人社会的发展及面临的困境 ………（63）
　　第一节　1800—1847年华人社会概况及发展停滞期 ………（66）
　　第二节　1847—1899年华人社会概况及发展期 ……………（96）

第三章　20世纪初望加锡华人社会的融合趋势 ……………（123）
　　第一节　新经济体制下的华人经济 …………………………（124）
　　第二节　华人社会的重组 ……………………………………（140）
　　第三节　争取现代教育 ………………………………………（152）
　　第四节　华人在新闻媒体中的参与 …………………………（164）
　　第五节　文化生活 ……………………………………………（184）

第四章　动荡时期的华人社会(1942—1965) ………………（194）
　　第一节　日据时期(1942年2月9日至1945年9月2日) …………………………………………………（196）
　　第二节　东印度尼西亚邦时期(1946—1950年)的望加锡华人社会 ……………………………………（203）

第三节　共和国时期的望加锡华人社会(1950—
　　　　1965年) ……………………………………… (218)

结　论 ……………………………………………………… (238)

术语释义 …………………………………………………… (242)

附录一　苏拉威西岛地名中印尼文对照表 ………………… (247)

附录二　望加锡华人领袖名录 ……………………………… (250)

附录三　盼望团结 …………………………………………… (255)

附录四　汤龙飞担任玛腰15周年庆 ………………………… (259)

附录五　华人玛腰办家宴 …………………………………… (262)

参考文献 …………………………………………………… (265)

索　引 ……………………………………………………… (288)

图 目 录

图 1-1　1766—1767 年港务长记录本封面 ……………………（39）
图 2-1　欧大义画像 ………………………………………………（72）
图 2-2　有关 1801 年包税项目的布告 …………………………（74）
图 2-3　1810 年 2 月 14 日张霖娘签字的借据，还包括两位
　　　　担保人雅各布·威廉·彼得斯和梁旗光 …………（80）
图 2-4　连续贩奴交易记录 ………………………………………（81）
图 2-5　天后宫 ……………………………………………………（88）
图 2-6　天后宫正门 ………………………………………………（88）
图 2-7　保留在汤氏祠堂中的汤河清遗像 ……………………（122）
图 3-1　黄松吉（1903—1949）…………………………………（176）
图 3-2　《三宝太监西洋记》译本的第一页 ……………………（186）
图 3-3　战争时期何荣日（后排左二）与其乐团的合影 ……（188）
图 4-1　为缅怀在战争中作出牺牲和奉献的华人同胞，
　　　　望加锡华人所做的努力 ………………………………（210）
图 4-2　谢国强照片 ………………………………………………（224）
图 4-3　位于龙宫（Ronggong）路的广肇同侨互助会
　　　　学校的碑文 ………………………………………………（234）
图 4-4　赖辅仁的书法作品 ………………………………………（236）

表 目 录

表 1-1　船长在巴达维亚替赵宝老支付的款项 …………………（37）
表 1-2　望加锡梁姓船长往来船只信息 …………………………（41）
表 2-1　1809—1816 年孤儿院有关华人债务人及
　　　　担保人名单 ……………………………………………（78）
表 2-2　1875 年、1879 年华人私有土地主名录 ………………（104）
表 2-3　1885 年望加锡华人私有土地名录 ……………………（105）
表 3-1　1908 年荷华学校的学生数量 …………………………（158）
表 4-1　1955 年加入侨联会的社团名单 ………………………（229）

绪　　论

本书首次呈现有关望加锡华人社会历史的完整图景，时间跨度从 16 世纪末 17 世纪初至 1965 年全面同化政策实行的新秩序初期。

我们已经十分了解，16—17 世纪，欧洲人最初到访印尼群岛东部地区是为了获取香料，但随后的几个世纪，他们却只被群岛西部所吸引。学术研究也是如此。历史学家们只关注 16—17 世纪的望加锡城，而有关这座城市接下来三个世纪的研究则相当罕见，有关望加锡华人社会历史研究则更是少见。然而，与爪哇华人相比，望加锡华人曾在印尼群岛贸易和望加锡城市居民生活中发挥了重要作用，影响力一直持续至 20 世纪 30 年代。

一　研究现状综述

有关 17—18 世纪望加锡华人社会的专题研究成果目前还没有出现，但有一些学者在讨论望加锡城市历史和贸易时，曾谈及华商及华人海员的作用。本书参考了海瑟·萨瑟兰（Heather Sutherland）和赫里特·纳普（Gerrit Knaap）根据荷兰东印度公司档案对 18 世纪贸易流数量的研究[1]，以及有关 17—18 世纪望加锡港口贸易及社会生活的

---

[1] Gerrit Knaap and Heather Sutherland, *Monsoon Traders*, *Ships*, *Skippers and Commodities in Eighteenth-Century Makassar*, VKI 224, Leiden：KITLV Press, 2004.

详细论述①，对我们十分有帮助。

借助中文文献，已有一些有关19—20世纪望加锡华人宗教生活及宗教场所的研究成果，最重要的是克劳婷·苏尔梦（Claudine Salmon）的相关研究②。此外，还有傅吾康（Wolfang Franke）的华文碑刻集当中收录的有关望加华文碑刻的部分③。虽然内容并不完整，最早的碑刻文字已经不复存在，但是，这本碑刻集有助于我们深入观察华人社会的情况。此外，对于20世纪的望加锡华人社会研究，吉尔伯特·哈莫尼克（Gilbert Hamonic）和克劳婷·苏尔梦对1930—1950年望加锡华人社会文学领域的研究④，为我们打开了新的视野，相关研究也在随后几年出版，如罗杰·托尔（Roger Tol）和欧阳春梅

---

① 其中最重要的参考文献是海瑟·萨瑟兰的相关作品，包括Heather Sutherland, "Ethnicity, Wealth and Power in Colonial Makassar", in Peter J. Nas ed., *The Indonesian City: Studies in Urban Development and Planning*. Dordrecht-Holland: Foris Publications, 1986, pp. 37 – 55; -, "Eastern Emporium and Company Town: Trade and Society in Eighteenth-Century Makassar", in Franz Broeze ed., *Brides of the Sea: Port Cities of Asia from the 16th – 20th Centuries*, Sydney: N. S. W. Press, 1989, pp. 97 – 128; -, "Trepang and wangkang: the Chinese trade of the eighteenth-century Makassar, c. 1720 – 1840s", *BKI*, Vol. 156, No. 3, 2000, pp. 451 – 472; -, "The Makassar Malays: Adaptation and Identity, pp. 1660 – 1790", *Journal of Southeast Asian Studies*, Vol. 32, No. 3, Okt. 2001; -, "Trade Court and Company, Makassar in the Later Seventeenth and Early Centuries", in Elsbeth Locker-Scholten and Peter Rietbergen, eds., *Hof en Handel Aziatische vorsten en de VOC 1620 – 1729*, Leiden: KITLV, 2004, pp. 85 – 112.

② Claudine Salmon, "La communauté Chinoise de Makasar, vie religieuse", *T'oung Pao*, LV, 1969, pp. 241 – 297; -, "Ancestral Halls, Funeral Associations, and Attempt at Resinicizations in the Nineteenth Century Netherlands India", in Anthony Reid ed., *Sojourners and Settlers, histories of Southeast Asia and the Chinese, in honour of Jennifer Cushman*, St. Leonards: Allen & Unwin, 1996, pp. 183 – 214; -, "Confucianisme et esprit de réforme dans les communautés chinoises d'Insulinde (fin XIXe s. -début XXe s.)", in Jacques Gernet and Marc Kalinovski (éd.), *En suivant la voie royale, Mélanges en l'honneur de Léon Vandermeersch*, Paris: EFEO, Etudes thématiques 7, 1997, pp. 377 – 408.

③ Wolfgang Franke et al. eds., *Chinese Epigraphic Materials in Indonesia*, Singapore: Southeast Seas Society, 1988 – 1997, Vol. 3, pp. 250 – 341.

④ Gilbert Hamonic and Claudine Salmon, "Dunia Sastra dan Seni Masyarakat Tionghoa Makassar (1930 – 1950)", in Claudine Salmon, *Sastra Indonesia Awal, Kontribusi Orang Tionghoa*, Jakarta: KPG, 2010, pp. 465 – 503; -, "Translation of Chinese Fiction into Makasarese", in Claudine Salmon ed., *Literary Migrations, Traditional Chinese Fiction in Asia* (17 – 20th centuries), Peking: International Culture Publishing Corporation, 1987, pp. 569 – 592.

(*Myra Sidharta*) 的著作①。

近期，一些当代学者的研究也开始出现。首先值得一提的是哈桑努丁大学（Universitas Hasanuddin）学生乔伊斯·佳妮（Joyce Gani），她在1990年发表了有关望加锡华人历史（1906—1959）的论文②。这篇论文的历史分期之所以确定在1906年，是因为这一年望加锡设立行政区长官，望加锡作为行政区的历史由此开始；而1959年，南苏拉威西岛出现了非常强烈的排华行动。这篇论文在深入研究望加锡华人历史方面迈出了第一步，这在当时实属不易。此后，两位布吉斯族（Bugis）学者沙伊夫丁·巴赫鲁姆（Shaifuddin Bahrum）和慕斯里明·艾芬迪（Muslimin A. R. Effendi，出生于碧玛）的著作，对华人在望加锡及南苏拉威西岛历史中发挥的作用进行了重构，如同一些爪哇岛的城市历史研究，为历史研究打开了新路径。③

二 文献资料来源

总的来说，已有的文献种类多样，较为分散。首先需要说明，有关布吉斯或望加锡语的记录及哥哇和塔洛王国历史文献资料（lontarak bilang），我们只能通过荷兰文、英文或印尼文的翻译进行研究。

17—18世纪，来自欧洲的商人和荷兰东印度公司职员对于定居或

---

① Roger Tol, "Malay, Makassar, Money and Pretty Girls: The Curious Verse of Ang Ban Tjiong", in Harry A. Poeze and Pim Schoorl ed., *Excursies in Celebes: Een bundel bijdragen bij het afscheid van Jacobus Noorduyn als directeur-secretaris van het Koninklijk Instituut voor Taal-, Land-en Volkenkunde*. Leiden: KITLV, Uitgeverij, 1991, pp. 271 – 283; Myra Sidharta, "Mabuk cinta: Poetry and Songs by Hoo Eng Djie and Ang Ban Tjiong", in Ding Choo Ming and Ooi Kee Beng, eds., *Chinese Studies of the Malay World, A Comparative Approach*, Singapore: Times Media Private Limited, 2003, pp. 173 – 189; -, "Ang Ban Tjiong (1910 – 1938) dan Hoo Eng Djie (1906 – 1962): Syair dan Pantun Mabuk Cinta", in M. Sidharta, *Dari Penjaja Tekstil Sampai Superwoman, Biografi Delapan Penulis Peranakan*. Jakarta: KPG, 2004, pp. 109 – 111.

② Joice Gani, *Cina Makassar: Suatu Kajian Tentang Masyarakat Cina di Indonesia 1906 – 1959*, Ujung Pandang: Jurusan Sejarah Fakultas Sastra Unhas, 1990.

③ 最主要的参考文献是 Shaifuddin Bahrum, *Masyarakat Peranakan Cina Makassar. Pembauran Melalui Perkawinan Antarbudaya*, Makassar: Yayasan Baruga Nusantara, 2003; Muslimin A. R. Effendi, "Tionghoa Makassar di Tengah Pusaran Sejarah", in Dias Pradadimara and Muslimin A. R. Effendi, eds., *Kontinuitas & Perubahan Dalam Sejarah Sulawesi Selatan*, Yogyakarta: Ombak, 2004, pp. 210 – 236。

在望加锡经商的华人谈判、协商的情况进行了记录，这是我们获得的最为重要的文献。这些文献一般是出版的游记或书面文献，如《望加锡日志》（*Dagregister*）、望加锡孤儿院（Weeskamer）档案，尤其是涉及财产目录、遗嘱、债务书的文献，还有港务官（Syahbandar）记录的18世纪望加锡港口船只的往来情况。一部分文献现保存在雅加达的印尼国家档案馆（ANRI），也有一部分在海牙的荷兰国家档案馆（Nationaal Archief Netherlands）①。荷兰文文献内容，已很难辨认，但有时也会在其中找到仍具有价值的用拉丁字母书写的马来文文献。这些文献有助于我们了解望加锡华人经济领域的多个方面。有关荷兰东印度公司，已出版的文献种类也十分丰富，如《巴达维亚日志》（*Dagh-register Batavia*）、《荷印告布集》（*Netherland-Indisch Plakaatboek*）以及《1632—1805年巴达维亚堡决议集》（*Realia，Register op de generale resolutien van het kasteel Batavia*），保留了大量有关税收制度、侨领规定和来自厦门的帆船（jung，也被称为戎克船或艍）信息。

此外，还有中文文献，但大部分在20世纪期间遗失。望加锡卡勒波西地区（Karebosi）附近最古老的两处墓地中的墓碑，在20世纪60年代迁墓时已经不复存在；17世纪下半叶兴建的天后宫寺庙，因为1997年的火灾毁灭殆尽，庙中保留的碑刻也没有了，仅留下两块廊碑文字，记录了天后宫寺庙的历史。后期兴建的一些宗教场所还留有碑刻记录，如19世纪修建的四处骨灰堂，以及祖籍地福建的李氏、梁氏、汤氏家谱，其中李氏和梁氏家谱内容详细，记录了从他们一直到祖籍地的祖先的姓名。

19世纪开始，前半叶的荷兰文文献十分详细，尤其是英国占领时期，望加锡孤儿院的档案提供了很多经济及社会领域的信息，如债务书、财产目录、遗嘱。此外，还有一些与法律有关的档案材料，以及公开或非公开的日志记录。这些文献都保存在印尼国家档案馆中。荷兰莱顿大学也保留了一部分来自东方的私人档案，如合同、财产目录等手稿资料。

---

① 有关档案的详细信息，详见"参考书目"。

19 世纪下半叶，可利用的文献资料包括政府出版的《荷属东印度政府年鉴》［*Rege（e）rings Almanak voor Nederlandsch Indië*］、《爪哇报》［*Java（a）sche Courant*］和《荷印政府公报》（*Staatsblad van Nederlandsh-Indië*）。这些文献提供了有关经济、社会方面（社会领导人的选举、商业公司的成立、华社、义山）的大量信息。中文文献（手稿及出版物）也十分有价值，能够帮助我们通过宗教场所和精英家族的出现，深入了解社会生活的多样性。

20 世纪的文献以 1942 年为分界点。1942 年以前，除了更为丰富的殖民地文献，马来文报纸数量及所包含的信息也十分丰富。之前，有关经济的信息要在荷属东印度政府官方的出版物，如《荷印文化及贸易公司手册》（*Handboek voor cultuur-en Handelsondernemingen in Nederlandsch-Indië*）上才能够找到。此外，我们还可以从《政治概览》（*Politiek Overzicht*）、《马来文华文报刊概览》（*Overzicht van de Maleisch-Chineesche en Chineesche Pers*）等文献，以及《移交备忘录》（*Memorie van Overgave*）等政府阶段性报告获得有关行政报告，这些史料都保存在位于雅加达的印尼国家档案馆。即使大部分华文报刊已经遗失，至少在印尼已经无迹可寻，但马来文报刊还保留了丰富的历史信息。对我们的研究帮助最大的《望加锡报》（*Pemberita Makassar*），于 1903 年发行，在日本侵略者到来之时停办。有关 1914—1941 年的报刊现保存在印尼国家图书馆，1904—1907 年的报刊保存在荷兰阿姆斯特丹的国际社会史研究所（Internationaal Instituut voor Sociale Geschiedenis）。20 世纪 20 年代出现的华文、马来文报刊，大多存续时间不长，尽管如此，《潮声》（*Chau Sing*，创办于 1925 年）、《响亮》（*Njaring*，1928）以及《锡声》（*Pewarta Makassar*，1931）等报刊也为我们提供了有价值的信息。

最困难的一个时期开始于 1942 年，涉及日据时期和东度尼邦（Negara Indonesia Timur，简称为东印尼邦或 NIT）时期，我们没有看到相关档案，除了 P. T. Chabot（1910－1970）和 A. A. Cense（1910－1977）等保存在荷兰皇家东南亚与加勒比研究所（KITLV）的一些手稿。出版社和报刊社的出版物中也有关于望加锡华人社会生活的少量信息，如《国旗》（*Pandji Negara*）杂志（东印尼邦宣传部出版）、

《东印尼日报》（*Harian Indonesia Timur*）。我们通过详细搜寻爪哇出版的报纸、杂志，诸如《新报》（*Sin Po*）、《五彩缤纷》周刊（*Pantja Warna*）、《爪哇评论》月刊（*Java Critic*）、《自由》（*Liberal*），等等，尝试完善这个时期的信息。随后，在共和国时期的 15 年中，留下的文献也很少，我们查询了望加锡侨联会的档案和两本望加锡中华侨生协会（PERTIP）纪念册，这些资料在了解有关当时望加锡华人所面临的问题方面提供了重要内容。

三 研究思路

在上述纷繁复杂文献中寻找主线是本书需要解决的头等问题。一些历史时期中某些领域的资料非常丰富，而另一些时期中某些领域的资料却非常匮乏。

因此，我们不得不选择能够从一个时期延伸到另一个时期的几个主题。经济主题的材料最丰富，这是因为欧洲人彼时为伙伴时为竞争对手的华人所吸引；与此相反，只有荷兰东印度公司职员或殖民地官员，在华人社会出现问题需要他们干预时，才会讨论到社会主题（如侨领选举或犯罪问题）。文化主题较多出现在中文、马来文文献中，尤其是关于宗教场所的兴建、社团的成立，这些是望加锡华人社会的重要标志。

我们将望加锡华人社会的发展放在更为广阔的社会架构中，这一点十分重要，同时也要关注荷兰东印度公司时期、荷属东印度时期、日据时期和印尼共和国时期的城市历史及政治更迭，即使各时期常通过不同寻常的方式，影响着望加锡城市的未来。

20 世纪，值得关注的是中国对于望加锡华人的影响。首先在经济领域，望加锡华人通过募集大量的捐款，支援祖籍国建设，帮扶受自然灾害影响的同胞；其次在文化领域，望加锡华人通过兴办学校、成立华文报社，维护传统习俗，传承教育，加强自我身份认同；最后，是华人被迫选择国籍和是否回国的时期。

与此同时，我们也努力将此研究与其他地区的华人社会历史研究进行对比，力求更为清楚地呈现出在特定历史时期，望加锡华人社会与爪哇（Jawa）、安汶（Ambon）、万鸦老（Menado），以及 19—20

世纪新加坡华人社会之间可能存在的相互关系。此外，这种对比旨在对宗教领域中华人社会的特殊性作出评价。17—18 世纪，有大量的华人信奉伊斯兰教，并形成了一个穆斯林土生华人社群，与此后出现的马来由社群几乎并无二致。在社会生活领域，上述对比研究也旨在聚焦不同时代的妇女群体所发挥的不同作用。

第 一 章

早期至荷兰东印度公司末期（1799年）的望加锡华人社会

历史背景

望加锡的历史开端与神话传说密不可分，[1] 我们的研究从16世纪开始，随着第一批历史资料的出现，哥哇（Gowa）和塔洛（Tallo）两个王国已完成统一，望加锡这个港口城市开始迎来发展。上述两个王国已经快速完成了各自政权的建立，尤其是在杜尼帕朗加国王（Raja Tunipalangga）在位时期（1548—1566年）[2]，确定了三个官职：图迈拉朗（tumailalang），负责行政事务；港务长或沙班达尔（sahbanara 或 syahbandar），负责贸易事务；图马卡加南刚阿纳布拉内（tumakkajananngang anaburane），负责对造船、制造武器、织布、建屋等手工业者进行监督。[3]

哥哇王国芒阿拉尼一世（I Mangngarani, 1593—1639）在位时期，尤其是塔洛国王卡棱·马托亚（Karaeng Matoaya, 1593—1637）被提拔担任芒阿拉尼一世的宰相（tumabicara-butta）后，二人都巧妙地将自然

---

[1] 详见 Anthony Reid, "The Rise of Makassar", *RIMA*, Vol 17, 1983, pp. 117–120。

[2] Leonard Y. Andaya, "*The Heritage of Arung Palakka. A History of South Sulawesi (Celebes) in the Seventeenth Century*", Verhandelingen van het Koninklijk Instittut voor Taal-, Land-en, The Hague: Martinus Nijhoff, Vol. 91, 1981, p. 25; Anthony Reid, "The Rise of Makassar", p. 141.

[3] John Villiers, "Makassar: The Rise and Fall of an Eastern Indonesian Maritime Trade State, 1512–1669", in J. Kathirithamby-Wells and John Villiers, eds., *The Southeast Asian Port and Polity. Rise and Demise*, Singapore: National University of Singapore, 1990, p. 147, 150.

第一章　早期至荷兰东印度公司末期（1799年）的望加锡华人社会　◈◈　9

优势与国内外多变的政治环境结合起来，望加锡在该区域内的经济领域，开始发挥明显作用。马杜亚（Matoaya）虽然不断发动战争，但也成功地引领哥哇—塔洛王国与旁尼（Bone）、哇卓（Wajo）、苏朋（Soppeng）等邻国结盟。接下来，哥哇—塔洛王国在其统治者加入伊斯兰教后被伊斯兰化（1605年），芒阿拉尼一世称自己为苏丹·阿拉丁（Sultan Alaudin），而马杜亚则使用苏丹·阿卜杜拉·阿瓦尔伊斯兰（Sultan Abdullah Awal-ul-Islam）这一称呼，并将今望加锡地区纳入印尼群岛更大范围的贸易网中，统一国家的法律，将都城从坦博拉德（Tamalate）迁至松巴奥普（Somba Opu），使其更靠近贸易中心。①

望加锡作为贸易中心，连接印尼群岛的东西区域，商人们在这里出售来自马六甲的奴隶、胡椒、沉香以及其他海鲜产品，交换来自印度的纺织品和中国的瓷器。这里土地肥沃，当地居民还可以向船员们出售大米、肉和饮用水。②

自1540年起，除了犀角贸易，为满足马来由、葡萄牙商人的需求，大米贸易的重要性凸显。葡萄牙商人在马鲁古经商，获取肉豆蔻和丁香。卡棱·马托亚时期，在等待丰收时节的日子里，有了粮仓储存大米，荷兰人曾记录了当时的景象：③

> 卡棱·马托亚在全国的城市、集市建起储满大米的粮仓，在下一个丰收季之前，禁止售卖大米，青黄不接的时候也不会出现缺粮的情况。卡棱·马托亚非常善于激活本国的贸易，他还特地在班达

---

① Anthony Reid, "A Great Seventeenth Century Indonesian Family: Matoaya and Pattingaloang of Makassar", *Masyarakat Indonesia* VIII (1), 1981, p. 14; Anthony Reid, "The Rise of Makassar", p. 140, 其中提及，坦博拉德（Tamalate）位于哲能布朗江（sungai Jenebrang）北部，距离河口6千米处；松巴奥普（Somba Opu）也位于该江北部，距河口约2千米处。

② Heather Sutherland, "Ethnicity, Wealth and Power in Colonial Makassar", in Peter J. Nas ed., *The Indonesian City: Studies in Urban Development and Planning*, Dordrecht Holland: Foris Publications, 1986, p. 39.

③ Van der Hagen, Beschrivinghe van de tweede Voyagie, ghedaen met 12 scheppen naer d'Oost-Indien onder den Heer Admirael Steven van der Hagen, etc. BEV, III, 1646, p. 82, 引自 Anthony Reid, "A Great Seventeenth Century Indonesian Family…", pp. 8-9, 此时大米富余的情况没有持续太长时间，1650年需从比玛进口。查阅 Anthony Reid, "Pluralism and Progress in Seventeeth-Century Makassar", p. 58。

（Banda）安排代理商，每年向他们寄送大米、布匹和一切必需品，从而为本国获取尽可能多的肉豆蔻，吸引商人前来贸易。

瑞德（Reid）在摘引《塔洛编年史》（*Kronik Tallo*）时曾认为："卡棱·马托亚在位时，励精图治，大米及农作物产量丰盈，捕鱼量成倍增长，椰酒飘香。"①

还值得一提的是，望加锡的发展还得益于金融货币体系的创立，这在当时除了亚齐以外的印尼群岛范围内是十分罕见的，有效地促进贸易和资本的积累。我们在塔维奈尔（Tavernier）的描述中，能够了解当时的货币及币值：

  这是望加锡或苏拉威西岛的金币（uang Mas），重12克，荷兰人将其等同于1荷兰盾（gulden）或23索尔（sol），相当于现在的8丹尼尔（denier），其金币成分很好。②

他还提到望加锡金币（dinnara）相当于4英国先令（shillings）或0.8西班牙雷亚尔（real）。③

外国商人在印尼群岛的其他地方经商后来到望加锡，抑或是直接从他们的国家借助东北季风来到这里。11月至次年1月，季风从东北向南吹；6—10月则方向相反。④ 这些商人中，有马来由人、葡萄牙

---

① Abdul Rahim and Ridwan Borahima (ed.), *Sejarah Kerajaan Tallo', Suatu Transkripsi Lontara*, Ujung Pandang, lembaga Sejarah dan Antrhopologi, 1975, p 18, 摘自 Reid, "A Great Seventeenth Indonesian Family", p. 9。

② Jean-Baptiste Tavernier, *Les six voyages en Turquie, en Perse, aux Indes*, Paris, 1679, Vol. 2, p. 602, 摘自 Denys Lombard, *Nusa Jawa Silang Budaya, Kajian Sejarah Terpadu*, Jakarta, Gramedia, 1996, Vol. 2, p. 434, note no. 719。

③ Gilbert Hamonic, "Les réseaux marchands Bugis-Makassar, grandeur et décadence du principe de la liberté des mers", in Denys Lombard and Jean Aubin (éds.), *Marchands et hommes d'affaires asiatiques dans l'Océan Indien et la mer de Chine, 13e - 20e siècles*, Paris: EHESS, 1988, p. 264, note no. 5。

④ Heather Sutherland and David. S. Brée, "Quantitative and Qualitative Approaches to the Study of Indonesian Trade: The Case of Makassar", in T. Ibrahim Alfian et al., eds., *Dari Babad dan Hikayat Sampai Sejarah Kritis*, Yogyakarta: Gadjah Mada University Press, 1987, p. 372.

第一章 早期至荷兰东印度公司末期(1799年)的望加锡华人社会　　11

人、爪哇人、中国人。他们中的一些人在望加锡定居，例如1511年，葡萄牙征服马六甲后，马来由人作为政治难民来到望加锡；1621年，大屠杀使得班达人不得不离开他们的岛屿；还有那些放弃了印尼群岛东部所有权的葡萄牙人；荷兰、英国和丹麦分别于1609年、1613年、1618年在望加锡建立办事处；1615年、1622年，在望加锡也开始看到西班牙人、法国人的身影。

起初，荷兰人为了保障其在马鲁古香料贸易的垄断地位，来到望加锡，但自1625年起，他们开始努力禁止望加锡与葡萄牙之间的香料贸易。他们很快得到一个结论，那就是这个目标只能通过武力实现。1666年，在科内利斯·斯皮尔曼（Cornelis Speelman）的领导下，荷兰人同阿隆帕拉卡（Arung Palakka）领导下来自旁尼的布吉斯人，进攻望加锡。1667年11月，禁止欧洲人在望加锡经商的《邦阿亚条约》（Perjanjian Bungaya）签订，与此同时，该条约还禁止亚洲商人在印度科罗曼德尔（Koromandel）、苏拉特（Surat）交易，以及禁止售卖来自孟加拉和波斯的纺织品。

东印度公司还垄断了来自中国的货物贸易。1669年，荷兰人战胜苏丹哈桑丁（Sultan Hasanudin），直接控制了望加锡城。[1]

由于荷兰人的进犯，许多望加锡人和布吉斯人离开了望加锡，前往其他岛屿，或者成为海盗。同时，葡萄牙人、英国人、中国人前往马辰（Banjarmasin），该地从而暂时成为群岛东部地区的贸易中心。[2] 一段时间后，东印度公司为重新激活望加锡作为贸易中心的活力，也吸引了马来由和中国商人前来贸易。东印度公司成功占领望加锡后，都城松巴奥普被迁至更北的地区，竺坂当堡（Benteng Jumpandang）更名为鹿特丹堡（Benteng Rotterdam）。[3] 随后，望加锡被纳入覆盖巴达维亚到欧洲的更广阔的商贸网络中，但与周边城市和邻国的关系每况愈下。[4]

为最大限度获利，东印度公司同时施行垄断贸易和准入贸易（Lais-

---

[1] 有关该条约的简要译文可查询 Leonard Y. Andaya, *The Heritage of Arung Palakka*, Attachment B, pp. 305–307。

[2] Villiers, "Makassar: Its Rise and Fall", p. 156.

[3] 地图详见 Leonard Y. Andaya, *The Heritage of Arung Palakka*, Map. 5。

[4] Cf. Heather Sutherland, "Ethnicity, Wealth and Power in Colonial Makassar", p. 41.

sez-passer），将香料在内的部分货品特殊化，非东印度公司的商人必须持有该货品的贸易许可证。申请许可证时，每位船长必须告知此次航程的目的和货物，东印度公司的船只负责管辖周边海域。设立管理财政的官职，1678 年，该官职名称为港务长，负责检查船只的货物和相关文件。① 17 世纪，东印度公司一直要求其职员对货物高卖低买。② 对于像丁香、肉豆蔻这些只生长在马鲁古的商品，监管较为容易；然而，对于各地生产的胡椒、来自印度的纺织品，以及在各港口公开售卖或内陆地区秘密售卖的中国商品，监管是不容易的。如果说此前，望加锡是贸易中心，那么在接下来的历史时期中，它就成为地下贸易的交汇点。③

整个 18 世纪，随着中国和英国商人在印尼群岛越来越具有进攻性的商业活动，荷兰人越来越举步维艰。考虑到巴达维亚的贸易中心地位，以及对纺织品的贸易垄断受阻，东印度公司自 1746 年 11 月 25 日至 1752 年 3 月 14 日关闭了望加锡与外界联系的大门，并于 1753 年，限制来自中国帆船的数量，每年只允许两艘帆船前往马辰，一艘前往望加锡，随后又于 1762 年 12 月 24 日至 1768 年 7 月 21 日，关闭望加锡港口，有关详细内容我们将在下面进一步说明。

这些政策出台的结果是中国、英国以及本地商人分散在多个秘密港口经商贸易。此外，1740 年巴达维亚大屠杀后，接下去的艰难时期使中国人远离了巴达维亚。为巩固在印尼群岛的统治地位，东印度公司建立起巴达维亚与广州的直接联系（1719—1734 年），然而，这一联系也并没有阻止中国帆船抵达印尼群岛。④ 与此同时，1780—

---

① Heather Sutherland dan David. S. Brée, "Quantitative and Qualitative Approaches to the Study of Indonesian Trade：The Case of Makassar", in T. Ibrahim Alfian et al. eds., *Dari Babad dan Hikayat Sampai Sejarah Kritis*, Yogyakarta：Gadjah Mada University Press, 1987, p. 372.

② Heather Sutherland and David S. Brée, "Quantitative and Qualitative Approaches to the Study of Indonesian Trade", p. 374.

③ Heather Sutherland and David S. Brée, "Quantitative and Qualitative Approaches to the Study of Indonesian Trade：The Case of Makassar", pp. 373 - 374; Gerrit Knaap and Heather Sutherland, *Monsoon Traders. Ships, Skippers and Commodities in Eighteenth-Century Makassar*, Leiden：KITLV Press, 2004, pp. 22 - 23. 荷兰东印度公司在望加锡港设有纳税的称重工具，但税收是否如巴达维亚那样直接呈交给华人甲必丹，就不得而知了。

④ Heather Sutherland and David S. Brée, "Quantitative and Qualitative Approaches to the Study of Indonesian Trade", pp. 375 - 376.

1784年英荷战争爆发，挫伤了荷兰在其殖民地的影响力。

我们在这里引用荷兰港务长扬·亨德里克·沃尔（Jan Hendrik Voll）给巴达维亚企业主的信件，信中描述了在上述区域黑市贸易的问题：①

> 哇卓（Wajo）和门达儿（Mandar）的商人带着本地的纺织品直接去往西边一个叫"廖内"（Riau）的地方，在那里他们获得西班牙货币（matten），然后带去吉打（Kedah）和雪兰莪（Selangor）那些他们经常购买英国纺织品的地方，因为西班牙货币币值更高，所以他们会获得丰厚的利润。接着，他们会带着丝绸秘密快速地前往门达儿、萨维托*（Sawitto）、巴聚可可（Bacukiki）、苏莱昂（Soreang）和拉波索（Laboso），或者选择一个临近苏拉威西海岸的地方卸货，从陆路把货物运回哇卓。在那里，他们有什么卖什么，剩下的就运往像涧仔低（Ternate，现为塔内特）一样远的东部地区，同时要小心避开望加锡公司（Company's Makassar）。

事实上，当地居民不购买东印度公司供应的纺织品，因为价格太贵，质量也不好。②

需要注意的是，从总体来看，南苏拉威西有两个贸易网络：一个是以望加锡为大本营，东印度公司及华商发挥主导作用，这些华商经营海产和林产，以获取中国的货物；另一个是由本地居民组成的贸易网，例如哇卓、门达儿人从马六甲和加里曼丹进口纺织品。③ 然而，这两个贸易网络是不完全分离割裂的，正如沃尔所言，哇卓人如果在东印度公司管辖的地区做纺织品生意获利，就可以通过购买经商许可证，成为合法商人。④ 东印度公司对此并不是一直满意，因为纺织品

---

① Ibid., p.400. 随后，港务长沃尔由于同波尼国王开展黑市交易被罢官（Ibid., p.405.）。

② Op. cit., p.402.

③ Op. cit., p.404.

④ Op. cit., p.405.

贸易是除了进口税和向巴达维亚出口奴隶收入之外的利益来源。此外，本地商人的纺织品和荷兰商人比起来，更物美价廉。

接下来的部分，我们将聚焦在望加锡历史早期至荷兰东印度公司占领时期华商在经济领域中发挥的作用，同时也将关注华人与望加锡城中的其他商人联系抑或分离的体系。最后，我们还将描绘当时华人社会的日常生活图景。

第一节　望加锡华人社会的起源

一　商人的阶段性出现

望加锡这个地名，在中文史料中，也被称为孟嘉失（闽南话Meng-ka-sit）、频底贤［可能是指班坦，Baantaeng，闽南话Pin-ti(te)-hian］，早在元代大德年间（1297—1307年）一本有关现今广州（当时被称为南海）的著作第七卷"舶货"篇中就提及该地。① 但是，我们了解到的中文史料并没有就华人首次出现在南苏拉威西的情况进行说明。在南苏拉威西的内陆地区发现的最古老的中国瓷器，基本是宋代瓷器，但是这也不能足够证明华人早在16—17世纪以前就已经到达了南苏拉威西，② 很可能这些瓷器是前往马鲁古或者途径望

---

① "书稿仅存第六至十章，现存于北京大学图书馆，曾以《元大德南海志残本》出版"，广州史志丛书，1991年，第七卷，第47页。此后，直到18世纪，这个地名才以"茫佳虱""茫佳萨"或"望加锡"的音译形式重新出现在中国古籍中，广泛被海商使用，而"布吉斯"（Bugis）被译为"武吃氏"。感谢苏尔梦女士提供上述史料。另外，"锡江"的提法在19世纪下半叶的文献中才出现，cf. Claudine Lombard-Salmon, "Les Chinois de Makasar. Vie religieuse", *T'oung Pao*, Vol. 55, No. 4 - 5, 1969, p. 295, 提及"锡江这个地名在1867年出现"。

② E. W. van Orsoy de Flines 也曾记录了许多汉代中国瓷器，但商人携带大批瓷器的情况更可能发生在汉代以后，在 van Orsoy de Flines 时期，也没有太多的考古发现（cf. *Gids voor de keramische verzameling van het Kon. Bataviaasch Genootschap van Kunsten en Wetenschappen/ Guide to the Ceramic Collection of the Royal Batavia Society*, Batavia, 1, 1949, 摘自 Anton A. Cense, "Sanggalea, an old word for 'Chinese' in South Celebes", *BKI*, No. 1, 1955, p. 108.）感谢苏尔梦女士提供上述史料，详见 Hadimuljono and C. C. Macknight, "Imported Ceramics in South Sulawesi", *RIMA*, Vol. 17, 1983, p. 81. 值得一提的是，这些来自中国的瓷器被用于当地人的墓葬及日常生活中，例如作为家中的装饰物、家用物品或用于买卖，查阅 Hadimuljono and C. C. Macknight, *op cit*, pp. 66 - 91.

加锡和菲律宾之间商贸路线的外国商人带来的。① 克里斯蒂安·佩拉斯（Christian Pelras）也提出另一种猜想，这些通过马鲁古到达南苏拉威西的瓷器说明，自13世纪以来，该地区就与中国建立了直接的商贸联系。②

南苏拉威西当地居民似乎称中国人为"Sanggalea"，这个词让人想起西班牙文的"Sangley"（以前这个词在西班牙文中的复数是Sangaleyes），菲律宾人至少从16世纪起就开始用这个词。虽然词源不甚清楚，但值得注意的是，在一份菲律宾华人手稿中记录了16世纪一对华人夫妇使用"Sangley"这个名字，并用中文"常来"两字进行解释。"常来"这个词似乎是一个俗词源，即该词的本源早在那个时候就已经被遗忘了。③

---

① Reid, "The Rise of Makassar", p. 122; C. C. Macknight, "The Rise of Agriculture in South Sulawesi Before 1600", *RIMA*, Vol. 17, 1983, pp. 95-96.

② Cf. Christian Pelras, *The Bugis*, Oxford: Blackwell Publishers, 1996, pp. 49-50. 也可详见 Roderich Ptak, "The Northern Trade Route to Spice Islands: South China Sea-Sulu Zone-North Moluccas (14th to early 16th Century)", *Archipel* 43, 1992, p. 29。

③ Anton A. Cense, "Sanggalea, An Old Word for 'Chinese' in South Celebes", pp. 107-108; Charles R. Boxer, "A Late Sixteenth Century Manila MS", *Journal of the Royal Asiatic Society*, 1950, pp. 43. Cense 认为，在苏拉威西，"Sanggalea"的叫法也与一种从中国福建进口的烟草（Tambâko Sañggalêya）相关，在 Matthes 的词典中被翻译为"中国烟草"，详见 B. F. Matthes, *Makassaarsch-Hollandsch Woordenboek*, 's Gravenhage, Martinus Nijhoff, 1885, p. 725。Cense 也在一位波尼国王的手稿中发现了该词，手稿中记载国王 Patau' Matinroë ri Nagaulěng（1696-1714）杀了自己的儿子，因为怀疑他染上了"sanggalea"的瘾，即已经养成了吸食鸦片的习惯。此外，该词也在有关哥哇·塔洛国王的日常记录中出现（Ligvoet, BKI, IV, jil. 4, 1880, p. 67）例如：

"1724. 24 Agusutu 5 Dolo Ha'dji, allo kammisi'. Namate Kapitang Sanggalea. 16 Nowembere', 29 Sappara', allo kammisi'. Nanampa nitarawan Kapitang Sanggalea"

"1724, 24 Agustus, 5 Dhu 'l-Hidjdja, Kamis: kapitan Tionghoa [kemungkinan Ongwatko] meninggal; 16 November, 29 Safar, Kamis: akhirnya, hari ini kapitan Tionghoa dikuburkan".

Cense 认为"sanggalea"也可以用闽南语解释为"生意"，即"正在经商"之意，有关"Sangley"的词源是"changlai"的说法不尽人意，详见 Cornelis Ouwehand, "Once More: Sanggalea", *BKI*, No. 3, 1955, pp. 216-217. 感谢苏尔梦女士对此条脚注提供的参考资料。需要说明，此处讨论的词汇早已不在日常生活中使用，但还有一处岛屿名为 Sanggalea，位于东南苏拉威西省及穆纳（Muna）岛东部的狄沃罗（Tiworo）海峡。历史上，中国帆船常经此海峡往返于马鲁古群岛与望加锡之间；此外，在马洛士（Maros）地区，也会发现很多店铺的名称中有"Sanggaleya"一词，看来该词也并没有完全被遗忘。

在华人的集体回忆中，例如来自龙目岛安班澜（Ampenan）的苏宏杰*（Soehonghie）在其1932年的一篇文章中写道，最先抵达望加锡的是福建商人。他还说，每年只有一艘中国的帆船（艎舡，oewangkang）载约200名乘客来到望加锡，他们中大部分都选择不再回国。①

哥哇·塔洛时期，有资料更为清晰地记录了南苏拉威西华人的出现。第一位汇报这一情况的欧洲人是乔治·科凯恩（George Cockayne），他负责领导英国在望加锡的办事处。他在1615年7月16日写给英国东印度公司总督约翰·史密斯（John Smith）的信中报告，他向一位当地的华人酒商售卖大米。② 那时，望加锡本地居民大多是穆斯林，因此，我们可以推测欧洲人和华人是酒的主要消费群体。早在1604年，万丹（Banten）就已经有华人酒商制酒的记录，1670年的安汶亦是如此。③ 珀塞尔（Purcell）引用科凯恩的报告内容也提到，1615年一艘中国帆船满载丝绸、瓷器和各类物品抵达望加锡，并且售价比万丹便宜。④ 瑞德（Reid）在其著作中也提到一艘中国

---

① Soehongjie, "Hokkian Kongsie", *Pemberita Makassar*, August 15, 1932: "……望加锡华人多来自闽南地区，在两地交通还不完备的时期，一年之内人们只能通过乘坐一次小帆船（艎舡）抵达，这种小帆船从厦门出发，所以船上乘客多为闽南籍，去程可携带约200人，回程仅60人，其余均四散而逃，至船再次起航，乘客才再次出现（sehingga itoe oewangkang belajar baroe marika moentjoel poela）。早期望加锡的贸易活动较为沉寂，尚未出现欧洲船只抵港，抵港货物均来自中国……"

② John Villiers, "One of the Especiallest Flowers in our Garden: The English Factory at Makassar, 1613-1667", *Archipe*, Vol. 39, 1990, p. 163.

③ Edmund Scott, *An Exact Discourse of the Sibtilties, Fashishions [sic], Pollicies, Religion, and Ceremonies of the East Indians, as well as Chyneses as Javans*…, London, 1606, 再版于 Sir William Fostern, C. I. E（rd.）, *The Voyage of Sir Henri Middlestone to the Moluccas 1604-1606*, London: Hakluyt Society, 1943, p. 112, 提到一位爪哇华人在其杂货店售卖蒸馏酒。Gerrit J. Knaap, "A City of Migrants: Kota Ambon at the End of the 17th Century", *Indonesia*, Vol. 51, 1991, pp. 118.

④ *Letters Received by the East Indies Company from its Servants in the East*, Vol. 3, p. 28, 引自 Victor Purcell, *Chinese in Southeast Asia*, London, Kuala Lumpur: Oxford University Press, 1965, p. 393: "有史以来第一次见到这样的场景，大量的生丝、梭织丝绸、瓷器和其他中国商品在这里售卖，比巴淡岛的价格更便宜。"

第一章　早期至荷兰东印度公司末期(1799年)的望加锡华人社会　　17

帆船于1619年第一次抵达望加锡。① 当然，我们不能只依赖于零零星星的信件和报告，还要寻找更可靠的证据，一张匿名的中文地图则显示了1619年前后望加锡港口的位置被标记为傍伽虱（闽南话Pang-ka-sat）。②

另一个补充证据，就是我们也考虑了华人帆船在印尼群岛的其他地方抵达望加锡的可能性。在望加锡找到的几份20世纪初的印刷文本，名为《望加锡的马来由历史》(*Sedjarah Melajoe di Makassar*)③，其中提及了一则故事，17世纪一个华人穆斯林家庭，可能是由于明末政治斗争的原因，离开了祖籍国，途经井里汶（Cirebon）抵达南苏拉威西：④

> 有两兄弟来自回回（Hoe Hoe）国，哥哥叫班劳迪亚（Panlautia），弟弟叫赖琪（Laitji）。二人离开祖籍国，登上了一艘船抵达爪哇的井里汶，在那里弟弟娶了当地女子为妻。
>
> 弟弟娶妻后，哥哥把所有财产都分给了弟弟，并继续向东抵达望加锡的桑拉博内（Sanrabone）。在那里，哥哥定居并凭本事谋生，他还带着精心挑选的贡品觐见桑拉博内国王，国王非常喜爱班劳迪亚。

最后，哥哥还迎娶之前在桑拉博内王国都城中心碰面的当地女子，二人育有一子，名叫阿卜杜尔（Intje Abdul），后来他们的儿子也

---

① *Letters Received by* Frederic C. Danvers ed., *The East Indies Company from its Servants in the East*, Vol. 3, London: Sampson Low Marston, 1896 – 1902, pp. 136 – 137, in Anthony Reid, "A Great Seventeenth Century Indonesian Family…", p. 10.

② 此地图保存于牛津博德莱安图书馆（Bodleian Library, Oxford），可在 http://seldenmap.bodleian.ox.ac.vk/链接查阅。也可查阅 Robert Batchelor, "The Selden Map Rediscovered: A Chinese Map of East Asian Shipping Routes, c. 1619", *Imago Mundi: The International Journal for the History of Cartography*, Vol. 65, No. 1, pp. 37 – 63。（感谢苏尔梦提供的信息）

③ 该文本有不同版本，对一些称呼的写法不一，如下文故事中的"Panlaoetia"有些版本写为"Pay Lau Tia"，详见 Heather Sutherland, "The Makassar Malays: Adaptation and Identity, c. 1660 – 1790", *Journal of Southeast Asian Studies*, Vol. 32, No. 3, 2001, p. 410。

④ 摘录 Claudine Salmon, "La communauté chinoise de Makassar. Vie religieuse", *T'oung Pao*, LV (4 – 5), 1969, p 243, n. 3. 中使用的版本，"回回"是当时对穆斯林的称呼。

在当地娶妻（名为卡棱·达扎梦 Karaeng Tadjammeng），生下儿子苏博（Intje Soeboeh）。① 从中可以看出，华人穆斯林的后代与马来由社会成员通婚的情况，这种现象极可能有着更为深远的历史根源，从而说明当时欧洲人没有一直能够将华族和马来族分化。

望加锡城最古老的地图绘制于1638年前后，是1670年荷兰东印度公司的一本秘密地图集，② 上面描绘了葡萄牙和古吉拉特人（Gujarat）的聚落分布，丹麦和英国人的办事处位置，但是没有找到马来由和华人的聚落。同样的情况也出现在弗雷德·沃尔德马尔（Fred Woldemar）于1660年绘制的望加锡全景图中，该图现存于法国巴黎的地理学会（Société de géographie）中。③ 根据其他史料记载，自望加锡都城位于松巴奥普后，那里就已经存在华人聚落，这一点在《望加锡之战》（Sj'air Perang Mengkasar）中得到证实，书中记录了1667年荷兰进攻松巴奥普，用火炮向来自"中国村"（Kampung Tjina）反抗者的方向开炮。④

二 华人对当地经济的影响作用增强

在我们掌握的资料中，涉及望加锡落入荷兰东印度公司之前的华人及商贸活动资料十分少见，甚至1669年之前的荷兰资料对此关注也很少，因为华人还没有被视为政治或经济的威胁，但这并不

---

① 其他故事详见 Heather Sutherland, "The Makassar Malays: Adaptation and Identity, C. 1660-1790", *Journal of Southeast Asian Studies*, Vol. 32 (3) Oct. 2001, p. 410。
② 此地图集现存于奥地利国家博物馆。
③ 详见 Charles R. Boxer, *Francisco Viera de Figueiredo. A Portuguese Merchant-Adventurer in South Est Asia*, 1624-1667, Verhandelingen van het Koninklijk Instituut voor Taal-, Land-en Volkenkunde, deel 22, 's-Gravenhage: Martinus Nijhoff, 1967。
④ Entji' Amin, *Sja'ir Perang Mengkassar: The Rhymed Chronicle of the Macassar War*, trans. C. Skinner, Verhandelingen van het Koninklijk Instituut voor Taal-, Land-en Volkenkunde, 1963, pp. 142-143）原文如下：
  Di Kampung Tjina meriam jang tebal
  serta ditémbakkan kenalah kapal
  terus-menurus tampal-menampal
  sangatlah duka hati Admiral.

意味着华人在经济领域中发挥作用很小。① 那时，在哥哇已经有中国的商品出现，尤其是瓷器、丝绸、纸，这些商品或直接或通过澳门、马尼拉、柬埔寨、暹罗等地运送至此，② 交换当地的木制品及海产品。

（一）华商掌控玳瑁贸易

1650—1660 年，华商已掌管几项商品贸易，如玳瑁生意，后来甚至能够控制该贸易活动。至少从宋朝开始，玳瑁在中国就成为一种昂贵的奢侈品，甚至风靡印度和欧洲地区，因此，各国间的贸易竞争非常激烈。③ 覆瓦状叠盖龟鳖目（Cheledonia imbricata）即玳瑁，成为生活在海边居民收集的对象，尤其是居住在距离庞卡杰内（Pankajene，位于望加锡北边约 30 千米的一座城市）不远的巴瑶人（Bajau 或 Sama）特别擅长捕捞玳瑁④。此外，这类玳瑁也为望加锡带来了贸易优势。当地人将龟分为四类，即 kulitan、akung、ratu 和 boko。最后一种在马来语中被称为"penyu"，以食用为主，而其他三

---

① Cf. Heather Sutherland, "Trade Court and Company, Makassar in the Later Seventeenth and Early Eighteenth Centuries", in Elsbeth Locker-Scholten and Peter Rietbergen, eds., *Hof en Handel. Aziatische vorsten en de VOC*, 1620 – 1720, Leiden: KITLV, 2004, p. 98.

② Cf. Hadimuljono and C. C. Macknight, "Imported Ceramics in South Sulawesi", p. 75. 有关中国纸的出现，我们从 Entji' Amin 写的一首诗中的发现，并从而推测，该诗的原文如下：（Entji' Amin, *Sja'ir Perang Mengkassar*, pp. 218 – 219）

　　Tamatlah kissah duli jang ghana
　　Dikarang fakir hamba jang hina
　　Dimeterai dalam kertas Tjina（被记录在宣纸上）
　　Sadjaknja larat banjak ta' kena.

③ Roderich Ptak, "China and the Trade in Tostoise-shell（Sung to Ming Periods）", in Roderich Ptak and Dietmar Rothermund, eds., *Emporia Commodities and Entrepreneurs in Asian Maritime Trade, C. 1400 – 1750*, Stuttgart: Franz Steiner Verlag, 1991, p. 202，宋代，龟壳被称为"玳瑁"，被用作装饰物，可制成发饰，配戴在头上，也可用于武器的装饰物或书签、药材。

④ 有关该社群详见 Christian Pelras, "Notes sur quelques populations aquatiques de l'Archipel", *Archipel*, Vol. 3, 1972, pp. 152 – 163。

种主要是为了获取龟壳，尤其是"*kulitan*"。① 那些捕龟的巴瑶人、布吉斯人，看到在海岸上活动的乌龟，会击打其头部，待其壳内的身体腐烂后②，留下龟壳③。华人也参与到了收集玳瑁的活动中，但其方式显然更加"生态"，为确保龟一直活下去，他们倒抓龟壳，用热醋将其泡开，再将龟放生，这样龟壳还能重新长出来，④ 虽然不是很厚，但能一直作为被猎捕和收集的对象。

葡萄牙的资料显示，自 15 世纪下半叶开始，印尼群岛东部（主要是门达儿和婆罗洲）至马六甲的玳瑁出口贸易已经开始。17 世

---

① John Crawfurd, *A Descriptive Dictionary of the Indian Islands & Adjacent Countries*, Kuala Lumpur, Singapore: Oxford in Asia, 1971, p. 439. 有关华人区分龟的种类的方法详见 Roderich Ptak, "China and the Trade in Tostoise-shell（Sung to Ming Periods）", pp. 199 – 201。在 19 世纪，巴瑶（Bajau）人仍在捕获、贩卖玳瑁及红腹海参的活动中发挥主要作用；详见 J. N. Vosmaer, *Korte beschrijving van het zuid-oosteleijk sniereiland van Celebes, in het bizzonder van de Vosmaers'bai ofvan Kendari; verrijkt met eenige berigten omtrent de stam der Orang Badjos, en meer andere aantekeningen*, Batavia, 1835。

② Reid, "The Rise of Makassar", p. 126, 其中引用 Speelman 1670 年的相关报告。有关巴瑶人如何取龟壳的详细步骤可见 Crawfurd, *A Descriptive Dictionary of the Indian Islands & Adjacent Countries*, p. 439。

③ 原文中使用 *Karet* 一词，该词可能借用了加勒比海群岛某地的语言，通过西班牙人带到印尼群岛，cf. *Encyclopaedie van Nederlandsch-Indië*, 's-Gravenhage: Martinus Nijhoff and Leiden: E. J. Brill, Vol. 2. 1919, p. 720。

④ Roderich Ptak, "China and the Trade in Tostoise-shell（Sung to Ming Periods）", p. 200. 王大海（Ong-Ta-Hae），18 世纪末期居住在印尼群岛，记录了有关华人在斯兰（Seram）、班达和特尔纳特岛获取玳瑁的详细史料："The form of the animal from whence this substance is taken is like that of the common tortoise, having on its back twelve plates; which are detached in the following manner. The tortoise is suspended with its head downwards, its back is moistered with vinegar, and fire is applied, when the plate of the tortoise-shell fell off. The plates first detached are esteemed of prime quality, and fetch a high price. Should the animal now be let to go into the sea, in a year's time the shell will be reproduced, when if taken must be scorched again, but the plates will be thinner and softer, and are thus called second sort, fetching a lower price in the market. Those pieces of tortoise-shell in which the black spots are fewest are considered the best, while those which are white are very valuable; but the latter are rare, and seldom obtained." Medhurst, W. P., *The Chinaman Abroad: or A Desultory Account of the Malayan Archipelago by Ong-Ta-Hae*, Shanghai: The Mission Press, 1849, p. 49. 原文如下："玳瑁状如鼋鳖，背负背负十二叶。取之之法，倒悬其身，背湿以醋，用火灸之，片片自落，名曰头瑁，其价昂。放之海中，越年更生。网得再灸，则片薄而软，名曰二瑁，其价贱。以黑斑少者为贵，纯白无价，亦希逢难得矣。"［（清）王大海撰著，姚楠、吴琅璇校注《海岛逸志》，香港：学津书店 1992 年版，第 110 页］。

第一章　早期至荷兰东印度公司末期(1799年)的望加锡华人社会　21

纪,因为胡茶辣国(Gujarat,今印度古吉拉特邦)对该贸易新需求的出现,①玳瑁需求量急剧增长,吸引了欧洲人参与到该贸易中。自1616年起,荷兰商人从苏拉威西、婆罗洲、小巽他群岛和苏门答腊玳瑁商手中收购玳瑁。丰厚的利润也吸引了英国、丹麦商人参与其中,企图在玳瑁生意中分得一杯羹。② 在1657年的一份报告中可以看到,③荷兰驻望加锡办事处已经从华人中间商手中收购玳瑁。1660年,英国商人也曾抱怨他们不能直接从本地人手中而只能从华人中间商那里收购玳瑁。④

罗群*(Loquo,Looquin)似乎是当时华人社群的领袖,已官居甲必丹,也是东印度公司的贸易伙伴,似乎也曾涉足玳瑁生意。⑤

(二) 东印度公司与华商的金融合作

那时,华商与东印度公司的合作已非常普遍,东印度公司甚至发挥着银行般的作用,向华商放贷,萨瑟兰(Sutherland)称这种关系为"荷华阵线"(Dutch-Chinese Front)。⑥ 1665年5月,在望加锡的英国商人曾抱怨荷兰东印度公司给华人5%佣金,替他们预付商品,而英国人只能用现金结算,以致华商不愿同英国人做生意。⑦

　　荷兰人已经签订合同,以高于英国人五个金币(five mas)的价格购买抵达望加锡的全部商品,同时他们以5%的佣金雇佣华

---

① 此前,获取玳瑁主要在马尔代夫群岛。
② Roderich Ptak, "China and the Trade in Tortoise-shell (Sung to Ming Periods)", pp. 222, 224;据Roderich Ptak(第224页),1617年,荷兰人在印度苏拉特城(Surat)每年大约可售卖4000—5000块玳瑁(约1976—2766千克)。
③ Heather Sutherland, "Trade, Court and Company, Makassar in The Later Seventeenth and Early Eighteenth Centuries", in Elsbeth Locher-Scholten and Peter Riefbergen, eds., *Hof en Handel: Aziatische vorsten en de VOC 1620-1720*, Leiden: KITLV, 2004, p. 98.
④ 详见Roderich Ptak, "China and the Trade in Tortoise-shell (Sung to Ming Periods)", p. 225. 文中第225—226页,作者重点描写了16世纪末至17世纪初,中国帆船携带玳瑁,从望加锡前往巴达维亚、万丹和中国,但尚未提及从望加锡返回中国的船只携带的货品数量。
⑤ Heather Sutherland, "Trade, Court and Company", pp. 98-99.
⑥ Heather Sutherland, "Trade, Court and Company", p. 99.
⑦ John Villiers, "One of the especiallest Flowers in Our Garden", p. 173.

商，确保英国商人几乎无法购买那些商品，只能买现货。

1665年，除了印度裔穆斯林马卜乐（Mapulle，死于1675年）外，华人谭卓*（Tamco）成为东印度公司第二大债务人，其债务高达21405瑞克斯银币。他于1662年从安汶来到望加锡，这与荷兰商人亚伯拉罕·弗斯佩特（Abraham Verspeet）抵达望加锡的时期相同，他还获得特许，居住在荷兰人的聚居区。另外，债务名单中还有华人朱罗（Jurow），借债3330瑞克斯银币；许汉哥*（Cohanco），借债3120瑞克斯银币；罗群*，借债1058瑞克斯银币。罗群*晚年穷困潦倒，于1665年逝世。记录上还显示，谭卓*于1665年动身前往马六甲，尽管他将自己的货物留在了望加锡，但1667年他在东印度公司的债务仍高达12537瑞克斯银币。① 据萨瑟兰的研究，谭卓*是一位华人穆斯林，也叫Intje Kecil（小叔），在望加锡时，曾给东印度公司提供一些特别消息。因此，斯皮尔曼（Cornelis Speelman）认为，华人的出现在当时发挥着相当大的作用：

> 他们无疑是最能干的人，无论是现在还是将来，因为他们能够想方设法采购蔬菜和其他新鲜物品，即使是在环境非常恶劣的情况下。②

同时期，还有几位华人与哥哇统治者有着密切联系。1663年，东印度公司与哥哇爆发战争，当时的苏丹王拥有英国人、葡萄牙人和"蒙古人"的谋士。③

三 新的华人聚落、华人首领及聚落状态

1667年荷兰人征服望加锡后，将都城迁至靠近新建的乌戎潘当

---

① Heather Sutherland, "Trade, Court and Company", p. 99.
② 摘自 Anton A. Cense, "Sanggalea, an old Word for 'Chinese' in South Celebes", p. 108。
③ F. W. Stapel, *Het Bongaais Verdrag*, Disertation, Leiden University, 1922, p. 76; Heather Sutherland, "Trade, Court and Company", p. 99: "De koning deze zaak selfs voorgeleg aan een scheidgerech, waarin ook Portuguezen, Engelsen en "Mongolen" zaten, en dezen hadden verklaard "dat de pretensie des konings gefondeert en rechtmatig was."

(Ujung Pandang)城邦附近,并取名为鹿特丹城堡(Kasteel Rotterdam),然后他们在城邦附近划分城市居住区。第一块是为东印度公司职员准备的乌戎潘当城邦区,第二块是欧洲和亚洲商人的内戈里弗拉尔丁恩(Negory Vlaardingen)居住区,第三块是在弗拉尔丁恩地区内部根据居民的来源地划分为马来村、巴当村(Kampung Bandang)、布吉斯村、哇卓村、布顿村(Buton)和华族村(Kampung Cina)。其中,华族村位于南城邦和北马来村之间,在它的西边是海,东边是荒地。① 斯皮尔曼认为,在邦阿亚条约签订的时期,华人男子的数量不超过20人。② 1680年的人口调查数据显示,望加锡总人口1135人(不包括东印度公司职员),弗拉尔丁恩(Vlaardingen)聚居区的人口包括华人87人、马尔迪吉基尔(Mardijkers)人97人、印度穆斯林(Moors)和爪哇人20人、马来人18人(包括4名男性、9名女性和5名儿童)。③ 史料没有记载当时华人女性的人数。18世纪初,望加锡城市规模仍然较小,华族村中只有一条路,在法连太因(François Valentijn)的书中这样写道:④

> 城市仅仅是个小市镇,也被称作内戈里弗拉尔丁恩(Negory Vlaardingen),只有一条土路,我想那应该就是华人街,连带着两三条巷子,那里住着荷兰人、在甲必丹领导下的华人还有一些望加锡当地人,华人和荷兰人看守着这几条巷子。

1722年,华人数量增至899人(可能仅包括男性),超过了马来人。⑤

(一)华人甲必丹(Kapitan)体系

在望加锡被荷兰占领前,华人社会就已经形成了以"甲必丹"为

---

① Heather Sutherland, "Eastern Emporium and Company Town", p. 109.
② Speelman "listed some twenty Chinese residents, some of whom had been established in Makassar when the Bungaya Treaty was signed, while others arrived later"; Heather Sutherland, "Trade, Court and Company", p. 102.
③ Heather Sutherland, "The Makassar Malays: Adaptation and Identity", p. 405.
④ Heather Sutherland, "Eastern Emporium and Company Town", p. 109.
⑤ Heather Sutherland, "The Makassar Malays", p. 405.

首领的社会形态。① 最早的一位甲必丹是一位华人穆斯林，叫"黄舅哥"（Intje Couko 或 Oeikoeko）。② 1674 年，东印度公司将蒸馏酒的垄断权交给了黄舅哥，1679 年他被派去巴达维亚，担任武直迷（boedelmeester，遗产管理人）管理遗产事务，并于 1682 年接任过世的李祖哥（Lietsoeko）担任雷珍兰（letenan）。③ 黄舅哥离开望加锡后，王悦哥（Ongwatko，在一些荷兰文资料中他也被称为 I Wakko 或闽南话中被称为 Ong Goat Ek）开始掌握蒸馏酒垄断权，在贸易领域发挥重要作用，并担任甲必丹。④ 可惜的是，有关望加锡华人甲必丹的选举流程，我们没有获得任何信息。

（二）王悦——一位了不起的甲必丹

王悦也被称为王悦哥（Ong Goat Ko），他接任黄舅哥（Ince Couko），担任华社领袖，直至 1700 年，同时负责处理马来社区的事宜，并于 1706 年正式成为第一位马来甲必丹。⑤ 与此前华社领袖不同，王悦开始兴建保佑商旅海员的天后宫，促进华社文化领域的发展。在 1867 年重修天后宫的碑文中也对此有所记载：⑥

　　敬天后，遂建天后宫，历久。兴建之始，甲必丹王悦择一面

---

① "kapitan"一词指社群首领，在闽南方言中写为"甲必丹"，甲必丹并没有军事权力，但发挥着法官的作用，解决华人社群内部的贸易纠纷。
② 详见附页有关华人领袖的表格。
③ *Dagregisters*, January 12, 1682, p. 21: "Eijndelijck is nog op 't voordragen eenige der Chinesen te deser steede den Chinees Oijkoeko（geweesen captaijn hunner natie op Macasser en jongste affgegaene boedelmeester der chinese sterfhuijsen alhier）verkoren tot luijtenant der Chinees natie hier ter steede, in plaatse van den overleden Lietsoeko, gelick dit alles 't verdere gebesoigneerde bij 't resolutie boek in 't brede aangehaalt." Cf. 还可参考 Berrnard Hoetink, "Chineesche Officieren te Batavia onder de Compagnie", *BKI*, Vol. 78, 1922, pp. 97 - 98, 其中记录了黄舅哥于 1679 年 2 月 25 日被选为处理遗产事务的官员，任职至 1681 年。此外，在有关巴达维亚的史料记载中，并未提及黄舅哥是一名穆斯林。
④ Heather Sutherland, "Trade, Court and Company", p. 102.
⑤ Heather Sutherland, "The Makassar Malays: Adaptation and Identity, c. 1660 - 1790", p. 407; Heather Sutherland, "Eastern Emporium and Company Town", p. 124; "De kapitein Malajoe te Makassar（1920）", *Adatrechtbundels*, serie P. Zuid-Selebes, Vol. 31, No. 35, 1929, pp. 110 - 111 中有一份 1706—1918 年马来由甲必丹的名单。
⑥ Claudine Lombard-Salmon, "La communauté chinoise de Makassar. Vie religieuse", p. 296; 接下来的章节会涉及甲必丹李如璋将庙门朝向从面向大海改为面向后方群山的内容。

第一章　早期至荷兰东印度公司末期(1799年)的望加锡华人社会

海靠山之地，形制恢宏，停靠望加锡的海员常来此参观。①

毫无疑问，王悦一定拥有强大的政治经济实力，他的经商范围远达棉兰老岛、苏禄群岛（甚至抵达马尼拉），同时涉及布顿、马鲁古群岛、帝汶（Timor）、曼涯群岛（Banggai）、布恩谷（Tobunku 或 Bunku，位于中苏拉威西）。他经营的商品种类繁多（也包括贩卖奴隶）。居住在马鲁古斯兰群岛的凯芬（Keffing）人曾抢劫过他的船舶，上面的货品目录包括纺织布匹、首饰、大米、劳勿（Luwu）铁制的家用工具、铜球、铜锣、日本斧和暹罗瓷器，一船货物总价值达1585瑞克斯银币（rijksdalder）。② 最终，王悦几乎垄断了玳瑁和燕窝生意。东印度公司职员曾认为，王悦通过提前预付上述商品货款，在竞争中排挤了所有小商人。③

王悦还与当地贵族做生意，有一位索彭县（Soppeng）的商人去他家拜访，并支付一批他购买的货物。但是，因为其付的金子边沿有缺损，王悦便向东印度公司状告此事。在没有获得满意答复后，王悦前往博恩杜阿腊克（Bontualaq）拜会了旁尼的国王阿隆帕拉卡（Arung Palakka）。国王调查后，认为上述行为有错，便重新移交给东印度公司，但东印度公司最终将该案件发回当地法律审理程序下。④知晓了甲必丹王悦与国王阿隆帕拉卡的关系，我们再去看他出席了这位国王的葬礼也就不足为奇了。⑤

1698年，王悦与马来人甲必丹朱嘉（Intje Tjoeka）和哇卓社群领袖马托瓦（Matoa）⑥ 在望加锡签署协议，名为阿玛纳·伽帕（Amana

---

① 一份于1975年8月用打字机写下的更近期史料（*Penjampaian riwajat ringkes serta sedjarah Rumah Ibadah Ibu Agung Bahari*）也提到了天后宫于1685年落成，王悦是当时华社领袖，记录中写道："1685年，王悦任华人甲必丹，筹建天后宫。"感谢苏尔梦女士提供上述史料。
② Heather Sutherland, "Trade, Court and Company", p. 103.
③ 同上。
④ 同上。
⑤ Leonard Y. Andaya, *The Heritage of Arung Palakka*, p. 297.
⑥ *Matoa* 意思是"被尊为长老或首领"。

Gappa，1697—1723 年担任该职位），并共同编纂了海商法，① 解决了三个族群商人的争端。诺杜因（Jacobus Noorduyn）曾在他的文章中提到：②

> 如果在华人村中出现哇卓人（Wajorese）贸易争端，华人甲必丹就和马托瓦一起主持正义，反之亦然。在哇卓和马来人之间也有类似的协议。三个族群首领于 1698 年 2 月 5 日共同签订了协议。

在下一节我们将会看到四个甲必丹都与王悦哥有亲属关系。

第二节　18 世纪望加锡华人社会的发展

18 世纪，望加锡华人数量有所增长。根据东印度公司的人口普查记录，1722 年，包括妇女、儿童及奴隶在内的华人数量上升至 917 人，同时期荷兰方面的其他材料提及了 1725 年华人男子数量为 40 人。③ 其他社群的人口也有所增长，东印度公司职员人数升至 2147 人，④ 包括荷兰人 899 人，布吉斯或望加锡人 230 人，安汶和班达人 75 人，布顿人 105 人，马来人 881 人。同时，东印度公司加强了对各社群首领的控制，并于 1701 年在望加锡当地领袖的建议下下令，望加锡的华人甲必丹不从本地选举而是从巴达维亚选举产生。⑤

---

① 详见 Ph. O. L. Tobing, *Hukum pelajaran dan perdagangan Amana Gappa*, Makassar: Jajasan Kebudajaan Sulawesi Selatan dan Tenggara, 1961; Jacobus Noorduyn, "The Wajorese merchants' community in Makassar", in Roger Tol, Kees van Dijk and Greg Acciaoli, *Authority and Enterprise among the Peoples of South Sulawesi*, Leiden: KITLV, 2000, p. 101。

② Jacobus Noorduyn, "The Wajorese Merchants", p. 103.

③ Heather Sutherland, "Trade, Court and Company", p. 102, 引用 *Generale Missieven* (Vol. 8, p. 755) 相关资料。

④ Gerrit Knaap and Heather Sutherland, *Monsoon Traders*, p. 18. 原书此处使用的是 "burgher" 一词，指非东印度公司职员的荷兰人。

⑤ 详见 *Nederlandsch-Indisch Plakaatboek*, Batavia: Landsdrukkerij and Den Haag: Nijhoff, 1898, Vol. 3, Des 27, 1701, p. 521.

当时，被推举担任甲必丹的是王悦的儿子王基高。① 1706 年，马来社群的人口数量和地位仅次于华人社群，东印度公司对其也实施了相应规定。②

一 经济的增长

在经济领域，华商与之前的时期一样，将继续专注于海产贸易，同时通过担任港口或城内的税收承包人，奠定了望加锡华人经济的基础，并继续在海产贸易中发挥重要作用。

（一）海洋贸易

东印度公司掌权后，望加锡港口于 1678 年由荷兰港务长控制，这就意味着该职位能够获得丰厚利润。③ 港务长负责收集信息，这需要其掌握多门语言（当然，港口也会设几个专职翻译员，但很可惜我们没有获得相关资料④）。同时，港务长掌握带有通行证的船只的来往信息，征收港口税。1745 年，与其他东印度公司管辖的港口类似，望加锡的港务征税下放至港务长负责，为其带来巨大利润。⑤ 通过 1717—1734 年和 1766—1797 年港务长对于港口来往船只的记录，⑥ 我们可以重构一部分当时华人海上贸易的历史。

1700 年开始，为确保东印度公司对来自印度纺织品贸易的垄断地

---

① Heather Sutherland, "Trade, Court and Company", p. 103.
② Heather Sutherland, "The Makassar Malays", p. 407.
③ 本段史料依据详见 Heather Sutherland, "Trade, Court and Company", pp. 22 – 25。有关 1727 年以前荷兰港务长的名单可见：François Valentijn, "Beschrijvinge van Macassar", in François Valentijn, *Oud en Nieuw Oost-Indiën*, Amsterdam: Johannes van Braam en Gerard onder den Linden, p. 230。
④ Johan Splinter Stavorinus, *Voyage par le Cap de Bonne-espérance et Batavia, à Samarang, à Makassar, à Amboine et à Surate en* 1774, 75, 76, 77 et 78, Paris: An VII de la République, Vol. 2, pp. 202 – 203, 该人 1775 年曾到访望加锡，并记录道："A côté du shahbandar et du fiskaal, il y a aussi un interprète pour les langues boniene et macasse, dont la place étoit lucrative du tems que je me trouvais à Makassar: il a deux interprètes sous lui."（除了负责财政和港务的官员，在望加锡还有专门从事波尼语、望加锡语的译员。我在望加锡时，当翻译员是非常赚钱的，当时还有两个翻译助手）
⑤ Gerrit Knaap and Heather Sutherland, *Monsoon Traders*, p. 30.
⑥ 该记录数量相当可观，基于此记录的研究成果已发表于 Gerrit Knaap and Heather Sutherland, *Monsoon Traders* 一书中，本书也将多次摘录该记录及研究成果。

位，港务长掌握船舶到访的信息。因此，18世纪上半叶，捕捞玳瑁和海参的小渔船通过购买通行证，躲避来自港务长的监管。后来，又规定船长必须有一位担保人。根据1731年的规定，对于来自中国的帆船，在东印度公司控制下的印尼群岛东部地区，只有望加锡港能够通商。① 但事实是，这些帆船在马辰（Banjarmasin）稍事停留，收集货物，然后将这些货物运送至望加锡，例如运送烟草的货船要向当地的烟草税收承包商支付10%的费用外加港口税。②

据史料记载，在1736年，第一艘来自中国的帆船抵达望加锡，虽然没有携带通行证，但当地统治者为保持内外商人的贸易交流，允许其靠岸经商。但这种开放的举措并没有持续太久，荷兰东印度公司多次改变了相关规定。1746—1752年，为了使巴达维亚发展成为中国和印尼群岛之间的贸易中心，望加锡港口对中国帆船关闭。该规定实施第一年，有一艘名为 Toakaytsjeu 的帆船抵达望加锡，船长名叫陈福哥*（Thanhoeko），当地政府欣然允许其进行贸易活动。③ 1753年出台新令，规定每年允许一艘帆船停靠望加锡港口。④ 但因为遭到反对，1762—1768年望加锡港口再次对中国货船关闭，对违反规定的帆船，其货物会被东印度公司没收。⑤ 直至1797年，望加锡港允许大

---

① Heather Sutherland, "Trepang and wangkang. The China trade of eighteenth-century Makassar C. 1720s – 1840s", *BKI*, Vol 156, No. 3, 2000, p. 456.

② *Realia, Register op de generale resolutiën van het kasteel Batavia*, 1632 – 1805, Leiden: Kolff & Nijhoff, Vol. 2, 1882 – 1886, p. 286: "De jonken uit China na Banjarmasin vertrockene jonken, om haar medegebragte Tabak van daar na Macassar te senden, sullen aan den pagter alhier een thiende en ginter het inkomende regt moeten bataalen (…) January 28, 1746." 华人在18世纪上半叶社会地位的详细信息可见：Chin Yoon Feng, "The Chinese in Banjarmasin during the First Half of the Eighteenth Century", *Journal of the University of Malaya Historical Society*, 1969 – 1970, Vol. 8, pp. 65 – 72。

③ *Nederlandsch-Indisch Plakaatboek*, Vol. 5, p. 426; Gerrit Knaap and Heather Sutherland, *Monsoon Traders*, p. 145.

④ *Nederlandsch-Indisch Plakaatboek*, Vol. 6, pp. 351 – 352, 688; *Realia*, Vol. 2, p. 167.

⑤ *Realia*, Vol. 2, p. 170: "De vaart van China op Macasser na den jaare 1765 op poene van confiscatie geinterdiceerd. Aug 7, 1764"; Heather Sutherland, "Trepang and wangkang", p. 456.

型中国帆船（jung，也被称为戎克船或鯨）每年在望加锡停靠一次。①相关资料也显示了这一规定，并记载了获得通行证的帆船需要满足的五项条件：② 申请人必须拥有两位担保人并在提交申请后的 14 天内支付一定的费用，如果申请未得到批准，需要重新按照程序再次提交。根据该规定第二章的内容，需要在出发两年前提交通行证申请，也就是说，1797 年申请的是 1799 年的通行证，以确保向中国寄送通行证的时间比较充裕。③

斯塔沃里努斯（Stavorinus）于 1775 年前往望加锡，为我们补充了当时有关帆船获得通行证的景象。根据他的记录，巴达维亚华社侨领也参与到通行证申请事宜中，可见印尼群岛大华商之间强大的互信关系。④

> 几年来，公司允许一艘帆船直接从中国携带货物，前来满足

---

① *Nederlandsch-Indisch Plakaatboek*, Vol. 8, p. 29. 根据"Daftar Nahkoda"（船长名单），1777 年，一艘重 170 拉斯特（last）的帆船携 135 名船员抵达望加锡；1787 年（或在此之前），已有重 400 拉斯特携 129—200 名船员的帆船抵达望加锡。Stavorinus, *Voyage par le Cap de Bonne-espérance et Batavia, à Samarang, à Makassar*, I, p. 209 - 210, 曾记载其在 1775 年登临帆船，并获得盛情款待的情形，内容如下："Ce bâtiment portoit trois mâts, dont celui du milieu étoit à peu près du même calibre que celui de mon vaisseau, et tout d'une pièce. Il pouvoit avoir cent cinquante pieds de quille. Le corps intérieur du bateau étoit divisé en autant de compartiments qu'il y avoit de marchands à bord, où chacun déposoit ses marchandises. L'eau se trouvoit de même partagée en différents baquets, qui s'ouvroient sur le tillac par les écoutilles, par où on la puisait avec des seaux. La cuisine étoit placée à côté du grand mât, à bas bord, sur le tillac (car tous ces navires n'ont qu'un seul pont), où l'on prépara les mêts en notre présence, d'une manière infiniment plus propre que sur nos vaisseaux d'Europe"（帆船有 3 根桅杆，中间的那一根和我船上的类似，帆船龙骨长约 550 英尺，船舱内有专为商人存放货物的隔断，甲板上放有大小各异的水缸，可供不同船舱乘客用水桶取水，一齐使用。厨房位于甲板下的桅杆旁（这类帆船通常只有一块甲板），我们的此次到访，获得了盛情款待，餐食的处理过程比欧洲船要干净得多。）

② ANRI, *Hoge Regering*, 1796, No. 69："Conditien van verkoop van een pas voor een groote Chinesche Jonk, om van Aimui naar Macassar te mogen vaaren."

③ "Deze pas ram worden verleend voor het tweede volgende jaar, dat is in 1797 voor 1799, ten einde naar Chine verzonden en daar gebruikt ke kunnen worden."（通行证会早两年申领，即 1799 年之前的 1797 年，以便有足够的时间寄送至中国。）

④ John S. Stavorinus, *Voyage par le Cap de Bonne-espérance et Batavia, à Samarang, à Makassar*, Vol. 1, p. 208.

这个王国的需求。我认为在没有更多通行证的情况下，这个厉害又精明的民族会为了停靠望加锡而无所不用其极。然后，现在公司通过发放通行证获利，因为我了解到的每艘帆船需缴纳至少3000皮阿斯特币（piatres）①。通行证由高等评议会（Hoge Raad）出具，并满足巴达维亚甲必丹提出的要求，然后再寄去这些帆船，而甲必丹每年大约也能从中获利18000瑞克斯银币（rijksdalder）。

东印度公司在上述活动中以获取最大利润为目的，这说明18世纪上半叶，他们在港口税收制度（sistem pak）方面展开了激烈的竞争。

下面我们将依次讨论包括税收承包商（pakter）、船主及船长在内的海商、涉及该贸易网的所有华商的作用，以及华商运送及交易的货物。

1. 港口税收承包商：华商及其他竞争者

1745年6月1日，东印度公司在望加锡第一次进行港口税收承包竞标，中标人是土生华人邱碧龙*（Quepilong），随后签订合同，任职期为半年，每月需上缴420瑞克斯银币（rijksdalder）；1746年，船主兼甲必丹——李如璋（Li Jauko）继任税收承包人，每月需上缴355瑞克斯银币，一年共4260瑞克斯银币。李如璋无法对整个海岸进行监管，范围仅涉及鹿特丹（Rotterdam）城邦以北1.5英里和以南0.5英里的海滩。哥哇、塔洛的众多江河，以及南部的桑拉博内（Saranbone）为不法船只逃避港口税务提供了可乘之机。1749年，由于可见的一些困难，税收收入较少，华商没有推举包税候选人，导致包税权落入荷兰人手中。1750年，该职务重新回到李如璋（Li Jauko）手中，并成功收缴6000瑞克斯银币。除了1760年，包税商由荷兰人担任，并在任职期间去世，华人一直占据该职位。其中，1761年，李丞哥*（Lisinko）和郑顺哥*（Thesoenko）都自告奋勇表示如果获得税收承包权，可以收缴12000瑞克斯银币，但后来由于哇卓（Wajo）和旁尼（Bone）之间爆发战争，出现许多违法出具当地船只通行证的

---

① 译者加注：皮阿斯特币（piatres）即古代西班牙和西属美洲地区的货币名。

现象，他们不得不取消了与当局签订的合同。1762 年，东印度公司要求包税商在海岸必须设有瞭望塔，以监视来往船只的情况，减少船只逃避税务的现象。①

18 世纪下半叶，华人和马来人展开了税收承包权的争夺。史料显示，1765—1766 年，郑顺哥*（Thesoenko）在一位大商人的帮助下当上了包税商，一开始成功收缴 12000 瑞克斯银币，但接下来的一年，收缴额跌至 8244 瑞克斯银币。因此，华人抽身，让马来人阿里·阿斯杜拉（Intje Ali Asdullah）补缺，税额仍呈下降趋势。接下来的几年，华人又重新获得该职位，值得一提的是梁盼郎（Nio Panlong，1731—1784 年），我们将在后面的章节进行讨论。② 1769 年，随着帆船再度抵达望加锡，马来人提出上缴 16080 瑞克斯银币，但 1770 年由于没有戎克船（jung）抵达，税官要求削减税费。1773 年，华人重新掌握该职位，税收升至 17250 瑞克斯银币。1776 年，包税权又被萨都拉（Intje Sadollah）夺去，税收收入接近 18000 瑞克斯银币，接下来直至 1790 年，马来人一直占据包税商一职，后来华商以及之后担任甲必丹的黄雅（Oeynyeko）夺回包税权，上缴税额达 21776 瑞克斯银币。③

值得关注的是一份萨都拉任包税商时期的马来文资料，字母是拉丁文，在提及日期和钱的数额时也掺杂了荷兰词汇，该资料由包税商秘书 A. Saleh 于 1776 年 2 月 21 日编写，讲述了一位名叫陈福娘*（Tanhok Nio）的商人，本应于 1771 年 5 月缴纳港口税，但在履行该义务之前已经去世，而一位前任包税商兼富商，也就是我们刚提到的梁盼郎（1731—1784 年）于 1772 年 7 月帮陈福娘*偿还了 320 瑞克斯银币（rijksdaalder）或西班牙雷亚尔（real）④。同时，资料中还提到，华人妇女也参与到贸易活动中，我们将在接下来的章节叙述。上

---

① 依据 Gerrit Knaap and Heather Sutherland, *Monsoon Traders*, pp. 30 - 32.

② Arsip Weeskamer, Makassar, ANRI, Makassar Collection 374/2; Heather Sutherland, "Eastern Emporium and company town", p. 119.

③ Gerrit Knaap and Heather Sutherland, *Monsoon Traders*, p. 35.

④ 译者注：瑞克斯（rijksdaalder）银币是当时的荷兰银币相当于 2.5 荷兰盾（gulden）。

述记录中的字据整理如下：①

> 债务人陈福娘*（Tanhok Nio）因死亡，于1771年5月欠缴包税商萨都拉港口税。梁盼郎愿代为偿还，并于1772年7月前偿还320瑞克斯银币（rijksdaalder），至偿还日债务已清。
>
> 1776年2月21日记录于望加锡（海关秘书Saleh Joeroe签字）

1790年，华人甲必丹黄雅（逝世于1813年7月17日）担任包税商，收缴港务税高达21780瑞克斯银币。②

2. 船主、船长及行商（海上往来商人）

在群岛之间出海经商的华人中，有些商人会向荷兰人汇报其掌握的信息，例如1703年来自望加锡的商人Tjatko就汇报其在曼涯群岛看到了60名布吉斯人，距离该岛不远处还有20多艘渔船驶过多米尼（Tomini）和哥伦打洛（Gorontalo）海峡，这两伙渔民应华人甲必丹王基哥（Ong Kiego），即王悦（Ong Watko）的儿子及贸易继承者的要求掠捕当地的玳瑁。③

望加锡港务员1717—1734年以及1766—1796年的记录显示了每月的船舶往来情况、始发地和目的地、船长及船主姓名（至1734年）、船货容量及船员的信息。④ 我们能够从这些信息中一窥当时海上贸易的情形。20世纪80年代，赫里特·纳普（Gerrit Knaap）和海瑟·萨瑟兰（Heather Sutherland）在信息学家的帮助下，开始整理上述史料的数据库。根据该数据库，我们可以整理出一张有关华人船长（有关望加锡的华人船长信息并没有获得十分系统化的整理）的表格，其中也包括船只往来望加锡港口的信息，时间涉及上述两个时间段，第一时间段是1718—1722年、1729—1733年；第二时间段是1777—1785年、1790—1796年。此外，还可以简明扼要地整理其他时间段，

---

① Cf. ANRI, Arsip Makassar 338. 2.
② Gerrit Knaap and Heather Sutherland, *Monsoon Traders*, p. 35.
③ Heather Sutherland, "Trade, Court and Company", p. 103.
④ 相关记录现存于海牙国家档案馆有关东印度公司的相关馆藏文献中，详见Gerrit Knaap and Heather Sutherland, *Monsoon Traders*, p. 251。

第一章　早期至荷兰东印度公司末期(1799年)的望加锡华人社会

如1717—1777年的表格，包括船长、船主姓名，但不涉及居住地。①赫里特·纳普和海瑟·萨瑟兰的研究成果随后在联合出版的《18世纪望加锡季风商人、船舶、船长及货物》（*Monsoon Traders, Ships, Skippers and Commodities in Eighteenth-Century Makassar*）一书中体现。该书着重介绍了全球贸易、货物流向，但很少关注支撑该活动的社群，只是在其中的一章节中特别探讨了一些案例。我们较多借鉴了该书的研究成果及上文提到的船长名单，同时也整理出了1766—1767年的港务长记录。②

二　初期（1717—1734年）

初期，港务长记录了常年停靠在望加锡的船舶归属人情况，包括归属人的民族，但数量较少。赫里特·纳普和海瑟·萨瑟兰的研究显示，1717年，拥有2艘船（chialoup、gonting或pencalang渔船）③的仅有14人，其中有4位华人，包括甲必丹王庆思*（Ongkingsay），梁德哥*（Nioteko）以及梁忠哥*（Niotiongko）。1723年，拥有2艘船的人数降至10人。④

（一）李如璋（Li Jauko）

在上述10位船主之中排名第三的就是李如璋，在他前面的分别是一位马尔迪吉基尔（Mardijkers）人和一位荷兰公民（burgher）。1746年，李如璋担任包税商后，也担任了华人甲必丹。他有两艘船［其中一艘是从爪哇购入的容量8拉斯特（last）⑤的弓艇（gonting）

---

① 相关表格本来没有题目，将其命名为"Daftar Nahkoda"（船长名单）及"Daftar Kapitan dan Pemilik Kapal"（甲必丹及船主名单），信息来自于苏尔梦教授。

② 目前有关上述时期沙班达尔港务长（Copia Siabandhaars）的记录可在编号NA 1667的微缩胶卷中获取。

③ 译者注：据"术语释义"的解释，chialoup即重约30拉斯特（last）的欧洲船舶，约由20名水手操作；pencalang即产自马来的侦察船，专门用于运输商品的船舶，爪哇地区也制造此类船舶；而gonting即一种知名的爪哇船舶，用于捕鱼，重约8拉斯特（last）。文中的chialoup船将音译为啥洛夫欧式渔船，gonting将音译为弓艇爪哇渔船。

④ Gerrit Knaap and Heather Sutherland, *Moonson Traders*, p. 65。

⑤ 1拉斯特约等于1250公斤；cf. Gerrit Knaap and Heather Sutherland, *Monsoon and Traders*, p. 177。

爪哇渔船，船员16人］，容量36拉斯特。① 我们能够找到其中一艘船的船长姓名，他叫陈庆朱*（Tankingtjo），于1723年10月25日从巴达维亚抵达望加锡。②

（二）林南哥*（Limnauko）

林南哥*是望加锡第一位华人船长。自1717年，他就开始驾船向安汶航行。1722—1723年，他驾驶35拉斯特容量的啥洛夫（chialoup）欧式渔船，携24名船员，将大米运送至班达。1724年，他成为独立船主，独自拥有一艘36拉斯特容量的啥洛夫欧式渔船和20名船员，曾航行至马鲁古、三宝垄和巴达维亚。通常，去马鲁古的话，他会运送约750担大米，如果去爪哇岛，则大约携带100担海产，如海参和石花菜，价值约为500瑞克斯银币（rijksdaalder）硬币。在回程途中，他会携带从印度商人手中购买的中华烟草、500格腊丝布（gerasse）③、劣质棉布和其他物品。④

（三）谢更哥*（Tjakenko）

1718年，谢更哥*向巴达维亚进发，20年代常围绕安汶、班达展开航运。一开始，他用弓艇（gonting）爪哇渔船航行，后来改换啥洛夫（chialoup）欧式渔船（容量30拉斯特，船员20人），1726年曾抵达班达（Banda），1725年、1726年也曾抵达巴达维亚。主要将大米运至马鲁古，将海产品运至巴达维亚。在他首次航运抵达巴达维亚时，船上装载的货物包括7000件中国瓷器、17.5担中华烟草和500格腊丝布（gerasse，孟加拉低质棉布）。在他的第二次航程中，他携带了1000件中国瓷器、不到300格腊丝布和25担中华烟草，价值约3000瑞克斯银币（rijksdaalder）。⑤

---

① 在荷兰文史料中，有关"李如璋"的拼写总会出现错误，主要是字母"u"dan"n"易混淆，类似的错误也出现在 Gerrit Knaap and Heather Sutherland, *Moonson Traders*, p. 65.

② Cf. "Daftar Kapitan dan Pemilik Kapal".

③ 译者注：根据"术语释义"的解释 gerasse 即来自孟加拉的低质棉织布。文中的 gerasse 将音译为格腊丝布。

④ *Daftar Nahkoda*; Gerrit Knaap and Heather Sutherland, *Monsoon Traders*, p. 158.

⑤ *Daftar Nahkoda*; Gerrit Knaap and Heather Sutherland, *Moonson Traders*, p. 158.

（四）梁北哥*（Niopako）

1733年，来自望加锡的梁北哥船长驾6拉斯特的弓艇（gonting）爪哇渔船，携13名船员前往巴达维亚。① 从其他史料中可以了解到，梁北哥（1699—1742年）其祖先应是望加锡的梁氏家族支脉。

我们如果重点关注1717—1734年间那些华人船长从望加锡出发行驶的往来航线，就会看到前往巴达维亚的有18次，三宝垄13次，班达6次，安汶2次，马辰、塞拉亚岛（Selayar）、涧仔低（Ternate）、曼加莱（Manggarai）各1次。②

纵观印尼群岛各港口的船舶往来航线，我们也会发现与上面十分类似的情况，除了安汶港次数最多有95次，巴达维亚48次、三宝垄31次、班达14次、马辰9次、涧仔低4次。另外还有前往英德（Ende）、碧玛（Bima）、塞拉亚岛、巴鲁（Barru）、吉恩拉纳（Cenrana）、索洛尔（Solor）、曼加莱和邦加（Bangka）的1—3次。③

三 中期（1735—1766年）

（一）陈启哥*（Thankeko）

有关1735—1765年时期的航运信息没有在港务长的记录中出现，但我们发现了一份非常吸引人的文件，④ 记录了华人雷珍兰赵宝老*（Tjopolauw）和船长陈启哥*之间签订的合同（未保存下来）以及两人的恩怨。这份材料能够让我们了解一位船主如何安排船长和船员以其名义在巴达维亚进行航运贸易。材料中提到，1739年船长陈启哥*负责将700担琼脂或琼脂粉运送及在陈盛哥*（Thansengko）的帮助下贩卖至巴达维亚，并将收入所得用于支付债务、回国信件的运费和购买商品。

船长日志是用马来语记录，分为两部分。第一部分记录了5位购

---

① *Daftar Nahkoda.*

② *Daftar Nahkoda.* 需要说明的是，名单中的地名可能出现漏记情况，有些来自望加锡的船长其居住地信息遗失。

③ *Daftar Nahkoda.*

④ ANRI, Arsip Makassar 338.2（Memorie ini dari saja Anackoda Thankeko⋯）et 331.5（Raport⋯egens onse informatie van 's geschill tussen den Chinees Thankeko en den luijtenant dier natie Tjopolauw）.

买石花菜的买主姓名，以及各自购买的数量；第二部分的题目为"债务字据"，提到了赵宝老*支付给四个人的每一笔欠款，其中支付陈盛哥* 703 雷亚尔（real）、范·多尔（van Door）100 雷亚尔，较小笔给了另外 2 个人，其中也涵盖寄送回中国的信件运费 24 雷亚尔，购买麻袋、秤的费用、港口税、船员的工资、租房费、购置大米及在三宝垄和日巴拉（Jepara）的碾米费。在锦石（Gresik），他们付修理帆布费用，还购置了需要替换的帆布和锚石。

材料中有关雷珍兰和船长之间的争执出现在船长携带的石花菜数量上。雷珍兰在法庭上提出了异议，法庭宣判船长支付雷珍兰欠款，以下是部分记录：

> 该日志记录船长陈启哥*将赵宝老*（Thio Polau）的弓艇（gonting）哇渔船开往巴达维亚。因此，赵宝老*委托了陈盛哥*在巴达维亚售卖石花菜，并且二人均接受上述石花菜的价格。
>
> 邓英哥*（Tengeko）购买石花菜的记录如下：
> 186 满袋重 83 担，非足袋重 1 担 86 斤
> 还剩 81 担 14 斤，1 担价格为 2 雷亚尔（real）5 古镑（koupang）①
> 总价值 179 雷亚尔 2 古镑
>
> 清端哥*（Tsjing Tomko）购买石花菜的记录如下：
> 261 满袋重 120 担 25 斤，非足袋重 2 担 6 斤
> 还剩 117 担 64 斤，1 担价格 2 雷亚尔 5 古镑
> 总价值 259 雷亚尔 3 索克（soukou）1 古镑
>
> 富赵*（Hoettio）购买石花菜的记录如下：
> 299 满袋重 144 担 15 斤，非足袋重 2 担 99 斤

---

① 译者注：雷亚尔（real）是西班牙货币，索克（soukou）是印尼、马来亚的旧币名，等同于 0.25 雷亚尔，而古镑币（koupang）是爪哇的旧货币，适用于 8 世纪夏连特拉王国时期。

第一章　早期至荷兰东印度公司末期(1799年)的望加锡华人社会　　37

还剩141担16斤，1担价格2雷亚尔5古镑
总价值311雷亚尔2索克5古镑

黄华哥*（Oeij Hoako）购买石花菜的记录如下：
182满袋重85担35斤，非足袋重1担82斤
还剩83担53斤，1担价格2雷亚尔5古镑
总价值184雷亚尔1索克3古镑

卓松安（Toa Sung-ong）购买石花菜的记录如下：
138满袋重71担80斤，非足袋重1担38斤
还剩70担42斤，1担价格2雷亚尔5古镑
总价值152雷亚尔2索克2古镑

493担89斤石花菜总价值1087雷亚尔2索克1古镑。
（1斤相当于1/100担，或1.25 Pun AMSTERDAM）
（Verhandeling 1786：342）

表1-1　　　　船长在巴达维亚替赵宝老支付的款项

	雷亚尔 （real）	索克 （Soukou）	古镑 （koepang）
陈盛哥*已收宝老付的欠款	70	1	
陈启哥*已向陈詹哥*（Than djiamko）付宝老的欠款	50		
支付郑苏哥*（Thee Soko）		9	3
支付范·多尔（Sinjoor van Door）	100		
宝老指令向中国写信	24		
支付房屋费	10		
支付搬运工的费用	3	3	1
支付房屋费和运费	16	3	4
已买1090麻袋	20	2	
采购及购买船上使用的绳子	39	2	

续表

	雷亚尔（real）	索克（Soukou）	古镑（koepang）
支付海关的进口费	96	1	3
支付海关的出口费	14	3	
支付欠款和采购费共有	1088	1	
支付船员2个月的工资记录			
支付舵手工资	23	3	3
支付两名舵手工资	18		
支付船员工资	12		
支付水手半个月生活费		3	
支付7名水手工资	49		
已支付船员工资总计	105	3	3
购买米、从三宝垄购买碾米机	35		
2次经过杰帕拉（Jepara），购买碾米机和其他物品	19		
1次经过拉森（Lasam）的消费	3	3	
支付船员的1个月工资			
支付船员工资		6	
支付2名舵手工资		9	
支付7名水手工资	24	2	
2次停留费用，外加采购石锚的费用	8	2	4
小计	106	2	5
共计	212	2	2

资料来源：望加锡档案338.2

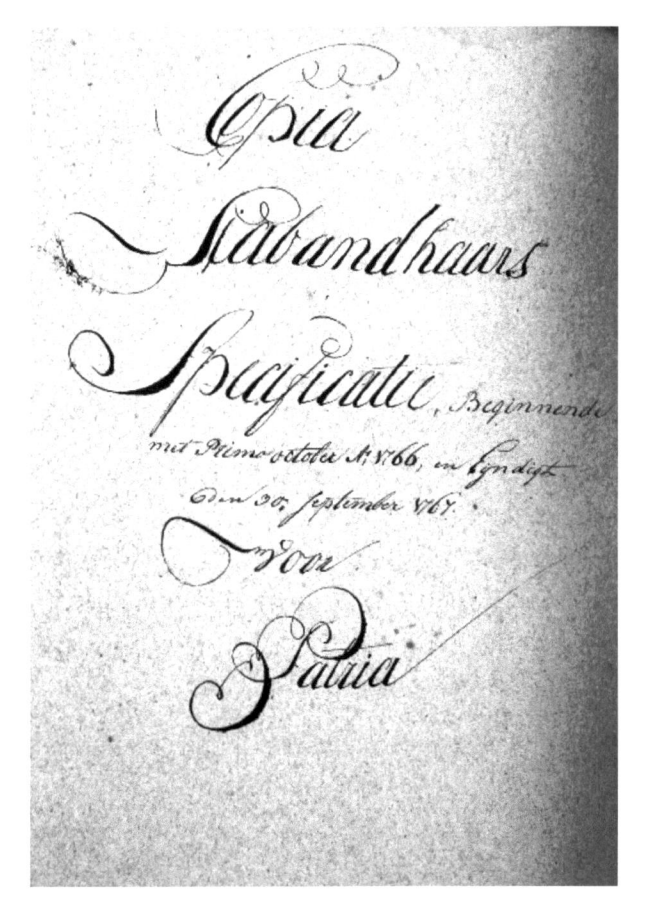

第一章　早期至荷兰东印度公司末期(1799年)的望加锡华人社会　◇◇　39

图1-1　1766—1767年港务长记录本封面

（Copia Siabandhaars…）

四　末期（1766—1797年）

根据港务长的记录，这一时期，华人在海上贸易中发挥的作用更加显著，在望加锡及其他港口担任船长的华人穆斯林人数增多。

1766—1767年，在望加锡港口禁止中国帆船抵港时，厦门商人寻找其他方式规避此项禁令。他们先停靠在巴达维亚，在那里换乘别的船舶前往望加锡进行贸易活动。以邱彪龙*（Quepiaulong）船长为例，1767年3月1日，他率领一艘载重为50拉斯特的啥洛夫（chia-loup）欧式渔船，携中国船员50人、爪哇船员20人抵达望加锡港口，随船还载有16名华人乘客以及各类商品，如印度的布匹、爪哇的茶和铜制茶具、匕首、糖、黑儿茶①、中国烟草（重 450 担）②、蜜饯、8000 个盘子、6000 只碗、10000 个铜板（picis）、锅、雨伞、14 吨油、20 盒砂糖、1 盒安息香、金丝线、4 包纸。③ 6 月 15 日，他驾驶该船离开望加锡返回巴达维亚，同时携带 29 名船员和 9 名乘客，随船货物包括 1050 担海参、10 根蜡烛、1 块玳瑁、350 斤燕窝。④ 这个例子值得关注，因为装载的货物与直接从厦门启程的帆船装载的货物完全一致。

在望加锡籍船长中，梁氏家族遍布很广，发挥着重要作用，然而家族成员之间的关系我们不得而知，可能与安汶的梁氏家族有一定的血缘关系。⑤ 1766 年，也有一个叫梁北公（Niopoko）的人（与上文提到的不是一个人，因为根据梁氏家谱，上文提到的梁北哥于 1742 年逝世），于 10 月 30 日驾驶一艘重 5 拉斯特的帕杜瓦康船（paduwakang），⑥ 携 10 名船员来到海产集散地博内拉泰（Bonerate，北部是塞拉亚岛，南部是弗洛勒斯群岛）。船上配备 2 门大炮、5 把步枪、2 把手枪，携带的货物包括 10 口锅、1 筐铜锅、1 担中国烟草以及几袋便宜的货物。他的返程并没有留下记录，但可以推测应该遇到了一定难度，或至少折回巴达维亚，因为巴达维亚港口 1768 年 3 月 25 日的记录中有一个名字为梁北哥（Nioboko）的记录。1769 年

---

① Gerrit Knaap and Heather Sutherland, *Monsoon Traders*, p. 96：在望加锡及内陆地区，甘蜜的使用较少，主要产地位于苏门答腊岛和马来半岛地区。

② 有关皮其斯铜币（picis）在望加锡及印尼东部地区的使用情况，详见下文有关存款的叙述。

③ 详见 Algemeen Rijksaarchief, Copia Siabandhaars, NA 1667, pp. 149-181，自 1766 年 10 月 16 日始，于 1767 年 9 月 30 日止。

④ 同上。

⑤ 1766 年 10 月 16 日，Nio Jouceeng 携带 2500 瑞克斯银币，驾驶本杂根（pencalang）马来侦察船抵达望加锡，该船主名叫 Joseph Conmans，是来自安汶的荷兰裔。11 月 30 日，返程，随船携带大米、衣篮、粗白布、玻璃。1767 年 8 月 10 日，Nioaykong 抵达望加锡，并于 11 月 14 日返回。下文中有关梁氏族谱记录了许多该家族的分支，18 世纪初梁氏第一代成员抵达望加锡，但尚未有史料表明梁氏第一代成员与荷兰人有来往。（Daftar Kapitan）

⑥ 帕杜瓦康船（paduwakang）是布吉斯样式的船舶，17—19 世纪常用于海洋贸易，18 世纪末有关帕杜瓦康船的图片详见 Gerrit Knaap and Heather Sutherland, *Moonson Traders*, p. 48。有关 18 世纪望加锡不同种类的船舶详见 Gerrit Knaap and Heather Sutherland, *Monsoon Traders*, p. 4；也可参考，*The Bugis*, p. 257。

3月28日，另一位船长梁元哥*（Nio Ganko）驾驶啥洛夫（chia-loup）欧式渔船前往博内拉泰，船上满载各类武器（2门大炮、2门小炮、4把大口径火枪、4把长枪），但没有装载货物。7月初该船再次抵港时也没有装载任何货物，说明其用途是在商业活动之外。7月7日，船长梁万哥*（Nio Panko）离开该岛，船上也没有装载任何货物，可能是遇到了麻烦。10月19日，船长梁仁哥*（Niodjinko）驾驶帕杜瓦康船离开望加锡前往松巴哇（Sumbawa），并于12月16日返回。

此后接下来的几年，未见有关货物的记载。我们整理了一张梁氏船长船只往来信息表，如下图所示。由于在港务长记录中有部分年份缺失（例如1769年9月29日至1774年11月10日、1777年9月25日至1786年10月2日、1789年9月28日至1796年10月4日），部分日期的往来信息也就没有记录下来（在下表中用斜体问号表示）。由于无缘浏览上述港务记录的全部内容，我们无从知晓上述缺失年份的信息是在原记录中本就是空白，还是我们拿到的资料在筛选时出现了遗漏。还有一个问题是，船长姓名的书写记录因为在读记过程中的错误，可能会出现偏差。此外，有关梁炳龙*（Niopeenglong）的记录中，出现了两个抵达的日期，但中间仅相隔两天，可以断定是当时的港务长记录出现错误。

表1-2　　　　　望加锡梁姓船长往来船只信息①

船长姓名	出发日期	目的地	抵达望加锡的日期
梁颜哥*（Nioganko）	28.3.67	博内拉泰	1.7.67
	26.3.68	博内拉泰	19.6.68
	22.6.68	巴达维亚	3.10.68
	23.3.69	博内拉泰	18.6.69
梁北哥（Niopanko）	无明确信息	博内拉泰	7.7.67
梁仁哥*（Niodjinko）	19.10.67	松巴哇	16.12.67
梁北哥（Niopoko/Nioboko）	10.30.66	博内拉泰—巴达维亚？	25.5.68

① 译者注：表格中的日期按照日、月、年顺序写的。

续表

船长姓名	出发日期	目的地	抵达望加锡的日期
梁乐哥*（Nioletko）	3.10.68	松巴哇	23.11.68
梁苏哥*（Niosoko）	17.10.68	松巴哇	23.11.68
梁德哥*（Nioteko）	无明确信息	松巴哇	23.11.68
	15.2.69	布吉斯	9.6.69
梁文哥*（Nioboenko/Nioboenhoe）	无明确信息	松巴哇	29.10.74
	22.2.75	碧玛	4.5.75
	26.7.77	碧玛	无明确信息
	无明确信息	巴达维亚	13.10.86
	23.6.87	巴达维亚	无明确信息
梁仁哥*（Niojemko/Niojimko）	19.2.76	碧玛	20.5.76
	5.8.97	松巴哇	无明确信息
梁芳生（Niohongseeng/Niohangseeng）	26.6.76	巴达维亚	27.9.76
	20.6.87	巴达维亚	10.3.87
	22.6.89	巴达维亚	3.9.89
梁海赐*（Niohaysoe/Niohaylo）	18.6.76	巴达维亚	16.10.76
	21.8.88	松巴哇	3.10.88
	9.7.89	松巴哇	17.8.89
梁徐光*（Niojiekong/Nijikong）	26.10.76	泗水	16.12.76
梁旗光（Niokikong）	无明确信息	巴达维亚	6.10.86
梁旗生（Niokiseeng）	无明确信息	松巴哇	23.10.86
梁旌光（Nioso［e］ngkeng）	06.11.86	布顿	无明确信息
梁旌光（Niosoenkong）	6.12.86	布吉斯	3.4.87
梁游生*Nioh［t］amseeng	无明确信息	松巴哇	19.8.87
	27.8.87	松巴哇	无明确信息
	7.10.87	松巴哇	无明确信息
梁旌光（Nioseengkong/Nioseengkeng）	无明确信息	布顿	3.4.87
	25.2.88	安汶	8.6.88
	无明确信息	涧仔低	21.6.97
梁宏碧*（Niohompee）	无明确信息	松巴哇	26.6.88
梁炳龙*（Niopeenglo［ng］）	30.8.88	松巴哇	13.10.88
	27.7.89	松巴哇	2.9.89/7.9.89

续表

船长姓名	出发日期	目的地	抵达望加锡的日期
梁建生（Niokiangseeng）	15.8.88	松巴哇	24.10.88
	13.7.89	松巴哇	3.9.89
梁盛英*（Nioseengeeng）	30.8.88	松巴哇	10.10.88
梁康盛*（Niokangseeng）	23.2.89	博内拉泰	7.6.89
梁元晨*（Niogoantan）	7.3.89	松巴哇	12.5.89
梁旌光（Niosenkeng）	5.1.97	涧仔低	无明确信息
梁金生*（Niokimseng）	27.2.97	松巴哇	5.5.97
梁简哥*（Niokanko）	1.3.97	碧玛	6.6.97
梁文房*（Nioboenpang/Nioboempang）	31.7.97	松巴哇	4.9.97

在这些名字中，有四位梁北公（Nio Pokong）的孙子（用黑体书写），梁北公是望加锡梁氏家族的始祖，家谱可延续至 20 世纪。梁芳生（Nio Hongseng）、梁建生（Nio Kiangseng）是梁眼郎（Nio Ganlong，1726—1771 年）的儿子；梁旗光（Nio Kikong，1817—1833 年曾担任华社甲必丹）、梁旌光（Nio Sengkong）是梁盼郎（Nio Phanlong，1731—1784）的儿子。梁盼郎是一位大船主，在望加锡富甲一方，我们将在下面章节继续介绍。① 除此以外，其他梁姓船长的历史脉络较为难寻。

如果我们关注一下这些船长的目的地，爪哇和巴达维亚是首选，在那里货物品种繁多，例如工艺品，另外那里也是海参、石花菜、燕窝的集散地。② 另一个远居表格名次之后的是泗水，其余目的地都是海产品、布匹、奴隶的集散地。两年之内，随着碧玛（Bima）和松巴哇的发展，博内拉泰（海参、布匹、蜡烛和奴隶的主要集散地）很快丧失了其重要地位。与此同时，布顿、布吉斯（吉恩拉纳和旁尼）、安汶和涧仔低在上述表格中位居末尾。

仔细研究上述船长前往的目的地，爪哇的多个港口对于望加锡的重要性就变得十分明晰，例如三宝垄（爪哇烟草、大米、盐、椰油的输入港）、锦石、南望市［Rembang，是啥洛夫渔船和本杂根（pen-

---

① 详见望加锡梁氏族谱。
② 更详细表格可参考 Gerrit Knaap and Heather Sutherland, *Monsoon Traders*, p. 240。

calang，马来侦察船）的建造地]、井里汶（爪哇烟草、酒、盐的输入港，望加锡向该港口输送棉布、马匹）。有资料显示，井里汶自17世纪已成为望加锡船只到访的主要目的地，1790年来自望加锡的华人谢汝口，[Xie（Tja）Ru]，捐资修缮当地的潮觉寺（Tiao Kak Sie）。①其他货物集散地还有马辰、帕西尔（Pasir）、劳勿（Luwu）、凯里（Kaili）、塞拉亚岛、英德（这些地区主要输入奴隶、椰油，望加锡向这些地区输出纺织品）、松巴哇的坦博拉（Tambora）、班达（输入海参，输出纺织品、盐和大米）以及帝汶。

（一）华人经营的货物及土生华人

华人经营的货物种类繁多，在此我们不做过于冗长的阐述，仅根据克纳普（G. Knaap）和萨瑟兰（Heather Sutherland）的研究，关注贸易及在华人掌握下较为重要的几种商品。

1. 大米、酒、烟草、鸦片

1720年，大米开始通过海运的形式从比马等地运抵望加锡，18世纪下半叶也有一部分大米是从巴达维亚和三宝垄被运来。华人在该贸易中发挥着积极作用，占进口商总数的57%。②

同样的情形也发生在酒贸易领域，由于南苏拉威西的战事，望加锡的酒生产和椰子酒的供应受阻，爪哇成为最大的供应地。该贸易被荷兰商人和华商分占，例如1766—1767年，一位居住在井里汶的船长驾船满载酒从巴达维亚起航，这一船酒的量就占该年望加锡酒消费量的50%。根据克纳普和萨瑟兰的研究，18世纪80年代，荷兰人和华人在酒贸易中平分秋色，"从船长人数和货船平均数量来看，双方势均力敌，荷兰商人占2221舱，华商有2167舱"③。

1720年以来，爪哇和中国的烟草（中国烟草价格更贵，且须使用烟袋锅吸食）贸易也被华商把持。装载烟叶的帆船先抵达马辰，而后前往望加锡，也有来自巴达维亚的船只。有资料显示，1766—1767

---

① Wolfgang Franke et al. eds.，*Chinese Epigraphic Materials in Indonesia*，Singapore：South Seas Society and Paris：EFEO and Association Archipel，Vol. 2 (1)，1997，p. 194.

② 详见 Gerrit Knaap and Heather Sutherland，*Monsoon Traders*，p. 90.

③ Gerrit Knaap and Heather Sutherland，*Monsoon Traders*，p. 94.

年，有相当数量的船只从爪哇的几个港口携带少量烟叶抵达望加锡。这些船只有一部分仅在望加锡短暂停靠，然后就被用作交换的工具，与东努沙登加拉的华商进行交易，如同我们在有关1766—1767年港务长的记录中所看到的那样。

鸦片贸易的信息较少，我们仅了解18世纪下半叶该贸易的信息，华人商船会从爪哇岛携带少量鸦片抵达望加锡。例如林介英*（Lim Kaijzeeng）于1767年3月13日从井里汶携带了一箱鸦片抵达望加锡，又如齐六哥*（Tje Lacko）船长于1767年9月6日从井里汶携带一包鸦片抵港。荷兰人也参与到此项贸易中，1766年12月16日港务长的记录中写道，一位名叫Jan Nicolaas Mukker的人携带了三包鸦片。这些鸦片有一部分只是在望加锡中转，我们会看到华人船长会将鸦片运往布顿（如齐征哥*或Tje Cenko于1767年1月20日携带10斤鸦片离开望加锡，前往布顿）和博内拉泰（邱启哥*或Qoukeko于1767年2月6日携带14斤鸦片前往博内拉泰）。①

2. 纺织品

生丝，早在17世纪已经出现，但1760年前并没有出现在有关18世纪的财产清单中，每年随着抵达望加锡的帆船或也有少量通过巴达维亚转运至此，一部分又会被用于出口。棉布的情形类似，18世纪60年代，成千担的棉布进口至此，其中80%甚至90%的棉布来自松巴哇。同时期，有40%的棉布贸易掌握在华人手中，18世纪80年代，这个比重超过了60%。② 还有来自中国的素色织物，无论优质与否，18世纪下半叶都随帆船在望加锡转运，在海上贸易中发挥着重要作用。从望加锡港口，有30%的布匹被运至布顿，40%运至松巴哇，负责运送这些布匹的船长，华人占比约40%。③ 1760年起，大量从塞拉亚岛运来的布匹在望加锡转运，华人掌握了该贸易的41%，这些布料有63%被运往安汶，14%运往布顿。④

---

① Copia Siabandhaars, NA 1667.
② Gerrit Knaap and Heather Sutherland, *Monsoon Traders*, p. 109.
③ Op. cit., p. 110
④ Op. cit., p. 113.

3. 陶瓷

1720年，运抵望加锡的中国碗盘有近80%来自马辰，这些瓷器大体每年随帆船或少量由爪哇商人运抵至此，数量不定，有资料显示1760年初约有3.7万只碗运抵望加锡，1768—1769年随着帆船到访，该数量激增超过10万只。一部分陶瓷从望加锡运往松巴哇、布吉斯和布顿。华商掌握了该贸易的69%。①

4. 海产品

整个18世纪，玳瑁贸易没有像海参、石花菜甚至贸易量略少的燕窝贸易一样突出，华人完全掌握所有涉及食用和药用的食材。

在中国，对海参的消费可追溯至元末明初。早期，人们在本国的海岸地带获取海参，18世纪初，才开始出现从南洋进口海参的贸易活动。生活在巴瑶、布吉斯和望加锡的海民们也开始收集海参。海参运抵望加锡通常有两种方式，一是布吉斯人用帕杜瓦康（paduwakang）船航行至澳大利亚收集海参（有时也和华人一起），② 船只12月出发，船员经常来自不同民族；二是Torijene（Bajau，巴瑶）渔民从旁尼、博内拉泰甚至布顿和松巴哇的华商手中购买海参。海参被运至望加锡后，在向华人船长售卖前，会先被分类。在港务长的记录中，这些海参也被贩卖给来自巴达维亚的华人船只。记录中还写道，望加锡当地居民晾晒海参的技术娴熟，1776—1777年，从望加锡就有3000担海参运往厦门，1786—1787年这一数量有5000担；1766—1767年，在望加锡禁运中国帆船的时期，运往巴达维亚的海参量也高达4900担。③ 整个18世纪和20世纪初，华人在批发和购买海参贸易活动中发挥着重要作用。

18世纪，海参的价格在货品被运抵港口前就已经由东印度公司的港务长与华人领袖、船长和税收官一起协商先行确定，1814年以后，

---

① Op. cit., p. 103 – 106.

② Charles C. McKnight, *The voyage to Marrege'*; *Macassaren trepangers in Northern Australia*, Carlton: Melbourne University Press, 1976.

③ 详见 Heather Sutherland, "Trepang and wangkang. The China Trade of Eighteenth-century Makassar, c. 1720 – 1840s", in Roger Tol, Kees van Dijk and Greg Acciaioli eds., *Authority and Enterprise among the People of South Sulawesi*, Leiden: KITLV press, 2000, p. 80.

大商人也参与到价格议定中。政府强调，海参的价格要在五月丰收季前确定，也就是在尚未知晓海参产量之前确定，以避免价格过高。如果帆船在装载海参的货船抵达之前返程，则运载海参的货船必须将货品运至雅加达，但这种情况海参的价格会偏低一些。

随着海参贸易为当地居民带来越来越丰厚的利润，该项贸易活动也变得更加有序。起初，交易还是以物换物，有时也有以物换钱。后来，华商在丰收季之前给参农预付资金，这些商人业余与望加锡华社头领们合开公司，甚至与巴达维亚的商人合作，帮他们收集海参，购买其运来的货品。

与海参不同，如《东西洋考》[①]中记载，中国早在16世纪就从南海进口石花菜和燕窝，18世纪上半叶，运至望加锡的石花菜量不算太多，而下半叶其数量持续上升，1780年达到了2673担。17世纪末，中国商人掌握了来自东加里曼丹帕西尔（Pasir）地区的燕窝贸易。[②]此外，港务长的记录显示，18世纪中国商人还会从松巴哇和班达地区获得燕窝。[③]

由此可见，整个18世纪的下半叶，望加锡华人一直在该区域的贸易活动中发挥重要作用。根据克纳普和萨瑟兰的推测，1780年华人贸易在贸易总额中的贡献达37%。[④]

五 市内贸易

（一）经停望加锡的华商及其贸易中心的形成

斯塔沃里努斯（Stavorinus）记载的有关商人们乘帆船抵达望加锡

[①] 详见 Stephen Tseng-Hsin Chang, "Commodities Imported to the Chang-chou Region of Fukien during the Late Ming Period. A Preliminary Analysis of the Tax Lists found in *Tung-hsi-yang-k'ao*", in Roderich Ptak and Dietmar Rothermund, eds., *Emporia, Commodities and Entrepreneurs in Asian Maritime Trade, C. 1400 – 1750*, pp. 165, 183。

[②] Gerrit Knaap and Heather Sutherland, *Monsoon Traders*, p. 102.

[③] 例如1766年11月6日的港务长记录，船长 TheBooko 携带50斤燕窝，从碧玛抵达望加锡；Gerrit Knaap and Heather Sutherland, pp. 102 – 103. 有关印尼群岛各地的燕窝贸易详见 Claudine Salmon, "Le goût chinois pour les nids de salanganes et ses répercussions économiques en Indonésie (XVe/XVIe – XXIe s.)", *Archipel*, Vol. 76, 2008, pp. 251 – 290。

[④] Gerrit Knaap and Heather Sutherland, *Monsoon Traders*, p. 151. 相关研究成果主要涉及1720、1760、1770、1780等几个年份。

贩卖货物的记录如下：①

> 货物运抵后，每位商人在特定的大屋子里开张做买卖，每天望加锡、旁尼、哇卓（Wadjo）的人来到这里，货物一下就变得非常畅销。

事实上，这些帆船运载的货物种类每年都不尽相同。我们也有几张表格更详细地反映了1755年抵达望加锡的帆船情况。有一张表格显示59种进口货品和10种出口货品，其中进口的货品包括4把雨伞、5种纸张、6种碗和11个盘子；出口的货品是6种品类的海参。②1769年，货船携带皮其斯铜币（picis）、茶叶、缸、碗、盘和锅抵达，并携带海参、蜡返航。③

接下来的几年，到访的帆船体量越来越大，装载的货物也越来越多。根据的克纳普和萨瑟兰的推测，1755年望加锡港口的进出口贸易总额达4.7万瑞克斯银币，1769年达到11.7万瑞克斯银币，1770年达到18.2万瑞克斯银币，1780年达到32.6万瑞克斯银币。④由此可见，资金的需求量也随之提升，这标志着放贷人在贸易链各层级中的重要性开始显现。

（二）放贷人

18世纪，借贷发挥更加重要的作用，它将抵达望加锡的中国商人、望加锡本地华商、印尼群岛各城市的华商、东印度公司商人与当地人联系起来，参与海产及同类产品的收集。这些借贷人有的来自东印度公司，有的是私人放贷者，当然也有来自厦门的商人。他们像那些来自巴达维亚的华商一样携带一笔钱财抵达望加锡，这种货币叫做萨贝（sapek），也被称为皮其斯币（picis 或 kepeng，是一种形状较小

---

① John S. Stavorinus, *Voyage par le Cap de Bonne-espérance et Batavia, à Samarang, à Makassar*, Vol. I, p. 208 – 209.
② Gerrit Knaap and Heather Sutherland, *Monsoon Traders*, p. 146.
③ Gerrit Knaap and Heather Sutherland, *Monsoon Traders*, p. 147. 也可参考本书中有关1774—1777年、1786—1789年中国帆船携带货物用于进出口买卖的图片。
④ Op. cit., p. 148.

第一章　早期至荷兰东印度公司末期(1799年)的望加锡华人社会　　49

的铜钱，中间有一个四方形的孔，便于串成一串，通常一串有1000个硬币，但通常量也不足)。例如，李庆吕*（Likenglo）船长和齐六哥*（Tje Lacko）船长分别于1766年2月12日和1767年9月6日携带1万格并（keping，中国铜钱）①和9万格并铜钱从巴达维亚抵达望加锡。②但无解的一个问题是，在这些来自爪哇岛的铜钱中，是否也有由井里汶、三宝垄和泗水港务长监造质量较差的铜钱，这些铜钱主要用于上述城市的小交易。③例如，来自泗水的船长李笔哥*（Liepieko）于1766年3月2日驾啥洛夫（chialoup）欧式渔船抵达望加锡，随船携带了1.5万格并铜钱；来自井里汶的林介英*（Lim Kai-jzeen）于1766年3月13日驾啥洛夫（chialoup）欧式渔船抵达望加锡，随船携带了60万格并铜钱。④该铜钱被用于南苏拉威西、⑤松巴哇（约有4.2万格并铜钱，等同于112瑞克斯银币⑥）等地，并于18世纪末在弗洛勒斯岛（Flores）出现，同时与东印度公司的瑞克斯银币在有关货币金融的记录中出现。但实际上，交易涵盖了欧洲各类货币，包括荷兰度卡盾⑦（ducaton）、西班牙雷亚尔（real）、巴达维亚的印尼盾（rupiah）、荷兰先令（schelling）和荷兰斯泰佛（stuiver）硬币。这些都是白银货币，也有铜制的面额较小的货币（duit）。不仅在爪哇岛整个沿海地区，在占碑、巨港、马辰、马塔普拉和望加锡，

---

①　译者注：Keping即中国古代的铜钱，详见"术语释义"。
②　Copia Shiabandhaars, NA 1667.
③　Léonard Blussé, *Strange Company*, *Chinese Settlers*, *mestizo women and the Dutch in VOC Batavia*, The Hague: Martinus Nijhoff, 1986, p. 48.
④　Copia Shiabandhaars, NA 1667.
⑤　David Bulbeck and Ian Cadwell, *Land of Iron. The historical archaeology of Luwu and the Cenrana Valley: results of the Origin of Complex Society in South Sulawesi Project* (*OXIS*), Hull: Centre of Southeast Asian Studies, University of Hull, 2000, p. 24, 记录了位于波尼湾的一处墓葬中，发掘出一块乾隆年间的瓷器碎片："Surface survey of the Pontanoa Bangka cemetery yielded abundant decorated earthware jars in various stages of fragmentation, two iron bush knives, an eighteenth century Chinese famille rose saucer and a copper cash minted during the reign of Qianlong (1736–1795)".
⑥　例如船长Tiomko于1766年前往松巴哇，携带30袋皮其斯币，cf. Copia Siabandhaars, NA 1667.
⑦　译者音译。

至少从17世纪初期，①这些地方都已经使用铜钱进行交易，并且主要用于小型贸易。但是，要全面了解这种货币还相当困难，因为港务官的记录没有系统地罗列货币的流动情况，但至少可以看到，铜钱的流入量在1760年达到顶峰，每年达到约61万皮其斯铜币（picis）或相当于1630瑞克斯银币，流出量达到160万或相当于4305瑞克斯银币。②另外，史料也没有提供有关在望加锡铸造铜钱（keping）的可能性的信息，我们推测有一部分流入的铜钱逃脱了港务长的监察。同时，有关白银货币流入流出量也有记录，分别为7335瑞克斯银币和13090瑞克斯银币。简而言之，铜钱在资金流的使用占比仅为20%—25%，远低于东印度公司的货币。③

来自中国的商人通常用其随身携带的铜钱或者所卖的货物支付部分采购费用，他们也一直希望能够将白银货币带回国，以便在中国南方谋取较大的利益，正如斯塔沃里努斯（Stavorinus）提到的那样：④

> 望加锡长官告诉我，这些中国商人在其所经营的贸易中获得超过四千利润之后，在返程途中还会携带海参和皮阿斯特币，这

---

① 详见 Arjan van Aelst, "Majapahit picis, the currency of moneyless society 1500 – 1700", *BKI* 151 (3), 1995, p. 373. 关于爪哇产的皮其斯币，原文叙述如下："These coins were not just intended for local circulation but for export purposes as well. The Dutch and Javanese used them to buy pepper with in Banjermasin and Palembang, while the English exported them from Banten to Japara, Jambi, Palembang, Makassar and Martapura. Apparently, this type of money was generally accepted along the coasts of the Java Sea, in north-eastern Sumatra, northern Java, southern Borneo and southern Sulawesi. It is difficult to believe that it could be in such widespread use if it had only recently been imported by the Chinese."[此类货币不仅在当地流通，也在出口贸易中流通，荷兰人和爪哇人用该货币购买马辰、巨港的胡椒，而这些胡椒是英国人从万丹出口至日巴拉（Jepara）、占碑、巨港、望加锡及马尔塔普拉（Martapura）。显然，该货币已在爪哇海沿岸、苏门答腊东北部、爪哇北部、婆尼南部、苏拉威西南部等各地流通]。

② Gerrit Knaap and Heather Sutherland, *Monsoon Traders*, p. 87, 未提及制造皮其斯币铜币（picis）的原材料，17世纪末，有史料记载，波尼及果瓦国的皮其斯币（picis）由铅制成。

③ 详见 Gerrit Knaap and Heather Sutherland, *Monsoon Traders*, pp. 87 – 88.

④ John S. Stavorinus, *Voyage par le Cap de Bonne-espérance et Batavia, à Samarang, à Makassar*, Vol. 1, p. 209.

第一章　早期至荷兰东印度公司末期(1799年)的望加锡华人社会　51

两种东西在中国获利极大。

中国商人伺机将他们先前带来的货币花掉，再带着海参以及当地的各类商品返航。他们还可以向那些购船的当地华商或者为他们收集海货的人放贷。可以得出结论，在望加锡，所有的商人都能从华人或荷兰人手上获得贷款，可惜的是佐证该结论的材料太少。此外，他们还可以从孤儿院（Weeskammer）或贫民基金会（Diakoni）获得贷款，贫民基金会一般只向欧洲人提供贷款。①

有关私人方的借贷，我们没有亚洲借贷人的记录资料，只有荷兰人的。毫无疑问，借贷过程中出现了问题，尤其是那些不在望加锡居住的商人中，有这样的记录：②

中国商人通过帆船来到这里，和基督徒、本地人做生意，并且借了各类贷款购买海参和其他商品，这很容易有损当地人的利益。这个问题必须在这里解决，而不是等到他们回到中国，要记住，即使这些中国商人不居住在这里，他们也会留下妻子或妾侍替他们购买商品以及处理他们的从中国带来的货品。

更详细的记录是有关商人以及港务长未受理的帆船船主的案情记录。③

可以推测，荷兰人在望加锡经营的孤儿院（Weeskamer）规模没有巴达维亚的大，甚至在20世纪30年代，孤儿院的行政管理相当差，1739年还传出丑闻令孤儿院的管理方不得不向巴达维亚寻求帮助，驱赶了两名奸商，他们也是该孤儿院的负责人员。④ 斯塔沃里努

---

① 译者注：当时的孤儿院（Weeskamer）业务也涉及遗产管理服务。
② 摘自 Heather Sutherland, "Trepang and wangkang", p. 79.
③ Heather Sutherland, "Money in Makassar: Credit and Debt in an Eighteenth Century VOC Settlement", in Edi Sedyawati, Susanto Zuhdi, eds., *Arung Samudera. Persembahan Memperingati Sembilan Windu A. B. Lapian*, Depok: Pusat Penelitian Kemasyarakatan dan Budaya & Lembaga Penelitian Universitas Indonesia, 2002, pp. 733 – 734.
④ 详见 Heather Sutherland, "Money in Makassar: Credit and Debt in an Eighteenth Century VOC Settlement", pp. 725 – 726。

斯大约在接下来的 4 年暂住于望加锡，他的记录中也显示这所孤儿院并没有得到合理整修，前半部分的建筑物也没有得到妥善修护。对此，他写道："在弗拉尔丁恩（Vlaardingen）街尽头有一家孤儿院，规模很大但是年久失修。"①

18 世纪末，在贫民基金会的监督下，两位摄政官（buitenregenten）管理孤儿院，他们还是改革教堂（Gereja Reformasi）的成员，由东印度公司驻望加锡的行政管理派遣。1784 年，其中一位还担任了港务长一职。

孤儿院的功能是将其照料的孤儿的财产借出去。1733 年，该孤儿院的资金总额就达 32877 瑞克斯银币，其中 1.2 万瑞克斯银币是现金，剩下的是贷款数额。当然，寻找可靠的贷款人有一定难度。一般来说，对于当地人及华人的借贷，要在一定数量的黄金首饰、财产或货物的担保下才可进行，留存下的一些借据清单，也说明了借款担保能够让那些欧洲借贷人放心。②正如 1732 年甲必丹王庆思*（Ong Kingsaij）偿还了 2000 瑞克斯银币债务时，必须拍卖他此前提供担保的财产清单中的一些资产。③对于小额贷款人来说，也是如此。

1769 年，孤儿院（Weeskamer，遗产管理）借出了 33311 瑞克斯银币，其中 6649 瑞克斯银币贷给了东印度公司，17201 瑞克斯银币贷给了欧洲人和在望加锡的荷兰市民，9361 瑞克斯银币贷给了华人，每笔贷款额在 100—2000 瑞克斯银币不等。这笔资金属于 17 个被监护的孤儿，他们按财富比例获得利息，而其他 13 个孤儿没有得到任何好处，因为他们的钱以用益权的方式已经交给了近亲或朋友，其中 2 人是未成年的华人，1 人可能是土生华人。④

---

① John S. Stavorinus, *Voyage par le Cap de Bonne-espérance et Batavia, à Samarang, à Makassar*, Vol. 1, p. 135.

② Heather Sutherland, "Money in Makassar: Credit and Debt in an Eighteenth Century VOC Settlement", pp. 726–727.

③ ANRI, Arsip Makassar, Inventarissen van 1730 tot 1739, 308.1.

④ Heather Sutherland, "Money in Makassar: Credit and Debt in an Eighteenth Century VOC Settlement", p. 727.

在下一章我们会看到，1809 年贷款数额急剧上升，华人作为借贷人占据重要地位，那个时期，虽然具体的日期还有待发掘，华人和马来借贷人只需要有担保人就能提供贷款。但是，贷款利率在 18 世纪下半叶开始下跌，可以推测当时的贷款风险已经下降。

（三）税收承包体系在望加锡经济领域中的作用

随着港口包税制的实施，1745 年东印度公司开始对望加锡当地所有行业设立包税商，包括收取人头税以获得最丰厚的利益，有关这一新制度的时间脉络细节如下。

1746 年，甲必丹李如璋（Li Jauko）获得了一年买卖鸦片的特权，价值 5000 瑞克斯银币，[①] 而其中一半要上缴给东印度公司，另一半要上缴鸦片商会（Amphiöen Societeit）。1750 年，最大一部分的税收收入来自赌博业、酒业，共高达 2000—3000 瑞克斯银币。华人把持赌博业税收，正如 1765 年，Thipeenko 支付了 1075 瑞克斯银币获得包税商一职，与之前相比高出了 325 瑞克斯银币，甚至更多。[②] 荷兰人一直把持酒税包税权，直到 1774 年，华人成功接管。[③] 1764—1765 年，梁盼郎承包对市场、店铺等级别较低领域的税收，[④] 1766 年又由雷珍兰登阿哈里（Intje Tengaharie）以 250 瑞克斯银币的价钱接任，比之前高了 53 瑞克斯银币。[⑤] 1765 年，屠宰（尤其是生猪屠宰）包税权由梁盛哥*（Nioseengko）以 150 瑞克斯银币的价格标得，比之前便宜 57 瑞克斯银币甚至更多。[⑥] 同年，梁旌光以 876 瑞克斯银币（比上一年便宜了 120 瑞克斯银币）的价值从李富江*（Liehoetjiang）手中接管负责收取人头税，[⑦] 烟草税由巴达维亚的华人包税人监管。[⑧] 与 19 世纪的材料不同的是，我们无法从这一时期的史料中找出包税商和担保人之间的关系。

---

① *Realia*, Vol. 2, p. 175. 有关 1746 年 12 月 13 日的决议。
② 摘自 *Kepala Pelabuhan*, NA, 1667, p. 22.（1765 年 10 月 4 日的记载）
③ Gerrit Knaap and Heather Surherland, *Monsoon Traders*, p. 93, 113.
④ Heather Sutherland, "Trade and Society in Eighteenth-century Makassar", p. 119.
⑤ 摘自 *Kepala Pelabuhan*, NA, 1667, p. 22.（1765 年 10 月 4 日的记载）
⑥ 同上。
⑦ 同上。
⑧ *Realia*, Vol. 2, p. 167. 有关 1750 年 2 月 10 日的决议。

（四）黄金及饰品贸易

显然，我们没有获得更为明确的史料获知这项贸易的详细情况，但金银、珠宝饰品贸易在华人社会中的重要性不容小觑。① 那些望加锡、井里汶、爪哇、马尼拉、澳门或者中国大陆风格的饰品，② 让我们勾勒出那时红蓝宝石、钻石（据说是从马辰运出的）等名贵宝石的长途贸易图景，这些饰品对妇女生活有着重要意义。从一些史料中我们看到，这些饰品在向孤儿院做担保时也发挥着资金、担保物的作用，③ 如果借债人无法偿还债务，这些饰品也被当作收缴物来抵债。

（五）日用品商贩

从1747年一位名叫黄水哥*（Oeinsuiko）的借债人的财产清单中，我们可以一窥该类型的贸易。这张清单是借款人陈英（Than Eeng）整理的，用来偿还债务。清单上，除了一艘啥洛夫（chialoup）渔船，黄水哥*还拥有几类日用货品，包括盘子、茶碗等餐具，剪刀、中国纸张、水果刀、弯刀、斧头、落地灯、烛台、盛满黄油的花盆，④ 茶包、一面镜子、铜托盘、腰带、一箱丝线、秤及石秤砣、望加锡当地产的碗、一组笛子、科罗曼德尔（Koromandel）的手绢及其他。这张清单上的货品来自望加锡的多个部族。

六　社会状态

（一）华社中的主要成员

18世纪，望加锡华人社会文化信仰多元，其中有一部分是信仰伊斯兰教的土生华人，他们与马来族通婚，一般使用本地姓名，前面有

---

① 直至今日，仍有许多来自广东的商人在望加锡的松巴阿埠街（jalan Sombaopu）等地贩卖黄金。

② 最早的饰品可追溯至公元11世纪初，出土于施拉雅和哥哇地区。大批量的黄金于1300—1600年发现，是墓葬仪式中的重要物品。Wayne Bougas, "Gold Looted and Excavated from Late (1300 AD – 1600 AD) Pre-Islamic Makasar Graves", *Archipel*, Vol. 73, 2007, pp. 160 – 161.

③ ANRI, Arsip Makassar, inventorissen van 1730 tot 1739, Makassar 308. 1.

④ Gerrit Knaap and Heather Sutherland, *Moonson Traders*, p. 41, 东印度公司船只用桶携带黄油，用于军队的日常需求。

一个"Intje"称呼,①如船长 Intje Balitong,②这样就与其他华族区分开来,但与同样使用上述称呼的马来人就难以区分了。有些土生华人穆斯林也使用原来的华文名称,如梁北公(Nio Pokong)的两个儿子分别叫梁眼郎(1726—1771)、梁盼郎(Nio Phanlong,1731—1784),梁北公的妻子也是华人,可能还是土生华人,叫黄才娘(Oei Tjainio),可能与黄舅哥(Oeikoeko)是兄妹。③有些土生华人还会使用华文姓放在 Intje 后面,如甲必丹 Intje Couko(舅哥),到达巴达维亚时被称作"黄舅哥",或者是蔡船长(Intje Tjoa)。许多例证都显示,在望加锡仅凭借姓名是不容易分别马来人、土生华人或华人的。

荷兰占领望加锡后,当局规定由华人甲必丹管理华人及土生华人社会,同时也负责管理马来族群。1701 年,甲必丹王悦卸任,儿子接任,当时马来人享有接受非甲必丹的马来人领导的权利。尽管如此,自 1706 年 5 月 25 日起,这个马来领导人也被赋予了甲必丹的头衔,我们将在接下来的章节看到相关史料,那个时候处于朱嘉(Intje Tjoeka Adulrasoel)时期④,但土生华人穆斯林仍由华人甲必丹管理。1750 年,马来甲必丹阿卜杜尔·卡迪尔(Intje Abdoel Cadier)致力于继续巩固对与土生华人穆斯林通婚的马来人的统治权,这导致了双方社群间的紧张关系。华人甲必丹邱宝党*(Que Podang)以及前甲必丹李如璋(Lijauko)向总督手书一封抗议信,斥责马来人甲必丹违反东印度公司规定,争取收回华人甲必丹的特权。马来人甲必丹也手书了一封抗议信(两份抗议信都有荷兰文译版留存,日期是 1751 年 6 月 7 日⑤)。在抗议信中,双方都提到了此前已达成的协议,以强化自身权力。

---

① Intje(Ince)或 Entje,Antje 是闽南语"阿叔"音译;详见 Russell Jones, *Chinese Loan-Words in Malay and Indonesian. A Background Study*, Kuala Lumpur: University of Malaya, 2009, p. 97.
② Cf. *Daftar Nahkoda*.
③ Cf. 在望加锡的梁氏祠堂内保留了一块有关于光绪十二年(1886)梁氏世系图的碑文。
④ 此后,被指派的甲必丹将收到任命书(*acte van licentie*);cf. *Realia*, Vol. 2, p. 167. 有关 1707 年 3 月 4 日的决议。
⑤ 详见 ANRI, Arsip VOC 1667.

事实上，在这场争执背后隐藏着各自的经济利益，各社群的男性成员对该社群领袖及东印度公司都有义务履行多项职责。因此，两位社群领导者都不愿意丧失劳动力，以及从成员中收缴的赋税收入。当时，人口数量还较少，马来人甲必丹递交的抗议书的最后一张表格也反映这一情况：①马来妇女12名②、男童1名、与土生华人女性通婚的马来男子6名。在华人社会方面，最重要的是未留下遗嘱的土生华人穆斯林继承权的问题，如果其中有人过世，并且没有近亲，孤儿院有权管理该人遗物直至其孩子成年，对于他们来说这样比遗物在马来人甲必丹手中更有利。③驻望加锡东印度公司当局最终决定，所有妻子跟随其丈夫所属的社群接受甲必丹的管理。

上述事件反映了华人社群与马来人社群间的关系相当紧张，因为双方经济竞争关系加剧，正如我们前面已经看到的港口饷玛制度的设立。④1751年，为规避后期可能出现的问题，荷兰当局规定土生华人穆斯林由华人雷珍兰管理。史料记载中出现的第一个土生华人穆斯林雷珍兰的姓名是阿叔比茳（Intje Biko），⑤此后由阿叔登阿哈里（Intje Tengaharie）接任，任期一直延续至大约1765年，⑥同时接任了上文提到的梁盼郎的职位，担任市场及店铺包税商。有关18世纪下半叶该雷珍兰的继任者资料，我们已无迹可寻，但有资料显示19世纪初也曾出现该职位的记载。⑦

---

① 同上。
② 从词语使用的视角来看，值得注意的是"阿叔"（Intje）在此也被适用于称呼女性，而参考 Russel Jones, *Chinese Loan-Words in Malay and Indonesian*, Kuala Lumpur: University of Malaya, p.113, 华语中比较常用阿嬸（Entjim）来称呼婶婶。此称呼语的变化在印尼开始较常见。
③ 详见 ANRI, Arsip VOC 1667.
④ 详见 Heather Sutherland, "Eastern Emporium", pp.124 – 125; Heather Sutherland, "The Makassar Malays", pp.410 – 411. 上述有关华人甲必丹的抗议书可能存在出入，因为王悦并不是望加锡在东印度公司统治下被任命的第一任甲必丹，他的任职期是1685—1700年，相关信息可参考附录二，有关华社领袖的名录。
⑤ VOC 1667.
⑥ Cf. ANRI, Arsip Makassar, VOC 1667.
⑦ 本书第二章呈现了土生华人穆斯林喜爱居住在布顿清真寺（Mesjid Buton, 现在该清真寺更名为 Masjid Mubarrak）一带，也可参考附录二，有关华社领袖的名录。

(二) 华社领袖

18世纪上半叶的五位甲必丹都有亲属关系。第一位王基哥*（Ongkiego），是甲必丹王悦的儿子，于1701年接任，并继续打理玳瑁生意，与其父相比，他的经商记载信息量很少，但史料显示1718年，他掌握了马辰的胡椒包税权。① 1732年，王庆思*（Ongkingsay）在其父王基哥去世后被选为甲必丹，在1717—1718年间，名下拥有两艘货船，其中一艘弓艇（gonting）爪哇渔船用于前往巴达维亚和三宝垄的商贸活动，② 船长是卡棱·卢巴（Karaeng Rupa），但此后不久他在经商上就遇到了困难，有资料显示，1732年他必须拍卖财产，包括他母亲的财产，来支付2000瑞克斯银币的债务。③ 1734年，在巴达维亚港停靠属于他的多只船舶，可推测王庆思*已经迅速恢复到以前的实力。④ 他居住在荷兰人居住的街区，这反映了其家族的社会地位，此外他还有一处种植园以及住屋、祖宅、两处位于唐人街（Chineesche Straat）的平房（rumah petak）⑤和33名仆人。可以推测，王庆思*因为财务问题不得不卸任了甲必丹，1738年由李如璋接任。李如璋的母亲乃志（Njaij Oenaitjie）死后，留下了一份没有日期标注的财产清单，这张清单显示甲必丹王基哥是李如璋母亲的兄弟，也是李如璋的监护人。⑥ 1723年，李如璋已经拥有了一艘船，1738年他还修缮了天后宫，这显示了他已经成为一名成功的商人。有关的碑文也清楚记录了他修缮庙宇的事情，"修缮天后宫，使其坐海面山"⑦。他还承包了多个领域的税收，获得了丰厚的财富，如1746

---

① Heather Sutherland, "Trade, Court and Company", p. 103; in *Generale Missiven*, Vol. 7, p. 340.
② 详见 *DaftarNahkoda*（"船长名单"）。
③ ANRI, Arsip Makassar, Inventarissen van 1730 tot 1739, 308.1; Heather Sutherland, "Trade, Court and Company", p. 102.
④ 详见 *DaftarNahkoda*（"船长名单"）。
⑤ petak 一词大约在17世纪出现，用于描述华人的住房，由石头砌成，一层为商铺，二层为住家，这里出现的 petak 应该是由竹子搭建而成。详见 C. Guillot, "La politique vivrière de Sultan Ageng", *Archipel*, Vol. 50, 1995, p. 92。
⑥ ANRI, Arsip Makassar, Inventarissen van 1730 tot 1739, 308.1. 仅存清单的首页，年代日期已无从知晓，原文中的王基哥*的拼写错拼成 Ongieko。
⑦ Claudine Lombard-Salmon, "Les Chinois de Makasar. Vie religieuse", pp. 295–296.

年、1750年承包港口税，1746年承包鸦片税。此外，还有资料记载，李如璋于1748年或1749年卸任甲必丹，并于1753年离开望加锡，移居巴达维亚。这次移居是应塔内泰公主（Puteri Tanete）向荷当局的要求，但更详细的原因我们无从知晓。① 另外，邱宝党*（Que Podang）是甲必丹王悦的孙辈，② 与李如璋关系亲密。

有关18世纪下半叶的两位甲必丹，史料中记载的姓名分别是林南盛*（Lim Lamseeng）和王翠哥*（Ongtoeiko），二人的生平记载不详，只知道均来自土生华人家族。③ 此外，还有一则信息是1766年林南盛在位期间，东印度公司曾赠与一块土地用于华人义山的修建，这块义山范围在19世纪初有所扩展，我们将在接下来的章节进行详细叙述。

（三）物质生活情况在财产清单中的体现

目前保留的几份财产清单都是有关18世纪上半叶的史料，包括追溯逝者而整理的财产清单（数量较少），涉及债务事宜中担保人能够补偿亏损的清单，以及用于借款人无法偿还债务时进行货物拍卖的清单。④ 这些单据包含了各类情况，下至华社贫困阶层上至侨领，还包括在贸易中冒险的华人富商。

首先，我们来看一份署名为朱斌哥*（Tjopinko）的财产清单，他于1734年逝世。在清单上可以看到，他没有亲人，名下也没有房产，但有四名来自塞兰岛的仆人，所拥有的家具非常少，包括两张桌子、三盏灯、两个来自安汶的小箱子、一些厨具、一个壶、几个铜盘、两套西装、两块中国产的布墙围、一块科罗曼德尔海岸产的印花棉布。留存最多的是宣纸，各类尺寸的宣纸被保存在76捆，每捆有40张，

---

① *Realia*, Vol. 2, p. 167, 1753年2月16日的决议，内容提及："De Captein chinees Lian [u] ko mag eenlijk zijn zaken in Macasser gaan vereevenen om vervolgens naar Batavia ter woon te komen, en dus aan de vorstin van Tanete die over hem hevig geklaat heeft, genoegen te geven."

② ANRI, Arsip Makassar 332.8; ANRI, VOC 1667.

③ 在Niopilong持有的清单目录中，有关甲必丹林南盛*的这一记载非常明确，ANRI, Arsip Makassar, Inventarissen van 1730 tot 1739, 308.1.

④ 由于字迹模糊，再加上包含许多语言（如马来文、望加锡文、葡萄牙文等），这份清单的阅读难度较大。

第一章　早期至荷兰东印度公司末期(1799年)的望加锡华人社会　　59

由此推测该人的工作与纸有关，很可能是一位代书先生。① 我们知道，每个华人社群中几乎都有代书先生，他们会帮忙代写书信或满足婚丧仪式需求及其他各类需求的文书。②

另一份财产清单是甲必丹李如璋母亲的，上面记录了她遗留下的部分财物，没有标明日期。让人印象深刻的是，这份清单中有很多女性饰品，包括金项链、一对手镯、配有红、蓝宝石和钻石镶嵌的戒指、耳环、小皇冠、一套项饰、一条镶有中国、井里汶、爪哇、马尼拉和望加锡各地所产金贴片的腰带。这些饰品展现了当时融合华社与当地本土特色的物品和生活方式。③

更值得注意的是一份1732年有关甲必丹王庆思*（Ongkingsay）和其母亲的财产清单。④ 其中价值连城的饰品并不多，但王庆思*拥有许多各国产的家具及配套用品，包括日本产的小柜子、药柜、茶柜、碗；中国的扶手桌椅、烛台、灯笼、小匣子、洗浴用具、鸟笼、枕头、箱子、碗盘在内的各类易碎餐具；当地的嚼蒌叶器具、箱子和安汶的长桌；斯里兰卡的箱子、容器；欧洲的钟表（能够按照欧洲的方式用24小时计时，而当时华人习惯于将一天分为12个时辰，一个时辰是两小时）。在清单中我们还找到了爪哇及华族的乐器，包括三面锣（其中一个很大）、一个装着木偶哇扬戏服的箱子（极有可能用于布袋戏演出）。仆人的数量也很多，有39人，有一部分仆人是携家眷一起做工。此外，还有一些食品和奢侈品，包括一箱大米、三篮冰糖、四袋蜜饯（常与茶一起招待访客，在法语中被称为confiture⑤）、四袋中国淀粉。清单中还有两把手枪和一把扳机已坏的长枪。另外，这份清单中也提到这户望加锡第三代土生华人家族还保留有中文书籍。

---

① ANRI, Arsip Makassar, Inventarissen van 1730 tot 1739, 308.1.
② 2005年，在望加锡仍有善于书法的老者，该人此前曾是一名教师，华校关闭后失业。
③ ANRI, Arsip Makassar, 308.4.
④ ANRI, Arsip Makassar, 308.1.
⑤ 详见John S. Stavorinus, *Voyage par le Cap de Bonne-espérance et Batavia, à Samarang, à Makassar*, Vol.1, p.209.

萨瑟兰查阅到了18世纪下半叶包税商梁盼郎（1731—1784年）的财物清单。这份清单是1767年由华人甲必丹林南盛*（Lim Lamseeng）和两位见证人一齐制作，缘由无从知晓。① 梁盼郎在唐人街有两处住宅，一处是石砌房，价值1500瑞克斯银币，另一处是竹屋；其收藏品包括黄金、现金、丝绸，总价值1000瑞克斯银币；还有中式家具、武器和各类家用物品，总价值1800瑞克斯银币；2000瑞克斯银币的商品和1500瑞克斯银币的资金，所有财产价值总和8000瑞克斯银币，其中扣除了欠荷兰人沃尔（Voll）和三个华人的债务，共4122瑞克斯银币，包括三艘船（两艘价值250瑞克斯银币的帕杜瓦康船，一艘价值40瑞克斯银币的巴马样或pamayang②船）。奇怪的是，清单中没有提及仆人情况，但涉及当时一位富翁的财产。史料显示，1768年，梁盼郎还拥有一艘啥洛夫（chialoup）欧式渔船，载重25拉斯特，用于在巴达维亚的商业活动。③

（四）社会生活，赌博及宗教庆典活动

从财务清单上家居用品的数量之多（例如王庆思*和他母亲的财务清单中就有110个茶杯、50个小盘子、20个大盘子、43件各类瓷器），我们可以推测家族中的聚集性活动在华人社会的日常生活中发挥着重要作用。

赌场是当时征税的对象，此外还有许多在私人住处开设的地下赌场。1751年的一则档案还记载了甲必丹邱宝党*出门后，其他宾客还会聚集在他家中赌博，但还没来得及关门，他们就被一名在外蹲点的人袭击，之后又被前甲必丹李如璋的手下袭击。档案上还记录了李如璋动用了武力，而后参与赌博的人不服输，在雷珍兰赵宝老*（Tio Polauw）的帮助下向法庭上诉。此前，赵宝老*还起诉过其船长。④

有关华人社会宗教庆典的记录，我们得到的史料较少。斯塔沃里努斯曾就每年帆船抵港后，天后宫举行的庆典做过一个简要却有趣的

---

① Heather Sutherland,"Eastern Emporium and Company Town", p. 119，摘自印尼国家档案馆中有关孤儿院的档案（ANRI, Makassar, Collection 374.2）。
② 译者注：用于捕鱼的拖网渔船。
③ Cf. *Daftar Kapten dan Pemilik Kapal*.
④ ANRI, Arsip Makassar 332.8.

报告。他说，那时帆船上的人会拿着一路保佑他们平安抵达的神像进入望加锡的天后宫。①

在帆船尾部的甲板上，有几层竹屋，以供船长和随船商人居住。在这些小屋的正中间是驾驶室，驾驶室里有一个小神龛供奉神明。每年他们会带着一尊新塑的神明，并将其请入望加锡当地的寺庙中，待到返回中国时，之前一年请入寺庙的神明被请出。帆船抵达望加锡时，船上的货物还没有卸下，这尊金身神像就会率先被请下船。无论是靠岸还是在航行，船上的人都不停地向神明烧香、点烛，夜晚还会在神龛前烧纸钱。

斯塔沃里努斯提及的"纸钱"是在庙宇中使用的钱，或者说是一种用于祭祀的钱，来偿信徒在阴间的债务，因此，这种钱在各类祭祀活动中发挥着重要作用。这种钱从中国运至望加锡，在克纳普和萨瑟兰的著作里有一份 1774—1777 年帆船携带抵港的货物单，这张货物单也显示，纸钱的数量就有 553 捆，② 最简洁的一种样式是银纸，呈银白色，还有一种是金黄色的金纸。

一位东印度公司派出的密探也曾于 1797 年在他的报告中提到了上述宗教仪式，报告称：一群布吉斯人在街上观看上述宗教活动，东印度公司军队向这群人开枪。③

本章小结

至此，我们做了一个并不太清晰的开章论述，也仅仅展示了几位杰出的华社领袖，如阿叔黄舅哥（Intje Couko）、甲必丹王悦（Ong

---

① John S. Stavorinus, *Voyage par le Cap de Bonne-espérance et Batavia, à Samarang, à Makassar*, Vol. 1, p. 210.
② Gerrit Knaap and Heather Sutherland, *Monsoon Traders*, p. 246. 有关用于宗教仪式的纸钱历史，详见 Hou Ching-lang, *Monnaies d'offrande et la notion de trésorerie dans la religion chinoise*, Paris, Mémoires de l'Institut des Hautes Etudes Chinoises, Vol. 1, 1975.
③ ANRI, Arsip Makassar, 426. 2B.

Goat Ek），他们在当地经济和政治领域发挥着重要作用，还在望加锡兴建了第一所庙宇，供奉海神。进入 18 世纪，望加锡华人社会开始进入发展期。一方面，王悦家族成员掌握了华社统治权；另一方面，随着包税制度的实施，该家族在大型经济活动领域也形成势力，并掌握了包税权。随后，马来人和华人之间出现了竞争，这种情况似乎只在望加锡出现，因为自 16 世纪末，马来人在南苏拉威西地区的经济影响力凸显。

此外，我们还观察到了一个在此前华人海上贸易领域中未曾出现的现象，无论是在土生华人穆斯林社群或非穆斯林社群中，船主及远洋船长经济实力开始壮大，例如 17—18 世纪华商还掌握了玳瑁生意，并在大米、烟草、酒、海参及其他海产品等商品贸易中占据主导地位，而海参在中国的需求量持续增长。

东印度公司对于望加锡的管辖可以看作是极力遏制该城市的商业发展，避免其成为巴达维亚的竞争对手。因此，18 世纪，望加锡与中国的直接贸易往来被多次遏止，这种限制措施一方面使得中国商人不得不在马辰经商，随后途经巴达维亚；另一方面提高了抵达望加锡港口的货物价格。尽管如此，中国与望加锡之间的贸易一直在持续。

同时期，望加锡也形成了一个华人社群，出现一些精英大家族，我们可以从财务清单中一探究竟。例如，梁氏家族蓬勃发展，我们已无法辨别望加锡或马鲁古的梁姓人之间的确切家族关系了。

第 二 章

19世纪望加锡华人社会的发展及面临的困境

历史背景

1799年，荷兰东印度公司解散，荷属东印度政府接管东印度公司的职权，当时的贸易状况并不比之前时期来得轻松。在马来半岛①出现的英国人和当地商人一直被视为构成威胁的对象。望加锡港务长要求所有海员必须上报所有可疑船只的信息。② 1811—1816年，英国暂时掌握了荷属东印度的管辖权，荷属东印度政府夺回管辖权后，这片领地，尤其是望加锡面临着新的威胁。1819年，新加坡在莱佛士（Thomas Stamford Raffles，1781—1826）的领导下开埠，从而阻碍了望加锡的贸易活动，对于商人们来说，在新加坡能够免税交易鸦片和丝绸更具吸引力，而在望加锡，这两种商品的税率已升至41%。③

---

① 1786年，英国人占领槟榔屿。

② 有关望加锡的航海日志中曾记载三位华人发现了英国船只，其中还有一艘战船，并分别于1805年9月10日、1806年2月10日、11日进行了报告；参见 ANRI, Dagregisters. Makassar 115.

③ Heather Sutherland, "Trepang and Wangkang. The China Trade of Eighteenth-century Makassar, c. 1720s – 1820s", in Roger Tol, Kees van Dijk, Greg Acciaioli, eds., *Authority and Enterprise among the peoples of South Sulawesi*, Leiden: KITLV Press, 2000, p. 80. 新加坡开埠也导致了前往巴达维亚的船只数量有所下降，详见 George Windsor Earl, *The Eastern Seas*, (edisi 1. 1837), reprint in Singapore, Kuala Lumpur: Oxford in Asia, 1971, pp. 23 – 24。此人于1832年到访巴达维亚，并记录道："以前，从中国和暹罗出发的大型船只，以及来自各群岛的帆船络绎不绝；但新加坡开埠以来，凭借其自由贸易的优势，吸引了更大范围的本土贸易活动，此前来往于巴达维亚和中国的大帆船贸易完全停止，从而迫使政府在本地商品中寻求利益。"("It was formerly visited by numbers of large junks from China and Siam, and by prahus from all parts of the Archipelago; but since the establishment of Singapore, the perfect freedom of commerce enjoyed at that place has attracted the greater part of the native trade, while that formerly carried on by junks between Batavia and China has totally ceased: the government is obliged, therefore, to look for its revenue from the products of its own possessions.")

这一时期，来自中国的戎克船数量锐减，为了重新吸引其到访，1820年开始所有船只都可自由进入望加锡停靠。我们发现，随后港口贸易量提升，随着荷兰取消了船税和贸易交易税，贸易量和税收收入从4万或5万荷兰盾提高至15万荷兰盾。然而，除了新加坡开埠，安汶、泗水、三宝垄也开放港口，望加锡不再是唯一的港口，也不能够再垄断印尼群岛东部地区的贸易。此外，荷兰的免税政策实际也并没有完全执行。1828年，抵港的帆船仍须缴纳比马鲁古、爪哇等地新开港口更高昂的税费。中国和西方的直接航线开通也间接导致望加锡贸易低迷。1821年起，抵达望加锡的帆船数量就已经呈现下降趋势。根据萨瑟兰（Heather Sutherland）的推算，往常抵达望加锡的船只数量每年为50—60艘，但1833年这个数量降至17艘。①

为了改善上述局面，荷印官员也尝试出台一些政策，推动当地贸易发展。随着望加锡行政官员数量增多，1846年设立望加锡及周边地区地方长官，以提高当地行政职权的重要性。随后，在1846年9月9日做出规定，自1847年1月1日起，开放望加锡港口②〔当时万鸦老、位于米纳哈萨（Minahasa）东侧面对万鸦老的克马（Kema）都已经开埠〕。荷印官员认为，该规定将吸引船舶放弃新加坡来望加锡停靠。此外，为加强与西方的贸易往来，中国已有几处港口开埠，我们可以推测，这也为位于中国和澳大利亚航路上的望加锡带来更多的利润。

然而事实上，荷印当局在印尼群岛并没有认真实行贸易自由的相关政策，望加锡也并没有成功取代新加坡，正如黄麟根（Wong Lin Ken）所说：③

---

① Heather Sutherland, "Trepang and Wangkang", p. 81.

② 起初，新加坡商人对该决定表示不满，因为开放望加锡可能会影响在新加坡经商的人数。Wong Lin Ken, *The Trade of Singapore* 1819 – 1869, (1st edition in 1961), MBRAS reprint No 23, Printed for the MBRAS by Academe Art & Printing Services Sdn. Bhd., 2003, p. 103.

③ 同书，p. 105. 1846年，新加坡的统治者已经预见到这种可能性，但他们认为"荷政府仅靠免除港口税，无法使望加锡赶超新加坡，除非他们做好准备，以自由的方式，转变其在东部地区的贸易政策"（"…Freedom of trade duties and harbour dues alone would not enable Macassar to eclipse Singapore unless the Dutch were prepared to revise in a liberal way their general commercial policy in the east"）. 出处同上，p. 103.

第二章 19世纪望加锡华人社会的发展及面临的困境

虽然商人们不用缴纳关税或港口费，但要等到荷兰贸易公司批准后才可进行采买活动。因此，抵港货船常常无法获取回程货物，只能带着压舱物或者也可以说是"那些顾客挑剩下的只能留给商人自己的货物"返回。之后，当地政府禁止方形货船在任何其管辖的港口进行交易，加剧了这种困境。

但至少在19世纪下半叶，新型贸易公司、商店、保险及运输企业的分支机构（如1888年成立的荷兰皇家轮船公司KPM）以及欧洲商人开办的银行数量都逐渐增加。亚洲及当地商人主要集中在中间商贸易活动中，欧洲及华人合资开办的企业也相继出现。正如华莱士（Wallace）在1856年抵达望加锡时所看到的，虽然这里还没有一处欧洲式的酒店，但城市形态维护得十分好，他说：

> 望加锡是我第一个到访的荷兰小镇，我发现这里比我去过的任何东方小镇都要美丽、整洁。所有欧式房屋都粉刷一新，每个市民都必须在下午4点清洗自己屋门前的道路。街上没有垃圾，下水管道把所有污垢排入更大的开放式水沟，随着海潮的涨落，最终被带入大海……①

30年后，来自英国的游客安娜·福布斯（Anna Forbes）到访此地时，也为港口热闹的景象所震惊，她写道：

> 望加锡是西方文明产物向蛮荒东方传播的地方，也是群岛本地贸易的重要商业中心之一。来自婆罗洲的藤条、来自弗洛勒斯（Flores）和帝汶的檀香木和蜂蜡、来自卡奔塔利亚（Carpentaria）湾的海参、来自布鲁（Bouru）的白千层油、来自新几内亚的野生肉豆蔻和麝香树皮，这些东西都可以在望加锡的华人或布吉斯商人的商店中找到。当然，还有周边国家所需的主要产品——大

---

① Alfred R. Wallace, *The Malay Archipelago* (1st edition in 1869), reprint in New York: Dover Publications, Inc., 1962, p. 163.

米和咖啡。这里还同阿鲁群岛存在贸易联系，那里的几乎所有产品都是通过本地船只运抵这里，以满足那些最文明种族豪华品味的需求。珍珠、珠母和玳瑁从这里销往欧洲，而可食用的燕窝和海参则通过船只运往中国，以满足中国人对美食的追求。可以说，望加锡码头附近是一番繁忙交易的非凡景象。①

接下来的章节，我们将首先探讨华人社群如何巩固和延续其在东印度公司时期的经济模式，同时努力配合城市官员的不同政策要求；其次我们将关注1848年以后，望加锡华人社群在新的政治、经济状况下如何发展壮大。

第一节　1800—1847年华人社会概况及发展停滞期

本节我们将探讨望加锡华人的经济状况（大体是18世纪的延续）、社群、社团、大家族的生活（主要从遗嘱和其他史料中获取）和文化状况。

一　经济领域
（一）海上贸易

19世纪初，望加锡港并不算是一个重要港口。克劳福（Crawfurd）在1813年到访该城市时曾说："这个城市很小，供船舶放锚的港口也很简陋"。但望加锡港也有其优势，位置具有战略性，还是避风良港，船舶可以在此全年停靠（这与万鸦老港不同）。同时，这里也是海参贸易的重要集散地，②在19世纪的头几年，该贸易发展迅猛，但在接下来的时期，该贸易则转移至新加坡。

这一时期，望加锡港同中国的贸易政策时常更换。荷印政府接管

---

① Anna Forbes, *Unbeaten Tracks in Islands of the Far East. Experiences of a Naturalist's Wife in the 1880s*, (1st Edition in 1887), reprint in Singapore: Oxford University Press, 1987, pp. 43 – 44.

② John Crawfurd, *A Descriptive Dictionary of the Indian Islands & Adjacent Countries*, Kuala Lumpur, Singapore: Oxford in Asia, 1971, p. 231. (1st ed. in London, 1856)

东印度公司时，1801 年出台的一项政策规定，巴达维亚市政部门的官员（*collegie van schepenen*）每年 6 月以信用凭证的形式向一艘来自厦门的戎克船出售通行证。①

在英国占领时期，居住在望加锡的船主直接将海参以及当地其他产品（藤条、蜡烛、石花菜、鱼翅、燕窝、玳瑁、兽皮等）卖到中国。托恩少校（Major Thorn）曾记录道：②

> 这个港口正在蓬勃发展，中国的戎克船从这里直接同中国进行贸易，所以这里荷兰人与荷兰裔、华人与当地人混合的人口数量很大。

其实，纵观望加锡港口的历史，每年都有来自厦门的帆船抵港。如同在荷属东印度时期，在巴达维亚存在拍卖通行证随后寄到厦门的现象。③ 我们手中也掌握了一些 1811 年有关一艘名为"德盛鹤"（Thekseng Tjaoo）的戎克船船长——潘山瑞*（Poea Samsoey）的生平资料。6 月 20 日，这位船长感到自己将命不久矣，于是留下口头遗嘱，后来这份口头遗嘱以荷兰文的形式被记录下来，并保存在当地孤儿院。在遗嘱中，他首先提到要拿出 12 瑞克斯银币（rds）④ 捐给巴

---

① Jacobus Anne van der Chijs, *Nederlandsch-Indisch Plakaatboek* 1602–1811, Batavia：Landsdrukkerij and 'd Hage：Nijhoff, Vol. 13, p. 226, January 8, 1801："Verkoop van een zee-pas naar Macasser：Naar jaarlijk gebruik is goedgevonden en verstaan het collegie van Schepenen deezer stad te qualificieeren om in de maand Juny aanstande paas voor en jonk van Emoy naar Macasser publicq te verkopen tegens papieren van credit."; *Realia, register op de Generale resolution van het kasteel Batavia*, 1632–1805, Leiden：Kolff and Nijhoff, 1882–1886, Vol. 2, p. 174.

② Major William Thorn, *The Conquest of Java；with the subsequent operations of the British Forces in the Oriental Archipelago*, Singapore：Periplus Editions, 1993, p. 324. (1st ed. printed in London for T. Egerton, Military Library, 1815)

③ Cf. Jacobus A. Van der Chijs ed., *Nederlandsch-Indisch Plakaatboek*, 1602–1811, Batavia：Landsdrukkerij and 'd Hage：Nijhoff, Vol. 15, p. 766, 1809 年 6 月 29 日，在巴达维亚举行有关 1810 年大帆船通信证的拍卖会，最终来自厦门的一位商人以 13 万瑞克斯银币（rds）的价格购得了此通行证。

④ 瑞克斯银币（rijksdaalder 简称为 rds）是当时在望加锡流通的货币，18 世纪末，它的价值相当于 48 斯图弗（荷兰旧时货币单位）。

达维亚的华人医院，① 其他所有财产归他住在厦门的妻子李秀娘*（Lie Sionio）所有，用于她以后照料孩子。为确保自己的遗嘱能够在其往生后执行，以及安排自己的丧葬事宜，他还挑选了一名来自澳门的舵手、两名秘书齐泉*（Tjetjoan）和罗光*（Lokoang）、村长（quartiermeester）宗美仁*（Tjonbieijn）、船后勤主任布吉*（Poekie）、乘客金铭*（Kiammia）以及几名厦门老乡来帮忙处理后事。这份遗嘱是由遗嘱整理人用马来文宣读，在场的还有港口税务官张金盛*（Thiogimseng）和两名孤儿院的工作人员。②

根据港务长范·施内（van Schinne）的报告，1814年，来自厦门的戎克船至少每一年会携带价值60万瑞克斯银币的货物抵港，返程时则会携带等价的当地产品，并向港口税官缴纳5.6万瑞克斯银币的税费，这个数额远高于往年。③ 此外，在这艘帆船停靠的六个月里，当地和印尼群岛东部地区的商人、贷款人、帕杜瓦康（paduwakang）④ 船主都会主动搜集货物以备该船回程携带。⑤ 如同18世纪的做法，华商们会预支一笔费用给那些拥有帕杜瓦康船的布吉斯人，让他们去搜罗海参，而他们也常和来自好几个族群的船员们一道搜罗至澳大利亚北部海岸。⑥ 船主也有可能是华人，印尼国家档案馆的一份行程报

---

① 该医院成立于1640年，名为养生院；见 Wolfgang Franke et al. eds., *Chinese Epigraphic Materials in Indonesia*, Singapore: South Seas Society and Paris: EFEO & Association Archipel, Vol. 2 (1), 1988 - 1997, pp. 54 - 56。

② ANRI (Arsip Nasional Republik Indonesia, Jakarta), Afschriften van testamenten van 1811 tot 1814 weeskamer Makassar. Makassar 346.3, No. 13.

③ 1753年以来，荷兰东印度公司仅允许中国商人每年派遣一艘大帆船直接抵达望加锡；cf. *Realia, register op de Generale resolution van het kasteel Batavia*, 1632 - 1805, Vol. 2, p. 1753; "Een jonk jaarlijks ten handel op Celebes te permitteeren…, 19 dec. 1753". 详见第一章。

④ *Paduwakang* atau *padewakang*，词源不明，用以表述南苏拉威西当地的一种船只类型，其历史可追溯至17世纪至19世纪末，有大小两类之分；Christian Pelras, *The Bugis*, Oxford: Blackwell Publishers Ltd, 1996, p. 257; Campbell C. Macknight, "The Study of Praus in the Indonesian Archipelago", *The Great Circle*, Vol. 2, No. 2, 1980, p. 26.

⑤ Heather Sutherland, "Trepang and Wangkang", pp. 2 - 3. 该文原版为荷兰文，用词较为晦涩，萨瑟兰进行了改写。

⑥ 详见 Cambell C. Macknight, *The Voyage to Marege': Macassan Trepangers in Northern Australia*, Carlton: Melbourne University Press, 1976。

告①，记录了一位名叫王瑞光*（Ong Soeijgoang）的华人于1807年和一名Bajau（巴瑶）人，叫萨巴衣克（Sapaij），前往新惹伊（Sinjai，位于旁尼湾）购买海参，他们想通过交换爪哇香烟、钢铁、棉织品来获取海参，但这次交易并没有成功。

拥有商人般敏锐洞察力的范·施内（Van Schinne）从上述情况中总结道，如果每年到访望加锡的商船不是一艘而是两艘，那么海参、玳瑁、燕窝、蜡烛和其他用于贸易交换的商品，其数量将会增长。②这位港务长震惊于华人经商的才能和布吉斯帕杜瓦康船长的航海技能。但随着1819年新加坡开埠，这个愿望始终没有达成。

即使几年后，戎克船可自由进入望加锡港，再加上当时海参贸易正持续发展，过高的港口税还是让预到访的船只望而却步。最终，依据船的大小征税的规定取代了原有规定，但从1828年的港口报告中能看出，此税费还是高于其他港口，望加锡的贸易随之衰落。根据普林哥芒（Poelinggomang）的研究，从1829年起，来自广东、厦门、宁波和澳门的商船就不再停靠望加锡了，直到1832年才出现一艘澳门的商船停靠；③1846年，新规出台后，望加锡与中国的贸易重新回温。④

由于上述限制，本时期只剩下望加锡本地华人和海员驾驶艎舡（wangkang）船前往周边地区经商的活动，但相关史料较少，我们只能作简要论述。当时，艎舡船会带来一些对政府非常重要的信函，《望加锡日志》（*Dagregisters Makassar*）则会简要通报船只的航程信息。例如，1805年9月10日，一位名叫卡落古（Karoekoe）的土生华人给望加锡港务长带来一份巴厘萨克王（Radja van Bali Sasak）的感谢信；⑤同样的情形还有1807年7月25日，一位名叫旋光（Sen-

---

① ANRI, Dagregisters 1803–1810. Arsip Makassar 115.
② Heather Sutherland, "Trepang and Wangkang", p. 76.
③ Edward L. Poelinggomang, *Makassar Abad XIX. Studi Kebijaksaan Perdagangan Maritim*, Jakarta: Kepustakaan Populer Gramedia, 2002, p. 142.
④ Heather Sutherland, "Trepang and Wangkang", pp. 80–81.
⑤ ANRI, Arsip Dagh Register, Makassar 115.

gkong）的土生华人也带来了一封布顿岛（Buton）苏丹的感谢信。①

1. 税收承包制度

包税制的实施如之前一样成为获得利润的重要方式，因为该制度囊括了多项经济活动。但有关本时期望加锡华人所掌握的包税项目，我们所知甚少，不过我们根据《荷印布告集》（*Nederlandsch-Indisch Plakaatboek*）获得了有关巴达维亚政府于1801年对相关领域实施包税制的项目名录，其涉及经济活动与望加锡的差异不会太大：

> 进出港口许可
> 从欧洲进口的亚麻布
> 卖菜小店铺
> 牛、猪屠宰
> 携大米进出港口许可
> 糖粉和冰糖进口
> 华人烟草修剪
> 蜡烛制作
> 大米贸易
> 城市内外房屋
> 斗鸡
> 博彩（toptafels）、宝（po）② 桌宝（topho）③，
> 渔业贸易
> 过磅称重
> 哇扬戏
> 船舶贸易、鸦片及鸦片箱④

---

① ANRI, Arsip Dagh Registers, Makassar 115.

② 宝（*Po* 或 *lienpo*），用一种骰子（*po*）玩的赌博，详见 Denys Lombard, *Nusa Jawa: Silang Budaya. Kajian Sejarah Terpadu*, Jakarta: Penerbit PT Gramedia Pustaka Utama, 1996, p. 307。

③ 桌宝（*topho* 或 *topo*）具体的意思尚不明确，有关"桌"（*to, toh*）和"宝"（*po*）的释义详见 Russel Jones, *Chinese Loan-Words in Malay and Indonesian*, pp. 249, 232。

④ Jacobus Anne Van der Chijs, *Nederlandsch-Indisch Plakaatboek*, Vol. 13, 1800 – 1803, Dec 23, 1800; "Verpachting van 'gemeene middelen' van het Koningryk Jaccatra voor het jaar 1801", pp. 210 – 216.

上述名录及相关规定于 1797 年相继推行，但是否在巴达维亚以外的地区推行，我们无从知晓。有一件事可以确定，自从望加锡政府接受东印度公司的管辖，年度包税合同有效期为 5 年。

1809—1810 年《望加锡日志》的内容显示，自 1809 年 12 月 27 日，有 7 项年度征税项目掌握在华商和土生华人手中，商人之间既存在竞争，也存在税收承包商候选人与担保人缔结的合作。① 上述名录也显示获利最大的项目是出入港口税。此外，包税权通过拍卖的方式向候选人兜售，有关包税权拍卖的布告会使用华文、荷兰文、马来文三种语言进行介绍（详见图 2-2），如 1801 年涉及港口出入、酒水贩卖、娱乐场所、市场及屠宰场项目的包税拍卖，于 1800 年 12 月 24 日在望加锡地方长官办公室的会客厅进行。② 而在爪哇岛，这种拍卖是在会客厅或廊亭举行。③ 1808—1810 年《望加锡日志》的相关记录十分简略，只提到政府公开了所有包税权的竞标价格，由竞标者们出价购买，记录中只提到了两位包税人姓名，二人似乎已经提前达成协议，其中一位出价非常低。

对于未加工鸦片的装箱、包装项目，第一位包税候选人叫欧大义（Auwtaihie）（其画像详见图 2-1），他出价 700 瑞克斯银币，但当时的地方长官本来想要 3000 瑞克斯银币。最终，勇敢出价的欧大义还是获得了这一包税权，要知道后来土生华人陈佐瑞*（Tan Djaksoey）和他两位担保人苏光哥*（Soukonko）、王史光*（Ongsogoang）以 2250 瑞克斯银币的价格才标得这一包税项目，较之前一年的竞标价格也高出了 650 瑞克斯银币。当时鸦片箱也许来自巴达维亚。④ 而博

---

① ANRI, Dagregisters Makassar kode 445. f. ; Dagregisters Makassar, Dec 27, 1809 - May 24, 1810.

② ANRI, Arsip Makassar 435. 6, 1802 - 1803.

③ James Rush, Opium Farms in Nineteenth-century Java: Institutional Continuity and Change in a Colonial Society, 1860 - 1910, Ph. D. Dissertation, Yale University, 1977, p. 30; —, Opium to Java. Revenue Farming and Chinese Enterprise in Colonial Indonesia, 1860 - 1910, Ithaca: Cornell University Press, 1990, p. 25.

④ 后来，鸦片箱来自新加坡；cf. Wong Lin Ken, The Trade of Singapore 1819 - 1869, p. 274; James Rush, Opium Farms in Nineteenth-century Java Institutional Continuity and Change in a Colonial Society, 1860 - 1910, No. 15, p. 68.

图 2-1 欧大义画像

(Jules Dumont d'Urville, *Voyage au Pôle Sud et dans l'Océanie sur les corvettes L'Astrolabe et La Zélée*, Paris: Gide, 1846)

彩项目，我们也找到了欧大义的名字，在林甘禄*（Lim Kamloh）和林冠禄*（Lim Koanloh）两人的担保下，他出价4600瑞克斯银币，比前一年的竞标价格高出2000瑞克斯银币。屠宰项目售价250瑞克斯银币，林甘禄*在林冠禄*和担保人的帮助下，以高出390瑞克斯银币购得，比之前一年高85瑞克斯银币。华人人头税，陈佐瑞*以1200瑞克斯银币出售，由土生华人王泰兴*（Ongtaijhien）以960瑞克斯银币的价格获得，政府预计该税收收入为2500瑞克斯银币，较前一年减少520瑞克斯银币。酒税及贩卖酒水税（*tapneering*），陈佐瑞*建议以200瑞克斯银币价格出售，而实则该项目预计能获得税收2500瑞克斯银币，最后由土生华人王泰兴*在梁氏第三代梁芳生的帮助下以960瑞克斯银币价格获得，比前一年的竞标价格低240瑞克斯银币。最后两个项目是摊位税、港口出入税，欧大义虽出价竞标摊位税，但最终该项包税由梁芳生和他的两位担保人［梁旗光（1762—1837）的侄子和甲必丹林章］以4.1万瑞克斯银币获得，比前一年高

第二章　19世纪望加锡华人社会的发展及面临的困境　73

4000瑞克斯银币；后一项港口出入税的承包权由黄振勋*（Oey Tjenhoen），在黄光政*（Oey Kongtjeng）和前甲必丹黄雅（Oey Nyeeko）的帮助下，以1200瑞克斯银币的价格获得，比前一年低90瑞克斯银币，预计税收收入1500瑞克斯银币。其他的史料显示港口维护税的包税权于1811年由张金盛*获得。①

　　档案资料中有关各项包税的记录还包括，1800年甲必丹黄雅获得了白酒包税权；②望加锡孤儿院（Weeskamer）于1813年7月30日进行的一次调查提到黄振瑞*（Oeij Tjensoeij）获得了1801—1808年白酒的包税权，还获得了1802—1803年博彩包税权。③有关包税官与其合作伙伴如何分配利益的情况，我们无从知晓。19世纪下半叶在爪哇，这种分利活动是通过签订公证书和契约的方式秘密进行，上述文件一般由包税者保管，用于规定分利的多少和向统治者缴纳的费用。④19世纪初，在望加锡，有关包税分利的情况，可以在档案中获得部分信息，契约中许多条款都向荷印政府表达了当事人对包税分利实际情况的不满，一方面是因为当事人不清楚如何对有问题的税官记账进行监督，另一方面是当事人对于在契约公证过程中各在场人员的陈述内容，存在语言障碍，需要翻译。我们可以从一则1813年涉及黄氏家族的几位社会人士之间产生包税分利案例中一窥这一问题。在黄振瑞*和甲必丹黄雅负责的包税项目结束后的几年，二人以前的合作伙伴黄光政*（Oey Kongtjeng）向二人负责的包税项目提出异议，并对其财产的继承人以及已故负责人的兄弟黄振勋*（负责对二人财产的分配执行情况）提出异议，要求获得其在1801—1803年白酒包税及1802—1803年博彩包税收入的分红。⑤因此，上述案例间接证明了包税各合作伙伴未收到秘密签订的公证书。

---

　　① ANRI, Afschriften van testamenten van 1811 tot 1814, weeskamer Makassar, Makassar 346.3, No.13.
　　② ANRI, Arsip Makassar 344.3, No.31.
　　③ ANRI, Weeskamer resolutie Dec 1812 - May 1815. Arsip Makassar 346.2.
　　④ James Rush, *Opium Farms in Nineteenth-century Java: Institutional Continuity and Change in a Colonial Society*, 1860 - 1910, p.34.
　　⑤ ANRI, Weeskamer resolutie Dec 1812 - May 1815. Arsip Makassar 346.2.

此外，我们还从包税中看到几大华人家族所处的经济地位，包括梁氏、陈氏、黄氏、林氏及欧大义。19 世纪末，梁氏家族在包税中仍占据重要地位，尤其是梁旗光（Nio Kikong，1762—1837）曾孙——梁英武（Nio Eng Boe）长期掌握的鸦片包税权。接下来的小节，我们也将探讨与包税制度有关的海上奴隶贸易。

图 2-2　有关 1801 年包税项目的布告

用马来语、荷兰文、华文三种语言公布通过拍卖方式有关港口出入、酒水贩卖、博彩、屠宰包税权的信息，拍卖会将于 1800 年 12 月 24 日在望加锡举行。（印尼国家档案馆馆藏）

2. 奴隶贸易

据了解，望加锡及巴厘已成为重要的奴隶贸易中心。19 世纪 70 年代，欧洲人、布吉斯人和华人均在这项贸易分得一杯羹，通过遗嘱资料，我们可以看到望加锡富翁华人如同欧洲人拥有一定数量的奴隶。①

此外，在奴隶贸易中，包税商对运输奴隶的船只进行征税，根据

---

① 详见 Heather Sutherland, "Slavery and the Slave Trade in South Sulawesi, 1660s-1800Ss", in Anthony Reid and Jennifer Brewster, eds., *Slavery, Bondage & Dependency in Southeast Asia*, St Lucia, London, New York: University of Queensland Press, 1983, pp. 263-285。

第二章　19世纪望加锡华人社会的发展及面临的困境　　75

《望加锡日志》1809年12月27日的记录，包税商预估从该项目中获得3000瑞克斯银币的收入，土生华人黄振勋*在甲必丹黄雅和黄光政（Oey Kongtjeng）的担保下以2300瑞克斯银币获得了这项贸易的征税权，比前一年高1300瑞克斯银币。①

那时，奴隶贸易可以算是"合法"贸易，买卖双方在两位荷兰官员出席的情况下，签署所有权协议，买卖本地奴隶以及印尼群岛东部地区甚至菲律宾的奴隶。甚至还有通过绑架自由人或非自由人的方式，获得奴隶，虽然我们所知的信息较少，但在一位英国军人的报告中提及这种情况十分普遍②：

> 1812年初，望加锡军官菲利普斯（Captain Phillips）向莱佛士写信，提到"望加锡及邻近地区是（奴隶贸易）的主要来源地……（奴隶贸易）成为各地酋长们喜闻乐见的收入来源，因此该贸易定会招来更多的垂涎欲滴和注目，不择手段地限制那些无效争论和费力之处……人贩子在这个国家已经非常普遍"。

此外，这位英国军人还记录了债务是获取奴隶的重要方式。

望加锡法院留存下的档案有相当数量的内容涉及甲必丹黄雅（Oey Nyeeko）之女黄珍娘*（Oey Tjinnio）③涉及贩卖奴隶的活动，案件记录中还提供了有关望加锡日常生活的一些细节、不同族群之间的关系以及涉及奴隶绑架案中的女性等内容。这些被绑架的奴隶随后会被布吉斯人贩卖出去。

上述绑架案的经过在法庭判决（*Raad van Justitie*）④中的记录如

---

①　ANRI, Arsip Dagregisters Makassar kode 445. f. Dagregisters, Dec 27, 1809 – March 24, 1810.

②　Heather Sutherland, "Slavery and the Slave Trade in South Sulawesi, 1660s – 1800Ss", pp. 267 – 268, 272.

③　根据：①1808年2月13日的质询卷宗，黄珍娘*时年30岁，信仰华人民间宗教，居住在临近荷兰集市（Hollands Bazaar）的父母家；②ANRI, Arsip Makassar 329. 4.

④　早在东印度公司初期，司法委员会（Raad van Justitie）在望加锡发挥着执法机构的作用，对欧洲人抑或亚洲人，执行相关的法律法规。

下,马特拉(Matra)是一名荷兰军官家属的仆人,某天其主人要求该女仆去市场,女仆回家时,先找朱莉娅(Julia)讨要借款,她在甲必丹女儿黄珍娘*或 Intje Nanna 的家中见到朱莉娅后,被锦娘邀请进家嚼蒌叶,但并没有拿到钱。这时锦娘命令家仆安马·佳卓克(Amma Jacok)陪二人去巴当村(Kampung Bandang)的达恩·帕撒贝(Daeng Passabe)家中拿钱。在那里,马特拉被强制扣押,连金手镯也被一并掳走。负责给马特拉送衣服的另一位家仆在卷宗中称,马特拉将被贩运到庞卡杰内山区(Pankajene,位于望加锡北约 30 千米的地方),卖给一个布吉斯人。此外,安马·佳卓克也承认,其主人利用家仆已经绑架了 15 名奴隶,全都被骗到达恩·帕撒贝家中绑架。卷宗的最后提到,法院判处锦娘和参与绑架的家仆在班达(Banda)流放 10 年,判处朱莉娅在望加锡监禁 5 年。① 这则案例在两个方面值得关注,一是反映了在像望加锡这样的城市中,还存在有人白天犯案的可能;二是女性在此类案件中表现活跃。

在《望加锡日志》(*Dagregisters*)1807 年 10 月 2 日的记录中,一位名叫王瑞光*(Ong Soeijgoang)的华商表示,绑架奴隶的事件非常常见。他在巴祖县(Bajoe)的海参生意并没有那么成功,随后决定去新惹伊(Sinjai,位于苏拉威西东部海岸)贩奴。人贩子提供了 29 个奴隶,但经过几个月的调查,其中有 18 个都是被盗人口,最后他只能买其中的 11 人。这个过程实则需要支付高昂的费用,包括生活费、船费、调查期间奴隶们的伙食费。②

接下来,我们来谈一谈贸易的另一个方面,从借据和担保书来看一看借贷方面的情况。

3. 信贷

在望加锡华人社群中,各类在该城中进行的交易都对资金的需求量是巨大的。早期,与包税买卖相同,也存在对海参集散商贷款的现

---

① ANRI, Justitie Crimineel Chinees inlander vrouwen 1808. Arsip Makassar 329.4. 显然,史料中没有记载对达恩·帕撒贝*(Daeng Passabe)的判处结果,可能他成功逃脱了。

② ANRI, Dag-Register 1803 – 1809. Arsip Makassar 115.

第二章　19世纪望加锡华人社会的发展及面临的困境　◈◈◈　77

象。在东印度公司时期①，望加锡的孤儿院（如同于其他城市）②与亚洲人的遗产机构（Boedelkamer）联合，在贷款上发挥重要作用，因为孤儿院管理那些不足岁的无论欧洲裔还是亚洲裔的儿童，所继承的遗产，所以存储了一部分资金。

　　1812—1815年孤儿院的一些决议书上记录了资金借贷的情况。③《荷印布告集》（Nederlandsch-Indisch Plakaatboek）的记载中显示，在总督丹德尔斯（Daendels）时代，孤儿院与遗产联合机构能够在秘书的协助下，处理属于孤儿院与遗产联合机构的借据和贷款。④ 由此上述机构能够依靠其存款进行信贷活动。还有一份档案详细记录了1809—1815年望加锡孤儿院出具的几份贷款说明单、一份债务（schuldkennis）和担保信息表（acte van borgtogt）。⑤ 借款人包括欧洲人、几名望加锡人和29名华人。其中有6名华人女性借债总额接近43000瑞克斯银币，而在男性借款人中，最大的一笔是张金盛*（Thio Ginseng）于1812年和1815年分别借出的6000瑞克斯银币和5000瑞克斯银币。而在前面的章节中，我们已经看到张金盛*在1811年已经成为港口包税官，而在下列表格中，我们还发现一些商人成为竞标包税的候选人，如陈淦水*（Tan Kamsoeij）、林甘禄*（Lim Kamlo）、甲必丹林灿哥*（Limtjanko）和王泰兴*（Ongtaijhien，娶了一位梁姓

---

　　① 详见 Heather Sutherland, "Eastern Emporium and Company Town: Trade and Society in Eighteenth-Century Makassar", in Frank Broeze ed., *Brides of the Sea: Port Cities of Asia from the 16th–20th centuries*, Sydney: N. S. W. University Press, 1989, p. 114, 其中提及，孤儿院负责管理父母已离世的未成年人继承的财产，确保其成年后拥有足够的资金。那时，孤儿院还会向荷兰商人、华商或望加锡本土商人放贷。

　　② 详见 Hendrik E. Niemeijer, "Pengurus Pusat VOC dan lembaga-lembaga pemerintahan kota Batavia (1619–1811) sebuah pendahuluan", in Louisa Balk, Frans van Dijk and Diederick Kortlang, eds., *The Archives of the Dutch East India Company (VOC) and the Local Institutions in Batavia (Jakarta)*, Leiden: Arsip Nasional Republic Indonesia, Boston: Brill, 2007, p. 97。

　　③ ANRI, Arsip Makassar 346.2. Weeskamer resolutien 1812–1815.

　　④ Jacobus Anne van der Chijs, *Nederlandsch-Indisch Plakaatboek* 1602–1811, Batavia: Landsdrukkerij and Den Haag: Nijhoff, Vol. 15, p. 233, Sept 23, 1808. 其中收录了有关三宝垄孤儿院相关规定的细则。

　　⑤ 档案标题年份仅标注到1813年：ANRI, Arsip Makassar 346.6, Weesmaster Shuldkenissen 1809–1813.

女子为妻)①。

表 2-1　1809—1816 年孤儿院有关华人债务人及担保人名单

序号	日期	担保人/债务人	总额（瑞克斯银币）
2	1809 年 8 月 29 日	担保人欧大义和王达英*（Ong Taing），债务人陈淦瑞*（Tam Kamsoeij）	90
3	1809 年 11 月 30 日	债务人李珊娘*（Liesannio）	200
12	1809 年 11 月 30 日	债务人王达英*、林甘禄*（Limkamlo）	3000
13	1809 年 11 月 30 日	李传乐*（Lietoanlo）、债务人林珍娘*（Liem Tjinnio）	3000
18	1810 年 2 月 1 日	债务人林甘禄*	1500
19	1810 年 2 月 14 日	债务人张霖娘*（Thio Liannio）	2000
21	1811 年月 1 日	债务人洪贞娘*（Ang Tjinnio）	150
32	1812 年 6 月 5 日	担保人欧大义，债务人林甘禄*	1500
35	1812 年 9 月 5 日	债务人林甘禄*	75.308
37	1812 年 9 月 10 日	债务人甲必丹林灿哥	834.16
39	1812 年 9 月 15 日	债务人林甘禄*	2000
43	1812 年 12 月 31 日	债务人梁旌光（Nio Senkong）	267.14
56	同年	债务人谢明吕*（Tjabinglo）	200
57	1813 年 11 月 6 日	债务人黄德哥*（Oeij Teko）	300
65	1814 年 6 月 20 日	债务人蔡长松*（Tjoa Tiangsong）	数额未知
77	1815 年 5 月 17 日	债务人林甘禄*	500
79	同年	债务人蔡颜哥*（Tjoaganko）、林甘禄*	3000
82	1812 年 8 月 10 日	债务人张金盛*（Thio Ginseng）	6000
90	1815 年 11 月 7 日	债务人张涵德*（Thio Hamptek）	1250
91	同年	债务人齐应聪*（Tje Entjong）	1000
92	同年	债务人梁旌光	1250
93	同年	债务人黄喜娘*（O Hinio）	400
94	1815 年 11 月 12 日	债务人洪珍娘*（Ang Tjennio），曾用名 Nona Bintang	1500

① 据 1812 年 5 月 30 日的遗嘱誊写记录；cf. ARNAS, Afschriften van testamenten van 1811 tot 1814, weeskamer Makassar, Makassar 346.3, no. 112.

第二章　19世纪望加锡华人社会的发展及面临的困境　◇◇◇　79

续表

序号	日期	担保人/债务人	总额（瑞克斯银币）
95	1815年11月15日	债务人张金盛*，曾用名 Baba Tjei	5000
96	1815年11月25日	债务人郑文山*（The Bonsang）	2000
97	1815年11月25日	债务人吴关娘*（Gouw Koannio）	375
98	1815年11月25日	债务人林甘禄*	3500
102	1816年3月15日	债务人陈真光*（Tantjinkon）	750
103	1816年3月10日	债务人蔡颜哥*（Tjoa Ganko）	350

（该表格摘自1809—1813年望加锡孤儿院有关债务人及担保人登记册，印尼国家档案馆望加锡档案346.6。上述借款的金额单位是瑞克斯银币）

华人女性在借款中发挥的作用体现了她们在望加锡城市经济活动中的参与度。最大的一笔借款达到3000瑞克斯银币，借款人是名叫林珍娘*（Liem Tjinnio）的女性，其男性担保人李堂乐*（Lietonglo）和李传乐*（上述表格第13项）；接下来就是张霖娘*（第19项），她是梁旌光（Nio Sengkong①）的妻子，梁旗光的弟媳，梁氏族谱中记录了1812年张霖娘成为寡妇的信息。②此外，我们还有一份张霖娘*的担保函，1810年2月14日，孤儿院的两名职员在债务人（可以看到其用布吉斯或望加锡字母的签名）及两位担保人雅各布·威廉·彼得斯（Jacob Willem Peters）和梁旗光的妹夫（姐夫）（可以看到其中文签名，图2-3）出席的情况下，出具了这张担保函，在保函的下方还记录了借款的月利息为0.75%。③但是，该借款人将如此巨额的款项投资在什么经济领域，我们无从而知。此外，我们还发现了几位嫁给土生华人穆斯林的当地女性，如一份1809年11月21日的契约单据上记录，一名女仆叫吾当（Oetang，其丈夫是Barrong的采海参渔民）凭借一份收据，要求变更其从已故父亲蓝昂*（Intje

---

①　史料中，此人姓名有时也写成 Nio Tjengkong。译者注：在本书都统一翻译为梁旌光。

②　Cf. ANRI, Weeskamer Shuldkenissen 1809-1813. Makassar 346.6，梁旌光1812年12月31日债务书。

③　ANRI, Mixellania Beginnende den 5ᵉ Augustus 1809 en eeindigt ult. Wintermaand Ao. 1810. 可以看出，此时的孤儿院发挥着与东印度公司时期类似的作用。

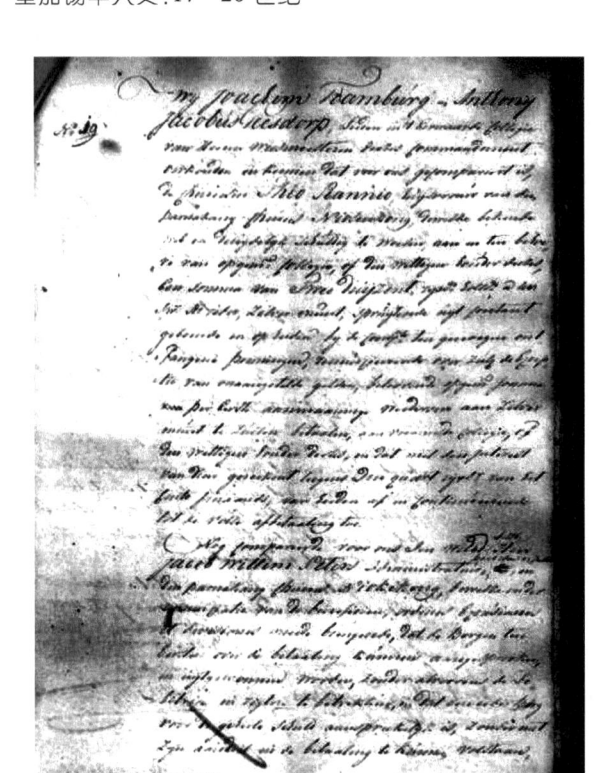

图 2-3　1810 年 2 月 14 日张霖娘*签字的借据，还包括两位担保人雅各布·威廉·彼得斯和梁旗光

（Weesmasters Schuldkenissen Arsip Makassar 346.6）

Lanang）继承的一块土地；还有一份单据是她的姊妹萨迪亚*（Sadia，也是一名女仆，其丈夫是一位名叫萨哈或 Saha 的土生华人）要求继承一块其父亲的土地，同样的情况还有萨迪亚的姊妹达礼望*（Taliwang）。

上述债务及信贷的史料，连同黄雅之女贩卖奴隶的活动都体现了这个时期女性在望加锡的经济活动中发挥着重要作用。

还有一个重要的事实，鲜见于史料记载中，就是在望加锡和南苏拉威西区域内使用的货币种类。在《荷印布告集》中有关 1807 年 5 月 8 日的文本资料显示，当地政府为取代社群中流通的中国和日本铜

图 2-4　连续贩奴交易记录

该女奴名叫者黎哇（Tjadewa），来自涧仔低（Ternate）岛①，上述交易记录分别涉及 1809 年 10 日（月份不详）甲必丹黄雅（Oeij Nyeeko）购买该奴隶的交易记录，以及 1809 年 9 月 29 日该奴隶最终被贩卖至三宝垄的交易记录。（现存于莱顿大学图书馆）

钱，计划在厦门印制自己的钞票，铜钱总额相当于 62500 瑞克斯银币。该工作计划安排苏广哥*（Souw Kongko）负责，他是巴达维亚的华人武直迷（boedelmeester）之一，钞票印好后将直接运往望加锡。

（二）日常生活领域

1. 社团

甲必丹体系早在东印度公司时期就已经开始施行，并一直延续至殖民政府时期（详见附件 2 "望加锡华人社群领袖表"）。1807 年，在望加锡，所有的华人社群及当地社群领袖均被纳入孤儿院，成为委员会成员。② 通过研究契约上的签名（用布吉斯或望加锡字母书写），

---

① 译者注：图中文件右上角的汉字"者黎哇涧仔低"显示，该女奴名叫者黎哇，应是 Tjadewa 的闽南话音译，涧仔低是 Tanette（Ternate）的闽南话音译，现译作特尔纳特或德那第，指今印度尼西亚马鲁古（Maluku）群岛的德那第（Ternate）岛。

② Jacobus Anne Van der Chijs, *Nederlandsch-Indisch Plaakatboek*, Vol. 16, Oct 16, 1807, p. 517.

我们也发现了华人穆斯林社群的首领。1831年，在《荷属东印度政府年鉴》（*Regeerings Almanak voor Nederlandsch-Indië*）的记录上，出现了两位华人遗产管理人员（boedelmeesteren）的姓名：王登基*（Ong Then Kie）和陈地登*（Tanteanteeng），（两人都不是甲必丹）负责管理非基督徒人员。① 另外，同时期的遗产管理人员成员中，我们并没有看到雷珍兰出现，但有关该职位的史料记载则能够追溯至18世纪30年代，在19世纪上半叶其在史料中的出现频率变得不规律（至少在《政府年鉴》中如此），直至梁怀祖［Nio Hwaytjoh，于1854年逝世，系梁旌光之子，梁旗光（1762—1837）的侄子］于1834年接任甲必丹杨财江*（Jo Tjekang）后，有关该职位的记载再次较为规律性地在史料中出现。②

值得一提的是，19世纪上半叶，土生华人穆斯林社群的地位愈发凸显，"土生华人雷珍兰"这一官职再次出现（该官职在18世纪的史料中出现过，详见附件2表格）。③ 1811年，担任这一职位的第一人名叫谢明吕*或峇峇阿布（Baba Aboe），19世纪40年代末至50年代初，随着土生华人社群与马来和望加锡当地社群的融合，雷珍兰这一官职随之消失。④

史料中甚少提及华人甲必丹在其孤儿院工作职责范围之外，如何持续有效地管理其社群，解决各项问题，在涉及贷款事宜中如何做决定以及作为担保人所发挥的作用。相反，有关社群领袖在经济领域，尤其是在让他们成为成功商人的税收承包体系中所发挥的作用，史料中有更加详细的描述，同时还提到了他们参与的慈善活动，还有较少史料描写了他们的私人生活。

在19世纪上半叶，共有七位甲必丹管理华社事务，⑤ 有几位甲必

---

① Cf. *Regeerings Alamanak voor Nederlandsch-Indië*.
② 根据梁氏族谱的记载，也可能是1833年。
③ 详见下文论述。
④ 有关雷珍兰的记载，最后出现于1844—1848年（？），详见 *Regerings Alamanak voor Nederlands Indië*；以及 Isak A. Nederburgh, *Eenige hoofdlijnen van het Nederlandsch-Indisch Staatsrecht*, p. 32。
⑤ 详见附录2有关华社领袖的名单。

丹的姓名常出现在档案材料中，因为他们担任税收承包商发挥了重要作用，并多次涉及法庭调查、借贷、订立遗嘱等事项，这几位甲必丹包括黄雅和几位梁氏家族的甲必丹。换句话说，我们通过殖民法律体系所涉及的事务，能够看到这些华社领袖的生活，从而研究该甲必丹的生活以及社群生活。最突出的例子就是甲必丹黄雅。

（1）黄雅——多灾多难的甲必丹

黄雅（1813年7月17日逝世）于荷印初期担任甲必丹，大致可追溯至18世纪末。史料中，这个名字第一次是于1776年6月18日至9月9日作为往返巴达维亚的船长出现。① 在第一章我们也已经了解到，1790年，黄雅接任马来人萨都拉先生（Intje Sadollah）担任税收承包商。1796年，在其妻子不知情的情况下，他订立了第一份遗嘱，又于1806年取消。② 此外，我们还找到他于1800年承包酒税的史料。③

可以推测，黄雅此后在商业上获得了成功，因为不久后他就开始做慈善。1802年，在蔡帝娘*（Tjoateno）和林甘禄*（Limkamloh）的帮助下，他向市政府要求，一是延长华人社群墓地的使用权；二是在墓地周围用石柱立界，以保护墓地不会被建筑房屋占据。市政府批准，但要求立界的费用由华社自行承担。当时，该墓地位于卡勒波西（Karebossi）球场（见图2-5）的北侧，东边是农田，南边是已故雷珍兰赵宝老*（Tio Polau）的房舍（位于英德村），西边是一条通向本托郎（Bontoalang）港口的路。统治当局还规定，坟墓高度不能超过2.5呎。④

一块石碑记录了1867年重修天后宫一事。1803年，黄雅计划重新修缮天后宫，并建立奉祀亭和禅堂。⑤ 该庙于1997年遭遇大火，但

---

① 详见第一章中摘录的船长名单。

② ANRI, Afschriften van testamenten van 1811 tot 1814 weeskamer Makassar. Makassar 346.3, No. 14.

③ ANRI, Arsip Makassar 344.3, No 31.

④ ANRI, Secrete Dagregisters June 22 – Oct 20, 1802. Arsip Makassar 441.2c. 可对比巴达维亚华人墓地高度规定，详见 Claudine Salmon and Denys Lombard, *Les Chinois de Jakarta, temples et vie collective/The Chinese of Jakarta, temples and communal life*, Paris: Editions de la MSH, études insulindiennes-archipel 1, 1980, pp. 290–291。

⑤ Claudine Lombard-Salmon, "La communauté chinoise de Makasar. Vie religieuse", *T'oung Pao*, Vol. 55, No. 4–5, 1969, p. 296.

仍保留了一对1894年翻新的对联牌匾。这对楹联是一位来自福建漳州龙溪的漳龙敬献,其姓氏推测可能是林。①

19世纪初,有关华人甲必丹的经济活动在史料中没有详细说明,仅了解到在黄雅女儿被流放前两年即1806年,黄雅订立了一份新遗嘱,表示他唯一的继承人是两个兄弟,黄振瑞*(Oeitjensoei)和黄振勋*(Oeitjenhoen),两位是定居望加锡的土生华商。黄雅也曾与两人合作,购买白酒包税权,但他们的家庭关系如何,我们无从知晓。在遗嘱中,两人也责成与王志宝*(Ongtjipo)和黄锦*(Oeikien)一道处理黄雅后事和遗产事宜。②

1809年,可能是受到其女儿判刑的影响,黄雅不再担任甲必丹,也没有再竞买税收承包权,而是充当其财产继承人黄振勋*竞买税收承包权的担保人。1809年,他还参与奴隶贸易,莱顿大学中央图书馆保留的一份档案中记录了其参与的四次奴隶交易,一位来自涧仔低(塔内特,Tanette)名叫者黎哇(Tjadewa)的女奴(该人的名字后来又换成了Minerva③)被其连续贩卖。第一次交易是在1809年5月3日,黄雅从一位布吉斯商人手中花60瑞克斯银币的价格买下了该女奴(1809年9月29日,或农历八月二十日,正式盖章交易);第二次交易是同年6月18日,黄光政(Oeij Kontjeng)用100瑞克斯银币买下该女奴;④第三次交易是同年,月份不详,日期是10号,黄雅

---

① 详见 Wolfgang Franke et al. eds., *Chinese Epigraphic Materials in Indonesia*, Singapore: South Seas Society, Vol. 3, p. 251。

② ANRI, Afschriten van testamenten van 1811 tot 1814 weeskamer Makassar. Makassar 346.3, No. 14.

③ de Haan, 摘自 S. Abeyasekere, "Slaves in Batavia: Insight from a Slave Register", in Anthony Reid, *Slavery and Bondage & Dependency in Southeast Asia*, p. 289。本时期,给奴隶起一个欧洲风格的名字十分常见。

④ 详见 Koos Kuiper (compiled and edited by) with the contribution of Yuan Bingling, *Catalogue of Chinese and Sino-Western Manuscript in the Central Library of Leiden University*, Leiden, Legatum Warnerianum Leiden University Library, 2005, pp. 3 – 4 (Or. 1914: 9a)。该史料的荷兰文记录详见 Sirtjo Koolhof & J. J. Witkam, *Handschrift in druk. De studie van taal en literatuur van de Indonesische archipel. Catalogus bij een tentoonstelling in de Leidse Universiteitsbibliotheek, ter gelegenheid van het honderdvijftigjarig bestaan van het Koninklijk Instituut vort Taal-, Land-en Volkenkunde, June 21 – July 23, 2001*, Leiden: Universiteitsbibliotheek, pp. 95 – 99。

再次以100瑞克斯银币的价格购回；第四次交易是同年9月29日，黄雅将该女奴卖给L. F. Oberbeek（1810年7月10日，该女奴又被转手卖给了一个荷兰人）。四次交易的凭证上都有黄雅和黄光清*的中文签名，此外，黄雅的签名和该女奴的姓名还出现在一份1809年9月29日的闽南语标音的文件（Tsia-le-ua Kan-a-te者黎哇涧仔低）中。

晚年，黄雅的名字又出现在了一些档案中，可以推测这是由于他的社会生活受他女儿贩卖奴隶事件的影响所致。黄雅和包税商黄振瑞*（Oeij Thensoei）去世后，黄光政作为几份包税担保人（详细见上文），就其财产继承以及其兄弟黄振勋*（Oeithenhoen）成为其财产管理人一事提出异议，上告法院。黄光政认为，其应得的财产分配没有兑现，这场关于财产的争执持续了很长时间，以至于黄雅的威信一落千丈。

（2）梁氏家族——华社领袖

在第一章中，我们已经看到梁氏家族第一代移民的两个儿子梁眼郎（Nio Ganlong）、梁盼郎（Nio Phanlong）社会地位上升，尤其是梁盼郎在包税制下拥有特殊的地位。在19世纪初至20世纪初，梁盼郎的八位后代也分别占据着甲必丹、雷珍兰的要职。下面是根据时间顺序整理的这八位梁姓后代的姓名①：

>梁旗光（Nio Kikong，1762—1837年，梁氏第三代），1817—1833年任甲必丹
>
>梁怀祖（Nio Hwaytjoh，1856年逝世，梁氏第四代），1826—1834年任雷珍兰，1834—1836年任甲必丹
>
>梁进秀（Nio Sengtjiang或Nio Tjingsioe，梁氏第五代），1854—1868年任雷珍兰
>
>梁得富（Nio Tek Hoe，梁氏第五代），1857—1864年任雷珍兰，1864—1876年任甲必丹
>
>梁元益（Nio Goan Ek，1873年逝世，梁氏第五代），1869—

---

① 根据梁氏族谱整理，详见 *Regeerings Alamanak*。

1872 年任雷珍兰

梁开兴（Nio Kae Hian，梁氏第六代），1880—1882 年任雷珍兰

梁英武（Nio Eng Boe，梁氏第六代），1896—? 年任雷珍兰，1916—1918 年任甲必丹

梁应［麟］（Nio Eng Lian），1903—1904 年任雷珍兰（该姓名未出现在梁氏族谱中）

梁氏家族在南苏拉威西地区的开枝散叶延伸至本托拉（Bontoala）① 和峇南哞吧（Balangnipa）方向，因为在史料分别出现了梁配生*（Poe Seng，梁眼郎之子，梁氏第三代）和梁瑞益（Soei Ek，梁氏第五代，1887 年逝世，甲必丹梁怀祖之子）的记录。在扩展至南苏拉威西以外的区域，在班达，梁怀祖的另一个儿子梁长盛*（Tiang Seng，梁氏第五代，1857 年逝世）于 1849 年担任甲必丹；在巴厘，梁旗光的一个兄弟梁旃光（Tjan Kong，梁氏第三代）和梁开兴之子梁钦爵*（Qinjue，梁氏第七代）都在这里定居；梁旃光之子梁清风（Nio Tjeng Hong，梁氏第四代）定居于八渊（Pa-goan）；梁旗光之孙梁得富（Nio Tek Hoat，梁氏第五代）定居于巴达维亚，26 岁逝世。此外，还有梁氏家族的旁支移居到了安汶。因此，可以推测梁氏家族曾建立起一个庞大的贸易网络，但可惜的是没有相关的史料记录。峇南哞吧（位于东部，新惹伊的北部）在当时是藤条、树脂、木材贸易的重要中心，在这里还有少部分来自中国和阿拉伯的商人。1904 年，该地的雷珍兰是梁氏的后代，名叫梁中兴（Nio Tiong Hien）②。马鲁古和班达地区则是香料集散地，而根据托恩（Thorn）的记录，巴厘是望加锡贩运大米的来源地，③ 可以想象，梁氏在这里也掌握着部分大米进口贸易。

---

① 该区域现在已成为望加锡市的一部分。
② *Regeerings Alamanak*, 1904.
③ Thorn, *The Conquest of Java*, p. 338：" Macassar receives its principal supplies of rice from Bally."

第二章　19世纪望加锡华人社会的发展及面临的困境　　87

除了贸易领域，包税也是获利的重要来源。19世纪初，梁氏成员的遗嘱也显示了包税带来的财富价值，有内容显示包税是重要的收入来源，梁氏成员要尽力让其后代继承包税权。

像黄雅一样，甲必丹梁怀祖（1856年逝世）也为天后宫的修缮做出了贡献。一块1867年的碑文记录了梁怀祖决议重修天后宫一事，但并没有记载修缮工作的结束日期，① 在1969年的一块题词匾额中也没有提及上述修缮事宜，不过一个道光年间（道光十五年，1835年）的游神器物似乎与这次修缮有关。② 此外，我们还找到了一幅古画，上面有一段法国游客在1830年时到访望加锡的描述文字，虽然其真实性存疑，但也值得在这里摘录，其内容如下：

> 我来到了一处庙宇，当地人非常自豪地告诉我这座庙宇非常宏大，并且富丽堂皇，确实这座庙宇大到能容纳60人，很漂亮，却也很简易。在弥勒佛像的外面有两根花岗岩的柱子，高8呎，直径1.5呎，还有一张神案，放在整座寺庙的中央，所以在庙中我们只能看到没有装饰的墙壁和一座并不奢华的庙宇。③

实际上，这座庙宇是用来供奉海神妈祖④，但也可能供奉了一尊弥勒佛像，作为陪祀。在上述描述中，我们能够了解庙宇的建筑特色，尤其是石柱，会让我们不禁想起20世纪初的一张明信片上盘龙绕柱的画面（详见图2-5和图2-6）。

---

① Claudine Lombard-Salmon,"La communauté chinoise de Makasar. Vie religieuse", p. 296. 在碑文中，梁怀祖的名字以"华国"这个辈分名代替，这一称呼也出现在了梁氏族谱中。

② 详见 Wolfgang Franke et al., *Chinese Epigraphic Materials in Indonesia*, Singapore: South Seas Society, Vol. 3, p. 252。

③ Elie Le Guillou, *Voyage autour du monde de l'Astrolabe et de la Zélée, sous les ordres du contre-amiral Dumont d'Urville, pendant les années 1837, 38, 39 et 40 par Elie Le Guillou, Chirurgien-major de la Zélée. Ouvrage enrichi de nombreux dessins et de Notes scientifiques*, mis en ordre par J. Arago, Paris: Berquet et Pétion, 1842, Vol. 1, p. 280. 感谢 P. Labrousse 提供相关史料。

④ Claudine Lombard-Salmon, "La communauté chinoise de Makasar. Vie religieuse", *T'oung Pao*, Vol. 55, No. 4-4, 1969, pp. 258-259。

图 2-5 天后宫

资料来源于：Le Guillou, E., *Voyage autour du monde de l'Astrolabe et de la Zélée, sous les ordres du contre-amiral Dumont d'Urville, pendant les années 1837, 38, 39 et 40 par Elie Le Guillou, Chirurgien-major de la Zélée. Ouvrage enrichi de nombreux dessins et de Notes scientifiques, mis en ordre par J. Arago*, Paris, Berquet et Pétion, 1842.（私人收藏）

图 2-6 天后宫正门

资料来源：20 世纪 20 年代的明信片。

（3）华人家族及遗产

除了梁家，19 世纪上半叶望加锡华人社群中较显赫的家族还有

第二章　19世纪望加锡华人社会的发展及面临的困境　◈◈　89

黄、李、张、郭、林、杨、王、蔡、谢，但这些家族的历史我们所知甚少。虽然一些家族早在18世纪甚至17世纪就已经在望加锡定居，这一点可以在一些有关社群首领的史料中得到证实，但没有史料能够让我们追溯这些家族更为长期的发展历程。已有的史料中，李氏家族族谱非常简略，只记载至1911年。在族谱中，我们没有找到甲必丹李如璋的姓名，但族谱中显示，18世纪下半叶，第一批李氏移民分散性地定居在马洛士（Maros）和望加锡等地。1995年最新修订的张氏族谱显示，他们的始祖张义财*（Thoe Gee Tjae）于1776年抵达，但该族谱内容不完备，只记录了张义财*嫡子张俊河*（Thio Toen Ho）这一支的成员谱系，其他曾担任官职的张姓成员都没有在族谱中找到记录，① 甚至有关其子张义龙*（Gie Long）的信息也没有任何记录。至于上述其他家族，目前我们均未寻获相关史料。

19世纪初，华人公馆在爪哇的一些大城市开始出现，由一位甲必丹领导，主要在登记册上记录社群成员的结婚及处理离婚纠纷事宜。② 布那慢（J. A. M. Buineman）曾担任望加锡华人事务负责人，20世纪初还查阅过这种记录册，并提到这些记录册编撰工整、记录明晰。③ 可惜的是，我们现在找不到这些文件，只剩下一些1811—1816年英国殖民时期一些华社成员用荷兰文留下的遗嘱文件（*afschriften van testamenten*），这些史料只能提供有关华人在一段时期内继承方面的小部分信息，这些遗嘱原件被保存在孤儿院，虽然数量少，但也反映了当时各家族的情况。其中有几封遗嘱是在英国占领之前就立下的，后

---

① 如张裕清*（Thio Djoe Tjing）曾于1899—1903年担任雷珍兰，张忠吉*（Thio Tjong Kiat）于1916年担任甲必丹，数月后逝世，张英业*（Thio Eng Geap）于1918—1923年担任雷珍兰。
② 详见Leonard Blussé and Chen Menghong eds., *The Archives of the Kong Koan of Batavia*, Leiden, Boston: Brill, 2003。
③ ANRI（Arsip Nasional Republik Indonesia, Jakarta），J. A. M. Buineman, "Makassar, 22 Juli 1916", Arsip Binnenland Bestuur, No. 4389), p. 3. 有一份关于该时期婚姻登记的记录（但丈夫的第二任妻子的信息并未出现在登记册上；与爪哇不同，新婚夫妻的信息也不一定记录在册），还有三份分别关于出生、死亡、领养小孩信息的记录册。Bruineman未提及华人公馆负责登记相关信息，处理纠纷一事。

来又被重新书写。

这些遗嘱由夫妻共同订立或其中之一订立，从这里可以看出，女性在立遗嘱中也有重要作用。另外，还可以得出的结论是，望加锡华人熟知荷兰的法律制度，当其健康每况愈下时，就开始考虑遗嘱事宜。从一些现居望加锡或在南苏拉威西岛外的其他地区有亲人的华人手上，我们还拿到了几份他们保留下的遗嘱。一份是三宝垄的王德银*（Ong Tek Ging）订立的遗嘱，1811年他前往望加锡进行贸易，后来当自己病重时，他给在爪哇的妻子马吉拉（Makiera）和两个年龄尚小的儿子写了一份遗嘱，并委托住在望加锡的王俊哥*（Wong Joenko）为遗嘱执行人，负责其后事。① 另一份遗嘱是我们前面已经讨论的那封1811年从厦门抵达望加锡的戎克船船长。还有一份是一位望加锡女性邱生娘*（Que Sangnio）的遗嘱，1801年10月，她正身怀六甲，而丈夫却正在前往爪哇的途中，于是她立下遗嘱，如果其不幸去世，要将财产用来照顾她的孩子。②

在这些遗嘱中，我们还发现华人女性非常注重为其子女尤其是女儿分配财产，也包括释放其奴隶。1810年，一位名叫李善娘*（Lie San Nio）的女性居住在唐人街的一处石屋中，她是否结婚或是因为丈夫离世而独居，我们无从知晓，她的遗嘱中提到要把财产留给自己的幼女李文娘*（Lie Bon Nio），去除从财产中用于给自己的仆人布卡（Boeka，来自劳勿）和达都*（Tatoe，来自门达儿）赎身的钱。③ 同年，一位名叫梁帕娘*（Nio Panio）的女性也订立遗嘱，将其财产全部留给唯一的继承人梁石娘*（Nio Tjok Nio），并用财产中的钱为阿迪（Adjie，来自布顿岛）的仆人赎身。④ 1811年，林俊光*（Liem Tjoen Kong）死后，其妻梁丽娘*（Nio Lie Nio）订立遗嘱，其死后屋产及屋内所有物件均由其幼女林兰娘*（Liem Iam Nio）继承，并委托甲必丹林灿哥*（其丈夫的兄弟）全权负责，并指派梁旗光执行遗嘱

---

① ANRI, Afschriften van testamenten van 1811 tot 1814 weeskamer Makassar. Makassar 346.3（No. 5）.
② ANRI, Op. cit.（No. 53）.
③ ANRI, Op. cit.（No. 30）.
④ ANRI, Op. cit.（无页码）.

内容。①

而新客华人的做法却与土生华人不同，一位名叫李子哥*（Lietjooko）的华人于1811年订立遗嘱，将200瑞克斯银币留给其妻高娘*（Koe Nio），而将自己所有的家具、房产及信用票据留给其在中国的儿子李金盛*（Lie Kiemseeng），并委托居住在望加锡的李立哥*（Lielieko）和李裕哥*（Lie Jiko，可能是其兄弟）执行遗嘱内容。②同样的情况还有一位名叫吴老哥*（Gouloko）的华人立下的遗嘱，也是将一部分财产留给了在望加锡的正妻陈文淑*（Thanbonsoe），另外还把50瑞克斯银币的财产分别留给了吴光子*（Gou Kongtjoe，居住在望加锡）、雷加纳（Regana，土生华人谢明吕*之女）、与正妻之子吴秋隆*（Goukiolong），以及在中国的小妾汤霞娘*（Tangha Nio），另外他还把250瑞克斯银币的遗产分给了另外两位在中国的小妾黄柳霞*（Oei Lausia）和吴银*（Gou Ging）。③

在夫妻二人共同订立的遗嘱中，我们以梁旌光和妻子张仙娘*（Thio Sian Nio）于1812年5月31日订立的遗嘱为例，这份遗嘱让我们能够了解这个家庭的生活方式。④虽然这位妻子的职业我们并不十分了解细节，只知道她也参与到了贸易活动中，夫妻二人在遗嘱中明确分配了他们拥有的财产，其内容如下：

——大儿子怀祖获得的财产数额最大，包括当时居住的家宅、100瑞克斯银币、一位名叫萨卡拉（Sakara，来自松巴哇岛）的仆人及其妻阿永*（Aung，来自英德村），另分别获得100瑞克斯银币。

——两个女儿，分别获得100瑞克斯银币，大女儿另获得一名仆人瓦拉刚（Warackang）及其妻拉伊克*（Iaij，均来自布吉斯），二女儿另获得一名仆人巴伊克（Baij，来自芒加莱县）及

---

① ANRI, Op. cit. (No. 14).
② ANRI, Op. cit. (No. 5).
③ ANRI, Op. cit. (No. 28).
④ ANRI, Afschriften van testamenten van 1811 tot 1814 weeskamer Makassar. Makassar 346.3 (No. 13).

其妻（Kumpelie，来自布顿岛）。

——兄弟文良*（Boen liong）获得一处在弗拉尔丁恩地区的竹屋，四周有封闭的大种植园，该屋不得出售。

——侄女燈娘*（Nio Teng Nio），梁旗光（Nio Kikong，梁旌光的弟弟）之女，获得100瑞克斯银币

——侄女甜娘*（Nio Tian Nio），梁旃光（Nio Tjankon，梁旌光的大哥）之女，获得100瑞克斯银币，侄子清风，获得200瑞克斯银币。遗嘱执行人由梁旗光（Nio Kikong）和梁芳生（Nio Hongseng）负责。

虽然梁氏族谱中没有记录各男性成员的妻子及他们女儿的姓名，这阻碍了我们溯源这些女性成员的历史，但通过遗嘱，我们能看到女性也拥有较突出的经济、社会地位。

2. 土生华人穆斯林社群的巩固

华人穆斯林化趋势一直持续至19世纪上半叶，一个与当地马来人融合的社群形成了，新的穆斯林仍继续保留其华人化的名称，如土生华人雷珍兰谢明吕*（Tja Binglo，1815—1825年或1826年任雷珍兰，还被称为峇峇阿布）。另外，有一些穆斯林常使用当地称呼前面加上华文名称"Intje"或"Ince"阿叔），也写成Entje或Antje",① 例如Ince Taha；也有使用波斯语称呼"Baba"（峇峇），例如峇峇阿布（Baba Aboe）、峇峇蒙多（Baba Moendo），二人都曾担任土生华人雷珍兰（任职期分别为1811—1812年或1813年，1813—1814年或1815年）。② 即使该社群与当地族群逐渐融合，但其宗教生活仍然集中在位于布顿村（位于华人聚集区的北部）的清真寺，也被称为土生华人清真寺。③ 根据已故的穆赫德·马斯·乌德·卡西姆（Mouhd Mas Oud Qasim）④ 史料，这座清真寺是一位土生

---

① 马来人也常使用该称呼。
② 详见附录2，望加锡华人社群领袖名录。
③ 该清真寺几经翻修，目前位于布顿街26号。
④ 根据1986年苏尔梦提供的信息。

华人建造，清真寺的一侧还有这位建造人的墓地，但于20世纪50年代被拆除。由穆赫德·马斯·乌德·卡西姆的父亲阿叔穆罕默德·卡西姆（Ence Moh. Kasim，1872—1949）①整理的一份表格显示，至二战末期，寺中所有的伊玛目均为土生华人，首位伊玛目名叫阿叔大禾（Ince Taha，1814—1837），最后一位伊玛目名叫穆罕默德·贾法尔（Mohamad Jafar，1942—1945），②后来该清真寺成为当地各族穆斯林礼拜的场所。

3. 语言与文化

根据我们获得的史料，尚未论述有关学校方面的内容，但值得一提的是，教育在望加锡华人社群中占据着重要地位。在借贷合同中，常看到能够用望加锡字母写下的签名，表明女子在家族生活中接受了书写教育。③例如，我们在前面章节看到的张霖娘*（Thio Lian Nio）在借据中用望加锡字母签名，担保人甲必丹梁旗光用华文签名。还可以看到，所有华社男性成员，无论是借款人、担保人还是买卖契约的订立者，一般都使用华文签名，甚至其中不乏优雅的书法笔迹，如甲必丹黄雅、林灿哥*、梁旗光和梁怀祖。梁旗光和梁怀祖是第三、第四代土生华人，可以推测他们应该接受了来自中国的私塾教育，当时

---

① 穆罕默德·卡西姆（Ence Moh. Kasim）开办了一家名为 Volksdrukkerij 的印刷厂，主要印刷拉丁文和望加锡文的宗教、历史和法律书籍。大约在1934年，该印刷厂倒闭；cf. *Pemberita Makassar*, January 26, 1937.

② 其他七位伊玛目（imam）分别是赛义德·穆罕默德·巴伦（Said Mohamad Bahrun, 1837 – 1843 年）、赛义德·贾马卢利·巴伦（Said Jamaluleili Bahrun, 1843 – 1855 年），穆罕默德·阿尔萨德（Mohamad Arsyad, 1855 – 1860 年），峇峇巴达维（Baba Betawi, 1860 – 1875 年），峇峇·穆新（Baba Hadji Moeshin, 1875 – 1891 年），阿卜杜尔·瓦杜德（（Abdoel Wadud, 1875 – 1914 年），穆罕默德·达何尔（Hadji Moh. Tahir, 1914 – 1924 年）。详见 Claudine Salmon, "Ancestral Halls, Funeral Associations, and Attempts at Resinization in Nineteenth-Century Netherlands India", in Anthony Reid ed., *Sojourners and Settlers. Histories of Southeast Asia and the Chinese*, New South Wales: Asian Studies Association of Australia in Association with Allen & Unwin, 1996, pp. 199 – 200。

③ Nicolas Gervaise, *Description historique du Royaume de Makassar*, Paris: Editions Kimé, 2003（1st ed. in 1688）, p. 70，望加锡华人少女，多在父亲家获得照料，不抛头露面，其母负责教授读书、写字。

在爪哇也有许多华人家族请私塾先生授课。① 我们可以将上述书法笔迹和一位名叫黄光清*（Oei Kongtjing）的商人签名字迹进行比较，就会发现这个商人的笔迹更潦草，可能没有接受过私塾教育（详见图2-3、图2-4）。另外，我们还发现，在前面章节讨论的如梁旌光之妻张霖娘*等孤儿院的借贷借据中，没有出现土生华人穆斯林的签名。

除了上述书写使用的文字有差异，需要增加一点说明，荷兰官员了解到华人很少订立书面遗嘱后，就开始负责用荷兰文订立书面遗嘱，并将副本在孤儿院留存，另外一份马来文遗嘱内容将向遗嘱订立人呈现并宣读，宣读后则具备法律效力。但并不清楚这份马来文的遗嘱最终是否有遗嘱家人保留，还有一个问题就是这份马来文遗嘱所使用的书写版本是什么。结合当时其他地区的情况，以及前面章节的论述，可以推测荷兰官员使用拉丁字母来写马来文。

我们还找到了两份档案资料，一份是望加锡华商施富*（Sie Hok），另一份是华人女性胡娥*（Ouw Gouw）。档案是有关二人经营的商店中破损商品及价格的清单，② 一份的标题是用华文写着"晚生施富之货在店前就一尽打破（Negotie goederen van den Chinees Sie Hok bestaan in ⋯. ③）"，意思是"破损的物品由施富所有"，另一份上标题是"胡娥家内用之物打破"，清单中还有汉字编号和不规范的荷兰文。这些1823年整理的记录，有关破损商品的表格中还掺杂了一些

---

① 详见 Claudine Salmon, "Wang Dahai et sa vision des 'Contrées insulaires' (1791)", in *Mélanges de sinologie offerts à Monsieur Jacques Gernet*, *Etudes chinoises*, Vol. 13, No. 1-2, printemps-automne 1995, pp. 221-257. 天后宫一口大钟上留有一些文字，内容是1895年，一位名叫孟文的女性对当地学者杨怀玉表达崇敬之情。杨怀玉，祖籍厦门，1878年被荷兰政府聘为翻译员，此人还在家中教授华文课，并参与望加锡华人文化活动，助推永锡堂、福锡堂（目前两祠堂已年久失修）的修缮工作，同时也恢复了一些华人传统风俗活动，如在祭祀场烧纸。cf. Wolfgang Franke et al. eds., *Chinese Epigraphic Materials in Indonesia*, Singapore: South Seas Society, Vol. 3, 1988-1997, p. 256.

② 该档案现存于莱顿大学图书馆，简要内容也可参考 Koos Kuiper (compiled and edited by) with the contribution of Yuan Bingling, *Catalogue of Chinese and Sino-Western Manuscripts in the Central Library of Leiden University*, p. 5 (Or. 2233: 110)。

③ 如橘子、茶杯、茶碗、镜子等。

马来语音译词，如 甘密（gambier）写成"相［眼？］密"①；担（keranjang）写成"敢仔"或"相［眼？］密二敢仔"，意思是"两担甘密"，而在那些荷兰文中直接借用了马来文，即"2 krandjang gambir"。

这里还出现一个难以回答的情况，就是译员在社群中的作用。当时，还不存在中文翻译官（tolk voor de chineesche taal）或专门处理华人事务的荷兰官员（ambtenaar voor Chineeschen zaken），这个职位要到 1860 年才出现，第一位派驻望加锡的翻译官名叫胡廷克（Bernard Hoetink），于 1878 年抵达望加锡。同年，华人杨怀玉（祖籍厦门）也被指派担任翻译官。② 可以想象，在那个时代，很少有荷兰官员通晓中文，所以需要华人翻译为荷兰文或马来文。档案材料也证明了这一点，包括一份陈亿恩*（Than I En，祖籍福建泉州）的陈述，以及另一份有关黄雅承包酒税时其眼线的陈述，③ 这些材料在 1813 年 4 月 30 日的法庭审理中由一位华人信使邱渊*（Quegoan）作为中文译员进行翻译，我们推测很可能翻译成了马来文。④

此外，政府在向望加锡居民下达政令及发布正式通知时，也会涉及翻译事项。19 世纪初的一份正式公告上通知 1800 年包税拍卖事项，还公布了将出席的候选人和地方长官会客室确定的日期和时间。这则公告正中是用荷兰文书写，中文和爪夷文（古马来文，用阿拉伯文书写）译文各居左右。中文文本中的标题是"望加锡甲必丹黄为抄奉王上晓谕通知事"，其实抄录内容也并不完全仿照原版文件，甚至连承包俤仔（bea，税收）税项的中文名称次序的排列也并不相同，殖民政府在译文中还被称为"公班衙"（*Compagnie*），总督的姓名也

---

① 同时期的爪哇，*gambir* 译为"甘密"或"甘密贰"；cf. Claudine Salmon, "Malay (and Javanese) Loan-words in Chinese as a Mirror of Cultural Exchanges", *Archipel*, Vol. 78, 2009, p. 208.

② 感谢高柏（Koos Kuiper）与我们分享有关荷印时期各大城市的译员名单（包括井里汶、望加锡、棉兰、文岛 Muntok、巴东、坤甸、南望市 Rembang、三宝垄、泗水、丹绒槟榔）。根据 Gerald A. Nagelkerke（*The Chinese in indonesia. A Bibliography*, 18th Century–1981, Leiden: Library of the Royal Institute of Linguistics and Anthropology, 1982），胡廷克（Berrnard Hoetink）未曾撰写过有关望加锡华人的文章。有关杨怀玉的信息，详见 94 页脚注①。

③ 一般，包税商都有手下充当线人，防范走私活动。

④ ANRI, Arsip Makassar 344. 3, No. 31.

没有被誊录。①

第二节 1847—1899年华人社会概况及发展期

本时期以经济发展为代表，但荷兰文的相关记载史料较少，可能是殖民统治者当时正专注于征服印尼群岛的领土，因此我们需要利用仅有的史料理解当时的变化和时代特征。此外，我们还会探讨港口的开放及对经济的影响，来自中国福建和广东的商人抵达望加锡，华人社会的发展迎来复兴，庙宇及祠堂的修建也反映了华社的多样化发展。最后，我们将探讨望加锡的两户华人名门望族。

一 开埠及对当地经济的影响

港口的开放不仅推动了中国戎克船抵港数量的增长，还吸引了欧洲人手下的西式船只和从新加坡前来的商人们，荷兰及其他外国企业开始在望加锡成立。1846—1847年，贸易额提升至100万荷兰盾。来自中国的戎克船或独艘或两三艘结伴前来，携带的货物主要有丝线、瓷器、烟草、茶叶、雨伞、金线、银线及铁铜工具。从望加锡运回中国的货物总额达41065荷兰盾，1846年升至162695荷兰盾，1847年升至225473荷兰盾。②

1855年起，来自澳门的戎克船不再停靠望加锡，华人商船和来自新加坡的英国商船数量增多，与其形成激烈竞争。③ 爪哇岛与印尼群岛东部地区诸岛之间的贸易继续发展，外国商船尤其是新加坡黄敏企业（Wee Bin & Co.）旗下的二十几艘商船，活跃在荷属东印度贸易区域。1891年，在争取与英国多家私人企业合作的努力下，荷印政府决定成立一家国家航运公司——荷兰皇家轮船公司（Koninklijk Pa-

---

① ANRI, Arsip Makassar 435-6, 1802-1803.
② *Overzicht van den Handel en de Scheepvaart te Macasser over de jaren* 1846, 1847 en 1848. Arsip Makassar 374.9.
③ Edward L. Poelinggomang, *Makassar Abad XIX*, pp.142-144，收录了有关望加锡、澳门、新加坡各地间进出口变化图表。

ketvaart Maatschappij 简称为 KPM），以促进岛屿之间的贸易。① 在印尼群岛各地的航运公司，定期为各港口提供服务，为望加锡航运活动的发展带来积极作用。

（一）华人船运公司的崛起

追溯望加锡与新加坡之间贸易史料细节是相当困难的，黄麟根②和普林哥芒（Poelinggomang）虽对该领域有所研究，但仅讨论了两地贸易的概况，没有提及在这个贸易过程中的主角是谁。本节我们将讨论几位主要人物，来分析华商之间建立的关系。

在新加坡，从 19 世纪下半叶具有影响力的华人家族中我们主要关注了黄氏家族的发展历程。这个家族的创始人名叫黄敏（Wee Bin，也被称为 Wee Hood Bin，1823—1868 年），出生于福建，在新加坡居住。他创建了黄敏企业和丰源船务（Chop Hong Guan），办公地点位于市场街（Market Street）。另外，他还管理远洋运输贸易。1860 年，他已经拥有了一支囊括 20 多艘汽船的船队，主要负责同中国和荷属东印度的进口贸易，以望加锡、巴厘为主。③ 黄敏去世后，其航运公司还运营了很久，直至 1911 年才被转手卖出。我们在天后宫 1867 年募捐名录上还看了一家新加坡企业，名叫"长源公司"（Tiang Guan &Co），其办公地点也在市场街。根据宋旺相（Song Ong Siang）的研究，这家公司创立人是张乞（Teo Kit，于 1867 年逝世），也是福建华人，曾承包鸦片税、白酒税，拥有艟舡（tongkang）和纵帆船（schoener），在三宝垄、泗水等荷属东印度多个港口开展进出口贸易

---

① 有关 1850—1895 年岛际贸易的相关图表及荷兰人在当时的政策措施，详见 Edward L. Poelinggomang, *Makassar Abad XIX*, pp. 106 - 130。

② Wong Lin Ken, *The Trade of Singapore 1819 - 1869*. 有关 1824—1869 年苏拉威西贸易概览，详见该书的附录表（222 页），有关 1847—1857 年，包括鸦片在内的几类商品贸易具体情况，详见往返望加锡—新加坡的商船数量表（274 页），其中欧洲人和华人多驾驶横帆船（kapal square rigged），布吉斯人驾驶的则是小船（prahu）。

③ 在巴厘，黄敏主要的合作伙伴之一名叫郑忠子（The Tiong Tjioe），是布莱伦（Buleleng）的华社领袖。详见 Song Ong Siang, *One Hundred Years' History of the Chinese in Singapore*, Singapore: University Malaya Press, 1967, pp. 114 - 115; Peter Lee, "Confining and Connecting: Curating Strategies for Presenting Singapore's Baba House", in Leo Suryadinata ed., *Peranakan Chinese in Globalizing Southeast Asia*, Singapore: Chinese Heritage Centre, 2010, pp. 151 - 153.

活动。后来他的企业由他的一个孩子继续打理，他共有四个孩子。①

对于望加锡本地的华人企业家，荷兰史料中只记载了一些航运企业，以及其创始人是土生华人还是新客，但并没有解释二者的区别。李清宏*（Lie Tjing Hong），1863 年拥有一艘名为"金玉龙"（Kim Giok Liong）船，重 41 拉斯特；② 梁得富（Nio The Hoe），雷珍兰，后担任甲必丹，拥有一艘名为"荣誉"（De Eerstelling）的纵帆船（sekuner），重 25 拉斯特，并于 1866 年拥有两艘双桅横帆船（brik），一艘名为"安托瓦内特"（Antoanetta），重 69 拉斯特，另一艘名为"安娜·吉尔特鲁达"（Anna Gertruida），重 109 拉斯特；③ 戴振幅*（The Tjin Hok，又名戴厚义）有一艘名为"玛利亚"（Maria）的纵帆船，后来转手给雷珍兰王欣宾（Ong Im，任职期为 1859—1861 年），用于望加锡与古邦（Timor Kupang）的往来；颜应宏*（Gan Ing Hong）有一艘双桅横帆船，名为"格林纳"（Gleaner），重 83 拉斯特。④ 1866 年的史料记录显示，郑平隆公司*（The Ping Liong & Co）旗下拥有一艘"泛弩"（Fannuj）纵帆船，重 20 拉斯特⑤；王欣宾拥有一艘"赞巴"（Djampa）纵帆船，重 111 拉斯特；李清宏*拥有一艘"金玉龙"（Kim Giok Liong）的纵帆船，重 41 拉斯特。

另外，我们还需要增加几家新客华人商号来丰富上述信息。"顺风号"由甲必丹汤堑（曾用名汤河清，1845—1910 年）创办，祖籍福建长泰。⑥ 另外，从 1896 年天后宫修缮纪念碑记载的捐赠名录中，

---

① Song Ong Siang, *One Hundred Years' History of the Chinese in Singapore*, p. 170.

② *Makassaarch Handels-en Advertentie Blad*, January 14, 1863; Sutherland, *Jaarboekje Celebes*, 1866, attachment. 为详细对比 1866 年各国船主所拥有的商船信息，该文献还记载了三名欧洲船主的信息，一位名叫 J. G. Weijergang & Zoon，有三艘商船，两名布吉斯船员；另一位名叫 Daeng Pagalla，有一艘纵帆船；以及 Patompo，有一艘双桅横帆船。需说明，1 拉斯特大约为 1250 千克。

③ *Makassaarch Handels-en Advertentie Blad*, January 14, 1863; *Jaarboekje Celebes*, 1866, attachment. Edward L. Poelinggomang, *Makassar Abad XIX*, p. 184.

④ *Makassaarch Handels-en Advertentie Blad*, February 14, 1863; Edward L. Poelinggomang, *Makassar Abad XIX*, p. 184; *Regeerings Alamanak*, 1861 and 1865.

⑤ *Makassaarch Handels-en AdvertentieBlad*, January 14, 1863.

⑥ "华侨领袖汤河清．赤子丹心一脉承"，http：//china. com. cn/overseas/tetx/2005 - 10/08（摘自 2007 - 2 - 23）。

也有三家汽船企业的名字，分别是万保源轮船、顺安轮船、保安轮船。还有一家名叫利实达轮船，位于郎加拉（Donggala，史料中被省略为加拉）。

（二）西式贸易公司的成立

19世纪50年代，欧洲式的公司在荷属东印度及新加坡等地出现。传统的华人企业，其内部成员的姓名并不向外界公开，如果企业倒闭，贷款人也难以了解，这也令荷属东印度的欧洲企业感到不安。殖民当局于1850年尝试推行新规，注册成立的公司必须以规避破产时可能出现的进一步损失为目的。该规定促使公司成员必须在公证人在场的情况下签署协议，并在官报《爪哇报》（*Javasche Courant*[1]，荷兰殖民地省公文书索引及爪哇政府公报）上公布公司信息。例如，1887年2月4日在望加锡公证霍尔特曼（H. F. F. Hultman）处注册的荣玉兴公司（Eng Djoe Hien），获得四年经营许可，公司成员有三位来自李氏家族——李文阅*（Lie Boen Yat，居住在万鸦老）、李元状*[2]（Lie Goan Tjiong）、李四鹏*（Lie Soe Ping），还有两位居住在望加锡的其他姓氏成员。在记录中还提及，如果公司成员去世，贸易事务将继续由其他成员或该成员的继承者管理，直至公司营业期结束为止。[3]该公司的信息，我们也在1896年天后宫修缮的石碑募捐者名录中找到了记录。

此外，华商还可以同时注册家族企业、注资企业和匿名企业（naamlooze vennootschappen，或 N. V.）及其他形式的企业，并通过运用相关规定同欧洲商人建立了更多合作。

我们无从知晓第一家欧式华人贸易公司什么时候在望加锡成立，但可以确定自1855年起，望加锡的华商就开始与英国商人创办欧洲式的公司。普林哥芒（Poelinggomang）根据荷兰史料的研究显示，这

---

[1] 详见 J. L. Vleming, *Het Chineesche Zakenleven in Nederlandsch-Indië*, Batavia, Volkslectuur, c. 1925, pp. 64–74。

[2] "荣裕兴"公司、李文阅、李元状，都曾在1888年李氏宗祠——荣裕堂的落成捐赠名录中出现；Wolfgang Franke et al. eds., *Chinese Epigraphic Materials in Indonesia*, Singapore: South Seas Society, Vol. 3, pp. 293–294.

[3] *Javasche Courant*, March 1, 1887, No. 17, p. 146.

种合资式企业包括"汉森与梁文良*公司"（Firma Hansen & Nio Boen Lian）于1855年创立，1858年出现的King & Co和陈金声有限公司（Tan Kim Sing & Co），科尔曼（L. Kollmann）和黄江祥*（Oei Kang Siang）于1859年成立的公司，以及狮子有限公司（Leeuwen & Co）和李英光*（Lie Ing Guang）于1869年创办的公司。① 据了解，这些合资公司中，狮子有限公司主要经营来自帝汶（Timor）的咖啡贸易。② 另外，定居在望加锡的华人合资伙伴相关信息如下：梁文良*（Nio Boen Liong, 1810—1870），梁怀祖的兄弟，曾担任雷珍兰（1826—1834年）和甲必丹（1835—1836年）③；陈金声（Tan Kim Sing）的资料较少，商人，其公司名称直接使用本人姓名，1868年龙兴宫（Longxian gong）募捐碑刻名录里也曾出现他公司的名字，并名列前二，④ 似乎这位商人的名字借用了一位同名富商，该人于1805年生于马六甲，在新加坡居住，因为宋旺相*也称自己有一家名为"金声"（Kim Seng & Co.）的公司，并与几家欧洲公司来往密切；⑤ 至于李英原*（Lie Ing Goan）和黄江祥*（Oei Kang Siang）的资料，尚未寻获。

在龙兴宫的募捐碑刻上，我们还看到了另外三位商人的姓名，他们是杨源泰*（Yang Yuantai），王南振*（Wang Nanzhen），戴厚义（Dai Houyi）——又名戴振福*（The Tjin Hok）。这三个名字前面都冠以"公司"二字，说明三人都经营了公司。⑥ 另外，杨源泰这个名字也出现在1867年天后宫修缮募捐铭刻中，并被冠以尊称"甲大"

---

① Edward L. Poelinggomang, *Makassar Abad XIX*, p. 184.
② Edward L. Poelinggomang, *Makassar Abad XIX*, p. 199.
③ 梁氏族谱，第75—76页。
④ Wolfgang Franke et al. eds., *Chinese Epigraphic Materials in Indonesia*, Singapore: South Seas Society, Vol. 3, p. 267. 华人经营的传统商铺名称常以"公司"结尾，如源丰公司（该公司名称在1867年天后宫的修缮名录碑刻中出现）。
⑤ Cf. Claudine Salmon, "Sur les traces de la diaspora des Baba des Détroits", *Archipel* 56, 1998, pp. 78 - 80; Song Ong Siang, *One Hundred Years' History of the Chinese in Singapore*, pp. 91 - 92: "The firm of Kim-seng & Co. had exceptionally close and extensive business relations and intercourse with several leading European firms of that period…"
⑥ Mary F. Somers Heidhues, *Bangka Tin and Mentok Pepper. Chinese Settlement on an Indonesian Island*, Singapore, ISEAS, 1992, p. 18.

(1887—1893年担任甲必丹），关于其他两个名字，没有找到补充信息。

1880年代，《爪哇报》（*Javasche Courant*）上记录了公司及有限公司的信息。1883年，第一批在记录中出现的名字是梁光朝*（Njio Kong Tjiau）、梁光谦*（Njioo Kok Khian）、林锡辉*（Liem Sie Hoei）、郑英财*（Thie Ing Tjai）。前三位是望加锡商人，最后一位是泗水商人。他们的公司名称为"合盛栈"（Hap Sing Tjan），1883—1885年，为望加锡、庞卡杰内、峇南哹吧和司吉利（Segeri）地区的荷兰军队供应食物，出于安全考虑，在公司名称上只有梁光朝*（Njioo Kong Tjiauw）的签名。①

匿名公司方面，19世纪80年代华商开始与欧洲商人合办企业。望加锡商人希望效仿巴达维亚、巴东、泗水、棉兰的商人，参与推动苏拉威西的现代化发展。我们获取的史料只显示了1887年在巴达维亚，有两位大华商在芝利翁厂（Fabriek Tjiliwong）匿名企业中持有较大数量的股份，其贸易主要涉及油厂、碾米厂和锯木厂。② 在巴东，一位名叫李光涵*（Lie Khong Haan）的商人成立太阳公司（NV Mata Hari），隶属共济会（Freemanson），后更名为巴东汇丰银行（Padangsche Hulpbank）。③ 在苏拉威西，万鸦老有一家Prauwenveer的运输公司，主要负责万鸦老和克马（Kema，位于米纳哈萨县东海岸的一处港口）的货运及客运。该公司基地位于万鸦老，旗下成员还包括来自望加锡的五位华商，其中就有李文阅。④

（三）信贷及合同

这个时期，有关贷款在望加锡华人社群中如何运作的信息较少，但欧洲人已独占进出口贸易，华人则成为中间商，收取预付款，为欧洲商人收集本地货物。例如咖啡贸易中，华商不仅从南苏拉威西（榜大英 Bantaeng，旁尼 Bone，布卢昆巴 Bulukumba，哥哇 Gowa，

---

① *Javasche Courant*, January 15, 1884, No. 31.
② *Javasche Courant*, November 15, 1887, No. 91.
③ *Javasche Courant*, March 11, 1887, No. 20.
④ *Javasche Courant*, October 24, 1887, No. 83. 下一章将探讨望加锡华商如何分阶段将商铺转型为有限公司。

金铠 Kindang，劳勿 Luwu，马洛士 Maros，巴里巴里 Pare Pare，新惹伊 Sinjai）收购咖啡，还前往塞拉亚群岛、布顿岛和帝汶等地，用货币或编织纱笼的红线进行交换。随后，欧洲商人将咖啡卖往美洲、中东及荷兰等地。产量最大的地区是榜大英（Bantaeng），史料显示1880年这个地区共收获了7万担咖啡，而紧随其后的是帝汶岛，有2.7万担。① 1877年，荷兰贸易公司（NHM，Nedelands Handels Maatschappij）向雷珍兰梁进秀（Nio Tjin Siu，任职期为1854—1868年）提供贷款，购买咖啡。此外，史料中还提及刘明办*（Lau Bin Pang，姓名曾出现在1867年修缮天后宫的募捐碑文中）、从东加里曼丹的帕西尔（Pasir）收购林产品的梁帕温*（Nio Pay Oen），以及收购古塔胶的李文阅。② 华商还专门负责各类树脂的收购，其中就包括苏拉维西岛的哥伦打洛、涧仔低（Ternate）及巴占（Bacan）市、马鲁古群岛及新几内亚（Nugini）地区的高质量松香。这些树脂经新加坡被运往美国。望加锡华商还用白酒同巴布亚人交换天堂鸟、玳瑁。③

1840年，蔡礼盛*（Tjoa Lesang 或 Baba Lesang 土生华人穆斯林）和另一位望加锡华商首次驻扎在中塞拉亚（Selayar Tengah）区域，经营海参贸易，同时成为荷兰商人在望加锡的代理商，最后建立了包括马鲁古群岛、帝汶岛在内的贸易网络。④ 1861年，荷兰长官与蔡礼盛、王欣宾（Ong Im，1859—1861年担任雷珍兰，1862—1865年担任甲必丹）签订一份长达25年的合同，将塞拉亚、詹佩岛（Jampea）的椰子运往欧洲。1871年，由于椰子种植园中有员工暴发传染病，该项合同随之终止。根据合同规定，涉及该贸易的1800名员工归还政府。1872年，种植园被转让给另一位华商经营，但很显然随后也

---

① Bas Veth，*Eenige Handelsprodukten van de Macassaarsche mark*，摘自 *Celebes Courant*，1883，1担约为62.5千克。

② Edward L. Poelinggoman，*Makassar Abad XIX*，pp. 18 – 19.

③ Bas Veth，*Eenige Handelsprodukten van de Macassaarsche markt*，p. 21.

④ Christiaan G. Heersink，"Selayar and the Green Gold：The Development of the Coconut Trade on an Indonesian Island（1820 – 1950）"，*Journal of Southeast Asian Studies*，Vol. 25，No. 1，1994，p. 57. 根据该研究的论述，1865年塞拉亚岛有54名华人。

第二章　19世纪望加锡华人社会的发展及面临的困境　◇◇◇　103

遇到了经营问题。① 大体上看，这次合作是华商本时期最后一次参与椰子种植园贸易活动。另外，根据史料记载，甲必丹王欣宾（Ong Im）和蔡德盛*（Tjoa Desang）在上述地区还拥有 4 年（1861—1864）的伐木许可权。②

（四）大商人、大地主的出现

这一时期，已有严格规定禁止华人从当地居民手中购买土地，但允许其从政府手中购买私人土地（particuliere landerijen）。自东印度公司时期至荷印时期，政府一直向殖民官员、华人及其他外国人出售手中的土地。19 世纪末，华人成为拥有最多私人土地的群体，超过了荷兰人。有数据显示，1898 年，华人开办的 197 家企业共拥有 368810 个种植园，人口达 469937 人。③ 对于一些刚被兼并的岛屿及殖民地区，这种土地买卖活动也同样存在，在苏门答腊岛西部海岸、朋古鲁、万鸦老及望加锡等地，④ 有许多私有土地，华人在不同时期将土地出租以建立种植园。

有关望加锡的土地问题，相关研究相当有限，大体上土地租赁的现象要多于土地买卖。史料显示，1866 年，位于望加锡南边的一处政府所有的土地⑤被梁文良出租。梁文良（Nio Boen Liong）是前章节中提及的那位与欧洲人合开公司的华商，他建立了棕榈种植园和两处糖厂，一处在 Batu-Batu（索彭县海西侧），⑥ 另一处在 Mariso，并出租给了蔡凯启*（Tjoa Kae Kie）。

1875—1929 年的《荷印政府年鉴》（Regerings Almanak）显示，本地区的地主名单如下表所示，所涉及的私人土地大部分位于现在望加锡的城市区域，例如塔洛（Tallo）、马力索（Mariso）和马芝尼

---

① Christian G. Heersink, *Selayar and the Green Gold*, pp. 148 – 149.
② *Jaarboekje Celebes*, 1866, attachment.
③ Clive Day, *The Policy and Administration of the Dutch in Java*, Kuala Lumpur, New York, London, Melbourne: Oxford University Press, 1996, p. 368.
④ Cf. Jozlas Paulus, *Encyclopaedie van Nederlandsch-Indië III*, 's-Gravenhage: Martinus Nijhoff; Leiden: E. J. Brill, 1918, p. 350.
⑤ 详见 1860 年南苏拉威西行政区划表，摘自 *RIMA* 17, edisi musim dingin/panas 1983, nomor khusus Sulawesi Selatan, p. 65。
⑥ *Jaarboekje Celebes*, 1866, p. 37.

（Macini，南部）。此外，自《邦加雅协议》（perjanjian Bungaya）后，城北的区域为荷兰管辖，1860 年后归望加锡。① 1879 年的表格记录了 11 个人，1875 年的表格记录了 8 个人，其中包括一名女性——赖清娘*（La Tjing Nio）。另外，从表格中有关男性的记录中，我们发现有两位土生华人穆斯林，峇峇朱郎*（Baba Tjoelong）和峇峇达裕（Baba Tadjoe），其他的土生华人来自望加锡华人望族，例如梁氏、李氏、戴氏。表中的梁得富，1864—1879 年曾担任甲必丹，我们也在其他资料中发现此人也是船主；戴振幅*（The Tjin Hok，又名戴厚义），1887—1893 年曾担任甲必丹。有关农业生产方面，除了大米，地主大多会种植椰子以获取椰油，椰油自 18 世纪初已成为一种用于贸易活动的货物，20 世纪更成为苏拉威西主要生产的产品。

表 2-2　　　　　1875 年、1879 年华人私有土地主名录

私人土地所在地	地主姓名	租赁人和管理人	作物
马力索（Mariso）	蔡凯启*（Tjoakaekie）	-	水稻、椰子
帕廷加隆*（Patingalong）	梁得富（Nio The Hoe） 李政裕*（Lie The Djoe）	-	
帕欧特雷港（Paotere）	戴裕丰（The Gio Eang）	-	
马力蒙安*（Malimongan）	林碧寿*②（Limpiksioe）	-	
塔洛（Tallo）	梁得富（Nio The Hoe）	-	
马芝尼阿卓村*（Matjiniajoe）	郑振副*（The Tjin Hok）		
卡曼章（Kamanjang）	郎炳*（Lang Gio）	郎炳*（Lang Gio）	
班德朗*（Bantelang）	赖清娘*（La Tjing Nio）	郎炳*（Lang Gio）	
卡曼章阿鲁（Kamanjang Aloe）	峇峇朱郎*（Baba Tjoelong）	郎炳*（Lang Gio）	
卡兰布昂（Karampoeang）	峇峇达裕（Baba Tadjoe）	峇峇达裕	水稻

数据来源：1879 年《荷印政府年鉴》（Regerings Almanak，1879）
**斜体表示 1875 年及 1879 年统计表中均出现的地主姓名。

---

① 城北区域按区块划分为收租区（包括 Degeri，Pankajene，Maros）和山区；详见 Heather Sutherland, "Power and Politics in South Sulawesi, 1860-1880", in *RIMA*, Vol. 17, 1983, pp. 169-174。

② 可能指林德寿*（Liem Tek Sioe），详见 1885 年私有土地名录。

第二章 19世纪望加锡华人社会的发展及面临的困境　105

表2-2是1885年华人私有土地主的信息，与表2-1略有不同。表格中增加了在私有土地上居住的居民数量以及土地所有税的数额。可以看出，地主及土地生产的产品数量都有所增加。另外，表中也有两位女性——黄文娘*（Oei Boen Nio）和赖清娘*（La Tjing Nio）。

表2-3　　　　　　　　1885年望加锡华人私有土地名录

主私有土地所在地	地主姓名	租赁人及管理者	1884年1月1日居住人数	作物	土地税 f(弗罗林)
马尔德伽亚一（Mardekaja I）和马尔德伽亚二（Mardekaja II）	施国朝*（Sie Koe Tiao）赖宗俄如*（Ladjongeroe）	-	-	水稻、椰子	f 3500 f 1300
东邦巴郎*（Tompobalang）巴拉巴拉扎（Bara baraja）	de Kater、陈忠*（Than Tiong）、黄万子*（Oea Batjo an Manarai）	-	-	"	f 27600
马力索（Mariso）	蔡凯启*（Tjoa Kaekie）	-	-	"	f 18000
帕廷加隆*（Patingalong I）	梁得富（Nio The Hoe）	-	-	"	f 1200
帕欧特雷港（Paotere）	戴裕丰*（The Gio Eang）	-	-	"	f 12000
马力蒙安（Malimoengan）	林德寿*（Liem Tek Sioe）	-	-	"	f 8000
塔洛（Tallo）	梁得富（Nio The Hoe）	-	-	"	f 600
马芝尼阿卓村（Matjiniajoe）	戴厚义（又名The Tjin Hok）黄文娘*（Oei Boen Nio）林峥茂*（Liem The Bo）	-	-	"	f 16000
卡曼章（Kamanjang）	郎炳*（Lang Gio）	郎炳*（Lang Gio）	359	4	f 400
班德朗（Bintilang）	赖清娘*（La Tjing Nio）	郎炳*	359	4	f 425
卡曼章阿鲁（Kamanjangaloe）	庄万颜*（Tjoan Bagaleh）	郎炳*	359	4	f 1625

数据来源：1885年《荷印政府年鉴》（*Regerings Almanak*, 1885）。

1886年,《荷印政府年鉴》中又出现了新的地主姓名,如来自李氏大家族的李安然(Lie An Djiang)和张玉辉*(Thio Gio Hoei),两者在马力蒙安(Malimungan)拥有土地,分别缴纳的土地税为1.4万弗罗林(florins)、3000弗罗林。李安然曾于1880—1887年担任甲必丹。

1890年代,地主的数量继续增长,其中也包括了华人新客地主,例如接下来的章节我们将讨论的汤氏家族,年鉴上记载了其两位成员:汤永昌(Thoeng Eng Tjiang),在凌波(Limbo)拥有价值1万弗罗林的土地;汤堑(Thoeng Tjam),1893—1908年担任甲必丹,1895年在巴拉扎(Baraja)和古松(Goesoeng)拥有三万平方米土地,包括村庄、种植园、草场、水田,纳税6000荷兰盾。

从上述信息中,我们可以看到,望加锡与爪哇情况类似,华商资金雄厚,从而成为地主及种植园主。在种植园领域,在望加锡地区主要以椰油为主,而在爪哇地区则以蔗糖和咖啡为主。

(五) 望加锡及周边地区的手工业

有关望加锡华人在手工业及小作坊领域的历史记载有限,在《西里伯斯年鉴》(*Jaarboekje Celebes*)中提到1866年与制砖相关的五位当地华人,包括:帕廷加隆地区的李政裕*(Lie The Djoe)、班帮区(Pampang)的蔡朱庭*(Tjoa Tjoeting)、帕南朴区(Panampu)的陈简*(Than Khan)、帕欧特雷港的陈高*(Thankoe)以及塔洛地区马卡拉波恩邦(Magarabombang)的郑恒盛*(The Heangseng)。此外,当地还曾出现石灰厂,厂主名叫林博*(Lim Piok),来自爪哇岛三邦县(Sambong Djawa)。①

二 社会结构的变化

(一) 新客商人的到来

令人感到奇怪的是,我们没有获得有关19世纪华人居民数量的史料,除了有关1860年望加锡市居民人口总数的记录,为1.5万—2万人,1905年增至2.6万人。因此,我们可以推测望加锡华人居民

---

① *Jaarboekje Celebes*, 1866, attachment.

总数也随之上升，尤其是从中国抵港的戎克船数量增加，新移民也随之增长。1864年，抵港的中国帆船有3艘，1871—1879年增至6艘。① 另外，1852—1866年的太平天国运动也导致了移民数量的增长。我们还要考虑到非法移民的数量，即使这部分人口难以预估。一位化名为"真理"（Veritas）的人曾描述这些非法移民的到访情况。他曾描述一艘船如何将几百名华人移民运抵望加锡，船舶登陆时，还发生了几次骚乱，船长拒绝将这些非法移民运至目的地（因为船长担心在船上发生暴动）。他还描述了政府如何对这些非法定居的移民置之不理、放任自流，对相关事件不予受理或予以遮掩（in de doofpot worden gestopt），然而政府究竟是何意图，我们就不得而知了。②

19世纪五六十年代，汤氏家族在望加锡蓬勃发展，这个家族祖籍位于福建长泰。在19世纪上半叶的华文及荷兰文的史料中，还没有出现汤家的记录，而后来汤氏成员将在望加锡经济、社会及宗教领域发挥重要作用。同时期，在南苏拉威西各地，一些规模较小的华人社群也开始发展起来，这与1875年荷印汽船公司（Nederlandsch Indische Stoomboot Matschappij，NISM）的成立有关，这些汽船连接了望加锡与南苏拉威西各港口的货物及人员交换，包括榜大英（Bantaeng）、布卢昆巴（Bulukumba）、塞拉亚岛（Selayar）和布顿。③ 于是，殖民政府成立行政机构管理上述地区新聚集的社群就变得十分必要了。④ 1879年，马罗斯县⑤和榜大英县就已经有了两位雷珍兰——富*（Hoe）和林达英*（Lim Ta Ek）。1883年，曾鸿盛*（Tjan Kang

---

① Edward L. Poelinggomang, *Makassar Abad XIX*, p. 104.

② Veritas, "Ongeregeldhedden te Makassar door Veritas. Het voorgevallene met de Chinesche landverhuizers te Makassar in 1855, met opgave van de oorzaken, welke dit hebben te weg gebracht", *Tijdschrift voor Nederlandsch Indië*, Vol. 18, No. 1, 1856, pp. 449–450.

③ Christiaan G. Heersink, *Dependence on Green Gold*, pp. 125&127.

④ *Staatsblad van Nederlandsch-Indië*, November 30, 1878, No. 8 and *Regerings Alamanak*, 1879 & 1885.

⑤ 根据李氏族谱，18世纪末在马罗斯县（族谱中记载此地为"吗㖎"）定居的家族成员名叫李方湖*，此人可能与望加锡甲必丹李绍德（Lie Siauw Tek，1790–1855）同辈，并在马罗斯逝世。此外，自19世纪末，当地也兴建了一座天后宫。

Seng）成为东海岸峇南哖吧的雷珍兰，① 同时在此地也出现了专门与望加锡进行城际贸易的公司，如1887年四位望加锡商人和一位峇南哖吧（Balangnipa）商人成立公司，经营印尼群岛东部地区的鸦片贸易，还成立了另一家公司，专门负责望加锡与哥伦打洛的贸易。②

另一个证实在当地社群中出现这群新移民的例证是，土生华人社群意识到自身的身份认同问题，并努力将习俗"中华化"，建立祠堂、华文学校以及新的祠堂、家庙。这次中华化的过程随着福建和广东移民浪潮的到来，以及来自福建的李氏、汤氏家族作用的凸显而显现。

（二）重回习俗之根

这个回溯族群之根的过程不仅出现在望加锡，18世纪中期，荷印土生华人就已开始担忧其传统习俗受到本土化甚至是伊斯兰化影响，尤其在婚丧嫁娶方面。为此，他们早已开始努力重振华族传统，③ 建立为同姓或多姓家族成员祭拜的祠堂。在爪哇，自18世纪起，这种服务家族的祠堂就已经建立，④ 而同时期在望加锡，华族社群及姓氏家族的数量还较少，其实力还不足以建立服务本社群及家族的祠堂。

1. 祠堂、家庙的兴建

（1）梁氏祠堂（又名鸿渐公祠）

1855年，望加锡出现了第一个由梁北公的后代建立的祠堂，位于唐人街（今苏拉威西路）梁北公（1699—1742年）家屋的旧址。⑤

这座祠堂的纪念碑也于同年立碑，但没有记录该家族的历史，⑥

---

① 北苏拉威西华人社会的发展类似，自1873年，哥伦打洛也设置了雷珍兰一职，1880年代，当地也兴建了一座奉祀妈祖的庙宇。

② *Javasche Courant*, No. 29, April 12, 1887; op. cit. No. 46, June 8, 1888.

③ 见 Claudine Salmon, "Ancestral Temples, Funeral Halls and the Attempts at Resinicization in Nineteenth Century Netherlands India", in Anthony Reid ed., *Sojourners and Settlers: Histories of Southeast Asia and the Chinese*, Asian Studies Association of Australia in association with Allen & Unwin, pp. 183–214.

④ Ibid., p. 186.

⑤ 目前，梁氏祠堂仍位于苏拉威西路（Jl. Sulawesi），并得到妥善维护，祠堂中保存了梁北公家族后代敬献的牌匾。此外，18世纪相关的荷兰文档案也提供了许多在梁氏族谱中未记录在册的家族成员的相关信息。

⑥ 此碑仍存于祠堂中，碑文内容，尚未研究。

只提及根据儒师朱伯庐（1627—1689年）的教诲，应赞颂祖先。[1] 祠堂由当时刚担任雷珍兰的梁进秀（Nio Tjingsioe 又名 Nio Sengtjiang）主持修建。

梁氏祠堂建立时，向荷政府注册使用的是鸿渐公祠一名。鸿渐是泉州同安的一处村名，这是梁氏家族的祖籍地。有关祠堂的理事会以及包括章程等涉及法人规定的统计，只有1876年的记录。[2] 当时梁得富（Nio Thek Hoe）任甲必丹（1864—1876年），也成为理事会主席，梁进秀任财务，梁开兴（Kae Hien）任秘书。在接下来的论述中，我们还会看到梁得富全力复兴华族文化，甚至挑战了当地华人穆斯林群体的影响力。

祠堂理事会章程用马来文印制，共20条，并于1898年[3]在梁氏成员集体大会举行后进行修订。当时理事会主席是梁开兴，财务梁英武（Nio Eng Boe）和梁英麟＊（Nio Eng Lien）。需要提及的是，荷兰理事会模式对华人理事会的影响。[4] 例如，理事会成员为梁氏家族年满20岁或已经结婚的男性成员。另外，章程也规定了被理事会除名的几类情况。

成员需每年缴纳会费，总额完全取决于每位成员缴纳的数额，并被记录在一个账簿中，存放于祠堂中，不得以任何理由借出。收集起来的钱款不得用于借贷，可以帮扶困难成员（男女皆可），除非该成员已退出理事会，或其生活作风存在问题。如果理事会成员在经商中遇到困难或者突然破产，也不属于应被帮扶的情况。接下来就是对会

---

[1] 朱伯庐（Zhu Bolu）以《朱子家训》一书闻名，此书是治家经典之作，自1888年起，在爪哇已出现马来语译本；cf. Claudine Salmon, *Literature in Malay by the Chinese of Indonesia. A provisional annotated bibliography*, Paris：Editions de la Maison des Sciences de l'Homme, 1981, p.511.

[2] 详见 *Staatsblad van Nederlandsch-Indië*, No.123, April 28, 1876。规定，华人成立社团须自行申请注册，获得合法身份。有关社团法人的规定可能于1870年3月28日出台（详见 *Staatsblad*, 1870, No.64）。

[3] *Peraturan derie Perhimpoenan bernama Hong Tjiang Kongsie terdoedoek die Makassar* (Celebes en Onderhoorigheden), Makassar：J. C. Verdouw, 1898. 此处参考的史料是1986年当时的祠堂理事会理事——梁香明＊（Nio Hiong Bing）提供给苏尔梦女士的复印件材料。

[4] 对比中国国内宗祠的管理规定，望加锡的相关规定较难施行，因为在中国，宗祠属私人管理范畴。

员的禁令，如禁止会员吸食鸦片，买卖船只。相反，理事会可以在全体大会同意的情况下有条件地抵押房屋和种植园。

在处理家庭问题方面，章程规定领养外姓儿童须经全体大会同意，新生儿必须出生后24小时内进行登记，对于离世成员亦如此。神主牌位须供奉在祠堂中，其祀奉者不得为非理事会成员，并要将祀奉一事告知理事，缴纳祀奉者确定的费用。

在祭祀祖先方面，炉主须根据月历、四个年度节庆，安排及筹备祭祀用品，管理香火费及支出。参与节庆及祭祀的成员及儿童，必须在活动前半小时内出席，着长衫。如有不便，要半小时提前告知，并递交罚金。祭祀用品可以借予有需要的成员用于各自家庭的祭祀活动。

在这里，可以很明显地看到，理事对其成员生活进行有力监督，同时强化祖先祭祀活动的重要意义。接下来，我们还将讨论后来出现的李氏家庙的相关情况。

（2）李氏家庙（又名永裕堂）

根据1888年该家庙的落成碑文显示，甲必丹李绍德（Lie Siauw Tek，1790—1855）逝世后，该祠堂在其大宅屋址上建立（位于苏拉维西路，图2-10天后宫的上方位置）。[①] 李绍德可能不是李氏家族定居望加锡的第一代移民，但他是从当地政府手中获地扩建义山的第一人。起初，义山面积很小，经扩建后被命名为"新冢"。[②] 除了房产，李绍德还继承了5950荷兰盾的财产，膝下两子——李三凉（Li Sanliang）、李东益（Li Dongyi），但英年早逝，还有两女——李杏娘（Li Xingniang）、李鹤娘（Li Heniang）。此外，他还领养了弟弟李敏公（居住于中国）的两个儿子——李善述（Li Shanshu，1820—1850）、李善嘉。李氏在望加锡的历史史料较难整理，李氏祠堂建立之初，家谱上只留下了三个名字——李文阅（Lie Boen

---

[①] 李氏宗祠仍保存至今，但由于李氏成员数量急剧下滑，较多人信奉基督教，祠堂一般很少开放。

[②] 18世纪望加锡甲必丹名录中的李如璋（Lijauko），未出现在李氏族谱中，但族谱中明确记录了其后代子孙姓名，可推测此人也来自李氏家族。

Yat)、李天居（Li Tianju）、李善嘉（Li Shanjia），三人的家族关系各有不同，表明李氏家族有许多旁支，但只有一部分的成员姓名留在了家谱上。

1886 年，李氏家庙获得法人身份（rechtspersoon），① 在祠堂后方的建筑被用作私人学堂，名为"缵绪之轩"。校舍建在家族墓地扩建的一块地上。1886 年的一块碑文记载了祠堂、学堂和义山（但后来消失了）是由李绍德的侄子李安然，也就是当时的甲必丹（1880—1887 年）② 主持兴建，16 名家族成员分别捐资 250—3000 荷兰盾不等。这表明，李氏在当时是相当富裕的氏族。③ 在 16 名捐资者中，我们发现了李安然的母亲，被记录为李清渊（Lie Tjing Goan，1818 - 1877 年）的遗孀，还有李安然的叔叔李天居、侄子李文阅（居住在万鸦老）、堂兄李善述（1820—1850 年）的遗孀④、堂兄李善嘉及其儿子李连喜（Lie Leang Hie，1862—1929）和李连庆（Lie Leang Kheng）。还有一些成员用其成立的公司名捐助，如荣裕兴⑤（Eng Djoe Hien）——为李文阅、李元状（Lie Goan Tjiong）、李思鹏所有。此外，我们还看到了李善述（Li Shanqiu，1820—1850）遗孀的名字。

有关理事会的规定，与梁氏类似，会员只能是定居在望加锡，年满 20 岁或已经结婚的李氏男性。全体大会决议后，可成为理事会成

---

① Cf. *Regeerings Alamanak*, Makassar, 1896; Vereeniging Eng Djoe Tong, 有关法人身份的规定详见 *Staatsblad van Nederlandsch-Indië*, 1886, No. 64; *Javasche Courant*, March 26, 1886, No. 25。根据马来语译本，李氏宗祠章程自 1897 年 12 月 27 日生效，详细内容可参考 J. C. Verdouw, *Peratoeran dari Roemah perhimpoenan diatas nama 'Eng Djoe Tong' Makassar*, p. 18。李氏宗祠的主席是李连喜（Lie Leang Hie，李安然之子），秘书是李振兴（Lie Tjing Hien），财务是李存胜（Lie Tjoen Tat），成员数量达 16 人。

② 史料参考 Wolfgang Franke et al. eds., *Chinese Epigraphic Materials in Indonesia*, Singapore: South Seas Society, Vol. 3, pp. 293 - 294。

③ 另一佐证就是，除了文中提及的两位李姓甲必丹，李氏家族还有两位雷珍兰，即李勋（Lie Hoen，1855 - ?）、李英炳*（Lie Eng Peng，1917 - 1923）。

④ 根据李氏族谱（p. 72），这位女性于 1822 年在望加锡出生，名叫陈端娘（Chen Duanniang）。

⑤ 详见本书第 102 页脚注 2，"荣裕"二字除了作为商铺名称，也曾出现在宗祠"荣裕堂"这一名称中。

员（第3条规定），退会亦如此。总的来说，对于家庙管理的规章内容与梁家类似。此外，李氏家庙规章内容还强调成员严禁吸食鸦片和赌博，严禁成员之妻玩钱（第17—18条规定）。家庙规章中的许多条款都详细论述了成员要无条件、不论男女对家庭困难的成员进行帮扶。成员提出申请后，可以将神主及亲人牌位放置在家庙中。祖先祭祀的条件、炉主的作用也在规章中有所提及，与梁氏类似。但是有关成员提出帮扶申请的规定更加严苛，例如款项要存在一个公用箱中，三把钥匙分别由理事会主席、秘书和出纳分别保管。三人均在场的情况下，款项才可以被支取（第21条规定）。理事会账簿须定期由四名成员查看（第22条规定），成员不得以任何理由随意支取家庙公款，家庙中的家具也不得典当（第35条规定）。

理事会章程十分严苛，对于在仪式中穿戴不得体的成员，须处罚金（第34条规定）。在章程最后，还规定李氏学堂老师的推举条件，"不得推举吸鸦片或行商之人"（第30条规定）。我们可以看到，理事会负责人有权对成员的社会活动及行为规范进行管理，违反者须上缴罚款，行为不端或重婚的寡妇不得领取成员的资金帮助，死后其牌位不得入家庙供奉（第39条规定）。

除了华人望族外，我们将在下面的内容关注华人望族及中产家庭如何通过建立公祠，供奉多姓成员，重振华人传统习俗。

（3）福建功德祠（又名永锡堂 Ing Sek Tong）

在甲必丹郑文禧（The Boen Hie，1816—1889）的倡导下，第一座公祠——福建功德祠，于1864年在泗水落成。[1] 四年后，李清渊（Lie Tjing Yan）参与修建永锡堂,[2] 帮助人口较少的土生华人也能够以华人传统方式进行婚丧嫁娶活动，租借仪式所需的工具，同时指导其仪式流程，并通过收取善款允许其供奉神主牌位。

建立福建公祠的计划很早就成形了，甲必丹王欣宾（Ong Im，祖籍福建漳浦）在1865年的一份文书中就提到，华人需要一直保持对

---

[1] 见 Claudine Salmon, "Ancestral Temples, Funeral Halls, and Attempts at Resinicization in Nineteenth-Century Netherlands india", pp. 190 – 191.

[2] 该祠堂目前仍位于苏拉威西路74—76号，享堂内仍供奉捐资兴建祠堂的祖先牌位。

祖籍地的眷恋之情。①纪念公祠修缮之日的牌匾上记载，甲必丹戴厚义（又名The Tjing Hok）于1891年提议修缮福建公祠，还记录了18位信众及一家公司为修缮捐资，名录中的第一位便是李清渊的孙子——李连喜（Lie Lean Hie），另外还有三名来自陈氏、李氏家族的女性，这表明女性在重振华人传统文化习俗方面也作出了努力。②主持修缮的负责人是之前章节提及的译者——杨怀玉，另外还有许多人也为公祠的修缮及传统文化的恢复贡献了力量。③修建公祠对望加锡华社影响深远，1930年《望加锡报》（Pemberita Makassar）的一篇报道还提到，望加锡华人担心文化传统流失，决定一起建立一所公祠。④万鸦老的华人也有同样的担忧，于是也建立了功德祠（Kong Tik Soe），落成时间已无从知晓。⑤

（4）崇本堂（又名汤氏基金会）

有关崇本堂兴建的历史已无可考史料，据说该堂始建于1898年，正是甲必丹汤堑（Thoeng Tjam，别称汤河清）在位时期。汤堑于1845年生于福建，是新客华人，于1910年在望加锡逝世，⑥其担任甲必丹的时期为1893—1908年。该祠堂的名称与漳州长泰春芳村的主祠名称相同，祠中除了供奉祖先牌位（其时间已经难以确认）⑦，

---

① 虽然文书内容中甲必丹的姓名无法辨认，但可以辨认出此人祖籍漳浦，根据其他碑文记载，王欣宾祖籍漳浦；Wolfgang Franke et al. eds., *Chinese Epigraphic Materials in Indonesia*, Singapore: South Seas Society, Vol.3, pp.293-294 & 264.

② Ibid., pp.284-285.

③ 见Wolfgang Franke et al. eds., *Chinese Epigraphic Materials in Indonesia*, Singapore: South Seas Society, Vol.3, p.282.

④ 报道原文摘录"… sekalian orang Tionghoa jang koeatir nanti ilang marika poenja kebangsa'an Tionghoa jang besar, maka marika lantes berichtiar berdiriken satoe roemah perkoempoelan, jaitoe bermaksoed soepaja bangsa Tionghoa tida poela bergaoel dengan laen bangsa. Demikianlah ada asal moelahnja itoe roemah 'Hokkian Kongsi' di Makassar,（一些华人担心将来华人族群消失，故萌生建立宗祠的想法，以保留其族群特性，不与其他族群融合，这就是福建公祠的起源）Varia, "Hokkian Kongsie", *Pemberita Makassar*, August 15, 1932.

⑤ 该宗祠现存于市中心的班查伊坦路（jalan Panjaitan）64号。

⑥ 详见碑文日期（cf. Wolfgang Franke et al. eds., *Chinese Epigraphic Materials in Indonesia*, Singapore: South Seas Society, Vol.3, pp.293-294 & 264），此外，1910年8月18日《望加锡新闻报》刊载其讣告，并通知20日将举行追悼会。

⑦ 还有汤重昇及妻子的牌位，大部分牌位字迹不清，难以辨认。

还保留了三副对联，上面的日期使用的是天干地支记录，等同于1898年或1958年，但并未提及捐赠者姓名。① 另一则碑文是有关1915年，中华民国大总统袁世凯为嘉奖汤堑和其子汤龙飞（Thoeng Liong Hoei, 1872—1942）所做的贡献，分别下旨立碑的内容。② 另外，崇本堂于1927年获得法人身份。③

2. 抑制伊斯兰化

天后宫年久失修，甲必丹梁得富于是主持修缮工作，一块纪念修缮事宜的碑文内容显示：④

> 天后宫自1738年翻新以来，已有百年历史，今墙壁坍塌，建筑物恐有倒塌危险。此庙为华人信仰之体现，故甲必丹梁欲裕（Liang Yuyu）⑤邀众信徒修缮庙宇。寻址选木，而后于原址后方得建新屋，并安置一侧门。现修缮毕，新物落成，庙宇焕然一新。

甲必丹并不满足于重振中华传统习俗，还专门践行相关规定，遏制土生华人穆斯林的宗教祭祀活动。一位化名为苏宏义*（Soehonji）的作者于1923年在《望加锡报》上发表的一篇文章中提到，梁得富禁止土生华人穆斯林家庭在华人义山下葬已故亲属，以分化穆斯林社群。⑥ 该项禁令使得许多土生华人穆斯林必须更换其信仰，但即便如此，他们还是保持祭祀祈福传统，如在先知诞辰日和斋月去清真寺布

---

① Wolfgang Franke et al. eds., *Chinese Epigraphic Materials in Indonesia*, Singapore: South Seas Society, Vol. 3, pp. 287–288.

② Ibid., p. 296.

③ 由汤庄舟*（Thoeng Tjoan Tjioe）、汤中帝*（Thoeng Tiong Tee）申请，详见 *Javasche Courant*（extra-bijvoegsel）No. 18, March 2, 1928。崇本堂的建立主要是发展氏族成员的德育、智育、慈善事业，现存于苏拉威西路186号，由于道路拓宽，入口处的部分门板已拆除。

④ Claudine Lombard-Salmon, "La communauté chinoise de Makasar, vie religieuse", pp. 295–297.

⑤ 梁氏族谱中提及"欲裕"是梁得富（Nio Tek Hoe）的官名。

⑥ *Pemberita Makkasar*, December 17, 1932. 作者在文中提到此事的严重性，可推测此事当时在华人社会中成为热议话题。

施、不食猪肉、封斋等，后来还规定华人妇女着拖鞋者不得进入清真寺，① 前往清真寺的华人穆斯林数量也随之减少。对于那些依然信仰伊斯兰教的社群，逐渐融入了望加锡当地社群。

(三) 新的祭祀场所和社群的多样性

19世纪下半叶，望加锡又有三处新建立的祭祀场所，体现了华人社群祖籍地的多元化发展，分别是长泰、安溪（泉州地区）、广东三地移民于1868年、1889年、1898年建立的庙宇。

1. 闽籍移民原乡的多样性及庙宇的兴建

望加锡福建移民原乡的多样性体现在，除了天后宫的祭祀影响范围越来越大，有两处新的庙宇也随之建立。

(1) 龙显宫

根据碑刻记载，1868年龙显宫落成，奉祀圣母仙妈，据说在中国也有一处龙显宫，同样祀奉圣母仙妈。因此，几十年后，一位名叫廖禄官的信徒决定造圣母仙妈②神像并请于望加锡，此后海员得以庇佑。

---

① 原文摘自PM 17 Des. 1932: "Boeat mentjegah terbitnje itoe gerakan lebih djaoeh, maka kapitein Nio Tek Hoe almarhoem lantes kloearken prentah, bagi siapa orang Tionghoa jang memeloek Igama Islam, baek prampoean-maoe poen lelaki, bila soedah meninggal, tida boleh dikoeboer di "Koko Tjinaja" (pekoeboeran Tionghoa). Dengen adanja ini prentah, maka sedari itoe waktoe banjak orang soedah tida djalanken peradatan sembajang tjara Islam dalem roemah, tetapi kendati marika tida sembajang, toch marika masih bikin slametan dan kasih derma pada goeroe-goeroe bila waktoe boelan Maoeloed dan Remalan, dan marika tinggal tida maoe makan babi. Kaloe boelan Poeasa, marika kirim di Mesdjid 'Djene oering-oeriang' (kolak doeren), jaitoe di waktoe djam 6 soreh, boeat dibikin 'Boeka', dimakan oleh orang-orang jang berpoeasa, dan marika sendirinja poen toeroet berpoeasa. Djikaloe sampe pada waktoe Bangi-lebang, marika pada koendjoengi mesdjid dengen bawa sekalian marika poenja anak-anak prawan boeat bawa kembang dan oewang (sedekah). Kebiasaan mengunjungi mesjid ini kemudian berkurang saat..., setelah pada satoe waktoe marika dilarang masoek di mesdjid, djikaloe marika tida boeka slof, hal mana soedah membikin goesarnja itoe entjim-entjim dan siotjia-siotjia, sebab marika anggep dirinja dihinaken. Sedari itoe waktoe soedah banjak sekali nona-nona Tionghoa tida soeka pergi lagi di mesdjid, ditambah poela soedah banjak njonja-njonja toea jang djadi pengandjoer Igama Islam meninggal."（大意是：甲必丹梁得富为分化华人穆斯林社群，出台禁令，信奉伊斯兰教的华人，死后不得葬于华人义山。此后，许多华人穆斯林不在家中进行祷告，但仍保留开斋、封斋、不食猪肉、布施等宗教传统。还曾出台禁令，禁止华人穆斯林前往清真寺，引起华人穆斯林的不满。此后，华人女子前往清真寺的人数下降。）

② 有关"圣母仙妈"的起源、身份，资料较少。

1864年，汤永川（Thoeng Eng Tjoan）为答谢神明，为建庙四处筹款，终于1868年新庙落成，取名龙显宫。

在碑刻最后一部分的募捐名录中，共有68位信徒和四家公司。33人姓汤，捐资从1200—4000荷兰盾不等。汤永川与其子汤章雅（Zhangya）捐资1200荷兰盾，这表明二人在社群中拥有重要地位。汤永川（族谱上的名字为汤祥珩）为庙宇立碑，其头衔是"钦加同知衔候选分府"①。可以看到，此前被忽视的汤氏家族成员实力在逐渐显现，此后汤氏家族获得发展，建立了本族的祠堂。

（2）保安宫

保安宫在第二次世界大战时期完全损毁，于1953年重建。根据邓忠海*（Teng Tjong Hae）的记录，该庙始建于1889年②，奉祀（清水）祖师公，祖师公（Tjo Soe Kong）是一位宋代居住在安溪的道士，能驱魔。当地移民会从保安宫请香至家中供奉，于是向政府申请建立保安宫，并集资兴建，庙中供奉从中国定制的祖师公神像。③

2. 粤籍移民及关帝庙的兴建

粤籍移民在望加锡出现的历史已无处可寻。在望加锡路的一处关帝庙成为粤籍商人、手工业者聚集的主要场所，但相关史料已不甚清晰。初期，广东（Kanton）移民的数量较少。1897年，他们同福建移民一道建立福建广东联谊会馆，随后广东移民又建立了同乡会，并逐渐吸纳南苏拉威西其他城市的广东移民。关羽是将士、商人的守护神，邓忠海*依据口传历史用马来文整理了关公庙的史料，如下：④

---

① Wolfgang Franke et al. eds., *Chinese Epigraphic Materials in Indonesia*, Singapore: South Seas Society, Vol. 3, 1988–1997, pp. 266–267.

② Teng Tjong Hae, "Riwajatnja Klenteng di Makassar", in *Buku Peringatan Persatuan Tionghoa Peranakan* (PERTIP) *Makassar*, Makassar, 1953, pp. 146–150. Lombard-Salmon, "La communauté Chinoise de Makasar, Vie religieuse", p. 263.

③ Claudine Lombard-Salmon, "La communauté Chinoise de Makasar, Vie religieuse", p. 264.

④ Teng Tjong Hae, "Riwajatnja Klenteng di Makassar", in *Buku Peringetan Persatuan Tionghoa Peranakan* (PERTIP) *Makassar*, Makassar, 1953, pp. 146 & 150.

1889年，关公庙还只是与毛竹屋并排伫立的一间小屋。在祖师公（Tjo Soe Kong）庙①的北边，有一处小屋，里面住着五六个广府华人木匠、石匠。屋中的正房供奉了一幅关公画像，在供桌上还摆放着一组舞狮（Barongsay）②行头。在前门上方挂着一幅匾额，上面是用中文写的"仁义堂"（Djien Gie Tong）。农历新年的时候，舞狮行头就会被用于游神活动，舞狮表演围绕着华人聚集区进行，还伴有鞭炮的欢庆。

后来，一些商人和广府匠人集资修建了一处石头搭建的关公庙，欧阳慧*（Auw Yong Wae）和德基巴（Tek Kie paad）商店的老板返回中国定制关公像及其他酬神用品。

这处关公庙位于现在的庙街（Jalan Klenteng）172号，起初名为广东联义会馆（Kanton Bean Gie［Hwee］Koan），老屋中的关公画像及香火也一并请至新屋。不久后，从中国定制的关公像和其他酬神用品也一并运抵，还有鲁班等其他神像。

同时，还来了一位有名的算命先生（Sin-see Kwa Mia）。

关公庙的修建与广东联谊会馆的成立密不可分。现在，在会馆一楼是祭祀关公的场所，二楼则是办公场所。

（四）李氏、汤氏家族的崛起

19世纪下半叶，李氏、汤氏两家族在各类经济活动中崭露头角，与望加锡其他家族的发展相区别。

1. 李氏家族经济活动的扩展

李氏家族除了在文化领域重视兴建祠堂、私塾，为华人社群服务，还在各项经济活动中表现活跃。1884—1889年政府公报《爪哇报》（Javasche Courant）的记录显示，李氏家族在这一时期就建立了六家公司。

1884年7月7日，甲必丹李安然（Lie An Djiang）和其子李连喜

---

① 即保安宫。
② Barongsai：舞狮。

(Lie Leang Hie)、亲家郭松树（Kwee Siong Sie）成立李清渊①公司，负责自家及其他人的贸易业务，公司期限为3年，并可延期。②

还不到3年时，就在1887年，出现了荣裕兴，这家公司在《爪哇报》上注册的时间是1887年2月4日，公证人是霍尔特曼，合同期限为四年，成员包括李文阅、李元状③、李四鹏*，李文阅居住在万鸦老而其他两位合伙人居住在望加锡。三人还达成协议，若有人去世，贸易的经营活动由在世的其他成员或逝者的继承人负责，直至合同期满。④ 可以推断，该公司在1896年还继续存在，因为在天后宫重修喜捐名录碑文上还有该公司的记载。

荣裕兴公司成立后的几天，一家华人开办的有限合伙公司也随之成立。合伙人要共担风险，根据其股份承担有限责任。合伙人包括李安然、李元状、李俊英*（Lie Tjoen Eng）、李存飔（Lie Tjoen Tat）、欧英怀*（Auw Ean Hway）和李文阅。该公司名为"德和"（Tek Ho），并规定合伙人不得担任公司担保人，以保障公司利益。⑤ 1896年，该公司也还在经营，在天后宫喜捐名录上也保留了该公司的记录。

1887年2月27日，李存飔与蔡源瑞*（Tjoa Goan Soei）成立"永发号"（Eng Hoat Hoe），但经营时期较短。⑥ 同年10月，来自万鸦老的李文阅通过购买两只股票也成立了一家合伙有限公司。⑦

李安然死后，李氏成员成立另一家李清渊公司（Lie Tjing Yan & Co.）。1889年2月26日，公司订立新的合同，内容中提及了两位女性成员：黄宣娘*（Oei Soan Nio）和戴瑞兰娘*（The Soei Lang Nio），二人分别是李清渊和李安然的妻子，还有一位新成员是李安然的二儿子。另外，为保障公司权益，合同规定只有李连喜和郭松树能够代表公

---

① 李清渊（Lie Tjeng Yan）是李安然（Lie An Djiang, 1818 – 1877）的父亲。
② *Javasche Courant*, July 22, 1884, No. 58.
③ 荣裕兴、李文阅、李元状都在捐资兴建荣裕堂的名录中出现，详见上文论述；也可参考 Wolfgang Franke et al. eds., *Chinese Epigraphic Materials in Indonesia*, Singapore: South Seas Society, Vol. 3, pp. 293 – 294.
④ *Javasche Courant*, March 1, 1887, No. 17, p. 146.
⑤ Ibid., March 1, 1887, No. 17, p. 146.
⑥ Ibid., March 18, 1887, No. 22, p. 229.
⑦ Ibid, October 24, 1887, No. 83.

司签字。①

上述公司的成立，一方面体现了李氏家族已拥有了雄厚的资金，另一方也能够看出李氏家族在管理公司方面相当灵活。

2. 汤氏家族地位的提升

根据1860年的碑刻记载，我们可以看到，汤氏成员在望加锡的数量已非常庞大（超过30人），② 大致来自四辈的成员，其辈分或谱名依次是"发"（Hoat）、"其"（Kie）、"祥"（Siang）、"隆"（Liong），但四代之间的关系难以考证。"发"这一脉在1872年的墓碑记载中明确出现了"汤发仁"这个名字。③ 另外根据史料记载，"其""祥"两辈，在1860年的碑刻记录上分别至少有三名成员，"隆"字辈至少有两名成员。④

在经济方面，第一个出现的汤氏成员名叫汤祥珩（Thoeng Siang Hong），又名汤永川，是汤得令（脚注406有其详细资料）的二儿子。他的名字还出现在荷兰文、马来文的史料中。1867年，他曾参与天后宫修缮工作，捐资200荷兰盾。同年，他还出资600荷兰盾为龙显宫落成立碑。1864年，与其子汤章雅*曾捐资1200荷兰盾用于龙显宫的修建。前面的章节我们也曾提到，他还曾接受敕封，得了一个中国朝廷官员的虚职。汤祥珩的发家源自其担任了鸦片包税商。1887年，他与梁得时（Nio Tek Sie，望加锡商人）、戴裕丰（又名The Giok Eang，望加锡商人）、王朱德*（Ong Tjoe Tek，望加锡商人）和曾光兴*（Tjang Kong Sing，峇南哖吧商人）共同创办一家名为"曾恒裕*（Tjen Hing Djoe）"公司，主要负责管理汤永昌领导下的班达群岛鸦片包税活动。汤永昌隐退后，班达群岛范围的包税活动由梁得时和黄端盛*（Oei Tok Sing）⑤ 继续负责。1892年，汤祥珩在凌波

---

① *Javasche Courant*, February 5, 1889, No 10, pp. 103 – 104.
② 其中许多成员使用别名，较难区分成员之间的辈分顺序。
③ Wolfgang Franke et al. ed., *Chinese Epigraphic Materials in Indonesia*, Vol. 3, p. 307. 此外，还有一块1872年的碑文未收录到该书中，墓主名叫汤得令，墓碑由其四子、六女及孙辈树立。
④ 汤氏第十六代成员姓名根据其闽南方言发音，用中文记录，存于汤氏宗祠中。
⑤ *Javasche Courant*, April 12, 1887, No. 12, p. 271.

（Limbo）购买土地，1896年捐资1000荷兰盾用于天后宫的修缮，并向福建公祠献上一副对联。①

痛失爱子后，汤祥玠从兄弟汤重界（Tiong Pie）过继了一个儿子，官名谦廷（1857—1918年），延续其鸦片生意，直至政府取消了包税制度，随后开始从事咸鱼生意。汤重界有一家名为成顺的公司，并于20世纪初成为望加锡最富有的商人。② 1911—1916年，曾担任甲必丹。此外，汤重界还成立崇德堂（Tjong Tek Tong），时间已无从知晓，并为其购置家具和一块位于Patingaloang（位于城北，此地也曾作为汤氏家族义山，已被损毁）的土地。汤重界有一个女儿，名叫汤漳珍（Tjiang Tjing），并过继了其兄弟的儿子，名叫汤文章（Boen Tjiang），此后继续打理其生意，管理工厂和椰油贸易。③

汤祥玠这一支世系中还有一位很重要的人物，就是其堂兄弟——汤祥堑（Thoeng Siang Tjam，常简称为汤堑），系祥玠［又名河清、仙槎（Tang Xiancha），1845—1910年，上文讨论汤氏宗祠时曾提及此人］的兄弟。他拥有一家名为"顺源号"的公司，并在新加坡、泗水设有分部，还有一家航运公司，名为"顺风号"，从事印尼与厦门的贸易，同时还从事海参等各类海产品贸易。1895年，汤堑在巴拉扎（Baraja）和古松（Gusung）地区购买了一块土地。由于贸易上的成功，1893—1908年，他被推举担任甲必丹。

1893年，汤堑出资为福建公祠和天后宫捐赠牌匾。④ 1896年，他还与华社各领袖共同主持天后宫的修缮工作。1895年，新加坡长泰籍商人修缮清元真君庙，他也曾捐资并附一对牌匾，牌匾上刻录了其姓名，并冠以清政府军衔——"清廷花翎副将"及甲必丹的称号。1902年，他出资创办学校，捐资金额最大。⑤ 汤堑膝下育有一子三

---

① Wolfgang Franke et al., ed., *Chinese Epigraphical Materials in Indonesia*, Vol. 3, p. 288.
② *Pemberita Makassar*, July 22, 1941.
③ Ibid.
④ 见 Wolfgang Franke et al., ed., *Chinese Epigraphic Materials in Indonesia*, Vol. 3, pp. 285, 254.
⑤ 陈荆和、陈育崧：《新加坡华文碑铭集录》，香港：香港大学，1972，p. 144；Lin Xiaosheng（林孝胜）et al., *Selat Guji*（《石叻古迹》），Singapore：Nanyang Xuehui, 1975, p. 85；*Thian Nan Shin Pao*《天南新报》，March 20-21, 1902. 天后宫已被拆除。

女，其子名叫汤龙飞（Thoeng Liong Hoei，1872—1942）。此外，汤龙飞的名字还曾出现在19世纪末的牌匾、碑刻上，说明当时其重要的社会地位。20世纪，汤龙飞除了担任华社领袖，还是大地主，并领导汉德尔贸易公司（Handel Mij.）和庭堑（Ting Tjam）有限公司，1914年在石油贸易中崭露头角。[①]

另外一位值得一提的是汤隆岚*（Thoeng Liong Lam），也是一位成功的商人。1887年8月1日，他与哥伦打洛（Gorontalo）商人俞一福*（Io I Hok）成立源奕基*（Goan I Kie）公司，从事望加锡和哥伦打洛的进出口贸易。[②] 其保留的协议书日期是分别在望加锡和哥伦打洛两地的签署日期，1887年11月26日和12月16日。

上述事例证明，汤氏家族在当时占据重要地位，不仅在南苏拉威西，也在新加坡及印尼群岛东部地区发挥影响力。同样，汤氏家族成员对清帝及袁世凯的拥护和巨大的资金支持，使该家族在祖籍地也声名显赫。1915年，袁世凯曾赠予汤堑及其子汤龙飞两块牌匾，并被保留在汤氏祠堂的正厅，在二人墓碑上也记录了此事。[③]

本章小结

由此可见，荷兰东印度公司统治结束后，望加锡华人社群经济领域没有发生根本性变化。19世纪上半叶，荷印殖民政府延续东印度公司的统治政策。这个新政权所面临的困难和其执行的望加锡商贸的各项限制措施，导致华人社群的发展受阻。但即便如此，还是有几个华人家族继续凭借其海上贸易和税收承包体系的继承而获得发展。如果说，黄氏家族在经历了甲必丹黄雅的杰出时代后，没有维持长久兴盛，那么梁氏家族则是从18世纪起一直将家族的繁荣维持到了20世纪初。我们还要注意到华人女性在经济活动中的作用，与男性一样，

[①] *Pemberita Makassar*, December 8, 1914.
[②] *Javasche Courant*, No. 46, June 8, 1888, p. 466.
[③] 碑文内容详见 Wolfgang Franke et al. eds., *Chinese Epigraphical Materials in Indonesia*, Vol. 3, p. 312. 二人墓碑均已坍塌，仅有汤重昪（Thoeng Tiong Pie）的墓碑由于迁至城西处的墓地，得以保存。

图 2-7 保留在汤氏祠堂中的汤河清遗像（Yerry Wirawan，2005）

她们毫不犹豫贷款用于商贸活动，如同许多借据上显示的那样。同时期，华人社群的文化呈现多样性，表现在对于男性成员来说是更加的"中华化"，而对于女性成员来说则更加的"望加锡化"，也包括土生华人穆斯林群体的参与。

19世纪下半叶，望加锡华人社群的历史进入发展期，随着港口的开放，欧洲、新加坡、中国的企业家随之到来。西式的法人公司及大地主开始出现。华人社会也迎来结构性变化，出现了大批新客商人，代表性的家族就是李氏和汤氏。这些新移民推动了华人传统习俗的重振，各类家族式的祠堂兴建，华文学校及抑制伊斯兰化影响的努力也在华社中出现。而在印尼群岛各地，尤其是爪哇，相似的情形也在上演。

第 三 章

20 世纪初望加锡华人社会的融合趋势

历史背景

20世纪上半叶，殖民政府计划在南苏拉威西地区发展农业经济，望加锡因而在经济领域、人口及港口活动等方面获得持续的发展。1905年，有519艘蒸汽船前往望加锡港口，总货运量为1467658立方。1913年，船舶数量增加到559艘，货运量几乎翻了一番。1903年，已经扩建的码头总长达500米，仍不能满足需求，于是1916年的港口建设工程又扩建了240米。另外，公路建设也获得发展，通往老城区中心市场街（Passarstraat）的公路完成建设，那里聚集着荷兰人和华人的仓库、办公室。港口的主要贸易是椰干、咖啡、藤条、树脂、肉豆蔻、动物皮制品、珍珠、白树油、塞拉亚岛（Selayar）地区的咸鱼和烟熏鱼，以及哥哇（Gowa）和旁尼（Bone）的大米。与此同时，望加锡人口也逐渐增长。1905年，总人口达26000人，其中华人有4600人；1916年，总人口达40000人，华人有7000人；① 1930年，总人口增至56718人，② 华人有11000人；1936年华人的数量预计达到16000人。③ 与此相对应，这一时期来自中国的移民数

---

① *Encyclopaedie van Nederlandsch-Indië*, 's-Gravenhage: Martinus Nijhoff; Leiden: E. J. Brill, 1918, Vol. 2, p. 645.

② Gabriel Angoulvant, *Les Indes néerlandaises. Leur rôle dans l'économie internationale*, Paris: Le monde nouveau, 1930, p. 65.

③ *Encyclopaedie van Nederlandsch-Indië*, 's-Gravenhage: Martinus Nijhoff; Leiden: E. J. Brill, 1918, Vol. 3, p. 645; *Pemberita Makassar*, August 6, 1936.

量呈波动趋势。例如 1909 年达到 900 人，① 1914 年增加到 2000 人，但在 1915 年又下降至 1000 人，1916 年根据望加锡处理中国事务的官员记载，人数仅 500 人。② 移民的减少和 20 世纪经济危机很大程度上影响了当时的社会结构，并从根本上改变了华人社会的结构，伴随着世界政治、经济的变动，以适应社会变化。

据 1903 年 7 月 23 日出台的分权规定，望加锡市于 1906 年成立，由一名市长领导，接受殖民驻地官的管理，华人也参与部分政权管理。③ 新的政权体系为道路、照明、供水及下水管道等城市管理工作提供便利。应强调的是，1935 年，望加锡与泗水之间的航空线路开通之后，经济和文化领域也受到了新的影响。

本章内容将着眼于望加锡华人社群在经济领域的重大变革，包括了儿童教育、媒体的出现及作用、文化等方面出现的新模式。

第一节　新经济体制下的华人经济

在 19 世纪末至 20 世纪初，荷属东印度群岛的特点是对非原住民的外国东方人（Vreemde Oosterlingen）实施了严格的政治管理。此前，鸦片、烟草、典当、集市贸易、屠宰等大华商获得专营权并发家致富的领域，再次受到殖民政府的诟病，甚至大部分领域的税收承包制度被取消。④ 此后，华商不得不将资本转移到其他领域，以便适应苏拉威西岛新的殖民政治。

---

① 未找到更早年份的数据。根据 Frans Vorstman, "Het Gouvernement Celebes en Onderhoorigheden en zijn Hoofdplaats Makassar", in *Tijdschrift voor Economische Geographie*, Vol. 2, 1911, pp. 381 – 382。

② ANRI（Arsip Nasional Republik Indonesia, Jakarta），"Makassar", July 22, 1916, Arsip Binnenland Bestuur, No. 4389, p. 4.

③ 该顾问委员会由八位荷兰人，三位印尼人和两位华人组成。最早代表望加锡华人是雷珍兰梁英武（Nio Eng Boe）。有关该机构在荷属东印度时期的成立和发展可见以下文献：G. A. Nagelkerke, "The Origin and Development of the Urban Municipality in Indonesia", *Sojourn*, Vol. 5, No. 1, 1990, pp. 86 – 112.

④ Lea E. Williams, *Overseas Chinese Nationalism. The Genesis of the Pan-Chinese Movement in Indonesia 1900 – 1916*, Glencoe, Illinois: The Free Press, 1959, pp. 24 – 38.

本章内容中首先将研究华人社群在大宗贸易中发挥的作用。其次，将讨论城镇区域的传统贸易活动。最后，将关注几类欧洲模式新行业的产生及发展。

一 大宗贸易

20世纪初，望加锡的发展归功于南苏拉威西地区的林业、种植业和农业。这里的木材主要用于建筑和制造高品质家具，尤其是来自武那（Muna）群岛的柚木、来自旁尼（Bone）的树脂，以及来自曼涯（Banggai）群岛的藤条和甘密。种植业方面，主要是将椰子加工成椰干，在所有沿海地区几乎都可以找到这种产品，塞拉亚岛县是最大的生产地区，此外，望加锡是该地区最大的大米生产地。接下来，将详细讨论华人商贸领域的各方面。

（一）椰干

在整个20世纪上半叶，椰干（其贸易显然始于18世纪上半叶）开始成为南苏拉威西省的主要收入来源，经由望加锡港出口。西方人在当地开办的公司控制了椰干出口至欧洲各地的贸易。在经营这项业务时，他们利用了华商的帮助，并为其提供贷款以便进行椰干的收集。[①]

中华商会（Siang Hwee）将这些华商统一起来，以便帮助他们与欧洲商人建立联系。商人们各自收集椰干，但更多的情况是合资公司（kongsie）[②]，公司的名称常取自合作者各自的姓名。但是，实际上，这种贸易形式非常不稳定，并且存在面临巨大亏损的风险。史料记载，大约在1910年，合存公司（Hap Tjoen and Co.）是专门从事塞拉亚岛地区椰干贸易最重要的公司，成员包括：黄全源*（Oei Tjoan Goan）、陈福源*（Tan Hok Goan）、陈祥全*（Tan Siong Tjoan）和郭林宏*（Kwee Liem Hong）。其中，前两位与甲必丹汤龙飞（Thoeng

---

[①] Christiaan G. Heersink, "Selayar and the Green Gold: The Development of the Coconut Trade on an Indonesian Island (1820–1950)", *Journal of Southeast Asian Studies*, Vol. 25, No. 1, 1994, p. 62.

[②] 文献同上。有关商会的信息可见本章第二节——华人社会的重建。

Liong Hoei) 有一定交往。1918 年，汤龙飞曾掌控市场街庭堑公司（Ting Tjam & Co.）。① 另一家由华商和荷兰商合资的公司是黄寿源公司*（Oei Seeuwen & Co），由杨朱财*（Jo Tjoe Tjae）负责从塞拉亚岛地区居民手上收集椰干。1930 年后，这项一直由土生华人主导的贸易，转移至新客华人手中。②

（二）大米

在南苏拉威西省，特别是哥哇（Gowa）、旁尼（Bone）和巴里巴里（Pare Pare）地区，每年仅收割一季水稻。③ 尽管它是一种重要的商品，但其贸易从未处于良好状态。1919 年，殖民政府决定将此贸易转移给地方当局，遭到了华人的抗议，因为他们担心此事将使新客华人由于语言障碍，难以获得大米。④

1934 年大米贸易出现危机，其他困难也随之发生。5—6 月，大米价格急剧上涨，农民大量出售，而进口的大米同时进入市场，⑤ 因此进口大米的价格暴跌。⑥

在此期间，史料还显示了几家华商参与经营碾米的企业，最典型的是专门从事碾米的万昌公司（Ban Tjiang）。1929 年，该公司的经营者叫刘瑞红*（Lao Soei Ang）；⑦ 1939 年，万昌仍继续营业，但经营者换为了汤进永*（Thoeng Tjin Yong）。⑧ 此外，1941 年，贸易公司（Het Handelsveem）负责人蔡丰玉*（Tjoa Eang Giok）也购买了一

---

① Rasyid Asba, *Kopra Makassar Perebutan Pusat dan Daerah*, *Kajian Sejarah Ekonomi Politik Regional di Indonesia*, Jakarta: Yayasan Obor Indonesia, 2007, p. 132.

② Christiaan G. Heersink, "Selayar and the Green Gold: The Development of the Coconut Trade on an Indonesian Island (1820 - 1950)", pp. 62, 66 - 67.

③ Frans Vorstman, "Het Gouvernement Celebes en Onderhoorigheden en Zijn Hoofdplaats Makassar", p. 383.

④ *Pemberita Makassar*, February 28, 1919.

⑤ *Pemberita Makassar*, August 4, 1934.

⑥ *Pemberita Makassar*, August 6, 1934.

⑦ *Handboek voor Cultuur & Handels-ondernemingen in Nederlandsch Indië*, Amsterdam: De Bussy, 1929, p. 1666.

⑧ *Handboek voor Cultuur & Handels-ondernemingen in Nederlandsch Indië*, 1939, pp. 1322 - 1326.

家名为"泰祐"（Thay Yoe）的碾米厂。①

据了解，1930年底，一些来自福建的新客华人也开办了碾米厂，例如邱崇善和他的两个兄弟，于1920年离开福清，前往巴厘岛的布莱伦（Buleleng），此后选择居住在望加锡，并将其公司合并为耕丰米较公司（Keng Hong Mijiao Gongsi），专门从事碾米业，此后还在巴里巴里和松巴哇岛（Sumbawa）开设分公司。1934年，该公司与玛腰汤龙飞的企业合作，在时宁凌（Sidenreng）成立了新的有限公司，即时宁凌米较有限公司，荷兰名为 Rijspellerij，其商标为耕丰。公司的办事处位于帆船码头（Prauwenhaven）。1939年，该公司仅在望加锡和时宁凌地区，就拥有不少于15家的碾米厂。② 笔者还发现二战后位于港口路（Jl. Pelabuhan）140号有一家名为耕丰米较公司（Keng Hong & Co）的华人企业。

在农业方面，除了少数从事大米生产加工的员工姓名之外，我们没有发现更多信息。有史料记载，1920年，一位商会创始人名叫洪元升（Ang Goan Seng），在望加锡西北部拥有 2 paal（pal③）水田和盐田。④ 此外，在1929年的史料还记载了，华人黄秀全*（Oei Sioe Tjoan）在东邦巴郎（Tompo-Balang）和本托拉（Bontoala）地区拥有农田和椰子种植园。⑤

（三）咖啡

据1911年《经济与地理学报》（Tijdschrift voor Economische en Sociale Geographie）的记载，咖啡贸易呈下降趋势。1896年南苏拉维西的咖啡产量达到2.76万吨（4.6万担），1910年下降到1.08万吨（1.8万担）。具有咖啡购买垄断权的荷兰政府，通过工商会（Kamer van Koophandel en Nijverheid）试图再次提高咖啡的购买价格，以鼓励生产商增加产量，并认为生产商们仍怀念以前当地贵族垄断咖啡市场的日子。但实际上，当地人更喜欢种植椰子，因为椰

---

① Pemberita Makassar, July 30, 1941.
② 刘焕然：《荷属东印度概览》，无页码。
③ 译者备注：paal 即荷印时期适用于表示长的单位，1 paal 等于 1.5 千米。
④ Handboek voor Cultuur & Handels-ondernemingen in Nederlandsch Indië, 1920, p. 239.
⑤ Handboek voor Cultuur & Handels-ondernemingen in Nederlandsch Indië, 1920, p. 594.

子比咖啡更好栽培。① 因此，依然从事咖啡种植的地区仅有波呢的本托里霍（Bontoriho）、博尼里阿当（Boni-ri-Attang）、迈瓦（Maiwa）、多日（Doeri）、恩雷康（Enrekang）、萨维多安达斯（Sawietto Atas）和雷邦（Lembang）山区。此外，在门达儿（Mandar）地区，也有居民开始种植罗布斯塔咖啡。②

19世纪，尽管华人是咖啡的主要购买者，但有关望加锡的华文报纸几乎没有提供该贸易方面的信息。1934年6月22日，《新闻报》（*Berita Baroe*）曾报道，登巴萨（巴厘岛首府）的甲必丹在两名布莱伦贸易商陈凯瑞*（Tan Khai Soei）和李前*（Lie Tjian）的陪同下抵达望加锡，与黄隆玉*（Oei Liong Giok）讨论咖啡贸易，但后者不久就去世了。③ 1936年，玛腰汤龙飞在马芝尼阿友（Macini Ayu）地区的马来村曾开办一家咖啡加工厂，名字叫盛兴公司（Sing Hien & Co），该厂还配备了四马力的发动机。④

（四）藤条

藤条贸易从1896年的2.9万担增加到1910年的16万担，大批运往荷兰和新加坡。在1910年，每担的价格从4.25—6.25弗罗林不等。⑤

（五）咸鱼

有关咸鱼贸易的信息相当少见，但鱼干和海产品贸易业务通常由新客华人负责。最典型的例子是汤重畀（Thoeng Tiong Pie，1867—1918），继承了其继父汤永昌（Thoeng Eng Tjiang）的遗产后，开始从事海鲜干货贸易，特别是鱼干贸易。为此，他成立了一家名为成顺（Firma Seng Soeng）的公司（该公司的成立时间未知）。⑥

---

① Frans Vorstman, "Het gouvernement Celebes en Onderhoorigheden en zijn Hoofdplaats Makassar", p. 387.

② Frans Vorstman, "Het gouvernement Celebes en Onderhoorigheden en zijn Hoofdplaats Makassar", p. 384.

③ *Berita Baroe*, June 22, 1934.

④ *Pemberita Makassar*, August 18, 1936.

⑤ Frans Vorstman, "Het gouvernement Celebes en Onderhoorigheden en zijn Hoofdplaats Makassar", p. 387.

⑥ *Pemberita Makassar*, July 22, 1941.

（六）木材

与爪哇相比，望加锡地方政府对木材领域的关注相对滞后。之前，华人通过当地居民的帮助从森林中获取木材。政府认为此举违法，并试图将其取缔。19世纪末，在武那群岛，政府曾尝试将柚木贸易纳入林业部门的监督下，但此举并不能杜绝伐林现象的出现。①另一个林区位于波呢内陆地区。曼涯群岛种满了贝壳杉（damar）、藤条和甘密树。但这里的木材贸易面临的主要问题是运输成本，包括将木材从林区运至海岸，再运往望加锡的整个运输成本。但有关华人社群在木材贸易中发挥的作用，没有更多的史料进行深入研究。②

（七）燃油和食用油

华人控制了燃油和椰子油贸易。汤龙飞在市场街成立庭堃公司，并于1914年成为荷兰莫斯曼有限公司（J. Mohsmann & Co.）的燃油代理商。③次年1月双方合作，成立了一家食用油工厂，名为"锡佳食用油有限公司"（N. V. Eerste Makassarsche Oliefabriek），资本达50万荷兰盾，分为2000股，每股面额达200荷兰盾，曼德斯·西曼（Manders Seeman）任董事长，汤龙飞、汤重畀任董事会成员。④据史料记载，1921年，还出现了一家由甲必丹梁英武（Nio Eng Boe）管理的食用油厂，名为"Insulinde"，梁英武也是梁清寿*公司（N. V. Nio Tjeng Sioe & Co.）的董事长以及望加锡工商会（Kamer van Koophandel en Nijverheid Makassar）的成员。⑤另一家华人经营的食用油厂曾出现在有关1936年大火的记载中，该厂的所有人林英宁*（Liem Eng Leng），是为数不多来自普通家族的商人之一。⑥同一时期，还有一家名为成顺公司（Seng Soeng Oil Mills & Co）的油厂，由

---

① Frans Vorstman, "Het gouvernement Celebes en Onderhoorigheden en zijn Hoofdplaats Makassar", p. 380.

② Frans Vorstman, "Het gouvernement Celebes en Onderhoorigheden en zijn Hoofdplaats Makassar", p. 380.

③ *Pemberita Makassar*, December 8, 1914.

④ *Pemberita Makassar*, January 9, 1915.

⑤ *Pemberita Makassar*, March 2, 1921.

⑥ *Pemberita Makassar*, June 15, 1936.

汤文章（Thoeng Boeng Tjiang）创立，此人系汤重畀的养子，于1911—1916 年担任望加锡华人甲必丹。①

二　传统职业

传统职业种类繁多，从中医问诊到中药材、木材工艺、皮制品、黄金及其他金属制品、食品、服装以及交通工具的生产。本节将列举一些有史料记载的传统工艺。

（一）中医及中草药店

与爪哇相比，有关望加锡中医及药铺的记载较少。据悉，20 世纪初，望加锡已出现中医医药行业，因为中医和牙科医生都使用报纸为自己打广告。例如牙科专家黎伟顺*（Lay Kum Sun）于 1921 年在报纸广告上介绍自己诊所使用的药物、假牙及各种设备均从欧洲进口，此人自 1912 年一直住在望加锡。② 另一位中医李德兴*（Lie Tik Hing）于 1934 年在报纸上刊登广告，介绍自己专治咳嗽、眼部及喉咙等相关疾病。③

自 1920 年代以来，望加锡市共有 16 名中医，并与南春、存德局、天保、永太和、永和春、吴子春、访壶天、永万和万春等 9 家中药铺有密切合作。万春中药铺通常由客家人经营。④ 一般情况下中医并不单独坐诊，而是药铺为其提供诊室，诊室一般位于药铺后面。这种在药铺坐诊的情况一直持续到 1937 年，正如当时一则广告，宣传荣武存*（Jon Goe Tjoen）在市区庙街（Tempelstraat）新开了一家药铺所示。此外，还有史料记载一位名叫吕光民*（Loe Kon Min）的中医，在望加锡生活了数十年，并在自家开设了一家诊所。⑤

1938 年，当地中医和药剂师还曾创立锡江医药联合会，其办事处

---

①　*Pemberita Makassar*, July 22, 1941.
②　*Pemberita Makassar*, March 21, 1921.
③　*Pemberita Makassar*, August 6, 1934.
④　Claudine Salmon and Myra Sidharta, "Traditional Chinese Medicine and Pharmacy in Indonesia Some Sidelights", *Archipel*, Vol. 74, 2007, p. 183.
⑤　*Berita Baroe*, January 22, 1937.

第三章　20世纪初望加锡华人社会的融合趋势　131

设在巴坎路（Jalan Bacan）4号，并在此建立了一所医疗中心，免费为需要帮助的患者提供服务。①

（二）中印尼传统中药

除了根据药方采药，一些当地中医还自制中药，这种自制中药被称为中印尼传统中药。最受欢迎、最畅销的当属药油，治疗各类疑难杂症，好几个品牌驰名印尼及东南亚地区。以下有关"蜂蜜"牌（Cap Tawon）药油的简介：

1912年，来自广东惠州的客家草药师李亚烈（Lie A Liat）创立该品牌。他抵达望加锡后，开办了一家药店，名为茂隆，位于庙街31号。② 1925年前的一段时期，他已开始研制一款药油并在当地销售，取名为"Makasser-olie"（望加锡药油），后来更名为"蜂蜜"③，随后并努力宣传该药油的药效。自20世纪30年代以来，他用自己的印刷厂印制了两页普通报纸大小的宣传册，并使用了中文、马来文和布吉斯或望加锡语，为药油做广告。④ 宣传册中还包含望加锡商会主席李振兴和1929年中国驻巴达维亚总领事张铭对药油的推荐。宣传册上提到，"蜂蜜"牌药油通过了产品成分检验，自1925年获得殖民政府的批准。1935年，《望加锡报》（Pemberita Makassar）也刊登了郑忠喜*（The Tiong Hie）对该药品特效的推荐。⑤ 此外，李亚烈还通过参加夜市，利用合唱团，吸引游客对药油的注意。⑥ 可以肯定的是，这款药油的推销最终获得成功。如今，李亚烈的第四代传承人，在望加锡建立了黄蜂公司（Tawon Jaya），并将产品推广至欧洲、

---

① Claudine Salmon and Myra Sidharta, "Traditional Chinese Medicine and Pharmacy in Indonesia Some Sidelights", p. 183.
② *Pemberita Makassar*, December 7, 1929.
③ *Encyclopaedie van Nederlandsch-Indië II*, p. 646 – 647.
④ *Pemberita Makassar*, October 14, 1938.
⑤ *Pemberita Makassar*, May 4, 1935.
⑥ *Pemberita Makassar*, September 14, 1936 and September 8, 1938. 值得一提的是，同一时期，虎标万金油（Tiger Balm）也十分畅销。1910年代，胡文虎（Aw Boen Haw）在仰光研制生产此药膏，后销往中国、美国及欧洲国家。1929年，胡文虎开始在新加坡《星洲日报》（*Sin Chew Jit Poh*）展开销路，后在香港《星岛日报》（*Sing Tao Daily News*）为虎标万金油宣传促销（Sun Wanning, "Media and the Chinese Diaspora: Community, Consumption, and Transnational Imagination", *Journal of Chinese Overseas* I, May 2005, p. 70.）。

美洲和亚洲各地。① 现在，一瓶小小的药油就含有椰子、白千层（Melealeuca leucadendra）、柠檬草等多种药物，配方说明中也详细提供了各类成分的信息。但有关药油的生产过程仍然保密，对于其药油生产厂的参观也受到一定限制。

公司也一直在打击国内外的假冒产品，还聘请律师寻找生产假冒药油的厂家。2006年12月7日的《罗盘报》（Kompas）上曾刊登文章，提到了来自雅加达东区的萨托诺·尼蒂萨斯特罗（Sartono Nitisastro），对其制假行为提出道歉，同时黄蜂有限公司（PT Cap Tawon）提醒顾客要辨别真假商标，原公司品牌商标为"蜜蜂牌"（Cap Tawon），假冒商标为"黄蜂精"（Sari Tawon）、"两个蜜蜂"（Dua Tawon）、"真蜜蜂"（Asli Tawon）、"蜂后"（Ratu Tawon）、"金峰"（Lebah Emas）及"金峰牌"（Cap Emas Tawon）。2012年12月30日，《时代》（Tempo）杂志上也刊发了一篇文章，指出蜜蜂牌莪术油如今还继续被民众使用，并提到"其每月的产量高达30万瓶"，当时距离2012年12月6日蜜蜂牌莪术油百年庆时隔不久。②

（三）家具及木工工艺

在当地，大多数工匠来自广东省，并在望加锡生活了很长时间。据了解，1907年鲁班行协会将当地工匠统一了起来。③ 20世纪初的史料记载了几名华人工匠的信息，他们的名字出现在《望加锡报》的广告中，如1907年4月18日刊登的一则广告上写道，来自英德村（Kampung Endeh）的孔翁发*（Kong Weng Fat）能制造铁器。另外，孔富盛公司（Kong Hoo Seng & Co.）也曾在报上宣传其工匠能制作铁器、石器、木工艺品以及家具，售价便宜。④ 这些工匠通常都有特殊的技艺，例如徐阿厚*（Tje A Kao）能造载客双轮马车（dokar）、铁栅栏和棺材，⑤ 住在庙街的孔安泰*（Kong On Tae）宣传自己木工手

---

① 此信息由该公司董事长——艾迪·马都瓦立（Drs Eddy Mattualy）在2006年提供。现在黄蜂公司（PT. Tawon）已有官方网站。
② Tempo, December 30, 2012, pp. 60–61.
③ 见本章第二节有关华人社会重组的论述。
④ Pemberita Makassar, April 8, 1907. 广告中也提到这些工匠也能修理马车。
⑤ Pemberita Makassar, December 31, 1914.

艺，还提到出售自制藤椅。①

（四）金器工艺

有关华人金匠的史料记载较少。但在望加锡，如同其他城市一样，大部分手工艺者来自广东。一份荷兰文的记录显示，1911年，南苏拉威西岛虽然盛产制作矛、短剑、戒指、纽扣、手镯的优质金属，但金器工艺在当地的发展并不迅速。② 1921年，一篇小广告上曾刊登永联（Eng Lian & Co.）珠宝店在庙街（Tempel Straat）开业，店中也售卖加里曼丹的珠宝。③ 由此可见，该店的顾客至少是望加锡人和布吉斯人。20世纪上半叶，大多数金匠集中在松巴奥普*（Somba Opu）街，该街如今仍是金店的中心。

（五）布艺

1907年，一则有关服装制造业的广告内容是，一名叫邝海*（Kwong Hai）华人在唐人街（Chineesche straat）新开了一家成衣工作室。④ 另一名华人陈照徵*（Tan Tjhiauw Tien）于1914年在城管路（Burgerwacht），也开了一家裁缝店。⑤

（六）石材碑刻

据了解，1930年代，福建晋江的艺术家彭乃水*（Phie Nai Sui）在卡勒波西（Karebosi）以西约2千米处建立了一座石材碑刻厂。⑥

三 新兴行业

20世纪上半叶，有关望加锡出现的新兴行业已无法汇编出一份全面的名录。本章节仅就几个最典型的新兴行业进行阐述。有关印刷行

---

① *Pemberita Makassar*, July 21, 1921.
② "De *goud-en zilversmederij* wordt op kleine schaal uitgeoefend, doch staat op hoogen trap, getuige de vele fraai bewerkte lansen, krissen, ringen, arm-en buikbanden, knoopen en andere sieraden". Frans Vorstman, "Het gouvernement Celebes en Onderhoorigheden en zijn Hoofdplaats Makassar", p. 385.
③ *Pemberita Makassar*, July 6, 1921.
④ *Pemberita Makassar*, April 8, 1921.
⑤ *Pemberita Makassar*, December 31, 1914.
⑥ Claudine Salmon and Myra Sydharta, "The Manufacture of Chinese Gravestones in Indonesia-Preliminary Study", *Archipel*, *Vol.* 72, 2006, p. 207.

业的发展，将在有关媒体的章节进行讨论。①

（一）欧式银行

20世纪初，欧洲模式的银行已在望加锡出现。根据荷兰的一份报告，望加锡市的第一家银行是埃斯康普托商会（De Handelmaatschappij en de Escompto Maatschaapij）。20世纪10年代，爪哇银行（Javaasche Bank）、荷兰贸易银行（Nederlandsche Handelmaatshappij）、荷属印度埃斯康普托商会（Nederlandsch Indische Escompto Maatschappij）、汇丰银行、渣打银行（Chartered Bank of India, Australia and China）以及印度商业银行（Mercantile Bank of India Ltd）等外国银行，也已经在望加锡市设立分行。② 望加锡第一家华人银行是华侨银行（Hoa Kiauw Gin Hang）。该银行成立于1914年，由汤重畀领导，梁英武、李连全*（Lie Lean Tjoan 或 Lie Leang Tjoan）、林振英*（Liem Tjin Eng）和黄柳凰*（Oei Lioe Oei）等大商人（也许是商会的成员）进行管理。该银行属于储蓄银行（spaarbank）。③ 叶玉生*（Yap Giok Seng）是在华侨银行开户的首个开户人。1921年该行财务张阿汉*（Thio A Han）的一篇文章指出，银行为储户提供了4%的存款利息。④ 1932年，全球经济形势恶化，储户大量提取存款，华侨银行面临金融危机。为此，爪哇银行决定如果华侨银行需要帮助，将提供贷款。⑤ 1936年，华侨银行再次出现在报纸上的广告中，宣传将提供3%的存款利息。由此可见，这家银行似乎成功渡过了经济危机。⑥

（二）保险公司

1923年，华人已经在望加锡成立保险公司，有关保险公司成立的

---

① 除了印刷报纸的印刷厂，也有一些仅接受印刷宣传单等小规模商业文件的小印刷厂。但这方面的信息不是很完整。

② Frans Vorstman, "Het Gouvernement Celebes en Onderhoorigheden en zijn Hoofdplaats Makassar", p. 389.

③ *Sin Po*, ed., Melayu, July 11, 1914; Yerry Wirawan, Les Chinois de Makassar (XVIIe – XXe s.) Essai d'histoire（望加锡华人，17-20世纪），Mémoire de DEA（小论文），Paris: E. H. E. S. S., 2005, p. 84.

④ *Pemberita Makassar*, April 11, 1921.

⑤ *Pemberita Makassar*, June 7, 1932.

⑥ *Pemberita Makassar*, August 5, 1936.

广告在当时的报纸上多次出现，例如 Ecil My 就是一家由华人管理的，为华人提供人寿保险的公司，位于沙海大街（Zandzeestraat）。① Ecil My 并不是望加锡唯一一家保险公司。1932 年，华安合群保寿股份有限公司（The China United Assurance Society Ltd.，于 1912 年在中国成立，是一家全部由华人出资的保险公司）在望加锡成立了一个分支机构。1932 年一份报纸也记载了该公司向寡妇梁钟茂*（Nio Tjoeng Bo）支付的保险理赔费高达 ƒ10000（一万弗罗林）。②

（三）西式医疗及药房

实际上，西式药房已经在望加锡存在了很长一段时间，最古老的西式药房叫拉斯坎普（Rathkamp）③，其总店位于巴达维亚。但是，根据史料记录，该药房在望加锡的华人社群中并没有很好的声誉。据说，其服务员对客户不友善，且有传言说一位华人女子因该店服务员误诊而死亡。④

自 1915 年以来，在华人社群中已形成了建立一家能提供西药药房的想法。据当时报刊的记载，华人社群为此筹集 5 万荷兰盾，华社领袖计划于 1915 年 6 月 19 日在其家中举行一次会议，讨论成立药房的计划。⑤ 但该计划随后失败了，可能是因为当时华社缺少技能娴熟的药剂师。1926 年，创建药房的想法再次在孔圣会⑥（Khong Seng Hwee）的一次会议上被提出，并提出收回原来用于建造医院的资金（该资金被命名为"上海基金会"资金，总计 25000 弗罗林）。由于建设药房的费用太高，这次提议最终也未成行，此后有关建设药房就没有更多的相关消息了。⑦

1927 年，刚从欧洲回国的施隆祥*（Sie Liong Siang, 1892—

---

① *Pemberita Makassar*, April 9, 13 and 23, 1923.
② *Pemberita Makassar*, June 1, 1932.
③ 据 *Pemberita Makassar*, November 5, 1938, 此药店在 1818 年建立。
④ *Pemberita Makassar*, September 26, 1916.
⑤ *Pemberita Makassar*, June 16, 1915.
⑥ 有关孔圣会，详见本章华人社会重构部分有关首批创办的社团论述。
⑦ *Chau Sing*, March 28, 1928; *Sin Po*, September 15, 1934, p.12, 余开潮（Ie Kae Tjiao）的儿子，余庆恒（Ie Keng Heng）前往荷兰乌得勒支（Utrecht）攻读药学，并成为药剂师；1945 年之后，在马利诺（Malino）药店工作，并拥有此药店的股份。余庆恒后来还在土生华人社团（PERTIP）表现积极，详见第四章。

1953）大夫想在自己的家乡开设一家诊所，因此再次与商会提议建立一家医院的意向。① 但是这个提议最终也未成行。值得注意的是，在该时期，柯全寿大夫（Kwa Tjoan Sioe，1893—1948）试图在巴达维亚为穷人建立一家华人医院，即使在实现这一计划时遇到不少经济上的困难，但最终医院还是建了起来。②

1928 年，利用华人资金建立西药药房的想法再次出现，但也以失败告终。③ 直到印度尼西亚独立后，这一想法才最终得以实现。

（四）现代化的酒店

20 世纪初，望加锡也一直吸引着游客的目光，因而对住宿要求随之产生。值得注意的是，华人精英在酒店住宿方面发挥了作用。1914年 2 月，汤龙飞曾计划将其一处住宅改建为酒店。④

同年，梁英慧*（Nio Eng Hoei，梁英武的表弟）在唐人街毗邻华人商会的一旁，建造了一家欧式酒店，取名安祺酒店（Hotel Ankie）。⑤ 1916 年，谢宝昌*（Tjiah Poh Tjiang）和张清山*（Thio Tjing San）合作开办了一家酒店，名为中华香便旅*（Tiong Hoa Hoen Pi-

---

① *Chau Sing*, March 28, 1928. 另外，根据 *Pemberita Makassar*, March 9, 1935 的报道，Sie 医生后因受挫迁至巴达维亚。1646 年，巴达维亚第一家华人医院——养济院成立，随后各地也相继出现华人医院，如 1828 年廖内、1845 年三宝垄和 1849 年的邦加。可见，望加锡华人在医疗事业的发展相对落后。Claudine Salmon and Myra Sidharta, "Traditional Chinese Medicine and Pharmacy in Indonesia...", p. 168. D. Lombard, *Nusa Jawa Silang Budaya, Kajian Sejarah Terpadu*, Jakarta: Gramedia Pustaka Utama, 2005, p. 275. 另外，据 *Telefoon gids Makassar*（《望加锡电话黄页》），1937, p. 9 and 1941, p. 3. 在 1937 年中载录了三名华人医生的联系方式，分别是在荷兰街（Blandastraat）68 号出诊的张军宏*（Thio Koen Hong），在斯黑尔韦格（Schellweg）6 号出诊的曾英恭*（Tjan Eng Kiong）和在格罗特斯大街（Grootestraat）19 号出诊的叶基发*（Yap Kie Hoeat）。1941 年的黄页中，还出现了一位名叫叶宜仙*（Yap I Sian）的华人医生，在达伦韦格街（Daalenweg）30 号出诊（据 *Telefoon Gids Makassar*, 1937, p. 9 and 1941, p. 3）。但其他史料证明，这位叶医生早在 1933 年已在望加锡看诊。从上述资料可见，当时望加锡的华人医生多居住在原荷兰人聚集的地区。

② 即养生院，现名户萨达医院（Rumah Sakit Husada）。有关柯全寿（Kwa Tjoan Sioe）大夫建立医院时所面临的困难，详见 Ang Yan Goan, *Memoar*, Jakarta: Yayasan Nabil-Hasta Mitra, 2009, pp. 95 – 108。

③ *Njaring*, Binkok 17, March, 1928.

④ 根据 *Pemberita Makassar*, February 16, 1914，此建筑之前为法庭。

⑤ *Pemberita Makassar*, December 8, 9 and 11, 1914.

en Lee)。① 1938 年，汤龙飞还曾在爪哇的一家报社刊登广告，为其刚建成的皇后大酒店（Empress Hotel）做宣传。②

（五）制冰厂

19 世纪 80 年代末，在爪哇已出现用氨溶液制冰的技术，并很快推广至印尼群岛各地。③ 但是，对于望加锡地区而言，尚不清楚该技术的引入时间。1922 年的一篇报道说，华人至少有两家制冰厂，分别是公益（Kong Ek）和江源基*（Kan Goang Kie）。④ 公益制冰厂 1913 年已出现在相关史料记载中，生产矿泉水、啤酒并拥有印刷公司，所有者系梁应憘（Nio Eng Hie）和李振兴*（Lie Tjeng Hin）。⑤ 有关江源基制冰厂的成立年份不详。值得注意的是，华人社团是制冰销售行业中获益最大的一方。⑥ 1932 年，泗水的山林公司（Sam Liem Kongsie，最初专门从事木材加工）计划在望加锡建立第三家冰厂，但该计划后续发展如何不详。⑦ 根据 1937 年和 1941 年《望加锡电话黄页》（Telefoon Gids Makassar）中的列表，该市仅注册了两家制冰工厂，分别是公益和源全（Goan Tjoan）。⑧

---

① 根据 Pemberita Makassar1916 年 12 月 8 日的报道，张青生*（Thio Tjeng Sang）后来不再与张清山*（Thio Tjing San）合作，张真山独自继续经营上述酒店。据《望加锡报》1922 年 7 月 29 日和 1928 年 6 月 2 日的报道，华人曾反对几家酒店继续营业，因为其进行卖淫活动，但报道中未提及酒店的具体名称。

② Sin Po, Vol. 15, No. 770, January 1938, p. 1.（DEA Masyarakat Tionghoa Makassar Abad Ke – 17 – 20, p. 88）.

③ Denys Lombard. Nusa Jawa Silang Budaya, Paris, Jakarta: Gramedia Pustaka Utama, Vol. 2, 2005, p. 274.

④ Pemberita Makassar, November 2, 1922. 据 Pemberita Makassar, December 8, 1914, 制冰厂还经营电影院，名为 De Ster；据 Pemberita Makassar, January 2 and 15, 1915 的报道，两家制冰厂还出现在中华学堂和女学堂（Lie Hak Tong）两所华校的捐款名录中。

⑤ Javasche Courant, September 14, 1909 and February 25, 1913.

⑥ 例如 1932 年兄弟会、1936 年华侨音乐会举行表演活动时，制冰售冰活动十分火爆；再如 1937 年印尼童子军（pramuka）成立之初，成员会在全城销售冰激凌；1938 年，望加锡妇女协会（Sarikat Iboe Makassar）成员也曾在夜市上销售冰激凌。（资料来源：Pemberita Makassar, May 9, 1932; August 19, 1936; August 30, 1937; December 5, 1938 的相关报道。）

⑦ Pemberita Makassar, October 17, 1932.

⑧ Pemberita Makassar, September 25, 1941 的报道曾提及总务会（Tjiong Boe Hwee）成员的妻子们，曾在夜市卖雪糕。

（六）影院

华人在向望加锡市民推广电影方面发挥重要作用。① 第一家经营电影院的公司是上一节提到的公益公司（N. V. Handelsmaatschaappij Kong Ek），其电影院名为"De Ster"（明星）。② 1916 年，又出现了一家名为信志电影院（Sientje Bioskoop）的影院。③ 1920 年，这家影院的放映室数量急剧增加。1928 年，"生机"（Seng Kie）影院放映了一部名为《彬彬牛仔》④（Cowboy Sopan）的影片，还在乐善社（Lok Siang Sia）播放了借鉴《三国演义》故事的影片，字幕由马来文和中文组成。⑤

（七）面包糕点厂

1915 年，望加锡已出现一家名为"快乐前进"（Soeka Madjoe）⑥ 的面包糕点店，该店已使用机器制作糕点，与其开办的面粉厂都位于格罗特斯大街（Grootestraat）。⑦ 有关此行业最早的一则广告是林钟宏*（Liem Tjoeng Hong）于 1928 年刊登，宣传其面包糕点房，名为"望加锡第一家面包店"（Eerste Makassaarsche Broodbakkerij），⑧ 并介

---

① 1900 年，印尼的第一家影院在巴达维亚丹那望（Tanah Abang）区建立。据 *Pemberita Makassar*，July 8，1914 的一篇笔名为"Kong"的文章，望加锡华人青年曾拍摄一部纪录片，展现当时华人少女去布顿村清真寺做慈善的习俗活动，这部电影似乎完成拍摄后被寄往巴黎的百代电影公司（Pathé）进行后期制作，并在 De Ster 影院放映。

② *Pemberita Makassar*，December 8，1914.

③ *Pemberita Makassar*，August 25，1916.

④ *Pemberita Makassar*，March 14，1928.

⑤ *Chau Sing*，February 9，1929.

⑥ 《潮声》（*Chau Sing*）1928 年 3 月 31 日刊登的广告文字内容如下："快乐前进"面包饼干厂（Machinale Brood & Bischuit Fabriek 'Soeka Madjoe'）自 1915 年起在望加锡营业，坐落于格罗特斯电话路 269 号（Grootestraat-o-Telefoon No. 269）。如果您想品尝美味的面包和炸玉米饼，请选择我们，包您满意。我们的面包用机器制作，保证干净卫生，每周六供应黑醋栗面包（Kretenbrood）、黑麦面包（Roggerbrood）、荷兰饼（Colombijntjes）、蛋挞（Taartjes）等产品。（非周六订购，请提前一天预定）。欢迎品尝，我们将根据需求免费配送试吃产品。

⑦ *Pemberita Makassar*，January 25，1916；一篇未署名的文章中有这样一句简短的话："新建的桥基本能够通行，目前望加锡面粉供应短缺，这里有不少面包店，面粉需求量较大。"

⑧ *Pemberita Makassar*，March 10，1928.

绍其生产厂早于"快乐前进"建立。① 1916 年,陈福禄*(Tan Hok Lok)创办饼干厂,生产的饼干效仿三宝垄达尔莫(Darmo)工厂的饼干,供医院患者食用。②

(八)交通工具的销售与租赁

1917 年,望加锡已出现两家汽车租赁公司,一家由黄秀金*拥有,另一家由合盛公司(Firma Hap Seng)拥有。③ 1928 年,居住在马吉尼亚约维格街*(Matjiniajoeweg)的陈光凯*(Tan Kong Kae)宣布,将经营道奇、雪佛兰汽车租赁业务。④ 对于自行车(当时最流行的交通工具)方面,1918 年,当地的主要卖家是万宏隆*(Ban Hong Liong),居住于市场街(Passarstraat)。⑤ 1929 年,他也开始从事福特汽车的销售业务。⑥

此外,还有张恒锡*(Thio Heng Sek)开办的南耀车行*(Nam Yau Motor Co.)业务的变化。该车行的前身是在市场街的自行车行,1927 年开始出售汽车。⑦ 1933 年,张恒锡*凭借此贸易优势,前往中国,并在四年后在伦比亚路*(Roembiaweg)⑧ 开了一家新店。⑨

从上述的史料陈述可以看到,华人利用以前从包税、贸易和种植业收集的资金,尤其是在望加锡及周边地区收集的资金,进入新的经济领域,并效仿荷兰公司的做法。据了解,梁氏、李氏、汤氏家族活

---

① 根据 1937 年《望加锡电话黄页》第 8 页的内容,望加锡面包店(Makassaarsche Broodbakkerij)位于布兰达大街 35 号,"快乐前进"(Soeka Madjoe)面包店位于格罗特斯大街 102 号;还有一家 De Concurrent 蛋糕店位于达恩·东坡街(Daeng Tompo),那条街上还有花店和洗衣店。1941 年《望加锡电话黄页》第 3 页出现了两个新面包店,碧翠丝(Beatrix),位于海峡街(Zeestraat)15 号;思乐达(Selecta),位于布鲁街(Beroestraat)3 号,思乐达可能是荷兰人开办。

② *Pemberita Makassar*,January 25,1916.

③ *Pemberita Makassar*,January 31,1917.

④ *Chau Sing*,March 31,1928.

⑤ *Sinar Matahari*,November 8,1918;*Chau Sing*,March 3,1928.

⑥ *Chau Sing*,March 2,1929;*Telefoon Gids Makassar*,1937,p. 7;*Telefoon Gids Makassar*,1941,p. 1.

⑦ *Chau Sing*,April 7,1928;有关南耀车行(Nam Yau Motor Co)历史简介可见 *Pemberita Makassar*,April 4,1937。

⑧ 伦比亚路*(Roembiaweg)现为学生军路或 Jalan Tentara Pelajar。

⑨ *Berita Baroe*,April 19,1937.

跃于大宗贸易及新兴行业中，并与欧洲人开展业务合作。与此同时，20世纪二三十年代，新客华人开始踏入商界，并时而在椰干、碾米等行业中取代土生华人发挥作用。

另外，在新兴行业领域，望加锡华人的接受能力要比爪哇华人更慢。因为望加锡华人没有太多接触欧洲文化的机会，此外，进入荷兰私立学校的机会也非常有限，这一点我们将在下一章有关教育层面的讨论中展开论述。

第二节　华人社会的重组

尽管华人精英家族仍在经济上保存实力，但华人社会结构发生了更为多样的变化。20世纪上半叶，大量移民的到来导致人口上升。华人社群的多样性使得土生华人、新客华人社群都出现了许多组织和协会。

如果说，19世纪下半叶，华人是通过建立祠堂，强调祖先崇拜，开展宗教活动，复兴华人传统风俗习惯（福建公祠）。那么，20世纪初，则是一批大华商通过建立协会，复兴中华文化。从广义上理解，他们通过建设教育、文化性质的组织，复兴中华文化，此外还包括成立地方、地区性文化协会（通过地区的协会）以及行业性组织（如手工艺组织、员工组织及商会）。

土生华人也建立了自己的互助组织（涉及华人义山、音乐、戏剧等），应对困难，娱乐社群。除此之外，妇女们也成立自己的协会，并随之出现了华社政治活动及政党团体，但与一般的社团活动很难区分开。最终，各类社会团体间接地取代了华社领袖的角色。1932年，华社领袖之前获得的职位被统治者取消，但其荣誉头衔仍被保留。从相关的报道可以看出，这一变化受到了华人的支持。

接下来的章节，将讨论20世纪上半叶望加锡出现的所有社团组织（部分社团存在时期很短，还有一些社团迟迟没有获得政府批准），并依据时间顺序介绍相关组织的运作及其在望加锡社会发挥的重要作用。以创建学校为目的而成立的组织将不在本章节阐述，因为其与建立的学校历史密不可分，故将在有关"建立现代学校的斗争"章节中进行阐述。

一 最早的五个行业协会

在望加锡最早出现的社团组织大约可追溯至1907—1908年，包括木石匠组织、鲁班行、中华商会、长安堂（Tiong An Tong）、孔圣会以及成立于1908—1913年的书报社（Soe Po Sia，早期名为宁求社或Ling Kioe Sia）。

（一）鲁班行（Loe Pan Hong）

根据1927年，在国民党领导下的木匠工会庆祝鲁班行成立20周年的史料推算，鲁班行成立于1907年。[1] 只要有广东籍木工、石匠的地方，一定有鲁班行或同类组织出现。例如巴达维亚也曾出现该性质的团体，最早的可追溯至18世纪末。[2] 木工们习惯在祖师爷鲁神诞辰日这天举行祭拜仪式。曾有报道称，1915年，时值鲁班诞辰日，鲁班行的成员决定焚烧鲁班的雕像，并用孙中山先生的画像和遗训代替鲁班像。这个仪式表明，国民党试图将不符合现代性的宗教信仰取代，鲁班行以前祭祀的场所也被改为阅览室。那时，来自广东的工匠也没有太好的声誉，历任华社领袖都曾试图禁止他们赌博。[3] 日本人入侵望加锡以后，鲁班行被迫解散，战后又得以重建。

（二）中华商会（Tiong Hwa Siang Hwee）

1908年，中华商会成立，并将在实现社会公共利益方面发挥重要作用。1904年1月，随着中国的一项规定出台，中华商会组织开始在这个帝国各地出现，不久后逐渐扩展到东南亚的大城市（例如1906年，泗水中华商会成立）。[4] 商会的任务是维持与中国的关系，特别是在1930年中国驻望加锡总领事王德芬（Wong The Foen）上任

---

[1] 《锡江商报》（*Sek Kang Siang Po*），April 12, 1927, 引用自 *Overzicht van de Maleisch-Chineesche en Chineesche Pers*, Batavia: Kantoor voor Chineesche Zaken, April 1927, p. 106.

[2] Claudine Salmon and Denys Lombard, *Les Chinois de Jakarta. Temples et vie collective*, Paris: Editions de la Maison des Sciences de l'Homme, 1980, pp. 134–136.

[3] *Pemberita Makassar*, December 28, 1914.

[4] 该组织成员达1000人，委员会有50—60名商人组成。（Claudine Salmon, "La communauté chinoise de Surabaya—Essai d'histoire, des origines à la crise de 1930", *Archipel*, No. 53, 1997, p. 168）

之前。① 另一个任务是协调社群贸易活动，并优先安排各个商业中心之间的合作，管理非区域性学校，并以自己的方式监督社群的政治活动。望加锡中华商会是在五位大商人（显然都是新客华人）的倡议下成立的，即王觉（1884年从福建永春抵达望加锡）、洪开榜（Hong Kaipang）、汤河清（又名汤堑 Thoeng Tjam，1845年从福建抵达）、汤重畀（19世纪末期从福建长泰抵达）和郭映森。商会名誉主席汤河清、总主席汤重畀、副主席李振兴（Lie Tjien Hing，曾担任税收承包商），成员还包括曾于1916—1921年任甲必丹的梁英武（Nio Eng Boe）。②，以及来自汤氏家族的汤隆博（Tang Longbo）③、汤龙飞（汤河清的儿子）。每个人入会须支付会费。1930年年底，望加锡市的800家商铺，只有300家支付商会会费。商会还在位于庙街的福建公祠（Hokkien Kong Soe）楼内有一处办公室。

根据1915年1月30日《望加锡报》（*Pemberita Makassar*）的新闻，大致可了解中华商会在当地的活动。报道称，商会向北京提出了两项申请：1）招聘一名优秀的英语老师，为女孩招聘一名优秀的女老师；2）从中国进口产品。1915年2月16日的一篇文章指出，中国财政部还责成商会向望加锡的30多家企业和杰出人物（其中一位女士叫做黄金娘*，Oei Kiem Nio，与一位来自班达的华商）授予荣誉。从前，商会还负责了款项的募集和运送工作。除在望加锡华人社群外，商会还于1913年在万鸦老（Menado）成立分支机构，后更名为"商务总会"（Siang Boe Tjong Hwee）。④

（三）书报社（Soe Po Sia）

有关书报社的成立，鲜为人知。早期，殖民政府并未将该组织视

---

① 王德芬领事是为数不多精通荷兰语、马来语的中国领事之一；Black Scout, "Nasib-nja kampoeng Tionghoa di Makasser", *Sin Po*, Speciaal Nummer, November 10, 1946, 文中记录，直至1942年被日军逮捕之前，王德芬一直担任望加锡领事一职，领事馆位于汤重畀养子——汤文章（Boen Tiang）所有的一栋欧式住所内。战后，王德芬恢复领事职务，并常驻望加锡，直至1950年中华人民共和国承认印度尼西亚。

② 刘焕然：《荷属东印度概览》，无页码。

③ 汤隆博的遗照存放于汤氏祠堂，被安排在汤河清旁边，但无法确认两者的亲属关系。

④ Tan Hok The, *Hikajat Kerkfonds Tionghoa di Menado*, Tjitjoeroeg: Mostika, 1937, p. 13.

为危险组织。负责中国事务的荷兰官员指出，该协会之前名为宁求社（Ling Kioe Sia）①，但有关其历史的记载已无从知晓。据了解，该组织于1909年在泗水成立，② 此后成了20世纪上半叶东南亚全境反清革命者聚集的地方。史料表明，望加锡的华族领导人经常利用书报社的场地与当地华人会面。例如，1914年12月27日，刘亚隆*（Lauw A Liong）在书报社召集来自广东的工匠，并劝阻其赌博。③ 据推测，书报社在日据时期被取缔。

（四）长安堂（Tiong An Tong）

长安堂有可能是望加锡第一个为华人社群丧葬服务的组织，帮助经济困难的家族购买棺材、举行葬礼。根据其章程内容，长安堂于1910年正式成立④，但其存在的时间可能更早，成立的目的是帮助贫困的土生华人。成员必须年满16周岁，入会后必须支付会费。长安堂的成立获得了成功，成为其他社团组织效仿的榜样，推动了中华少年会（Tiong Hoa Siao Leang Hwee）、乐善社等组织的成立。⑤ 中华少年会由张忠铁*（Thio Tjong Tiat）领导，1916年该人还担任了甲必丹，并于同年去世。⑥ 1928年，乐善社因财务问题加入长安堂，但两者仍保留各自的管辖权力和名称，⑦ 并拟定了新的章程草案。此外，长安堂和乐善社也建造了新舞台（Sien Boe Tai），为华群戏剧、婚庆类活动提供重要的平台。⑧ 类似于长安堂和乐善社的组织有孔圣会，以下我们将进行详细的介绍。

（五）孔圣会（Khong Seng Hwee）

孔圣会如同其字面含义，是一个以振兴孔子思想、庆祝孔子诞辰

---

① "Makassar", Juli 22, 1916, *Arsip Binnenland Bestuur*, Arsip Nasional Republik Indonesia, No. 4389, p. 5.

② Claudine Salmon," La communauté chinoise de Surabaya", p. 168.

③ *Pemberita Makassar*, December 28, 1914.

④ *Javasche Courant*, January 21, 1910, "Statuten der vereeniging Begrafenisfonds Tiong An Tong".

⑤ 据《望加锡报》1914年1月2日的内容，中华少年会可能成立于1913年，其章程于1914年5月26日发布于 *Javasche Courant* 中。

⑥ *Pemberita Makassar*, January 2, 1914; *Pemberita Makassar*, January 20, 1914.

⑦ *Chau Sing*, December 28, 1928; *Chau Sing*, January 5, 1929.

⑧ *Pemberita Makassar*, January 23, 1914; *Javasche Courant*, May 26, 1914.

为目的的组织。该组织的存在表明19世纪后期改革运动的持续，并推动了中华学堂（Tiong Hoa Hak Tong）的成立。在甲必丹汤重畀的保护下，孔圣会于1911年11月15日成立，由张忠吉*（Thio Tjong Kiat）领导，分为两个部门，一是孔圣会本身，二是负责丧葬事务的德善社（Tek Sian Sia）。社团章程与长安堂、乐善社、中华少年会类似。1914年，孔圣会宣告正式成立。① 一篇史料文献提到，已婚妇女不得加入孔圣会，寡妇可加入，但若其再婚，则将失去会员权利。②

孔圣会的目标之一是通过宣传经典古籍，传播儒教思想。在实践过程中，孔圣会联合两位可靠的译者林正贤（Liem Tjeng Heang）、林庆庸（Liem Kheng Yong）以及程富礼*（Tae Hok Lie）、吴灿福*（Go Tjan Hok）③，收集并用马来文翻译了孔子的几种学说。可见，望加锡华人并不了解，在安汶和爪哇已经存在"四书"的各类译本。④ 林正贤与林庆庸虽然因翻译中国故事而闻名，⑤ 但有关其宗教领域的翻译作品，我们已不得而知。由此得出这样的结论：孔圣会还没有发展成为非常成功的组织。1916年后，也不曾出现在相关报道中，可能该组织于20世纪20年代便不复存在了。

二　新客华人社团

自1914年以来，加入"会馆"形式的社团组织的新客华人数量日益增加，这些会馆一般基于区域活动、行业组织或殡仪服务设立。

（一）同乡会

上一章节介绍了19世纪末广东人已在望加锡成立社团组织。20世纪前二十年，来自福建和客家的移民也成立了同乡会。最早的一批

---

① *Pemberita Makassar*, April 3, 1914; April 22, 1914; August 3, 1914.

② *Pemberita Makassar*, April 9, 1914.

③ *Pemberita Makassar*, August 8, 1916. 另外，据*Pemberita Makassar*，1914年3月9日的新闻报道，林庆庸淘汰了三名译者，即张礼宝*（Thio Laij Poh）、程富礼*（Tia Hok Lie）和叶强书*（Ljap Tjian Soe）。

④ Claudine Salmon, *Literature in Malay by the Chinese of Indonesia*, Paris：Editions de la Maison des Sciences de l'Homme, 1981, pp. 30 – 31.

⑤ 与此有关详见下文。

第三章 20世纪初望加锡华人社会的融合趋势　145

是来自福州，通过王月俊（Ong Goat Tjoen，商会成员）于1913年向政府提出申请，要求在望加锡、马鲁古和巽达群岛成立区域性组织。政府批准后，次年社团章程正式颁布。① 福建福州全郡会馆（Hok Kian Hok Tjioe Tjoang Koen Hwee Koan）坐落于帕卡雷佩街道（Pakareppestraat），史料还记载了1935年会馆20周年庆的情景。②

1916年，客家人也成立了同乡会，名为集和会馆（Siep Foo Fie Kwon）。来自永春（福建）的商人成立了永春会馆，负责处理农产品贸易，由林尔云（1916年抵达望加锡）领导。③ 此外，当时来自海南的华人大多数不太富裕，主要从事咖啡铺等小生意，琼州社于1921年成立。1923年，来自江苏省的华人也成立了一个规模较小的社团，名为江苏社（Kang Tjioe Sia）。④

这些同乡会旨在为移民提供社会和经济援助，并为其成员子女开办华文学校。福州人兴建了华民学校（Hwa Min School），客家人则建立了平民学校（Peng Bing School），详细内容将在下一章节进一步讨论。

1941年9月，福建同乡会的理事们提议将望加锡、万鸦老和马鲁古群岛区域的福建同乡会合并，成立福建联谊会。⑤

（二）姓氏祠堂

同时，在望加锡也出现了不区分原籍地，根据姓氏兴建的祠堂。1916年，陈（Tan）氏华人申请建立颍川堂（Eng Tjoan Tong）。⑥ 1928年左右，泉州吴氏也建立了锦霞堂（Kiem Ha Tong）。⑦

最后，还有一个组织与1934年中国开展的"新生活运动"相关，即新生活运动促进会（Sien Seng Ho Djuen Tung Thjoh Tjing Hwee），目的是给望加锡华人社群带来新生活。该组织成立于1936年，直接受

---

① *Javasche Courant*, June 12, 1914, "Statuten van de vereeniging Hok Kian Hok Tjioe Tjoang Koen Hwee Koan te Makassar".
② *Pemberita Makassar*, August 5, 1935。
③ 刘焕然：《荷属东印度概览》，无页码。
④ 其章程发布于 *Javasche Courant*，1923年11月16日版。
⑤ *Pemberita Makassar*, September 23, 1941.
⑥ 其章程发布于1917年5月11日版的 *Javasche Courant*。
⑦ 刘焕然：《荷属东印度概览》，无页码。

中方监督下，① 但该组织是否受到华人社群的欢迎，就不得而知了。

三 土生华人社群中影响较小的社团组织

涉及五个组织，其中四个组织为社会文化类型，还有一个是音乐组织，均在 1925—1935 年间成立。1936 年，这类组织达到巅峰时期，同时出现了一个传播儒学、佛教的组织，由林庆庸（Liem Kheng Yong）领导，但后续的发展，不得而知。②

（一）兄弟会（Shiong Tih Hui）

获取有关望加锡兄弟会起源的史料相当困难。望加锡兄弟会可能是作为茂物（Bogor）兄弟会的分支，在汤德良*（Thoeng Tek Liang）访问望加锡后，于 1925 年成立，目的是通过杜绝赌博、酗酒、吸食鸦片等不良行为，鼓励青年团结合作，提升社群的道德价值观，改善社会生活。为了实现此目标，兄弟会在文化活动方面表现非常活跃，③ 还建立了一所私立荷华学校，在教育界发挥了重要作用。此外，他们还创立了一个名为"姐妹会"（Chie Mey Hui）的妇女协会，但相关史料信息较少。兄弟会于 1935 年举行十周年庆，并于 1940 年出版纪念册，用马来语和荷兰语两种语言编写，并附有王德芬领事的前言。该纪念册由中华印刷（Tionghoa Drukkerij）出版社印刷，遗憾的是，没能被保留下来。④ 20 世纪 30 年代初期，部分成员离开兄弟会，建立中华会（Chung Hwa Hui），有关内容将在下一章节中进行讨论。兄弟会在这次分家中还是幸存了下来，并且二战后还出现在相关的记录中。

该组织似乎还出版了月刊《兄弟会访谈》（*Warta Shiong Tih Hui*），但刊物已了无踪迹。

（二）女子联合会（Nu Tze Lian Ho Hui）

史料记载，1929 年，华人妇女通过一个名为"女子联合会"的女性组织发声，组织成员似乎也都曾在荷华私立学校接受教育。该组

---

① *Pemberita Makassar*, July 27, 1936.
② Politiek Verslag van het Gewest Celebes en Onderhoorigheden over de Maand, August 1936, ANRI, MvO serie 4e, Reel no. 9.
③ *Chau Sing*, February 9, 1929.
④ *Pemberita Makassar*, June 1, 1934; August 5, 1940.

织主席韩文娘*（Han Boen Nio），秘书梁一政*（Leang I Chan），财务苏连捷*（Soh Lian Tjie）。① 黄松吉（Huang Sung Chie）曾写下一篇《望加锡妇女开始觉醒》（Kaoem prempoean Tionghoa di Makassar moelai mendoesin）的短文，对女子联合会的成立表示欢迎，并抨击了一些华人社群禁锢妇女群体的现象（这与19世纪末女性的自我觉醒密不可分）。② 三位贵族女士（Trio jang moelia）使用笔名"莲花"写了《盼望的协会》（Persatoean jang di harep）一文，其中也提到上述组织，同时表示，望加锡妇女尽管已有许多人接受过良好教育，但与欧洲甚至爪哇妇女相比还相差很远（该文章详细内容可见附三）。③ 由于相关的新闻报道较为零散，有关该组织的后续发展历程无从知晓。但可以确定的是，直至1938年该组织至少仍然存在，第二次世界大战时期也曾以类似的名称存在了一段时期。④ 有关女子社会地位的话题曾一度成为热点，例如来自巴达维亚的柯全寿（Kwa Tjoan Sioe）大夫，也曾于1933年发表题为《妇女与解放》（Orang prampoean dan kamerdikaan）的演讲。⑤

（三）华侨音乐会（Hwa Kiauw Im Gak Hwee）

华侨音乐会成立于1928年。1935年，该组织的主席为黄松吉，副主席洪忠娇*（Ang Tjong Giao），二人当时都是记者，而汤龙飞（Thoeng Liong Hoei）也曾担任组织顾问。该组织常出席寺庙及其他场合的表演活动。⑥

（四）四方会（Soe Hong Hwee）

四方会成立于1934年，同年12月13日，其豪华的办公楼正式

---

① *Pemberita Makassar*, March 9, 1929.

② *Pemberita Makassar*, March 9, 1929：《望加锡妇女的觉醒》："众所周知，这里的华人妇女所拥有的社会地位，与狱墙下服刑的犯人并无二致，微弱的日光无法穿透这'狱墙'，这种生活与暗无天日的过活有何两样！这'狱墙'阻隔了她们与外界的联系，远离社会与交际，这是对她们——被称为'世界的母亲'的人，最残忍、最严重的惩罚……望加锡妇女的觉醒，就是要成立由妇女领导、组织的女子联合会'……"

③ *Chau Sing*, March 16, 1929; Lian Hua, "Persatoean jang di harep".

④ *Pemberita Makassar*, December 5, 1938.

⑤ *Pemberita Makassar*, December 5, 1933.

⑥ *Pemberita Makassar*, January 21, 1935. 20世纪30年代，爪哇也存在同名组织。

落成。落成仪式吸引了不少华文、马来文报的记者及国民党顾问参加。① 该组织为贫民提供丧葬服务，如《新闻报》（Berita Baroe）所述："……所有华人贫民，无论来自城市还是农村，或是外地，只要他们有经济困难，四方会必定伸出援手。"② 当时经济危机肆虐，四方会取得巨大成就，数年间，成员数量翻倍。在理事会名单中，我们还发现了何荣日（Hoo Eng Djie）。③ 1935年，在叶基发*（Yap Kie Hoat）和张军宏*（Thio Koen Hong）的建议下，四方会还创办了一家诊所，并于9月1日正式接诊，每周日休息。救助贫民弱者方面四方会是当时唯一取得了相当成效的组织。④ 第二次世界大战之后，此组织再次成立。

（五）中华工会（Sarikat Kaoem Boeroeh Tionghoa）

在经济萧条继续蔓延的时期，中华工会成立。该组织试图为失业者提供帮助，吸纳了土生华人和新客华人中的众多失业者。1935年，中华工会在王忠美*（Ong Tiong Bie）的领导下成立，王忠美*曾担任市议员，非常关注华族工人问题，还曾在《望加锡报》发表相关文章。据悉，加入该组织的成员必须年满18周岁。⑤

四 党派团体的兴起

国民党是当时非常活跃的政党，这使殖民政府感到担忧。此外，其他华人成立的政党包括印尼中华伊斯兰联合会（Partai Tionghoa Islam Indonesia，简称为PTII）、中华会（Chung Hwa Hui，CHH）和印尼中华党（Partai Tionghoa Indonesia，PTI）。此时的政党与社团组织还难以分辨，尤其是印尼中华伊斯兰党和中华会。

（一）国民党（Kuomingtang）

国民党（简称为KMT）在望加锡的支部组织具体何时成立已无从

---

① *Pemberita Makassar*, December 13, 1934.
② *Berita Baroe*, November 15, 1934.
③ "Hoo"有时也写成"Ho"。何荣日对望加锡文化领域的作用详见下文。
④ *Pemberita Makassar*, April 14, 1935. 该组织的照片可见《新报》（*Sin Po*）1938年7月2日版。
⑤ *Pemberita Makassar*, February 7, 1935.

知晓，其活动一般秘密进行。① 1923 年，国民党在望加锡出版了一份报纸。1923 年 1 月 30 日，华人事务办公室（Kantoor voor Chineesche zaken）出版的《新闻媒体概论》（*Pers Overzicht*）中也有一篇短文写道，《国民报》（*Kok Bin Po*）提到，望加锡支部发行的这份报纸是国民党的政治工具，详细内容将在接下来的段落进行阐述。1927 年以来，国民党在望加锡的活动更加活跃，殖民政府对其进行了更严格的监管。1927 年，望加锡支部负责人黎觉公（又叫做 Lay Joe Min）展开的相关活动值得关注。② 此外，国民党还将活动扩展至新港（Sengkang）、瓦坦波尼（Watampone）、峇南哖吧（Balangnipa）、布卢昆巴（Bulukumba）、班达恩（Bantaeng）、苞苞（Bau Bau）等其他地区，③并且获得公众积极响应。据了解，1928 年，该政党与当地社团组织代表举行会议，也有数名来自望加锡、加里曼丹的记者参会，其中包括：

《民声报》（*Min Sun Pao*，国民党派系的报纸）记者张子畤（Thio Tjioe Tioe）；

《响亮报》（*Njaring*）记者邓忠海*（Teng Tjoeng Hae）和陈义登*（Tan Djit Teng）；

马辰市《婆罗洲报》（*Bintang Borneo*）记者林乐裕*（Lim Lock Ee）；

万鸦老市的《同胞》（*Tong Pao*）记者李振宏*（Lie Tjieng Hong）；

望加锡《潮声》报洪忠娇*（Ang Tjong Giao）和黄松吉。

本次会议的目的是鼓励海外华人支持祖国，购买国货，因为当时的人们倾向于购买日货。荷兰政府对此次会议进行了详细记载，并表

---

① 在新加坡，国民党的第一个支部于 1912 年成立，此后几年其他支部陆续在马来半岛的各大城市成立；C. F. Yong and R. B. McKenna, *The Kuomintang Movement in British Malaya* 1912 – 1949, Singapore: Singapore University Press, 1990, pp. 24, 26.

② "Politiek Overzicht Juni 1927 Celebes en Onderhoorigheden", *ANRI*, Reel no. 1 MvO serie 4.

③ Idem, "Politiek Verslag over het jaar 1928 van het Celebes en Onderhoorigheden", *ANRI*, Reel no. 1 MvO serie 4.

示此次会议将激起海外华商抵制日货的情绪，对于不参与抵制日货的华人还会进行抨击。①

望加锡支部办公地点位于沙海街（Zandzeestraat）71 号。30 年代，支部的活动更加活跃。据荷兰政府留下的史料记录，1930 年，望加锡国民党支部党员有 500 人，支部主任是关伟信*（Kwan Wei Hsin）。支部的活动主要分为三个层面：其一，通过《民声报》（Min Sun Pao）对党进行直接宣传；其二，通过夜校课程，启发当地青年；其三，通过书籍传播党的主张。为此，荷兰政府则继续追查宣传国民党思想的违禁报刊，港务长也负责监督违禁书籍和宣传册的流入。②

1930 年，首位中国领事抵达望加锡，其实际上也不太支持国民党吸纳过多成员，并决定停止一些国民党组织的活动。此外，自 1935 年以来，许多成员也不再支付党费，导致国民党无法承担中山学校（Chung Shan School）的各种支出。据悉，该校成立于 1928 年。③

（二）印尼中华伊斯兰党（Partai Tionghoa Islam Indonesia）

据卡伦（J. J. L. Caron）省长所言，印尼中华伊斯兰党成立于 1930 年。④ 18 世纪以来，望加锡就已经出现华人穆斯林社群，并随时间的推移一直发展了下来。他们常去布顿（Buton）村清真寺做礼拜。据当时报道，望加锡的华人穆斯林不是很虔诚，《新闻报》（Berita Baroe）还曾指责不常去清真寺的华人穆斯林。⑤ 一位名叫"Bros"的作者还曾建议中华伊斯兰党聘请一位老师，每周上一次课以增强党内

---

① "Politiek Overzicht Juni 1927 Celebes en Onderhoorigheden", ANRI, Reel no. 1 MvO serie 4；"Politiek Verslag over het jaar 1928 van het Celebes en Onderhoorigheden", ANRI, Reel no. 1 MvO serie 4.

② Cf. *Memorie van Overgave van den afgetreden gouverneur van Celebes en Onderhoorigheden L. J. J. Caron*, Buitenzorg, January 24, 1934. (Memorie van Overgave serie 2e, Reel 22 Celebes)

③ 同上，有关教育方面详见下文关于教育发展的论述。

④ *Memorie van Overgave van den afgetreden gouverneur van Celebes en Onderhoorigheden L. J. J. Caron*, Buitenzorg, January 24, 1934 (Memorie van Overgave serie 2e, Reel 22 Celebes)："Niet vergeten mag echter worden de oprichting van de Partij Tionghoa Islam Indonesia in dit jaar, door Chineezen hier te stede, die den Islam belijden. Tot zoover is het doel van deze vereeniging de zuivering en bevordering van den Islam."

⑤ *Berita Baroe*, November 22, 1933.

成员的宗教意识。实际上，该党也已经在这方面付出了努力，曾邀请林安瑞*（Liem An Shui）为约60名成员上课。林安瑞*是爪哇的一所阿拉伯语学校的毕业生，父亲是峇峇穆哈马特·卡西姆（Baba Moeh. Chasim）。①

授课的建议似乎奏效了。1935年，中华伊斯兰党在马芝尼阿卓（Matjiniajoweg）的党办公室，举行公开性集体礼拜活动。次年，还成立了一个妇女部门，该部门在李桥娘*（Lie Kiao Tjo Nio）的领导下为其成员提供宗教教育。②

从这些活动中可见，中华伊斯兰党更多情况下，还是被视为一个宗教组织，而不是卡伦省长所说的政党。20世纪30年代末，随着棉兰总部的中华伊斯兰党将名称改为"Persatoean Islam Tionghoa"（简称为PIT），望加锡支部也将名称随之更改。③

（三）中华会（Chung Hwa Hui）

中华会的发展历程与中华伊斯兰党类似。1911年，来自荷属东印度的华人留学生在荷兰成立中华会。他们回到爪哇以后，还保持着联系，并建立了面向中国的中华俱乐部（Chung Hwa Club）。1927年，他们还在三宝垄举行了首次代表大会。印尼各地的华社对此反应各有不同，爪哇华人认为中华会（CHH）更倾向殖民政府，④关于望加锡华人社群对此的反应，并未发现相关的记录，也许是因为从荷兰返回望加锡的留学生人数不多，所以无法立即组织像爪哇那样的运动。

直到1933年，在望加锡兄弟会的史料中才发现了中华会的存在，该组织非常支持推动荷兰教育，兴建荷华私立学校。1933年7月，潘良义（Phoa Liong Gie，1903—1986）⑤特意从爪哇来到望加锡，为当地青年做讲座，同时建议在望加锡成立中华会分会，因为当时该组

---

① *Pemberita Makassar*, November 25, 1933; August 21, 1933.

② *Pemberita Makassar*, June 9, 1936.

③ *Pemberita Makassar*, June 25, 1941.

④ 详细信息可参考 Leo Suryadinata, *Peranakan Chinese Politics in Java 1917–42*, Singapore: ISEAS, 1976, pp. 42–74。

⑤ Leo Suryadinata, *Prominent Indonesian Chinese: Biographical Sketches*, Singapore: ISEAS, 1995, p. 131.

织已在哥伦打洛（Gorontalo）、万鸦老（Menado）、亚武兰（Amurang）等地成立分会，由此发展成为政治斗争的工具，由爪哇中华会提供资金支持。① 随后，望加锡兄弟会会长韩文正*（Han Boen Tjeng）在其众多成员的支持下，建立中华会分会，并成为会长。其身兼两会会长曾引起不少争执，并对中华会带来负面影响，这也是望加锡分会发展不太成功的原因。②

（四）印尼中华党（Partai Tionghoa Indonesia）

关于印尼中华党在望加锡设立支部的消息在当地报纸中没有太多报道。1932 年，林群贤（Liem Koen Hian，1896—1952 年，来自马辰）在泗水建立印尼中华党。与中华会不同，该党试图与印尼当地人亲近，并支持印尼独立。林群贤也曾对《新报》（Sin Po）报社团体和中华会提出批评，并致力于为印尼经济、政治和社会给予帮助，使每个公民能够获得平等的权利，在当时深受温和派民族主义者的支持。③

泗水的一家报社可能对望加锡中华党支部的成立进行了报道，因为报中曾有短文记录，1939 年，望加锡支部办公室位于庙街 126 号，一位常居泗水的华商兼记者邓忠海*（Teng Tjong Hae）也对此表示了祝贺。④

20 世纪上半叶，望加锡华人社群经历了许多深刻的变化，他们试图躲避殖民地政府的监督，成立各类社团组织，体现了当地华社与外界华社之间的联结。然而，令人惊讶的是，当地华人社群与祖籍国之间的关系在社会、政治层面得以强化，土生华人在这一过程中发挥了作用。

第三节　争取现代教育

如第二章所示，19 世纪末望加锡华人开始关注教育问题，从而建

---

① *Pemberita Makassar*, July 21, 1933.

② 摘自 *Pemberita Makassar*, August 1, 1933："此前，韩文恩担任兄弟会会长，因中华会一事，引起轩然大波；现在，对于韩文恩管理中华会一事，又引起纷争。可见，中华会在望加锡实属祸害。"

③ Leo Suryadinata, *Peranakan Chinese Politics in Java* 1917 – 1942, pp. 74 – 81.

④ *Sin Tit Po*, January 19, 1939.

立了使用马来语、望加锡语和中文的私立学校。此外，在同时期的爪哇，出现了实现先进华文教育和西式教育的渴望。本章将依次阐述华文普通学校、荷华学校的建立及第二次世界大战前华文、荷兰文教育的发展情况。

一 第一所华文学校的成立（1900年）

在望加锡，包括李氏家族在内的华人家族一直坚持文化的传承，为当地华文教育的复兴起到很大的作用。望加锡第一所先进的华文学校，名为中华学堂（Tiong Hoa Hak Tong, THHT），由永源（Eng Goan）公司董事长李连喜（1862—1929年）于1900年建立。[①] 李连喜系李安然（曾于1879—1888年担任甲必丹）的儿子。

当时，新加坡华人的改革派报刊《天南新报》（Thian Nan Shin Pao）在印尼各地的华人社群中努力传播先进思想。1898年，在邱菽园（Khoo Seok Wan）、林文庆（Lim Boen Keng）[②] 等数名知识分子的倡议下，该报于新加坡创刊。1899年12月18日，该报刊登了一则为望加锡孔庙学堂捐资的大商人名单；[③] 1900年2月21日，该报刊登了巴达维亚孔庙学堂捐资者名单；1900年9月5日，该报还刊登了学堂章程。[④] 有关望加锡孔庙学堂的捐资者名录副本如下：

[①] 根据梁元生收集的新加坡改革派报刊史料，详见梁元生《宣尼浮海到南州：儒家思想与早期新加坡华人社会史料汇编》，香港中文大学出版社1995年版，第130—131页。此外，也参考 Panacea, "Kakaloetannja onderwijs Tionghoa jang bisa diliat dari nasibnja Chung Hua Hsio Hsiao Makassar", Panorama, No. 167, March 30, 1930, pp. 1605–1607。

[②] Chen Mong Hock, The Early Chinese Newspapers of Singapore 1881–1912, Singapore: University of Malaya Press, 1967, p. 65. 进步派英文刊物《海峡华人杂志》（Straits Chinese Magazine）曾刊登《天南新报》的创刊公告，详细介绍其办报宗旨："我们欢迎一份崭新的华文日报在新加坡创刊，这份报刊旨在传达进步思想，阐述那些让欧洲国家摆脱经验主义和腐朽愚昧的方法。在政治上，它站在中国民族主义的立场上，是宣传爱国主义思想最合适的媒体。"

[③] 梁元生：《宣尼浮海到南州》，第130页。值得一提的是，据 Javaasche Courant, February 20, 1903 在 "Handelsdrukkerij en kantoorhandel Celebes" 印刷厂股东名单中，也发现了李连喜、李连全和梁英武的名字，该厂于1903年成立，专门印刷《望加锡报》。此外，《天南新报》1900年8月22日刊登的捐资补充名单中还包括：颜中秋，捐200弗罗林（florins）；梁应天*，捐200弗罗林；郑浚卿，捐50弗罗林；王角翁，捐50弗罗林。

[④] 梁元生：《宣尼浮海到南州》，第134、135—137页。

李连喜（Lie Liang Hie）：8000 荷兰盾；

　　陈福水（Chen Fushui）和陈福禄（Chen Fulu）来自泉盛号公司：5000 荷兰盾；

　　郭松树（Guo Songshu）：2000 荷兰盾；

　　梁布昭（Liang Buzhao）：1000 荷兰盾；

　　李连庆（Li Lianqing）：1000 荷兰盾；

　　李连全（Lie Leang Tjoan）：1000 荷兰盾。

　　该名录还强调了李连喜及其兄弟姐妹在支持教育改革方面发挥的巨大作用。此外，其他捐资者也都来自望加锡的精英家族，但相关史料未保存下来。正如本章末尾的家谱图所示，郭氏、陈氏家族与李氏家族有亲属关系。据史料记载，1896 年，李连喜、郭松树为表敬意，捐牌匾，悬挂于天母宫（Tian Mo Kiong）内。1908 年，郭松树入选中华商会理事。① 梁氏家族中的梁英武也出现在孔庙学堂的捐资名单中，但使用的是其辈名——梁布昭。② 汤氏家族的成员没有出现在捐资名单中，但曾捐资赞助新加坡的一所学校。据《天南新报》1902 年 3 月 20—21 日的记载，汤堃的名字曾出现在新加坡一处校所捐资名单的第一个。③

　　1900 年 8 月，望加锡孔庙学堂首次庆祝孔夫子诞辰（8 月 27 日）。④ 校舍分为两部分，位于中街（Middelstraat）的供男学生使用，位于庙街面向天母宫的供女学生使用。供男学生使用的校舍还放置了一个祭坛，作为祭拜孔子的场所，入口上方悬挂刻有"宣圣庙"的金色牌匾。在祭坛后方有一个书房，上方悬挂"孔庙学堂"的牌匾。据

---

① Wolfgang Franke et al. eds., *Chinese Epigraphic Materials in Indonesia*, Singapore: South Seas Society, Vol. 3, 1997, p. 259, Q1 1. 16.

② 据《梁氏族谱》，第 87 页。

③ 梁元生：《宣尼浮海到南州》，第 122 页，1893 年 3 月 30 日至 1908 年汤堃担任甲必丹，之后成为终身名义上的甲必丹。

④ 梁元生：《宣尼浮海到南州》，第 131—132 页。

史料记载,当时已有超过 200 名男学生[①]和数十名女同学在学堂读书,为男生配备的男老师——苏子长(So Chu Tiong)、卓云涵(Tok Hoen Han);为女生配备的女教员——苏德配,可能与苏子长有亲属关系。[②] 三位老师都来自福建。另外,据巴纳斯阿(Panacea)的记载,也曾有土生华人教师对学堂给予帮助。[③]

在孔子诞辰日庆典中,所有望加锡的大商人都到场庆贺。当时,苏子长发表了关于教育改革的演讲,指出如果不能守护历史,就不能进行改革(守旧亦因此为新;使果能守旧,则无旧而不新)。该演讲内容副本曾刊登在新加坡的《天南新报》上。[④]

女子校舍对外开放时,孔庙学堂也曾举行庆祝活动,[⑤] 体现了望加锡华人对女子教育的重视。当时,巴达维亚的中华学堂还仅能为华人女子提供马来语授课内容。[⑥]

闽南语授课使用了"新法"课程,但遗憾的是当时使用的教材无从获得,但可推测这类教材来自日本。[⑦] 此外,华人学堂的学生必须穿校服上学。

孔庙学堂的董事会成员由望加锡华人社群中的重要人物组成,如李振兴(Lie Tjien Hien,生于 1862 年 2 月 20 日),曾担任望加锡鸦片税收承包商,与李连喜、梁英武有亲属关系。[⑧]

尽管望加锡与巴达维亚两地的孔庙学堂于同一年建立,但两所学

---

① 1901 年 3 月 17 日,巴达维亚孔庙学堂开学,学生总数 35 人;第二年的第二学期,增至 59 人,随后学生人数不断增加。Cf. Lombard & Salmon, "Syair Tiong Hwa Hwe Kwan Batavia(1905)", in Claudine Salmon, *Sastra Indonesia Awal*, *Kontribusi Orang Tionghoa*, Jakarta: KPG, 2010, p. 311.

② 梁元生:《宜尼浮海到南州》,第 128 页。

③ Panacea, "Kakaloetannja onderwijs Tionghoa", p. 1605.

④ 梁元生:《宜尼浮海到南州》,第 132—133 页。

⑤ 梁元生:《宜尼浮海到南州》,第 131 页。

⑥ Claudine Lombard-Salmon, "Syair Thiong Hoa Hwe Kwan Batavia(1905)", p. 296.

⑦ Nio Joe Lan(梁友兰), *Riwayat 40 taon Tiong Hoa Hwe Koan Batavia*(《巴城中华会馆四十周年纪念刊》), Batavia, 1940, pp. 25, 202.

⑧ Panacea, "Kakaloetannja onderwijs Tionghoa", p. 1605; "Toean Lie Tjing Hing(February 20, 1862 – February 20, 1932) tjoekoep oesianja 70 tahoen(李振兴,1862 年 2 月 20 日—1932 年 2 月 20 日,已至古稀之年)", Berita Baroe, February 22, 1932. 但李氏家谱中并未找到甲必丹李安然(Lie Eng Djian)子嗣的任何信息。

校创始人之间是否有直接沟通，无从知晓。① 可以推测，双方建校的设想互相不构成关联，但都与新加坡的改革运动有关，如林文庆（Liem Boen Keng）和邱菽园（Khoo Seok Wan）领导的孔教复兴运动，或者与泗水地区出现的运动有关。据当时苏加武眉（Sukabumi）刚成立的马来语青年报《理报》(Li Po) 的记载，一封来自望加锡无名氏的信件内容曾写道，在望加锡华人李连贤*（Lie Lian Hian）的倡议下，当地已建成一所学校，并获得了总督批准（1901年6月18日第28号总督令）。② 1904年，该校被允许使用彩票筹集资金，并筹得25000荷兰盾，表明学校在资金上越来越独立，华人对其也十分满意。③ 巴达维亚的中华学堂也使用了此方式募集资金，④ 并于同年决定用普通话授课，印尼全境的中华学堂那时均已采用普通话授课，从而吸纳来自广府、客家、海南等不同地区的学生。

中华商会于1908年成立后，开始负责学校管理，理事会成员李振兴（Lie Tjien Hien），也是中华学堂的创始人。同时，李英辉*（Lie Eng Hoei）还成立了一个名为"新舞台"的音乐、戏剧组织，通过表演为中华学堂筹集资金。⑤ 此外，中华民国总统袁世凯还曾为该校颁发"英才接踵"的匾额，体现了该校高超的教育水平。⑥

虽然中华学堂（此后被称为"中华学校" Chung Hwa School）在为华人提供教育方面已取得很大成功，仍有一些华人更愿意将孩子送往荷兰学校就读，如1905年11月9日的一封信函所示，一位家长（其姓名无从知晓）正为其儿子申请减免学费，⑦ 而当地政府拒绝为

---

① Nio Joe Lan*（梁友兰）所著 Riwayat 40 taon Tiong Hoa Hwe Koan Batavia（《巴城中华会馆四十周年纪念刊》）一书中未提及望加锡的情况。

② Li Po, August 31 1901："在社会各界的善举之下，中华学堂正式成立，相关校规于1901年6月18日第28号总督令生效。"（感谢苏尔梦女士提供该史料）

③ Panacea, "Kakaloetannja onderwijs Tionghoa", pp. 1605 – 1607.

④ 1904年，中华会馆（Tiong Hwa Hwee Koan）在巴达维亚举办展销会，谢基祥*（Tjia Ki-siang）在相关的纪念诗歌（第22至55节）中提及，详见 Claudine Lombard-Salmon, "Syair Tiong Hwa Hwe Kwan Batavia（1905）", pp. 302 – 208.

⑤ Panacea, "Kakaloetannja onderwijs Tionghoa", pp. 1605 – 1607. 有关此协会详见下文。

⑥ 刘焕然：《荷属东印度概览》，新加坡1939年版，第5页。

⑦ 此信复件收藏于荷兰国家档案馆（档案名：Ministerie van Kolonien，档案编码：inv. nr. 418）

其提供援助，签字官员名叫克罗森（W. G. S. Kroesen）。这说明，对于华人而言，荷兰学校费用确实高昂。① 还有一点值得关注的是，写信人使用的是望加锡语文字，说明未入学的当地华人子女还继续使用望加锡语。② 从而可得出结论，在语言方面，望加锡华人与当地社群的融合度很高。此外，这封信还间接表明，华人社群对于学习一门外语是有需求的，这可以使他们将来进入更广阔的领域发展。

二 荷华学校的建立（1908年）

此前，荷兰殖民者很少为当地民众推行公共教育。对于中华学堂在其殖民地领域的成功办学以及培育起来的民族主义精神，他们感到惊讶。1903年，殖民政府计划为华人子女建立一所特殊的荷兰学校，聘请华人教师，但不教授中文。为此，在领会了教育部部长波特（J. G. Pott）有关建校重要性的报告精神后，根据1908年5月1日范·赫茨（J. B. van Heutsz）下达的总督令，该校首先公布了建校规定。③ 1908年7月1日，巴达维亚、三宝垄、泗水和望加锡分别成立了4所荷华学校（HCS）。据谢戈瓦尔茨（M. T. N. Govaars-Tjia）④ 书中的记载，四所学校在开办的前几年注册就读的学生数量如下表所示：

---

① "Het Europeesch lager onderwijs is veel te kostbaar, om het op eenigszins ruime school aan inlanders en met dezen gelijkgestelden te kunnen verstrekken", Algemeen Rijksarchief, Ministerie van Kolonien, p. 418.

② "Chineeche kinderen toch spreken buiten de school een Inlandshe taal (te Makasser op een enkele uitzondering na Makassarsch)". Ministerie van Kolonien, p. 418. 由于望加锡适龄华裔儿童一般会讲当地方言，林庆庸也致力于将中文小说翻译为望加锡语，供儿童们阅读；Gerrit Hamonic and Claudine Salmon, "La vie littéraire et artistique des Chinois de Makassar (1930 – 1950)", *Archipel*, Vol. 26, 1993, pp. 148 – 154; "Translations of Chinese Fiction into Makasarese", in Claudine Salmon ed., *Literary Migrations, Traditional Chinese Fiction in Asia (17 – 20th centuries)*, Beijing: International Culture Publishing Corporation, 1987, pp. 569 – 592.

③ Ming Tien Nio Govaars-Tjia, Hollands onderwijs in een koloniale samenleving. De Chinese ervaring in Indonesïe 1900 – 1942, Ph. D. Dissertation, Universiteit Leiden, 1999, p. 91

④ Ming Tien Nio Govaars-Tjia, *Hollands onderwijs in een koloniale samenleving*, p. 111.

表 3-1　　　　　　　1908 年荷华学校的学生数量

地区	男生	女生	总计
巴达维亚	190	28	218
三宝垄	175	28	203
泗水	164	47	211
望加锡	184	5	189
总计	713	108	821

从表 3-1 可知，四所学校接受的男学生数量较为相近，而女学生数量差距较为明显，如泗水荷华学校的女生数量远超望加锡。1909 年，在其他城市又建立了七所学校，其中一所位于万鸦老市。①

有关荷华学校，尤其是望加锡荷华学校的发展，史料记载较少，当地报纸也没有做太多的谈论。第一篇有关望加锡荷华学校情况的文章是由一位笔名为 A. D. 的记者于 1916 年发表，这篇短文中提到，越来越多的望加锡华人希望把孩子送到荷兰语学校读书。② 由此可见，荷华学校限制中华学堂发展的目标已部分实现。

史料上也记载了一小部分曾接受荷兰文教育的精英阶层的信息，如自 19 世纪下半叶定居望加锡的施氏家族成员。据天后庙一块 1896 年的喜捐碑文中记载，施福源（Sie Hok Goan）的五个儿子都成功地接受了荷兰文教育，其中一位叫施隆祥*（Sie Liong Siang，1892—1953），在望加锡读完小学后，被送到巴达维亚的荷兰学校（Hogere Burger School 或简称为 HBS）继续学习，1914 年前往荷兰，并于 1921 年完成了医学学业，并返回此望加锡开办诊所外，③ 其他四人日

---

① Ming Tien Nio Govaars-Tjia, Hollands onderwijs in een koloniale samenleving, p. 111.

② *Pemberita Makassar*, July 20, 1916 曾记载："十年前，望加锡华人并不重视荷兰语，老一辈华人大多学习华文，也一直惦念、深爱着中国，也更喜欢将孩子送到当地的华文学堂学习。然而，近几年，不少家长发现孩子喜欢学荷兰语，尤其当看到孩子能顺利从荷兰学校毕业，获得大学文凭时，他们貌似更喜欢让孩子上荷校。"*Pemberita Makassar* 1916 年 8 月 14 日刊登了一位名叫"L. Siaotjia"（L 小姐）的报道，也强调望加锡华人女子的中文水平没有万鸦老好。

③ *Pemberita Makassar*, July 20, 1921.

第三章 20世纪初望加锡华人社会的融合趋势 ◇◇ 159

后成了律师、教师，①其中蔡先生（S. B. Tjoa）和施隆英*（Sie Liong Ing）也都在荷兰学校完成学业。②此外，1938年，受过荷兰教育的华人女子与荷兰妇女共同创立了《鹅毛笔上的主妇交流/家庭主妇协会的通讯》（*Mededeelingen van de Veren van Huisvrouwen*）杂志。在该刊物委员当中有一华人陈德恒*（Tan Tek Heng）任财务之职，而其丈夫教授经济学培训课。

三 进一步发展

20世纪10年代起，南苏拉威西的教育事业获得发展。《望加锡报》（*Pemberita Makassar*）曾报道，1914年4月24日，在望加锡的峇吉米娜萨（Bajiminasa）县建立了一所公立女子学校，由于学费较高，几乎没有学生申请，校方决定将报名时间延长至1914年5月11日，并表示为贫穷儿童提供免费教育。③五个月后，应民众要求，政府没有关闭这所学校。④

报纸还曾报道了一所女子华校——中华女学堂（Tiong Hwa Lie Hak Tong）的成立，但并未提及该校的初创是否与中华学堂（THHT）理事们的提议有关。此外，校方还要邀请了两名来自福建厦门的教师，他们于1915年5月的第三周抵达望加锡。⑤两位老师由中国教育部选拔的，抵达望加锡后，还拜访了校理事会理事——甲必丹张忠

---

① *Pemberita Makassar*, July 7, 1921. 详见 *Pemberita Makassar* 1932年7月29日刊登的施氏家族简介（"Kaoem 'Lie' dan Kaoem 'Sie' di Makassar jang sempoerna"）。

② *Pemberita Makassar*, May 5, 1914. S. B. Tjoa, 此人非常特别，其姓名还曾出现在 *Pemberita Makassar* 1936年11月14日有关神秘组织（Chiu Chie Hui）运动成员名单的报道中，该组织常在妈祖宫（Matjho-kiong）集会；1941年，成为佛教徒，并在杂志《健美》（*Chien Mei*）上发表了一首荷兰文诗。据 Gerrit Hamonic and Claudine Salmon, "Dunia Sastra dan Seni Masyarakat Tionghoa Makassar...", p. 473.

③ *Pemberita Makassar*, May 4, 1914.

④ *Pemberita Makassar*, May 25, 1915.

⑤ *Pemberita Makassar*, May 22, 1915. 此外，1916年女学校（Lie Hak Hauw））在巴达维亚成立，建校初期仅有27名学生、3名教师。据 Ming Tien Nio Govaars-Tjia, *Hollands onderwijs in een koloniale samenleving*, p. 75.

杰*（Thio Tjoeng Kiat，出生于 1880 年，系张裕登*之子）①。两位老师来到望加锡的目的是教授华语、华文，使望加锡的华人社群与祖籍国的联结不致中断，并希望获得校理事会的支持。该校于 1915 年 6 月 1 日正式开学，②并一直开办至 1931 年，③但有关该校发展的其他信息已无从得知。④

1917 年，中华学堂获得了来自各类华社的支持。喜捐名录上排在第一位的是汤重界（1857—1918 年，1911 年 12 月至 1916 年担任甲必丹⑤）。在前往中国前的一场宴会上，他捐出 1000 荷兰盾，此举激励了在场其他人，几分钟之内募捐数额就达到 4650 荷兰盾。⑥三天后，汤龙飞也捐出了 1000 荷兰盾。最终，募捐总额达 12000 荷兰盾，超出了先前的预计。⑦这次募捐行为体现了许多华人即使希望将自己的孩子送往荷兰学校就读，但还是一直会对华校给予极大关注。此后也继续使用各种方式筹备资金捐款。

（一）望加锡华人发展荷兰式教育的努力

1916 年，上文提到的新闻记者 A. D.，也曾在报道中强调在望加锡建立新的荷华学校的必要性。考虑当时第一所荷华学校只有 8 个

---

① *Pemberita Makassar*, August 29, September 16 &18, 1916. 自 1916 年 8 月，张忠吉*（Thio Tjong Kiat）接任汤重界担任甲必丹，同年 9 月因伤寒病逝，享年 36 岁。

② *Pemberita Makassar*, May 22, 1915："Dari djaoeh kami dioetoes datang kemari perloenja akan mengajarkan peladjaran, bahasa dan hoeroef Tionghoa antara bangsa kami jang berasing djaoeh deri tanah leloehoernja, agar bangsa kami dapat kenal hoeroef dan bahasa itoe, seraja dengannja kasih marika selamanja tjinta akan tanah kakemojangnnia. Kami berharap, soepaja toean2 Bestuur sama2 bekerdja membantoe maksoed ini lebih deri pada jang telah kedjadian tadinja."（我们远道而来，是为同胞们传授知识和语言，使他们能够认识祖国的文字，提高他们的爱国意识。希望能够得到殖民政府支持）

③ *Pemberita Makassar*, October 14, 1931. 奇怪的是，据《荷属东印度概览》第二页，刘焕然 1938 年撰写的有关华校的报道中并未记载中华女学校，可能学堂未能维持太久。

④ "Politiek Overzicht mei 1927 Celebes en Onderhoorigheden", 1927, Arsip Nasional Republik Indonesia, Reel No. 1 MvO Serie 4. 曾举办一场纪念朱莉安娜女王的夜市活动，中华学堂在活动上曾为经济困难的学生筹措奖学金。

⑤ 汤重界之妻戴瑞畴娘（The Soei Tioe Nio），其家族在望加锡颇具背景，来自甲必丹、雷珍兰戴裕丰（The Giok Eang）家族。在汤氏宗祠中，奉祀了夫妻二人各自的神主牌位。感谢苏尔梦教授提供的相关史料。

⑥ *Pemberita Makassar*, March 26, 1917.

⑦ *Pemberita Makassar*, March 28, 1917.

班，每班 48 名学生，共 384 名学生，而望加锡华人数量约有 1 万人，他预计荷华学校的数量已不能满足当地需求，[①] 并认为建立第二所荷华学校不会存在资金上的困难，当地华人将提供援助，办校唯一需要的是政府为其提供教师。由此可见，望加锡华人对荷华教育的态度发生了一定变化。[②] 遗憾的是，有关该提议后续的落实情况，没有更多史料提供信息。

为满足华人就读荷兰语学校的需求，三年后，出现了一种中间性的解决方案。据《望加锡报》报道，1919 年 1 月 6 日，开办"荷华学校午后补习课程"（HCS Middag cursus），补习班将接收 35 名新生，家长们可以前往庙街路 54 号报名。[③]

据报纸记载，当时在望加锡已有 15 所荷兰学校、2 所荷华学校和 1 所荷印学校（HIS）。[④] 可见，有一部分华人非常重视荷兰式教育。1931 年，为了满足人们的需求，兄弟会最终建立了一所私立荷华学校（HCS partikelir），至此有关"荷华学校午后补习课程"的系列举措迎来顶峰。

兄弟会的校会主席杨基寿*（Jo Kie Soei），出席该校揭幕仪式。为了节省租赁费用，学校预科班的校舍位于沙海街（Zandzeestraat）62 号，兄弟会的办公楼内。第一年注册报名的学生人数达 65 人。若学生人数达到要求，则计划在同一个月开设小学一年级（Eerste klasse）。此外，兄弟会也建议参加过午后补习课程的学生来新学校继续学业。学校招收了男女教师各一人，均毕业于巴达维亚梅斯特·科内利斯（Meester Cornelis，干冬墟）荷华培训学校（Hollandsch Chineesche Kweekschool）。[⑤] 据杨文侨（Yang Wen Chiao；又名杨蛟潮，Yo Kao Tjio）1986 年口述资料，苏连捷*（Soh Lian Tjie）除了在望加

---

① 据 1916 年的官方数据，望加锡华人人口数约为 7000 人。(*Encyclopaedie van Nederlandsch-Indië* III, p. 645)。关于《望加锡报》记载的 10000 人，数据来源无从知晓，可能是便于向当地政府申请创办新的荷华学校（HCS）。

② *Pemberita Makassar*, July 20, 1916.

③ *Pemberita Makassar*, January 2, 1919.

④ *Pemberita Makassar*, July 18, 1922.

⑤ *Pemberita Makassar*, October 1, 1931.

锡接受荷兰教育，也曾在该校任教。

（二）共建华校的努力

尽管当时经济衰退，建设新学校并不容易，但1927—1928年期间，望加锡华人对于教育的需求基本得到满足。20年代末至30年代，随着华人人口，尤其是新移民数量的增加，华文学校的数量也随之提高，这种趋势一直维持至日据时期。其中，中华学堂（THHT）仍是学生数量最多的学校。1938年，中华学堂二年级在校生20人，一年级在校生500人。① 此外，该校还配备了漂亮的图书馆，藏书5000本。学校除依靠学费和赞助，还通过房租获得收入。这一点也在刘焕然1938年的相关研究中有所体现，② 此人曾走访了12所望加锡华校中的10所，为本书的相关研究提供了丰富信息。③

在1928年成立的3所华校中，有一所名为"中山学校"（Chung Shan School），是应国民党支部的倡议成立的华文学校。当时该校包括校长在内的教师共4人，一年级学生120人，配有一处图书馆，藏书500本。刘焕然曾在研究中明确提出，这所学校受到殖民政府的监督，无法获得较大程度的发展。教学活动在一家私人租屋中进行。第二所华校名为"正义学校"（Chen I School），由一名校长管理，教师5人，负责一年级和二年级的教学工作，一年级学生245人，二年级55人。教学活动也在一处私人租屋中进行，学校通过学费和捐款维持生计。第三所华校名为"培正学校"（Pei Cheng School），最初由来自泉州吴氏的锦霞堂（Kiem Ha Tong）负责经营，创校目的是为五十余名吴氏家族的孩子提供教育，师资也均来自吴氏家族。目前，已无法确认有关第一位前往中国继续学习的学生信息，但根据《潮声》报1928年4月11日的报道，当地商会派出3名男生和5名女生在其父母同意的情况下，自费前往厦门的集美（Chip Bee）大学求学。派出的学生包括欧曼忠*（Auw Men

---

① 据 Chau Sing 1928年6月2日的文字记载，中华学堂的在校生包括370名女生、320名男生，教师人数达20人，有一半是女教师。学生们除了学习中文，还会学荷兰语、英语和马来语，马来语由一名来自万鸦老的教师教授。

② 刘焕然：《荷属东印度概览》，第二编，第5—6页。

③ 下文大部分史料来自刘焕然《荷属东印度概览》，第二编，第6—10页。

第三章　20世纪初望加锡华人社会的融合趋势　　163

Tjong）的女儿欧微志*（Auw Gwie Tjie）和苏亚秋*（Su A Kioe）的女儿苏玲朱*（Su Ling Tjoet）。

1931年有2所华校建立，1936—1938年每年分别有1所华校建立。1931年，"光华学校"（Kuang Hwa School）在校长的倡议下建校，校舍在一出租屋内，共聘请了8名老师，学生有240人，分为六个班级，主要依靠学费和几笔大额捐款维持经营。同年，另一所华校——本立学校（Pen Lie School）由汤龙飞出资建成，还提供校舍。校长是一名女性，名叫严治云（Yan Zhiyun）。创校之初，仅有教师2人，1931—1935年共收录学生约200人。但此后，不知为何，学生人数降至80人，分为3个班。据了解，该校教师薪水也不太高。

分别于1936年和1937年成立的2所学校较为特殊，专门针对某个方言群的华人子女。1936年成立的"华民学校"（Hwa Min School），是福州社群组织的一部分，仅面向讲福州话的孩子，有教师2人，学生50余人。1937年，客家集和会馆（Hakka Jihe huiguan）成立"平民学校"（Peng Bing School），有教师3人，学生146人，该校免收学费，在当时是罕见的。

在这些华校就读的学生中，有一位后来获得突出成就，那就是富商——黄奕聪（Oei Ek Tjhong, Eka Tjipta Widjaja）。1923年，黄奕聪出生于福建泉州，曾就读于光华学校，直至日本占领时期，只读到二年级。在望加锡，他曾做过小生意，还拥有一家面包店。独立战争时期，他移居爪哇岛，并成功创办金光集团（Sinar Mas）。①

1938年，华人基督徒成立"锡安学校"（Sie Ang School），校址位于穆尔街（Muur Straat）46号。该校有教师3人，学生35人，分为两个班，校舍由教堂贡献。另外，还有两所学校没有留下更详细的记载，即中正学校（Chung Cheng School）和锡华学校（Sie Hwa School）。巴达维亚的中华学堂曾出版相关纪念册（由梁友兰* Nio Joe

---

① Leo Suryadinata ed., *Southeast Asian Personalities of Chinese Origin: A Bibliographical Dictionary*, Foreword by Wang Gungwu, Singapore: Chinese Heritage Centre & ISEAS, Vol. 1, 2012, pp. 1266 – 1268.

Lan 制作），但在望加锡没有找到类似史料。①

1938 年，就读于华文学校的学生人数增至 1601 人（有关男女生的数量，没有明确史料记载），仅有 75 人在 2 所华文中学继续学业。当时，望加锡华人总人口约 12000 人。所有教科书都从中国进口，由上海商务印书馆（Shanghai Commercial Press）分支机构销售，还有一家专门销售杂志和文学作品的书店，名叫"丽真书店"。

综上所述，除了意识形态、政治、语言等问题，望加锡华人还高度关注子女的教育。因此，根据已获得的数据可以解释，当时华文学校与荷兰学校数量持平的原因。

第四节　华人在新闻媒体中的参与

与爪哇相比，有关望加锡新闻媒介的研究较少，② 尤其是对华人创办的马来语、华语报刊的关注度较少，主要是由于公共图书馆保存的报刊较少，就连望加锡本地图书馆也没有旧版报纸的馆藏，位于雅加达的印尼国家图书馆虽然有收藏，但也并不齐全，加大研究难度。③ 在望加锡保留的最老版本的报纸是 1882 年的几版《太阳报》（*Mata Hari*），文字已很难辨别。但从这些史料中，可以较为清晰地了解 20 世纪初望加锡华人办报历史。荷印时期，在荷兰政府的严格监督下，许多华文报纸没有被保存下来，只能依赖早期的荷兰文、马来文报刊，相关

---

① 有关"Grey literature"可参考：Myra Sidharta, "Collecting 'Grey Literature' from Indonesia", in Tan Chee Beng, Colin Storey, Julia Zimmerman, eds., *Chinese Overseas, Migration, Research and Documentation*, Hongkong: Chinese University Press, 2007, pp. 85 – 101.

② 目前有关该领域的研究仅有以下三篇文献：G. Termorshuizen, "De oudste krant van Celebes: het Makassaarsch Handels-en Advertentieblad", in Harry A. Poezen and Pim Schoorl, eds., *Excursies in Celebes, Een bundel bijdragen bij het afscheid van Jacobus Noorduyn als directeur-secretaris van het KITLV*, VKI 147, Leiden: KITLV Uitgeverij, 1991, pp. 96 – 113; Ahmat Adam, *The vernacular press and the emergence of modern Indonesia consciousness* (1855 – 1913), Ithaca, New York: SEAP, 1995; G. Termorshuizen and A. Scholte, *Journalisten en heethoofden, Een geschiedenis van de Indisch-Nederlandse dagbladpers 1744 – 1905*. Amsterdam, Leiden: KITLV, Nigh & van Ditmar, 2001.

③ Yerry Wirawan, "Pers Tionghoa Makassar Sebelum Perang Dunia kedua" in *Archipel*, Vol. 82, Paris, 2011, pp. 49 – 82.

著作如《马来华人报刊概览》(*Overzicht van de Maleisch-Chineesche en Chineesche Pers*)以及有关海外华人媒体研究的相关成果，进行研究。

本节将从华人早期参与荷兰人报刊，随后自主创办马来语、华语报刊入手，讨论望加锡华人办报的历程，还将介绍报刊界的杰出华人记者、编辑，以及探讨报刊内容与社会的关系。

一 兴办的各类报刊

（一）商界精英出版的《望加锡报》(*Pemberita Makassar*)

虽然有关《望加锡报》的编辑、审核权掌握在荷兰人手中，但该报的创办离不开许多华人富商的参与。[①] 1903年，西里伯斯商业印刷和贸易公司（Handelsdrukkerij en Kantoorhandel Celebes）创办《望加锡报》。《爪哇报》(*Javasche Courant*)曾刊登该公司的股东名单。[②] 23位股东中，有4位荷兰人、1位望加锡原住民，1位安汶人以及17位望加锡华人。股票共有81支，每支股票价值为300荷兰盾。华人持有38股，总价值达11400荷兰盾；荷兰人持有37股，总价达11000荷兰盾；而当地人仅持有6股，总价1500荷兰盾。因此，可以看到精英华商持股数最大，同时他们也在当地第一所现代学校的建设中发挥重要作用。这些精英华商都来自当时的精英家族，如梁氏家族：梁英武，在上述公司持3股，梁秀锦*（Nio Sioe King）持2股，梁应憙（Nio Eng Hie）及梁应［麟］（Nio Eng Lian）持3股；李氏家族：李连全（Lie Leang Tjoan（g））持2股，李连喜（Lie Leang Hie）持3股，李振兴（Lie Tjien Hien）持2股；汤氏家族：汤祥珩（Thoeng Siang Hong）持2股。

《望加锡报》的编辑部由来自不同民族的人组成（如同19世纪的爪哇，20世纪此现象较罕见）。艾哈迈德·亚当（Ahmad Adam）曾指出，1904年《望加锡报》的主编名叫拉苏特（B. W. Lasoet）[③]，社

---

① 印尼国家档案馆收录了1914—1941年的相关史料。

② *Javasche Courant*, Extra Bijvoegsel, February 20, 1903, No. 15.

③ Ahmat Adam, *The Vernacular Press and The Emergence of Modern Indonesia Consciousness* (1855–1913), New York Ithaca: SEAP, 1995, p. 155. 阿姆斯特丹国际社会历史研究所（IISG）馆藏史料涉及1904年的《望加锡报》刊物的仅有5月17日、7月12日两版，7月12日版中出现了B. W. Lasoet的名字。

长 W. C. van Wijk①（范·维克）。1930 年代，望加锡著名记者穆罕默德·阿里·塔斯里夫（Mohammad Alie Tasrief）也提到，早期《望加锡报》还聘请华人编辑，包括卓霞*（Toh Ha）、卓全庆*（Toh Tjoan Kheng）及欧传良*（Auw Toang Leang），②后来由于报社面临的压力，这些人离开并进入《日光报》（Sinar Matahari）工作。1904 年，《日光报》首次出版，由 Brouwer & Co 负责印刷，目前仅存的版本包括 1918、1920、1921 年的部分刊号，③该报主编是安汶（Ambon）人希贾胡贝西（Hitjahubessi）。该报后来也成为《望加锡报》④的竞争对手，在有关 1907 年的刊物记载中可见一斑。⑤

1914 年，《望加锡报》除了收录华人记者撰写的文章（通常涉及投诉、讣告、贺词等日常事务）外，还刊登读者来稿，其中包括社团成员发布的公告、商人寄送的广告，还有从偏远地方寄来的稿件。1914 年 1 月 2 日，中华少年会在《望加锡报》刊登其新任主席为张俊杰（Thio Tjoeng Kiat）；18 日，一位化名"无正理"（Bo Tjeng Lie）的望加锡华人，在报上抱怨中华学堂学费太贵；⑥ 20 日，地区长官（wijk-meester）杨基寿*（Jo Kie Soei）在报上，对参加其弟杨基圣*（Joe Kie Sang）婚礼的人们表示感谢；⑦ 2 月 14 日，报中刊载了张炳庆*（Thio

---

① *Pemberita Makassar*, July 12, 1904.

② Mohammad Alie Tasrief, "Pertimbangan Bahasa Pengantar"; *Pemberita Makassar*, September 13, 1932.

③ *Katalogus Surat-kabar. Koleksi perpustakaan Museum Pusat* 1810 – 1973, Jakarta: Museum Pusat, 1973（stencilled）, p. 98.

④ Ahmat Adam, *The Vernacular Press and The Emergence of Modern Indonesia Consciousness*（1855 – 1913）, p. 155.

⑤ *Pemberita Makassar*, April 8, 1907. 第 15 页刊登了一篇笔名"红葱头"（Bawang Merah）的文章，题目为"致《日光报》报的" X"（"Kepada X Dalam S. Ch. "Sina Matahoei"），作者用"Sina"称呼竞争对手，这里的"Sina"可能指"Cina"（中国或中国人）；"X"则把"*Pemberita Makassar*（《望加锡报》）称为"Pemberita Kasar（粗俗的报刊）"。此外，第 15 页还刊登了三则广东工匠的广告，即裁缝（Kwong Hai）、家具厂（Kong Hoo Seng & Co）和家具工孔翁发*（Kong Weng Fat）。本书涉及的《望加锡报》1904 年、1907 年史料，均来自阿姆斯特丹国际社会历史研究所（Internationaal Instituut voor Sociale Geschiedenis）图书馆。

⑥ *Pemberita Makassar*, January 18, 1914.

⑦ *Pemberita Makassar*, January 20, 1914.

第三章 20世纪初望加锡华人社会的融合趋势　167

Peng King）母亲的讣告。① 1917年2月，刊载了西里伯斯商业印刷和贸易公司（Handelsdrukkerij en kantoorhandel Celebes）股东梁英武，为庆祝自己荣升甲必丹，将举行欢庆会的消息，并邀请《望加锡时报》（Makassaarsche Courant）记者赴宴，但没有邀请《望加锡报》的记者。因此，这篇报道是《望加锡报》引用了《望加锡时报》的文章。② 此外，《望加锡报》还曾刊载了一则这样的消息，西苏门答腊巴东的张德源*（Thio Tek Goan）企业为在该报刊登广告，特地寄来一瓶5克装的"草药精油"（minjak djamoe），编辑虽刊载广告，但也说明由于尚未试用此产品，无法判断其药效。③ 可见，华人之间经常发生冲突。

（二）华社自办报纸

孔斯全*（Kong S. Tjoan）在《望加锡报》（Pemberita Makassar）的一篇文章曾指出，1914年7月前，望加锡已有华人报纸——《中华报》（Tionghoa Poo），但没有提到该报是马来文还是华文。④ 冯爱群（Feng Aiqun）在其有关海外华文报的研究中，也没有提到过此报纸。⑤ 如果不考虑《中华报》，20世纪20年代初，马来文、华文报纸才在望加锡出现。马来文报主要由社团出版，华文报的出现则与中国的政治活动有关。

1.《印度支那报》（Indo China）——一次并不成功的办报尝试

第一次世界大战结束不久，华人社团尝试建立并出版属于自己的报纸。1922年，望加锡著名记者黄隆昌*（Oei Liong Tjiang）出版

---

① *Pemberita Makassar*, February 14, 1914.

② *Pemberita Makassar*, February 8, 1914.《望加锡时报》（*Makaassarsche Courant*）也由西里伯斯（Celebes）负责出版。

③ *Pemberita Makassar*, June 14, 1915.

④ *Pemberita Makassar*, July 9, 1914. 在这篇文章中，孔斯全*（Kong S. Tjoan）批评了其他化名为孔（Kong）的作家，因为"孔"代表了他的家族，"我们完全认可写作对华人发挥的积极作用，但不应该掠夺别人的思想成果。使用我们孔家的姓氏进行写作，是十分不恰当的。'孔'代表我们家族子孙，并且我们的家族成员常使用'孔'在《中华报》（*Tionghoa Poo*）上发表见解"。

⑤ 冯爱群：《华侨报业史》，《学生书局》1976年第2期。文章记载了7家历史最悠久的华文报刊，有3家在泗水（创刊年份分别是1903年、1908年），1家在棉兰（1904年），1家在日厘（Deli, 1908）以及1家在巴达维亚（1910年）。感谢苏尔梦女士的文献支持。

《印度支那报》（*Indo China*），① 在阿波罗印刷厂（Drukkerij Apolo）印刷。"印度支那"这个名字最早于1922年4月出现在《望加锡报》上，"……7月21日，新创刊的报纸已经从巴达维亚寄来……"（... pers dan letter baroe jang telah dikirim pada tanggal 21 Juli dari Batavia kemari...）。这篇报道还提到，希望《印度支那报》能够于1922年8月出版，报刊编辑部和印刷公司已经从庙街搬到市场街万宏隆*（Ban Hong Liong）故居（万宏隆*是当时望加锡的一位著名商人）。②此外，黄隆昌*办报时还接受了一位基督徒的帮助，③ 由此可见，该报仍缺人手。《望加锡报》还号召华人阅读该报，并为该报提供资助。④

当时，望加锡华人曾经营一家名叫南侨（Lam Kiauw 或 Nan Qiao）的印刷厂，位于马吉尼亚约维格街。该厂被别人收购后重新命名为"Drukkerij The Peng Joe"（郑炳裕印刷公司）。⑤ 但是，该厂对黄隆昌的报社帮助并不大。1922年9月，《望加锡报》的文章曾提到《印度支那报》（*Indo China*）面临无人资助的问题。⑥ 最终，该报由爪哇一家名为"泗水商务印书馆"（The Soerabaja Commercial Press Company Limited）的印刷厂以低价印刷。⑦

《印度支那报》最初每周出版三期，后来变成了日报，但没持续多久。1923年，报纸停办，编辑因侮辱地区长官施福政*（Sie Hok Tjeng）被判入狱三个月。⑧ 此后，该报停刊，报纸没有被保存下来。

---

① *Pemberita Makassar*, July 31, 1916. 笔名"Kawan Pers"记者称，黄隆昌*已有3年未在报刊上发文，当得知黄隆昌*环游印尼的消息，他也希望其再次提笔，将旅游见闻记录并发表在报刊上。

② 从前文已得知，万宏隆专门从事自行车销售行业。

③ 原文使用"Sarania"，是基督徒的称号。

④ *Pemberita Makassar*, July 24, 1922. 上文提及在《印度支那报》（*Indo China*）报发行前，已存在的两份华文报纸，但根据《望加锡报》的记载，这两份华文报纸仅报道华人社会内的争执，因此于华社发展无益。（*Pemberita Makassar*, September 26, 1922）

⑤ 据 *Pemberita Makassar*, October 31 and November 1, 1922. 郑炳裕*（The Peng Joe）、张香芳*（Thio Hoeng Hang）刊登的广告。

⑥ *Pemberita Makassar*, September 8, 26 and October 17, 1922.

⑦ *Pemberita Makassar*, September 8 and 26, 1922.

⑧ *Pemberita Makassar*, February 20, 1923. 一位化名为"竹筷"（Soempit Bamboe）的作者提到，黄隆昌*为人高傲（*Sin Bin*, September 9, 1925）。

令人疑惑的是,《望加锡报》呼吁华人对该报予以支持,为什么华人仍会反对黄隆昌?1925年9月9日,《新民报》(*Sin Bin*)的文章曾提到,《印度支那报》没有受到社会的欢迎,但没有说明其理由。而根据《新闻报》(*Berita Baroe*)的报道,黄隆昌在1933年6月还尝试创办一个名为《明光》(*Ming Goan*)的报刊,但并未说明该报是否成功创刊。①

此后,望加锡的华文报纸均由国民党或当地组织出版。

2. 国民党创办的华文报

20世纪20年代初,国民党在望加锡开始出版属于自己的报纸。据华人事务办公室(Kantoor voor Chineesche zaken)出版的《新闻媒体概论》(*Pers Overzicht*)记载,1923年1月30日,《国民报》(*Kok Bin Po* 或 *Koran Bangsa*)明确表示是属于国民党的报刊。但有关该报的发行时期,已无从知晓,1925年,国民党又出版《锡江商报》(*Sek Kang Siang Po*),又名《望加锡商报》(*Berita Dagang dari Makassar*)②。1927年5月,《锡江商报》曾报道,对于500名新客华人被遣返回中国的传闻,当地新客华人忧心忡忡。③ 1927年7月,"锡江商报"的名字还出现在荷兰殖民者政府的相关报告里。后来,《锡江商报》更名为《锡江日报》,一直出版至1942年,社长是黎觉公(又名黎友民* Lay Joe Min)。④

1927年上半年,因为黎觉公的影响,国民党在望加锡非常活跃。⑤ 这位新客华人是个民族主义者,假扮成苦力来到望加锡。1927

---

① *Berita Baroe*, June 3, 1933.

② *Sek Kang Siang Po*, October 17, 1925.

③ *Politiek overzicht Celebes en onderhoorigheden*, April 1927, No.1, MvO serie 4, ANRI. 实际上,该传闻是误读,当时政府只想检查新客华人的相关证件。Brakel向国民党解释这场误会。

④ 详见以下文献:①《华侨华人百科全书(新闻出版卷)》,中华书局1999年版,第378页;②*Politiek Overzicht Celebes en Onderhoorigheden*, July, 1927.

⑤ 此前国民党支部遍布于新港(Sengkang)、瓦坦波尼(Watampone)、Balangnipa(峇南哖吧)、布卢昆巴(Bulukumba),以及榜大英(Bantaeng)地区。马英垤(Majene)支部是由一位望加锡国民员——江平山*(Ciang Pin San)于1928年成立。详见 *Politiek overzicht Celebes en onderhoorigheden*, 1927, 1928。可推测,国民党支部在望加锡的设立,有利于苏拉威西地区中文地名书写的确立和巩固。

年7月，他返回南京和广东等地参加华侨大会，① 期间，国民党在望加锡的活动也随之减少。同年，国民党还创办了《民声报》（Min Sun Pao）②，但现在已找不到原版报刊了。

1928年，《民声报》的社长是来自南京的张子畴。他在1921年已居住于望加锡，其妻是望加锡华人，因公益活动而名声大振，③ 也是社团联合会（Shia Thoan Lian Hap Hwee）的成员之一。④ 他还经营了一家印刷厂，印刷中文宣传册，并聘请了精通马来语、华语的汤忠山＊（Thoeng Tiong San）来协助工作。⑤

1930年，荷兰政府对国民党出版的报刊进行严格的监管。根据华人事务办公室（Kantoor voor Chineesche Zaken）1930年6月26日的报道，《民声报》本来聘请的主编是来自南京方面的国民党成员廖佩琪＊（Liao Pei Chih），但在荷兰政府的影响下，改为陈光烈＊（Tan Koang Liat）。⑥

1931年年底，当局认为，报纸涉及敏感内容，张子畴及家人被强行遣返回中国。⑦ 但随后，记者李关君（Li Guanjun）仍继续印制《民声报》。"李关君"这个名字曾于1931年出现在广东华群收藏的碑刻中。《望加锡报》1932年6月曾报道，《民声报》是望加锡因经济原因停刊的唯一中文报刊。⑧ 但随后，《民声报》再次复刊，陈光

---

① 为顺利回国参会，黎觉公（Lay Yoe Min）暂时离任望加锡地方首长助理一职。详见 *Politiek Overzicht Celebes en Onderhoorigheden*，July 1927。

② Hamonic & Salmon, "La vie littéraire et artistique...", p. 167, footnote No. 22.

③ *Pewarta Makassar*, December 5, 1931.

④ 据1928年5月1日荷兰政府报告，社团联合会办事处位于穆尔街（Muurstraat），为迎接"五一"劳动节，举办会议。参会人数达400人，14人上台演讲，其中有3名是女性。演讲内容涉及工人运动，并将本地情况与美国、欧洲及亚洲的情况进行对比，呼吁工人阶级组成联盟，争取每天工作8小时的权利。可见，社团联合会属于左派。（*Politiek Overzicht Celebes en Onderhoorigheden*，1928）

⑤ *Chau Sing*, May 26, 1928. 此印刷厂也负责印刷社团联合会的刊物（*Chau Sing*, June 2, 1928）。

⑥ *Overzicht van de Maleisch-Chineesche en Chineesche Pers*, July 7, 1930, p. 11; August 18, 1930, p. 9.

⑦ *Pewarta Makassar*, December 5, 1931.

⑧ *Pemberita Makassar*, June 7, 1932.

烈*任主编，朱奕端*（Choe Jik Toen）任社长。①

1936年，多篇报道曾提及《民声报》涉嫌媒体侮辱行为。② 1937年1月，村长杨基圣*投诉，《民声报》被法院没收，从此停刊，18名报社职员因此失业。③ 1937年3月，《民声报》再次恢复出版，主编汤忠山、社长刘佐伟*（Lao Jok Koen，此人在庙街还经营饭店）④，但最终也失败了。⑤

3. 兄弟会创办的马来语报纸

20世纪20年代，土生华人社群积极开展社团活动，兄弟会就是表现较为活跃的社团之一，该社团创办了四份报纸，其中一份是马来语报纸，这在印尼全境的其他地方十分罕见。

（1）《潮声》（*Chau Sing*）

1925年7月15日，兄弟会出版《潮声》，最初为月报，随着读者数量的增加，改为周报，随后又改为每周两版，甚至据说为了改为日报，专门用公用经费设立有限公司。⑥ 最初，报社的主编李怀祖*（Lie Hway Tjo），社长颜团亮*（Gann Thoan Leng 或 TL Gann）。1925年，在黄宏美*（Oei Hong Bie）的领导下，《潮声》由中华印刷厂（Tiong Hwa Drukkerij）印刷，但自1928年6月23日起，相关的史料记载了另一家人民印刷厂（Volks Drukkerij），该厂厂主为土生华人穆斯林，名叫峇峇穆罕默德·卡西姆（Baba Moeh. Chasim）。报社位于

---

① *Pemberita Makassar*，July 2，1932. 据《新报》1934年3月24日的报道，《民声报》主编曾因刊物内容被告上法庭。

② *Pemberita Makassar*，June 8 and 25，1936. 李耀忠*（Lie Yauw Tjong）在《民声报》上发表多篇文章，辱骂黄越辉*（Oei Yat Hoei），后被告上法院。1936年6月22日的相关报道显示，警方已调查《民声报》主编汤忠山*，此人常发表有关福建泉州政治情况的文章。

③ *Berita Baroe*，January 22，1937.

④ *Pemberita Makassar*，March 31，1937. 此外，据1937年3月27日的报道，Lao Jok Koen已在望加锡从事中医治疗20年，颇有名气。

⑤ 《华侨华人百科全书（媒体与传播卷）》，中华书局1999年版，第239页。《民声报》维持到1936年（在此感谢苏尔梦女士为本书提供相关的宝贵信息）。据 *Berita Baroe*，April 17，1937 报道，在1937年《民声报》尝试再次恢复出版，但不成功。

⑥ *Chau Sing*，May 18，1929.

大街（Grootestraat）72号。① 目前，印尼国家图书馆只收藏了该报1928年、1929年的版次。该报的销售已形成了一定的网络，并接受来自苏拉威西岛、爪哇岛、马都拉、涧仔低及新加坡等各地的广告。② 有趣的是，新加坡华人拥有自己的出版社（The Indonesian Company Singapore 或印新公司），却也将广告刊登在该报上。③《潮声》何时停刊，已无从知晓，但根据史料记载，大约在1932年，《潮声》曾因经济原因，停刊数次。

（2）《少年之声》(Soeara Siauw Lian)

除了《潮声》，兄弟会还创办了《少年之声》，并于1928年更名为《响亮》(Njaring)。如报名所示，该报主要面向青年群体。可惜的是，《少年之声》并没有被保存下来，只能通过更名后的《响亮》报得出一些信息。第一，原版《少年之声》可能于1927年或1928出版发行；第二，《响亮》第一版有一篇黄松吉④撰写的文章提到，《少年之声》创刊后，经费十分有限，甚至员工也领不到薪水。《少年之声》后来得到华人的支持，并从江豪印刷厂（Drukkerij Kiang Ho）⑤老板郑炳裕*（The Peng Joe）获得600荷兰盾的贷款，社长邓忠海*与郑炳佐达成口头协议，双方同意《少年之声》通过报纸盈利还贷。但后来由于郑炳裕突然索要贷款，《少年之声》停刊。⑥

随后，该报更名为《响亮》，每周两版，并于1928年1月2日首次出版发行。报社由位于市场街的人民印刷厂（Volks Drukkerij）印刷的，社长邓忠海*、黄松吉，⑦员工不仅有华人，也有当地人。⑧

---

① *Chau Sing*, April 28, 1928; *Sin Bin*, September 9, 1925; Gerrit Hamonic and Claudine Salmon, "Dunia Sastra dan Seni Masyarakat Tionghoa Makassar (1930 – 1950)", pp. 472 – 473, footnote no. 21.

② *Chau Sing*, March 3, 1928.

③ 同上。

④ 有关此人信息详见下文。

⑤ *Pemberita Makassar*, January 20, 1933. 该印刷厂位于市场街，后改名为"民声印刷厂"（Min Seng Drukkerij）。

⑥ Huang Sung Chie, "Mandeknja Soeara Siauw Lian"; *Njaring*, January 2, 1928.

⑦ Yang Wen Chiao, "Huang Sung Chie", *Java Critic*, No. 12, September 1949, p. 22. "Yang Wen Chiao"是杨蛟潮（Yo Kao Tjiao）的笔名。

⑧ *Njaring*, January 2, 1928.

《响亮》只经营一年，后因涉嫌违反报刊相关规定，被迫关停。①

(3)《锡声》(Pewarta Makassar)

《锡声》报社位于博尼街(Boni Straat)，由兄弟会成员谢存定*(Tjia Tjun Teng)创立，由黄宏美*（在1925年印刷了《潮声》）开办的中华印刷厂(Tionghoa Drukkerij)负责印刷。1931年10月31日，该报首次出版，每周六一版，共四页，内容大多与兄弟会的活动有关，创办初期曾获得华人社群的大力支持。1932年1月，报纸曾停版三周，2月5日复版，但随后不再定期出版发行。印尼国家图书馆藏有《锡声》1932年2月16的原版。

(4)《新华报》(Sin Hwa Po)

1933年11月，兄弟会秘书、《潮声》前任编辑杨祥知*(Jo Siong Tie)建立印刷厂(Boekhandel & Drukkerij Modern)②，位于市场街83号，后来该印刷厂负责出版《新华报》(Koran Tiongkok Baru)。1933年12月1日，《新华报》首次出版发行，但实际的发行时间可能是1934年。印尼国家图书馆收藏了《新华报》1934年4月28日至5月28日的原版报纸。根据《新闻报》(Berita Baroe)的记载，《新华报》只经营了几年，1934年6月5日是该报的最后一期。③

《锡声》《新华报》之后，望加锡土生华人再没有出版中文报纸，除了上述提及的华报，1930年代还有其他华人出版的报纸，但由于原版报纸没有得到妥善保管，对其他报刊的信息了解较少，以下列举部分信息。一是《喜爱》(Favoriet)，社长黄松吉，内容主要涉及社会文化，经营时间在1928—1929年；二是《兄弟会访谈》(Warta Shiong Tih Hui)，社长汤清喜*(Thoeng Tjheng Hie)，经营时间一直持续至1936年；三是《媒体》(Wasilah)，是印尼中华伊斯兰党于1936年9月出版的报纸，但没有一个能延续至今。

---

① *Chau Sing*, March 28, 1928.

② 译者注：Boekhandel & Drukkerij Modern 既是印刷厂又是书店。

③ *Berita Baroe*, November 20&22, 1933. 详见 *Katalogus Surat-Kabar—Koleksi Perpustakaan Museum Pusat 1810 – 1973*, p. 104; Gerrit Hamonic and Claudine Salmon, "Dunia Sastra dan Seni Masyarakat Tionghoa Makassar (1930 – 1950)", p. 472, footnote no. 21; *Berita Baroe*, June 6, 1934.

以下章节将先讨论望加锡新闻媒体的发展历程，随后讨论媒体与社会的关系，以及与爪哇华人相比，望加锡华人对华报的支持热情没有那么高涨的原因。

二　记者与编辑

第二次世界大战前，望加锡新闻媒体的发展离不开华人中产阶级青年的贡献。他们拥有语言天赋，能讲望加锡语、马来语、荷兰语等多种语言。那些接受了华语教育的青年，在华文报社工作，同样能够熟练运用马来语。除了拥有语言优势，他们还了解日常生活的方方面面。对编辑、印刷厂方面来说，他们在新闻媒体扮演着重要角色。由于搜集的史料有限，以下将介绍几位杰出华人记者、编辑的生平。

（一）早期的记者

与爪哇岛情况类似，在望加锡，许多长期向报社投稿的读者成为报社的第一批记者，例如孔斯全*，曾向《望加锡报》（*Pemberita Makassar*）、《中华报》（*Sin Hwa Po*）投稿；① 还有黄隆昌*，自1916年就一直向《望加锡报》投稿，1922年，创办《印度支那报》（*Indo China*），但并没有获得巨大成功，表明当时在望加锡办报的难度较大。

还有一些记者因经济、健康问题放弃了记者的职业，如李怀租*（Lie Hway Tjo）、杨祥知*。据悉，杨祥知*曾在市场街33号开过印刷厂（Boekhandel & Drukkerij Modern），该厂曾负责印刷《新华报》。② 此外，全心投入报业工作的杰出编辑包括：黄松吉、李慕青（Lie Mo Cheng）、邓忠海*、黄宏美*以及杨文侨，可见，此时期出现了不少女记者。

1. 信守诺言——黄松吉（Oei Siong Kiat）

黄松吉（笔名 Memo，Baba Maliang，Maliang），生于1903年，因交通事故于1949年逝世，曾接受荷兰文教育，并在摩鹿加群岛货运公司（Molukken Veem, N.V.）工作，从而获得近距离观察殖民世界

---

① 见172页第④号脚注。
② *Berita Baroe*, November 20, 1933.

的机会。① 1925 年，22 岁的黄松吉曾在巴达维亚的《贸易报》(*Perniagaan*)及《新报》(*Sin Po*)两家报社担任记者。同年，还曾在杨祥知*领导的《潮声》报社工作，并和朋友决定创办《少年之声》(*Soeara Siauw Lian*)。1927 年，他与邓忠海*为已更名为《响亮》(*Njaring*)的报纸担任编辑，并在《喜爱》(*Favoriet*)、《同胞》(*Tong Pao*)及万鸦老的一家由谢宗登*(Tjia Tjoeng Teng)② 任社长的报刊上发表文章。1928 年，杨祥知*生病休养，《潮声》的主编工作就交给了黄松吉负责。1929 年，黄松吉在《望加锡报》担任编辑，1932—1942 年升任主编。③

黄松吉撰写的文章常触及当地社会问题，立场坚定，反对向有钱人靠拢的中华会。④ 虽然，在 1935 年，黄松吉曾在《望加锡报》多次刊登林群贤(Liem Koen Hian, 1896—1952)的文章，但对于林群贤在泗水创办的印尼中华会，他不是很感兴趣。1935 年，他发表文章《华人入乡随俗》(*Tjina tinggal Tjina*)提到，华人不应该只满足于在法律地位上获得平等权利，也要追求真正被印尼本地人认可的目标，因为他们还不太能接受将土生华人视为本民族的一部分。因此，华人必须在维护其身份的同时，与当地人合作，建设国家。⑤

由于黄松吉使用的笔名繁多，很难从其文章中提炼其观点、主张。1930 年，他的笔名也曾多次使用其中文名的缩略 HSC，或直接以 H 代替。

2. 重视社会公益——洪万昌(Ang Ban Tjiong)

洪万昌*，记者、诗人，1910 年出生，1938 年逝世，家中排行老二，曾在荷华学校就读，精通荷兰语。毕业后，在《喜爱》(*Favori-*

---

① *Pemberita Makassar*, August 15, 1936.

② 例如，黄松吉于 1927 年 11 月 25 日发表文章《民众与华人运动》(Publiek dan Pergerakan Tionghoa)。

③ Yang Wen Tjiao, "Huang Sung Chieh", *Java Critic*, No. 12, September 1949, pp. 22 - 23; Yang Wen Chiao, "In Memoriam", in *Buku Peringatan PERTIP* 1946 - 1953, pp. 64 - 65.

④ Cf. Huang Sung Chie, "Lagi soal Shiong Tih Hui dan Chung Hwa Hui", *Pemberita Makassar*, December 28, 1933.

⑤ *Pemberita Makassar*, July 4, 1935.

图 3-1　黄松吉（1903—1949）

资料来源：*Peringatan PERTIP* 1946-1953，第 65 页。

et）工作，并在当时的社长，也是其叔父洪忠秀*（Ang Tjong Sioe）的指导下学习写作。① 后来，前往《望加锡报》工作，文章多与宗教、社会问题有关。20世纪30年代，与其三马林达（Samarinda）的好友谢唐韩*（Tjie Tong Han），常向《新闻报》投稿。洪万昌*很关心失业者等底层民众的生活，《新报》1933年10月14日的版次中曾刊载其文章《失业者的生活》（Nasibnja kaoem penganggoer）。② 此外，他也很关心穷人，创作的诗歌多以穷人为主题。后来，洪万昌*担任《新华报》（Sin Hwa Po）的主编，同时也为谢唐韩*做事。③ 除工作

---

① 有关洪忠娇*的史料十分有限。据 *Chau Sing*, June 16, 1928, 此人曾经代表《潮声》报参加各华社集会。

② 《新闻报》1933年8月12日的相关报道中曾记载以下数据（*Berita Baroe*, August 12, 1933）：欧洲人：115人失业，已有9人重新就业；华人：229人失业，已有9人重新就业；印尼原住民：1539人失业，已有75人重新就业。

③ Cf. Tjie Tong Han, "Sedikit tentang Almh. Ang Ban Tong (1910-1938)", *Java Critic*, I, 6, 1949, pp. 6-7.

外，他还精通传统及现代乐器，如琵琶。①

《马来—望加锡语班顿诗集》（*Pantoen Melajoe-Makassar*）收录了几首洪万昌*的诗歌作品，此书于 2004 年由其家人再次出版。有关他的诗歌，将在后面的部分详细讲解。

3. 兼具译者、记者和国民党党员身份——李慕青（Lie Mo Cheng）

在能够使用华文写作的记者中，一定会提到李慕青。虽然有关其出生地的史料已无从知晓，但可以推断，此人是望加锡人，精通华文、马来文，还从事过翻译工作。20 世纪 30 年代，曾在中国领事馆任职，1936 年，领导国民党望加锡支部。② 他还曾在《华侨日报》（*Hua Chiao Yit Pao*）任社长，该报一直经营至 1928 年。③ 据杨蛟潮（Yo Kao Tjio，杨文侨）所言，李慕青也曾担任《民声报》④（*Min Sun Pao*）社长。1936 年，还曾担任红十字会秘书，负责中国战争受害者的有关事项。⑤ 1942 年 3 月 7 日，被日军逮捕，并于同年 4 月 19 日被杀害。⑥

4. 跻身政治家——邓忠海*（Teng Tjong Hae）

邓忠海*，除了是一位杰出记者，还是一位重要的政治家。不同

---

① Claudine Salmon, *Literature in Malay by the Chinese of Indonesia, A Provisional Annotated Bibliography*. Paris: MSH, 1981, p. 149; Gerrit Hamonic and Claudine Salmon, "Dunia Sastra dan Seni Masyarakat Tionghoa Makassar (1930–1950)", pp. 481–484; Myra Sidharta, "Ang Ban Tjiong (1910–1938) dan Hoo Eng Djie (1906–1962): Syair dan Pantun Mabuk Cinta", in *Dari Penjaja Tekstil Sampai Superwoman, Biografi Delapan Penulis Peranakan*. Jakarta: KPG, 2004, pp. 109–111.

② *Pemberita Makassar*, July 25, 1936.

③ Yang Wen Chiao, "Begimana 8 orang Tionghoa terkenal ditabas di Makassar", *Java Critic*, No. 7, April 1949, pp. 11–12.

④ Gerrit Hamonic and Claudine Salmon, "Dunia Sastra dan Seni Masyarakat Tionghoa Makassar (1930–1950)", p. 472, footnote no. 21.

⑤ *Pemberita Makassar*, December 1, 1936. 据有关红十字会的报道，李慕青曾担任中文秘书，至 1936 年 10 月 31 日仍担任译员（*Pemberita Makassar*, November 2, 1936）。《望加锡报》曾刊登望加锡、万鸦老和马鲁古群岛的福建华人社团正寻找能够担任中文报编辑的人才，体现了望加锡存在精通中马来双语的华人人才（*Pemberita Makassar*, February 26, 1941）。

⑥ Yang Wen Chiao, "Begimana 8 orang Tionghoa terkenal ditabas di Makassar", *Java Critic*, No. 7, April 1949, pp. 11–12.

于黄松吉,他与爪哇的知识分子和政治家有密切的关系,并对他有较大的影响。在返回望加锡之前,邓忠海*曾在泗水居住,并经营了一家名为"海洋"(Ocean)的商店,主营爬行动物生意,也为陆、海军供应物资。① 1928 年,他曾在爪哇《自由》(Liberty)杂志上发表多篇文章,包括《我拥有的经历》(Akoe poenja experience)、《声如鹧鸣》(Soewaranja like boeroeng glatik)。② 同年,他还出版发行了兄弟会的《响亮》(Njaring)报。③ 1939 年,邓忠海*建立印尼中华党分部,分部办公室位于庙街。④

5. 印刷厂老板、编辑、记者——黄宏美(Oei Hong Bie)

1922 年,黄宏美*经营的中华印刷厂(Tiong Hwa Drukkerij)位于市场街 20 号。1925—1930 年,他曾担任《潮声》(Chau Sing)⑤报主编和出版发行商。1930 年,曾负责《锡声》(Pewarta Makassar)的印刷,其印刷厂维持至 1941 年。

6. 被埋没的女性记者

由于新闻工作者通常使用笔名,史料中很难追踪女记者的信息。她们的出现似乎与 1928 年第一个妇女组织的诞生有关。用笔名"莲花*"(Lian Hoa)的三位女记者(Trio jang moelia)之一,曾在其文章"渴望的团结"(Persatoean jang di harep)中表示,望加锡女性没有爪哇女性进步,并对此表示遗憾。对于首个妇女组织在望加锡的出现,她们表示高兴。⑥ 报刊中还发现了笔名"Thio Sumber Nio"在 1927 年和 1929 年出版的《全景》周刊(Panorama))⑦的文章,此

---

① *Telefoon Gids Makassar*, 1937 and 1941.
② Claudine Salmon, *Literature in Malay by the Chinese of Indonesia*, p. 333.
③ Gerrit Hamonic and Claudine Salmon, "Dunia Sastra dan Seni Masyarakat Tionghoa Makassar (1930 – 1950)", p. 472, footnote no. 21.
④ Gerrit Hamonic and Claudine Salmon, "Dunia Sastra dan Seni Masyarakat Tionghoa Makassar...", h. 466, footnote no. 4; *Buku Peringatan PERTIP 1946 – 1953*, pp. 146 – 150. 有关望加锡的印尼中华党(Partai Tionghoa Indonesia)可参见 *Sin Tit Po*, January 19, 1939.
⑤ Gerrit Hamonic and Claudine Salmon, "Dunia Sastra dan Seni Masyarakat Tionghoa Makassar (1930 – 1950)", p. 472, footnote no. 21.
⑥ Lian Hua, "Doenia Istri"; *Chau Sing*, March 16, 1929.
⑦ 这位笔名为"Thio Sumber Nio"的女性也在华人女记者协会中表现积极。Cf. Myra Sidharta, "Ang Ban Tjiong (1910 – 1938) and Ho Eng Djie (1906 – 1962)", pp. 105 – 106.

人可能是张元金娘*（Thio Goan Kim Nio），她还在《望加锡报》担任记者。① 还有女子联合会（Nu Tze Lian Ho Hui）的财务苏连捷*（Soe Lian Tjie），也曾使用笔名担任记者。

7. 杨蛟潮（Yo Kao Tjio）

最后介绍一名当时最年轻的记者杨蛟潮，又名杨文侨（Yang Wen Chiao，笔名 Master Foeles 或 Terang），来自福建漳州的第三代华裔。1935—1936 年，开启记者生涯，在《望加锡报》（Pemberita Makassar）、《泗水新闻》（Pewarta Soerabaja）担任记者。1941 年日本占领之前，还曾担任《健美》（Chien Mei）杂志主编。第二次世界大战后，继续从事新闻工作，接下来的章节将进行更详细的介绍。

三 华人社群与媒体

由于马来文报刊版次不全，研究报刊中所体现的望加锡华人社群情况较为困难，同时还要注意区分读者心声和记者报道。首先，本章将讨论华人在最初利用媒体满足其需求的事例，而有关社团借助媒体发出的公告将在后面的章节进行介绍。其次，将讨论中国与望加锡的关系、华人社群中精英的地位、新闻报道中马来语的弱化等问题。

（一）满足社会需求的报刊

1914 年 3 月 26 日，《望加锡报》刊登了一篇关于葬礼上赌博的报道，引起当地土生华人青年的关注，并敦促华社领袖，向苏拉威西省长要求停止此恶习活动。随后，该报刊也报道称，甲必丹已发出通函（使用望加锡语），明令禁止在葬礼上赌博。有些人认为，此通函是四名年轻人以甲必丹的名义撰写的。但甲必丹本人对此予以否认，并表示通函确实由本人撰写。由此可见，报纸在华人社群中发挥着重要作用。此外，在上述热议发生之前，《望加锡报》3 月 10 日的一则报道曾提到，甲必丹已要求荷兰政府禁止向望加锡进口赌博用品的流言。但是消除赌博并没有那么简单，1930 年的报道还曾出现，寺庙

---

① Cf. *Chau Sing*, March 16, 1929.

中存在赌钱游戏的现象。①

社团也通过报纸向殖民政府表达观点意愿。1931年10月，华商总会（Hwa Siang Tjong Hwee）在报刊上要求政府下调水费。② 同月，也有读者在报纸上发表文章，反映华人居住的村庄环境恶臭难闻的问题，原因是下水道维护不当，以及市政府在旱季没有对该区域的街道进行洒水清理。③

（二）祖籍国的吸引力

望加锡各类报刊也曾报道中国的情况，并呼吁当地华人捐款，援助受灾地区，支援中国抗日。

据史料记载，1914年11月3日，笔名为"笑"（Ketawa 笑）的记者曾在报纸上刊登了一篇有关山东事件的报道。④ 1914年底，《望加锡报》也曾提及，当地华人为中国山东省募集1000荷兰盾，并交给了中国红十字会，⑤ 中国政府为此表示感谢，并为梁英武颁发奖章。⑥

20世纪30年代，各类报刊也记载了望加锡华人为中国筹集赈灾款的努力。1931年，当地华人为遭受水灾的中国灾民，募集资金共22000荷兰盾。⑦ 次年，中日战争成为报纸报道的焦点，引起华人关注和支持。1932年9月，兄弟会出版销售望加锡、万鸦老分会的宣传书，并将所得利润捐给中方，支援抗日。⑧

然而，除了为赈灾、抗战积极筹款，对其他募资活动，望加锡华人的反应正好相反。例如，中国驻望加锡领事，曾以领馆举办庆祝蒋介石生日为由，向当地华人募资，黄松吉对此公开表达了自己的反对

---

① *Berita Baroe*, January 13, 1934.
② *Pewarta Makassar*, October 1, 1931.
③ *Pewarta Makassar*, October 10, 1931. 报刊中的"城市"专栏记载："几乎所有华人区的下水道总散发恶臭，引发疾病的传播。望当地市府重视此事，并能够指派相关的清洁工及时将垃圾运走。旱季来临，也很少有工作人员在华人区洒水清扫街道。"
④ *Pemberita Makassar*, November 3, 1914.
⑤ *Pemberita Makassar*, December 28, 1914.
⑥ *Pemberita Makassar*, January 16, 1915.
⑦ *Pewarta Makassar*, October 1, 10 and 17, 1931.
⑧ *Pemberita Makassar*, September 1, 1932.

第三章　20世纪初望加锡华人社会的融合趋势　　181

意见，并表示，对望加锡华人而言，最重要的事首先是帮助自己。①汤国梁（Thoeng Kok Leang）也指出，无需专门为庆祝蒋介石生日筹款，领事馆直接使用内部资金足矣。但最终，这些反对的声音没有奏效，笔名"Topeng Hitam"（黑面具）在《望加锡报》上批评黄松吉的言论，②款项也被寄往中国，庆祝蒋介石生日宴也在商会分会办公室举行，由领事王德芬（Wang Teh Fen）和甲必丹汤龙飞主持。③

　　捐助名单中，汤龙飞名列首位，④鉴于他的善心和贡献，1936年10月10日，中国政府为其颁发荣誉之星（Ordre du Jade）。⑤ 在新闻中，也出现过其他震撼人心的捐赠故事。例如，1937年8月，报刊记载了一名卖肉包的商贩，为中国红十字会捐款1000美元，该事迹成为媒体争相报道的热点，⑥也激励了不少华人积极献出爱心。妇女群体也积极参与捐款活动，代表人物是黄江喜*（Oei Kiang Hie）的夫人，她曾动员其他妇女将一部分购物开销捐给红十字会，⑦领事王德芬的夫人也不甘示弱，曾于1936年12月21日举办了一次募捐会。⑧

　　1941年7月，王领事的夫人为中国孤儿院再次举办筹款活动。⑨一个月后，进财会（Tjin Tjay Hwee）也举行了筹款活动，以从爪哇购

---

① *Pemberita Makassar*, July 25, 1936. 有报道记载："黄松吉先生表示，作为一名华人，他十分赞同当地华人心系祖国，流淌着中华血液的华夏儿女都有义务关爱祖国。但同时，他认为，望加锡华人应该首先关心和提升华人在当地的地位。中华商会（Siahwee Tiong Hoa）条件还很差，其他各类华人社团情况类似，需要华人的大力支持和帮助。但当前的实际情况并不乐观，华人不太在乎当地华社的需求，反而非常在乎中国发生的各种事情，哪怕只是一件小事，也能引起大家的巨大反应。当地华人应该对商会和各类华社予以更大关注。汤国梁先生对黄先生的讲话表示同意，并认为活动无需特设专门组织，在领事馆放置一个捐款箱，发出公告让有意愿的人前去捐款即可。"

② *Pemberita Makassar*, August 6, 1936.
③ *Pemberita Makassar*, November 2, 1936.
④ *Pemberita Makassar*, July 10, 1936.
⑤ *Pemberita Makassar*, October 19, 1936.
⑥ *Pemberita Makassar*, August 23, 1937.
⑦ *Pemberita Makassar*, December 4 and 5, 1936.
⑧ *Pemberita Makassar*, December 21, 1936.
⑨ *Pemberita Makassar*, July 16 and 19, 1941. 此外，*Pemberita Makassar*, August 4, 1941, 也记载了望加锡华校学生的捐款情况。

买奎宁（*Obat Kina*）。①

不断的筹款和各类募捐显示了，望加锡华人为支持祖籍国作出的巨大贡献。为了解望加锡华人社群的独特性，今后的研究应将不同区域的华人社群进行对比研究。

(三) 华社领袖的榜样作用

1932年，《望加锡报》的一篇题为"取消华人代理职位，望加锡华人对此的看法？"（Penghapoesan Instituut Tionghoa. Begimana sikepnja bangsa Tionghoa di Makassar？）的报道，对于殖民政府计划取消华人代理职位的政策，记者询问了当地华人的态度，作者笔名为"H"，很可能就是黄松吉。文中指出，不能从单一角度看待这一问题，在印尼其他地区，如万鸦老、玛琅，当地华人甲必丹能够彰显其工作能力和为民众服务的态度，因此当地华人自然会维护华人代理职位的存在，而在望加锡，情况并非如此。作者写道："我们认为望加锡华人并不需要华人代理职位。"显然，这意味着望加锡华人能够自己处理自己的事务，"不依赖华人玛腰（Majoor）、甲必丹（kapitein）的协助"。作者补充说，在望加锡，玛腰、甲必丹仅是名义上的，如果同政府存在矛盾，华人通常会自行解决，玛腰和甲必丹对此并不知情，由此认为当地华人同意殖民政府取消华人代理职位，由华人推举而不是殖民政府任命的地区长官（wijkmeester）代理。②

最终，荷兰政府依旧保留了华人代理职位，但仅作为荣誉头衔。由于其领袖获得荷兰和中国两国政府的赞扬，尤其是对于其在经济上给予的援助，当地华人表示欢迎，并感到自豪。在庆祝汤龙飞荣获玛腰15周年之际，《望加锡报》也刊登了黄松吉撰写的一篇贺文，内容如下：

> 汤龙飞，生于1873年6月5日，现年69岁。1899年，被任命为雷珍兰（Luitenant）；1908年，升任甲必丹，雷珍兰一职由汤重昇接任。1921年7月，获荣誉甲必丹；1923年10月6日；

---

① *Pemberita Makassar*, August 11, 1941.
② *Pemberita Makassar*, July 8, 1932.

获威廉明娜女王金权杖；1924 年 8 月 31 日；被授予荷兰王国颁发的荣誉之星（Ridder in de Orde van Oranje Nassau）。自 1926 年 9 月 30 日被任命为华人玛腰，恰巧在 15 周年出任华人领袖一职。1936 年 10 月 10 日，因其担任玛腰所作出的贡献，获中国政府颁发的荣誉之星。以上是汤龙飞作为本市华人领袖的生平简介。

接着，黄松吉向汤龙飞表达赞赏，详细如下：

> 汤龙飞先生在担任华社领袖期间，虽也曾出现批评之声，但并不妨碍华人对其的喜爱。除了一些普通人也会偶尔犯的错误外，汤龙飞先生一直致力于慈善事业。不能否认，他在华人举办的每次慈善活动中都倾囊相助。从未缺席，积极帮扶当地贫民，每年春节为其赠米、捐款，为逝世的贫民捐棺材。中国爆发战争，饥荒、水灾也随之出现，他也积极捐款支援。祝愿汤龙飞先生官运亨通、健康长寿、财源滚滚、子孙满堂。[1]

黄松吉对汤龙飞的祝福最终没有实现，一年后，汤龙飞及其四子汤国梁（Kok Leang）、汤国山（Kok Sang）、汤国振（Kok Tjien）、汤国政（Kok Tjeng）被日军杀害。[2]

（四）新闻报道中马来文学的缺席

爪哇的各种报纸上经常会看到马来文的故事专栏，并能够吸引许多读者，但望加锡的各类报刊上却很少见到，这可能是因为许多望加锡读者不太熟悉马来文。有关望加锡各类报刊上的马来文记载有以下发现，1904 年 5 月 17 日，《望加锡报》开始连载《一千零一夜》节选故事。同年，也曾出现笔名为"LBSK"（可能是华人）用马来语写的一篇"读者回复"（题目为 Berbalas Sjair）。[3] 1914 年，曾刊载马来

---

[1] *Pemberita Makassar*, September 30, 1941. 详见附录黄松吉亲笔原稿及玛腰住所举行宴会的新闻报道。

[2] Wolfgang Franke et al. eds., *Chinese Epigraphic Materials in Indonesia*, Singapore: South Seas Society, Vol. 3, 1997, pp. 317-319.（可参考此书中烈士纪念碑的相关信息）

[3] *Pemberita Makassar*, May 17, 1904.

语的连载故事（题目为"Hikajat Diri Sendiri"），署名是"Iang ada Di Makassar"（有时署名变为"Soemangga Roekka"或"Bandoe Boeas"）。

1928年，《潮声》刊载爪哇作家用马来语撰写的连载故事，如《天意》（*Allah poenja kwasa*），作者王炳禄（Ong Ping Lok，1903—1976年）；《二手妻子》（*Istri 2de Hands*），作者Chan Shen Lung；《伦敦流氓》（*Badjingan London*），作者陈簪莲*（Tan Chieng Lian）。① 同年，《响亮》也刊登了马来文连载作品《寡妇之后》（*Sasoedahnja Djanda*，作者Kwee Liong Teck）。② 从连载作者来看，不少来自东爪哇。此外，1931—1932年的《锡声》、1934年的《新华报》均未刊登马来文连载作品；1933年的《望加锡报》刊登了来自三马林达记者谢唐韩*（Tjie Long Han）的"年少时期"（*Oesia Moeda*），文中讲述了望加锡华人的故事。由此可见，直到30年代，除记者外，仅有极少望加锡人能够使用马来文熟练表达自己的观点。

第五节　文化生活

有关20世纪初望加锡社会文化生活方面的史料较少，但可推测，当地的情形与荷属东印度群岛的其他地区类似，具有代表性的文化生活当属宗教庆祝活动，并伴有戏曲、华文歌曲的演出。1914年的报纸也记载了有关华人文化生活中重要人物、文化团体及演出。

本节内容分为两个部分，第一部分将讨论在塑造当地文化中起重要作用的译者、作家；第二部分将讨论各种形式的文化活动。

一　对祖先文化的解读——林庆庸

海外华人也十分喜爱历史小说，有些人甚至会选择阅读原版小

---

① 此连载刊登在 *Chau Sing*, March 3, 15 and 19, 1928. 王炳禄（Ong Ping Lok）也从事贸易行业。有关陈簪莲*（Tan Chien Lian）之事，详见：Claudine Salmon, *Literature in Malay by the Chinese of Indonesia*, *A provisional annotaed bibliography*, pp. 283–284, 315.

② *Njaring*, January 2, 1928.

第三章　20世纪初望加锡华人社会的融合趋势　◇◇　185

说。对于在望加锡定居几代的当地华人来说，望加锡语译本则会是更好的选择。在史料记载中，1875年出生于望加锡的林庆庸（Liem Kheng Yong，又名乃佑，Nai Yu）就是一名从事相关工作的翻译者。其父林英裕*（Liem Eng Djioe）在当地二门（Pintu Dua）街开了一家陶瓷店，① 祖籍福建长泰；其母是门达儿（Mandar）族。林庆庸从穆玲*（Mo Ling）、梁清泰*（Nio Tjing Tay）处学习中文，并表现出对文学的浓厚兴趣，曾将数十本中文小说翻译成望加锡语。据说，他一生工作勤奋，共翻译了60多部作品，去世后，其译作分散至各地。曾有记载显示，1983年，梁氏家祠仅保留了其译作中的几百卷，如1936年翻译的《荡寇志》。此外，他还曾翻译中印尼两地读者都熟知的作品，如《施公案》《薛仁贵》《三宝太监西洋记》《西游记》，其中最著名的是《施公案》及其主人公施不全（Si Poet Tjoan）。② 此外，林庆庸还曾创作诗歌，并写有一部自传。③

这些译作对当地华人市民生活带来巨大影响，林庆庸于1938年突然去世，享年62岁，曾有文章这样回忆道：

> 他的译作使75%的当地华人了解古代中国人的故事，尤其是中国女性的故事。例如，薛仁贵（Sie Djin Koei），狄青（Tek Tjeng），花木兰（Hoa Bok Lan），孟丽君（Beng Lee Koen）等传奇故事，华人都读过，并从中获得教化。新一代华人对中国文学的兴趣和了解程度，不如老一代妇女浓厚、深入，老一辈华人对中国传奇故事的喜爱程度，能够达到背出故事中的地名、山名、

---

① 摘自：Gerrit Hamonic and Claudine Salmon, "Dunia Sastra dan Seni Masyarakat Tionghoa Makassar (1930 – 1950)", pp. 474 – 481; Yo Kao Tjio, "Liem Kheng Yong, Penterdjemah buku-buku tjerita Tionghoa dalam bahasa Makassar", in *10 Tahun Pertip Makassar 1946 – 1956*, pp. 117 – 119.

② 也可参考 Gerrit Hamonic and Claudine Salmon 的译文第496—501页："望加锡华人的文学与艺术（1930—1950）。"

③ 可参考此译文：Gerrit Hamonic and Claudine Salmon, "Translations of Chinese Fiction into Makassarese", in Claudine Salmon ed., *Literary Migrations. Traditional Chinese Fiction in Asia (17 – 20th centuries)*, Beijing: International Publishing House, 1997, pp. 574 – 575.

图 3-2　《三宝太监西洋记》译本的第一页

资料来源：Gerrit Hamonic and Claudine Salmon, "Dunia Sastra dan Seni Masyarakat Tionghoa Makassar (1930 – 1950)" in Claudine Salmon, *Sastra Indonesia Awal, Kontribusi Orang Tionghoa*, Jakarta: KPG, 2010, p. 478. ①

河名这样细节的程度，而新一代华人，可能相比《皇帝》（*Oei Tee*）传记，她们会更了解《威廉一世》（Willem de Zwijger, 1533 – 1584）传记。②

苏连捷*（Soh Lian Tjie）也曾于 20 世纪 50 年代，在有关译作对望加锡华人的影响方面，发表过类似观点。③

---

①　Claudine Salmon, *Sastra Indonesia Awal, Kontribusi Orang Tionghoa*, Jakarta: KPG, 2010, p. 478.
②　"Toean Liem Keng Yong, Satoe penjalin hikajat Tionghoa koena jang terkenal, Meninggal dengan mendadak sekali", *Pemberita Makassar*, December 10, 1938.
③　Gerrit Hamonic and Claudine Salmon, "Dunia Sastra dan Seni Masyarakat Tionghoa Makassar (1930 – 1950)", pp. 493 – 494.

二 在社会问题领域发挥作用的作家

——洪万昌*（Ang Ban Tjiong）、何荣日（Hoo Eng Djie）

第二次世界大战之前，洪万昌*、何荣日是望加锡文化生活领域比较活跃的两位作家。前面的章节，已讨论了二人在报业领域发挥的作用。

洪万昌*的代表作《马来—望加锡语班顿诗集》（*Pantun Melajoe-Makassar*）①，使用马来语、望加锡语创作，目前仍有流传。洪万昌*曾表示，使用马来语和望加锡语是为了提升其语言价值，诗歌的主题多为"……爱、女性、财富、美丽"，常用玫瑰花、圆月形容女性，也曾涉及当时的困苦和愉悦。② 除诗歌外，他还擅长为通俗话剧斯丹布尔（stambul）及印尼传统歌曲克隆钟（keroncong）作词。

何荣日（别名 Baba Tjoi，A. Batjoi）也是当时一位著名诗人。有关其出生年月的信息存在争议，其第四子达艳*（Tayem B. Tjoi）表示，父亲于 1906 年出生；但据杨蛟潮（Yo Kao Tjio）的说法，何荣日生于 1907 年。③ 何荣日的祖父来自中国，父亲（何基盛*，Hoo Kie Seng，于 1929 年逝世）出生在望加锡，经营一家玻璃店；母亲林徵娘*（Liem Tien Nio，于 1938 年逝世），来自哥哇（Gowa）甲必丹林清良*（Liem Tjing Liong，又名 Baba Maliang）家族，该家族与当地政府关系密切，但随后遭遇经济困难。何荣日儿时在马来村（Kampung Melayu）接受教育，学习了马来语和布吉斯（Bugis）、望加锡语言，其老师名叫 Incik Baoe Sandi。为了生存，他也曾往返布顿（Buton）和安汶（Ambon）两地寻求生计赚钱，因而辍学，并且似乎从未接受

---

① 该书第一版未注明出版日期，第二版次于 2004 年由洪万昌*家族出版；详见 *Archipel* 68，2004：352—354 的阐释。

② Gerrit Hamonic and Claudine Salmon, "Dunia Sastra dan Seni Masyarakat Tionghoa Makassar (1930–1950)", p. 483.

③ 摘自：①Gerrit Hamonic and Claudine Salmon, *La vie littéraire et artistique des Chinois peranakan de Makassar* (1930–1950), pp. 156–162；②Shaifuddin Bahrum, *Bunga Sibollo, Kumpulan Sajak (Kelong) Makassar*（《望加锡诗文集》），Makassar：Yayasan Baruga Nusantara & Balai Kajian Sejarah dan Nilai Tradisional Makassar, 2006, p. xii.

过华文教育。

何荣日之所以与众不同，是因为他在演讲、诗歌以及书法上的造诣。他经常受邀到各种婚礼或葬礼上发表演讲。他讲述布吉斯传说时，常会弹奏其擅长的格扎比琴（kecapi，一种弹拨乐器），还能够根据土生华人对中文歌曲的喜好，借用歌和故事，将他的诗歌音乐化，诸如："Sai Long"，"Pasang Teng"，"Ati Radja"，"Sio Sayang"。

在社会、政治活动，他也十分出名。1926年，因支持反荷运动，他与伊沙卡·达恩·塔利（Ishaka Daeng Talli）在马洛士（Maros）被荷军逮捕，但不久后被释放。次年，他与汤忠山、黄金业*（Oei Kiem Giap）一同成立新年团（Sien Nien Thoan）。① 1931年，他成为一名基督教徒。政府曾禁止他在公共场合演讲，即使是有关宗教的话题也未曾得到批准。

图 3-3　战争时期何荣日（后排左二）与其乐团的合影

资料来源：Geritt Hamonic and Claudine Salmon, "Dunia Sastra dan Seni Masyarakat Tionghoa Makassar (1930-1950)", p. 490.

---

① 据 Pemberita Makassar, March 31, 1937, 汤忠山*系《民声报》编辑。据《望加锡报》1936年7月2日刊载何荣贵*（Hoo Eng Gwee, 何荣日的弟弟）的文章，文中提及黄金业*系印尼共产党成员。

1930年下半年，何荣日组建了自己的乐团（包括小提琴、锣和小鼓），取名"纯粹之光"（Sinar Sedjati）。泗水的"和顺号"公司（Hoo Soen Hoo）还曾与其签订合同，录制苏拉维西歌曲，1938—1940年间，他录制的歌曲销量达2万张。

三 望加锡文化

土生华人穆斯林的作品在望加锡文化发展中起着不可小觑的作用，尤其是土生华人穆斯林——峇峇穆罕默德·卡西姆（Baba Moeh. Chasim）。他是当时最大的非荷兰印刷公司（Volksdrukkerij）的所有者，也是仅次于外国传教士，将布吉斯、望加锡文的当地文学作品进行印刷传播的第一人。为了印刷这些当地文学作品，他特意从荷兰订购相应的印刷字母。但是，很少有人关注土生华人在保护望加锡文化方面发挥的作用，也从未有史料记载这些土生华人曾出版的作品。目前，寻获的仅有两部作品，一部是阿拉伯文译著《穆纳比亚特》（*Munabbiaat*），另一部是《英雄传记》（*Syekh Yusuf Tuanta Salamka ri Gowa*，1926—1699）。峇峇穆罕默德·卡西姆也曾在一家望加锡文报社担任社长，其子——峇峇穆罕默德·马苏德（Baba Moeh. Mas'oed，别名为Liem An Shui，生于1913年）曾接受阿拉伯语、法语和其他欧洲语言教育，协助其出版工作。[①]

四 娱乐

华人的艺术生活以舞台表演艺术为代表，并常与当地、中国甚至荷兰的各类社会、政治问题相关。[②] 20世纪10年代，进行表演的通常是与葬礼有关的组织，而到了20年代后期，则多为社团成员或在校学生举办。

（一）中国皮影戏

中国皮影戏历史悠久，但当时的媒体报道及少，因为演出信息不

[①] 来自1986年苏尔梦女士记录的巴巴·莫（Baba Moehd Mas Oud Qasim）的口述史料。

[②] 据 *Pemberita Makassar*, November 12 and 14, 1921 的报道，该演出主要为荷兰贫民筹款。

是通过报纸,而是通过大街小巷的标语牌进行流传开来。有史料显示,20世纪20年代初,望加锡伊斯兰联盟(Serikat Islam Makassar)预借马来村的一处皮影演出场所开会,从而可推测中国皮影戏演出的存在。①

据1928年的史料记载,市场街"广府哇扬戏"(wajang Kongfoe)楼内曾发生饰品盗窃案,此楼由黄基业*(Oei Kie Giat)管理。②根据1936年的报刊记载,四位来自香港的艺术家计划在位于穆尔街(Muurstraat)的音乐厅进行演出,③这可能是广府哇扬戏能够在当地生存下来的原因。报纸上还提到,杨基寿*(Jo Kie Soei)带领的广府哇扬戏团"朱群英"(Tjoe Koen Eng)将在夜市(Pasar Malam)演出。④可见,当时的皮影戏团不止一家。1938年的史料提到了另一位华人(Loen Djie Tong)带领的皮影戏团,在乐善社的楼内,为中国募资举行义演。⑤

有关福建闽南的布袋戏,当地的报刊没有太多记载,只有一篇1933年报道称,地方长官杨基圣*(Jo Kie San,系杨基寿*的弟弟)将于农历春节、元宵节⑥带领团队进行布袋戏演出,为望加锡失业人群筹款。⑦

(二) 现代戏剧

史料显示,望加锡最古老的现代剧院是长安堂(Tiong An Tong)于1910年创立。1914年,中华少年会也成立了戏剧组织——新舞台(Sien Boe Tae),史料中没有发现其他戏剧组织。⑧据报道,1914年6

---

① *Pemberita Makassar*, June 20, 1921.

② 黄基业*是长安堂和乐善社(Lok Siang Sia)两家协会的主席,据悉,两社团已合并。*Chau Sing*, June 20, 1928.

③ *Pemberita Makassar*, June 17 and 19, 1936. 该建筑属乐善社所有,是望加锡唯一一处社会性建筑(*Pemberita Makassar*, August 3, 1936)。

④ *Pemberita Makassar*, July 18 and 24, 1936;杨基水*系四方会会长。

⑤ *Pemberita Makassar*, October 11, 1938.

⑥ 当地通常在农历新年后的14或15天晚举行欢庆元宵节(也被称为"十五暝"或Capgomeh)的活动,十分热闹,也预示农历春节的结束。

⑦ *Pemberita Makassar*, January 24, 1933.

⑧ 据 *Pemberita Makassar* 1914年3月11日的报道得知,1912年当地已有一家剧院。据了解1909年也曾成立戏剧团。

月6日、13日，新舞台进行了义演，为中华学堂筹集资金。① 虽然报纸上没有记录具体的表演内容，但通过同年5月2日的读者评论，可推测表演应属于现代戏剧范畴。②

此后，有关新舞台的演出消息未在其他报刊出现，可能是该剧团解散了。然而，出现了其他戏剧团、音乐团，如兄弟会、华侨音乐会、中华女学校（Tionghoa Lie Hak Hauw）、华侨八华合欢会（Hoa Kiauw Pak Hwat Ho Wan Hwee）等其他戏剧团、音乐团③于1928年6月2日在乐善社的办公楼举办演出的报道，上演剧目名叫《受伤的战士》（"Prajurit yang Terluka"），是一部两幕的爱国剧。报纸还介绍说，兄弟会的成员一边高唱中国国歌，一边升起荷兰和中国的国旗，此次演出共筹集了1500荷兰盾。④

（三）音乐

葬礼上使用的乐器较为简易，不似完备的交响乐团使用的乐器，常见的有锣和钹，乐手也只是充当送葬队伍中的一部分，队伍的长短取决于死者在社会上的影响力。婚礼上使用的乐器也不似人们理解的那种西式乐团使用的乐器。另外，报刊记载中也很少提及中式乐器，更无法判断望加锡的富豪是否像爪哇富豪一样，喜爱收集当地的佳美兰（gamelan）乐器，组建当地乐队，甚至成立自己的音乐团体。

有记载的当地音乐团体组织要追溯1928年，华侨音乐会（Hwa Kiauw Im Gak Hwee）与另一个慈善组织华侨八华合欢会（Pak Hwat Ho Wan Hwee，由20多个协会组成）为中国的战争受害者筹集捐款。⑤ 1935年起，《望加锡报》已定期发布该乐团活动的新闻，黄松吉任该乐团负责人。⑥ 报道一般涉及演出消息、申请每月在华人社区进行表演等。⑦ 由于相关信息有限，无法得知这些演出使用的乐器是

---

① *Pemberita Makassar*, June 27, 1914.
② *Pemberita Makassar*, May 2, 1914："今晚9点，'新舞台'将带来精彩表演。其理事会委托本报宣传此演出信息，欢迎各位前来观赏。"
③ *Chau Sing*, May 16, 1928.
④ *Chau Sing*, June 6, 1928.
⑤ *Pemberita Makassar*, May 16, 1928.
⑥ *Pemberita Makassar*, January 21, 1935.
⑦ *Pemberita Makassar*, June 13, 1936.

中式或是西洋乐器。有一篇报道曾提到，一名荷兰人弗拉特·梅尔基奥（Frater Melchior）向该乐团教授荷兰国歌。① 1940 年的一份新闻报道还提到，上述组织中，一人洪和光*（Ang Hoo Koeng）负责爵士乐队，一人李文章*（Lie Boeng Tjion）负责民乐团。②

（四）电影院

1910 年，当地已出现电影放映厅，但直到 1928 年，《潮声》报上才出现有关影讯通知，影片涵盖中西方，例如"生机"（Seng Kie）电影院在报刊上宣布将放映由杰克·霍克西（Jack Hoxie）③ 主演的电影《罗西亚·莫罗》（Roesia Moror）；中国电影《李世民游地府》《孟姜女》（Beng Kiang Lu）也曾在当地影院放映，电影《孟姜女》分多部进行放映，并作为北伐（1926—1928 年）的筹款影片。④ 1929 年，乐善社所有的"China Cinema"电影院宣布将放映《三国演义》，该电影配有马来文、中文字幕。1930 年初，当地电影院也放映了多部抗日战争题材的电影。⑤

由此可见，望加锡华人将祖先文化与当地文化融合，一方面，将文学作品翻译成望加锡语言；另一方面，运用马来语、望加锡语言创作诗歌，形成独特风格。植根于两种文化环境，华人的文艺创作呈现出原汁原味的风格，并与社会、政治活动紧密联系。在某种程度上，这种创作中的文化融合令人联想到爪哇的华人文化。

本章小结

本章中，可以看到望加锡华人的快速发展，人口数量增加，经济活动更加多元，但同时在全球经济危机的影响下，城市居民面临经济

---

① *Pemberita Makassar*, July 1, 1936.
② *Pemberita Makassar*, September 1, 1936；*Pemberita Makassar*, December 27, 1940.
③ 据《潮声》报道，杰克·霍西（Jack Hoxie, 1885 – 1965）是当时最著名的美国演员（*Chau Sing*, March 14, 1928）。
④ *Chau Sing*, May 16, 1928。此外，相关信息也可查阅同时期爪哇出版的一些马来文故事，例如 Lim Sim Djwe, *Sair tjerita Nona Beng Kiang Lie*, Paree：Semangat, 1933。
⑤ *Pemberita Makassar*, January 19, 1933.

困境，出现失业现象，从而促使经济、社会性质的社团组织数量增加，自主经营的华文、荷兰文学校数量也随之增加。

在报业方面，马来文报纸的经营不算成功，但华文报的表现较好，同时还要面对政府的严格审查。20世纪20年代末，马来文报纸刚在当地出版发行，至30年代初，就由于经济原因、需求不足，陆续倒闭，土生华人读者不得不转向《望加锡报》，作为当地发行最早的马来文报刊之一，该报尽管大部分经营者是华商，但也是由来自不同民族的商人群体联合发行。

望加锡华人从某个角度来说具有自身的独特性，从另一个角度又体现出开放性，对于其他地区也抱有极大的兴趣，如万鸦老、爪哇、巴厘岛以及欧洲[1]、新加坡和中国。据报道，20世纪30年代，望加锡华人已在其祖籍国开展投资活动。

望加锡华人文化有两个源头，一个是当地文化，另一个是中国文化。各类表演丰富多彩，为市民提供娱乐的同时，也募集捐款，整个20世纪上半叶，通过义演支援中国的活动非常多，从人口数量来看，当地华人的贡献已经相当高了。

---

[1] 成立于1934年的"Javasche Bloemen Handel"（荷兰语，意思是爪哇花卉店）是华人所有的最早营业的花店之一。如今，该花店还存在，坐落于哈萨努丁路（Jl. Hassanuddin）32号，并更名为"Toko Kembang Jawa"（爪哇花店）。

第 四 章

动荡时期的华人社会（1942—1965）

历史背景

本时期的突出特点是印尼全境及南苏拉威西地区的政治变革，同时这些重要变革也对具有华人血统的公民产生了重大影响，他们必须不断地重新定义其身份，以适应不同时期的政策要求，包括日据时期、短暂的东印度尼西亚邦（Negara Indonesia Timur，简称为东印尼邦或 NIT）时期，以及新兴的印尼共和国时期。

1942 年，日军入侵终结了望加锡华人经济的现代化发展，大批华商由于在 1937 年日军侵华战争期间支持国民党政府，而被日军逮捕。1945 年 9 月 2 日，日本政府宣布投降，日据时期结束。

1945 年 9 月，荷兰军队登陆南苏拉威西岛，结束了当时尚未真正运转起来的年轻共和制政体。1946 年 12 月 24 日，荷兰政府在登巴萨（Denpasar）组建东印尼邦，与当时的联邦制政体分庭抗礼，该政体实际延续了此前印尼东部地区的势力范围，包括苏拉威西岛、马鲁古群岛、巴厘岛、西努沙登加拉和东努沙登加拉，首府仍设在望加锡。当时各地常发生叛乱，难以达成一致的协议，荷兰政府由此搁置了建立保护国的计划，承认印度尼西亚联邦共和国（Republik Indonesia Serikat 或 RIS）的存在，1949 年 12 月 27 日，除了安汶外，东印尼邦正式加入印尼联邦共和国，安汶于 1950 年 4 月 20 日成立南马鲁古共和国（Republik Maluku Selatan）。

中华人民共和国于 1949 年成立，并于 1950 年获得印尼承认，国民党领事撤离印尼，1951 年年中，来自北京政府的新领事抵达印尼。

1955年，中国与印尼政府签署双重国籍协议。

对华人而言，当时须解决的主要问题是重建日据时期被摧毁的经济和社会生活。为此，华人试图将各协会联合起来，组成一个能够共同解决华人社区问题的组织，这一尝试的难度较大，因为战前华人一般依据职业、祖籍地、社会地位等加入社团，一些组织也于1945年重新恢复。

对于研究者而言，编写本章的主要困难是缺乏相关的史料支撑。公共图书馆大多未保存日据时期的中文报纸；私人档案，尤其是有关社团的档案，已被销毁；有关这一时期南苏拉威西的全面研究成果尚且空白，本地华人似乎也更想忘记那段充满苦难和不稳定因素的生活。能够寻找到的史料包括，20世纪40年代末至50年代初的一段较短时期，少数华人作家敢于撰写相关报道，并在巴达维亚发表；当地华人出于缅怀和敬意，也为战争中的牺牲者竖立纪念碑，纪念日据时期在万鸦老、望加锡、安汶等地抗争的数千华人。[①]

此外，还有两位非凡女子——华人苏连捷*（Soh Lian Tjie，1914—1995）和布吉斯公主安迪·宁农（Andi Ninnong，1904—1981）于20世纪70年代初撰写的相关文章。苏连捷*的文稿还保存在家中，1942年她在望加锡红十字会工作，直至东印尼邦时期，她还担任过英语翻译[②]，随后在雅加达的国家宣传部任职；有关安迪·宁农的资料主要涉及其回忆录的内容，其中一些部分由克里斯蒂安·佩拉斯（Christian Pelras）译为法文，[③] 书中记载安迪是一位劳勿（Luwu）领导人的女儿，并在1945年参加了革命。

---

① 详见1967年黄肃武（Huang Suwu）用书写的中文牌匾，Wolfgang Franke et al., ed., *Chinese Epigraphic Materials in Indonesia*, Singapore: South Seas Society, Vol. 3, 1997, pp. 318 – 319.

② George McTurnan Kahin, *Nationalism and Revolution in Indonesia*, New York: Cornell University Press, 1963, p. 482., 为苏连捷*提供其1949年3—4月期间资料的真心的帮助表示衷心的感谢。

③ H. Andi' Ninnong. *Pages autobiographiques d'une princesse bugis dans la révolution*, traduit et annoté par Ch. Pelras, *Archipel*, Vol. 13, 1977, p. 137 – 156. 原文书名：*Riwayat perdjoangan dan sebagian riwayat hidup dari H. Andi Ninnong dan Kawan-kawan*, Provinsi Sulawesi, Departmen Penerangan Republik Indonesia, ca. 1953.

本章将按时间顺序，依次阐述日据时期、1945—1950 年的分裂时期、1950—1965 年等不同历史时期的情况。其中，可以看到在分裂时期，华人社群努力调和分歧；在 1950—1965 年，社会的紧张局势开始缓和，同时国籍选择问题变得十分重要。此外，与爪哇不同，许多望加锡华人在这一时期仍为捍卫中华文化作出了许多努力。

第一节 日据时期（1942 年 2 月 9 日至 1945 年 9 月 2 日）

有关日据时期的史料，主要涉及亨德里克·西奥多罗斯·查博特（Hendrik Theodorus Chabot，1910—1970）和安东·亚伯拉罕·肯斯（Anton Abraham Cense，1901—1977）收藏的档案，其中包括马来语报刊《锡声》（Pewarta Makassar，1944 年 9 月 1 日发刊），编辑孔朵（S. Kondoo），由西里伯斯新闻社（Selebes Sinbun Sya）出版发行；此外还有部分史料来自日本舰队文官、民政府主管——冈田文秀（Okada Fumihide）的英文史料。[①]

一 望加锡的沦陷

1942 年 1 月，万鸦老和塔拉坎（Tarakan）陷落，望加锡军政府决定采取焦土政策，损毁基础设施，保卫南苏拉威西，其中也动员了数名华人，杨蛟潮（Yo Kao Tjiao，别名杨文侨 Yang Wen Chiao）就是其中的一员。[②] 他提到："我们的任务是在日军来临之前，烧毁车间、建筑物和其他重要设施。"[③] 2 月份，情况更为严峻，肯达里（Kendari）、安汶均已宣告投降，日军飞机每天在望加锡上空盘旋，向郊区

---

① Okada Fumihe, *Dotô no naka no koshû*（《海洋中独游的一艘船》），Tokyo, 1947. 该回忆录第 341—385 页被译为英文并出版于 Anthony Reid & Oki Akira eds., *The Japanese Experience in Indonesia: Selected Memoirs of 1942 – 1945*（Monographs in International Studies Southeast Asia Series），Athens: Ohio University, No. 72, 1986, pp. 129 – 158.

② Yang Wen Chiao, "Sedjarah Perang Doenia II. Tjamba… Satoe benteng pertahanan Blanda jang koeat di Indonesia dalem Perang Pacific", *Java Crtitic*, Vol. 2, No. 3, October 1949, pp. 13 – 14.

③ 同上。

开火并造成多人伤亡。记者黄松吉（1903—1949年）继续在《望加锡报》跟进报道，执行焦土政策的小队也在市内活动。2月8日晚至9日，日军登陆，9日上午开始进城，并立即占领荷兰银行①、学校、荷兰语及马来语报社（如《望加锡报》）。城外机场方向出现交火，日军随即占领机场，荷兰军队退至坎巴②（Camba）山丘地带，并继续战斗，直至溃败，大部分士兵沦为日本囚犯，日军继续前往帕芝南③（Pacinang）和恩雷康县（Enrekang）。在这次交火中，有四名华人战死，分别是杨长水*（Jo Tiang Sioe）、王文祥*（Ong Boen Siong）、林国寿*（Liem Kok Sioe）和张拔沁*（Thio Phak Siem）。④

二 民政府的建立

日本试图效仿战前曾出现的地方政权，成立东印尼邦政权。1938年5月25日，在望加锡成立了地方政权，范围涵盖马鲁古、万鸦老、巴厘岛、龙目岛和努沙登加拉群岛。日本海军民政府（Kaigun minseifu）于1942年3月成立了类似的政权，管辖印尼东部地区，还将婆罗洲（Borneo）纳入在内，由五名秘书、一名总监（Sôkan）负责，接受日本海军第二舰队的监督和管理，中心仍设在望加锡，下分婆罗洲、苏拉威西和斯兰岛（Seram）三个行政区，由民政部长官（Minseibu chôkan）统一领导。时任总监的冈田文秀曾详细记录，负责监管上述政权的部队并不是此前征服该地的部队，因为已被派往其他地方，他本人也是在望加锡市陷落后的几个月才抵达该地。他还描述了居住在前荷兰总督故居的宜人生活，同时提及监管辽阔的南苏地区的相关任务，但并未提及日常事务。他还解释说，军事及行政职权分配的不平衡是他辞职的原因。他还十分关注当时日本实施的文化政策，

---

① 有关日本在荷属东印度群岛的政治金融情况，详见 Shibata Yoshimasa, "The monetary policy in the Netherlands East Indies under the Japanese administration", in Peter Post and Elly Touwen-Bouwsma, eds., "The Netherlands East Indies under the Japanese administration", *BKI*, Vol. 152, No. 4, 1996, pp. 177–204。

② 译者注：Camba 的音译，系马罗斯县的一个区域，位于印尼南苏拉维西省。

③ 译者注：Pacinang 的音译，系望加锡一个街道的名称。

④ Yang Wen Chiao, "Sedjarah Perang Doenia II. Tjamba…", p. 14.

并表示当地民众不常读报，但对电影颇有兴趣，会有一群人走南闯北，深入腹地，专门从事电影放映工作。① 事实上，当时的报刊仅刊登政策消息（如1944年9月版所示），内容确实乏善可陈。

苏连捷*也在当时民政府办公室工作，但无法确定其具体职务。一份1945年的报刊内容曾提及，苏连捷*曾访问南苏岛的一些村落，并邀请当地布吉斯族的年轻女子加入妇女协会——女子青年团（Zyosi seinendan），这些年轻女性非常渴望获得接受教育的机会，她们从遥远的地方聆听报告，报刊还报道了马英坭（Majene）地区的女子们强烈的学习欲望：

> ……她们希望上级能安排一位日本或印尼本地女性，亲临马英坭（Majene）指导相关工作。②

当时，望加锡由山崎军太（Yamasaki Gunta）市长领导。有一份档案③还记载了参与望加锡市政管理的原住民及华人名单，同时还设立市评议会，由各城邦及各族社群委员会组成，其中，华族委员会由郑炳裕*（The Peng Joe）领导，④ 还有两个委员会分别代表阿拉伯裔及印度裔。此外还有分管公共工程、卫生、教育、经济、社会、经济与金融等领域的八个部门，萨姆·拉图兰吉（Sam Ratulangie）负责公共工程，陈德恒*（Tan Tek Heng）任财务官，负责经济与金融。陈德恒*在战前就以讲授经济类课程而闻名，⑤ 他的名字也出现在中

---

① Anthony Reid and Oki Akira, eds., *The Japanese Experience in Indonesia: Selected Memoirs of* 1942 – 1945, pp. 155 – 156.

② 该报道使用马来语，现存于荷兰皇家东南亚与加勒比研究所（KITLV, Or. 432. 5 – collection Chabot），题目不详，内容曾提及："致南苏拉威西女战友"一句，可见是苏连捷*为女性所作，报道中苏连捷*还陈述了为妇女开办的课程计划。从报道中使用的专业词汇，可推测苏连捷*能够使用日语。

③ KITLV, or. 545. 219e. Koleksi Anton Abraham Cense, 1901 – 1977: Bestuursinrichting van Makassar in Japanse tijd, schema.

④ 郑炳裕*的名字曾出现在1948年3月16日的《东印尼》（*Indonesia Timur*）新闻报上，曾担任华人周年庆委员会（Chinese Oranje Jubileum Komite）领导。

⑤ 陈德恒*也曾担任上述委员会名誉领袖。

第四章 动荡时期的华人社会（1942—1965）　199

华侨生协会（PERTIP）筹备委员及1949—1950年该协会的管理委员名单中。①除担任市政府公职人员外，还有一些华人从事间谍工作，据杨蛟潮的报道，赵景宏*（Toh Keng Hoen）就是负责监视华人社群活动的间谍之一。②

市政府还解散了所有的华人社团，取而代之的是华侨协会（Kakyô kyôkai）。如当时印尼的其他城市，该协会将新客华人和土生华人此前成立的各类协会合并，由日本在当地的政府指派负责人。该协会的任务是维护华人的社会秩序、收税以及执行日本政府颁布的法规，并继续执行以前各协会须履行的社会义务，监督华文教育，推动日文夜校教育的发展。③

三　逮捕华人抗日运动者

一些华人感受到了潜在的威胁，在城市中潜伏起来，如记者黄松吉，在家中躲藏了一年之久，后被逮捕，并在日本军法会议（Gunpo kaigi）上被判入狱五周。还有一些华人选择在乡村地区躲藏，但由于资料所限，很难具体了解流亡生活带给这些华人的影响，据悉，杨文侨（Yang Wen Chiao）在一个村庄躲藏了40个月，直至日本战败投降，才返回望加锡市；④艺术家何荣日（Hoo Eng Djie）也于1945年返回；⑤《华侨日报》（Hua Chiao Yit Po）记者、活动家李慕青（Lie Mo Cheng）也逃往马里诺（Malino），并于1942年3月7日被捕，4月19日逝世；国民党书记李志宏（Lie Tjie Hong）也遭遇同样的命运，领事王德芬（Wong The Foen）与其妻及领馆工作人员也被拘留

---

　①　详见之前章节的论述。

　②　Yang Wen Chiao, "Begimana 8 orang Tionghoa terkenal ditabas di Makassar", *Java Critic*, April 1949, No. 7, p. 10.

　③　Claudine Lombard-Salmon, "Communauté chinoise de Makasar. Vie collective et organisations", *France-Asie/Asia*, Vol. 197, 1970, p. 171.

　④　Yang Wen Chiao, "Hoakiauw di iboe-kota N. I. T.", *Java Critic*, Vol. 1, No. 4, January 29, 1949.（无页码）

　⑤　B. Tjoi, Riwajat hidup singkat Alm. A. Batjoi "Hoo Eng Djie", Ujung Pandang, March 25, 1982. 该资料曾提及何荣日是南苏及东南苏布吉斯民歌的先驱者、填词人。

在巴里巴里（Pare Pare）地区。①

——玛腰汤龙飞及家族成员

钦赐玛腰汤龙飞（Thoeng Liong Hoei），杰出华社领袖，曾与荷兰人合作，在经济领域取得巨大成功；热心慈善活动，获得荷兰殖民政府赞誉；心系祖籍地，也曾于1936年获中国政府表彰；1937年，曾获荷、中两国政府颁发的荣誉称号；1941年，还曾举办了"钦赐玛腰15周年"庆祝活动，② 引起日本当局不满。

汤龙飞及家人后逃往塔洛*（Tallo，南苏拉威西地区）县避难，其子汤国山（Kok Sang）、汤国振（Kok Tjien）、汤国政（Kok Tjeng）不幸在该地被日本政府逮捕，长子汤国梁（Kok Leang）在松古米纳萨（Sangguminasa，南苏拉威西的一个城镇）被捕。1942年4月19日午夜，汤龙飞与其四子、女婿陈鸿登（Tan Hong Teng）、记者李慕青（Lie Mo Cheng）、国民党书记李志宏（Lie Tjie Hong）不幸遇害。

杨蛟潮曾报道汤龙飞全家被捕事件，并强调此事的严重性。③ 尽管汤龙飞在华人社群颇受非议，但正如黄松吉在15周年庆特别报道的文章中所言，④ 日本人轻而易举将经济势力如此庞大的家族消灭，震惊了公众。对于汤家的经济实力细节虽所知甚少，但可以预估，玛腰汤龙飞开办的公司（特别是椰子油工厂），当时已被日本政府查抄。

四　华人经济政治情况

如同当时印尼其他城市的情形，日本统治者在望加锡禁止华商企业开展贸易，从而监督当地的进出口贸易，但他们还需要华商进行小型商贸活动，冈田文秀的记载中也明显体现出了这一点：⑤

---

① Yang Wen Chiao, "Sedjarah Perang Doenia II. Tjamba…", p. 14; Yang Wen Chiao, "Hoakiauw di iboe-kota N. I. T.", *Java Critic*, Vol. 1, No. 4, January 29, 1949.

② 见上一章。

③ Yang Wen Chiao, "Begimana 8 orang Tionghoa terkenal ditabas di Makassar", pp. 10-12.

④ 详见上一章。

⑤ Anthony Reid and Oki Akira eds., *The Japanese Experience in Indonesia: Selected Memoirs of* 1942-1945, p. 158.

第四章 动荡时期的华人社会(1942—1965) 201

It is important to consider policies which will, based on concrete examples, protect to a certain degree the economic position of the Chinese, and which will draw their interests in line with our economic construction. We must not let them feel that the economic position they have held in the East Indies up until now is on the decline. *Japan's economic construction in the East Indies must not be so narrow as to do away with the small-scale Chinese businesses.* We must pursue broadminded governmental policies.

基于具体情况，需要考虑在一定程度上保护华人的经济地位，将他们的利益纳入我们的经济架构中。我们绝对不能让他们感到其在印尼群岛较高的经济地位，到现在呈下滑趋势。日本在这一区域的经济建设一定不能狭隘到消灭华商小企业的程度。我们必须施行宽松的政策。

对经济领域的监管另一项重要的措施，是日本货币的使用。夺取望加锡后，日本随即在当地发行日本货币，在日本印制的钞票被日军直接运到印尼，以便可以迅速分发和使用。据相关报道记载，1937年，日军侵华后也推行上述货币政策，在中国，发行的纸币被叫作日元；在印尼，则被称为日本盾（gulden Jepang）。[①] 自1942年3月以来，南部开发银行（Southern Development Bank，简称为SDB）在东京成立，为日本公司寻求融资，该银行在东南亚设有不少分支机构；在望加锡，南部开发银行由一家台湾银行作为代表;[②] 自1943年4月，南部开发银行开始发行货币（币面类似当时日本海军持有的货币）和债券。此外，很难了解当时日本在望加锡施行的更为详细的金融政策，例如在占领初期，华人开办的银行是否像爪哇各地一样被没收，

[①] 见1942年3月11日发布的"gulden"，载自 Shibata Yoshimasa, "The Monetary under the Japanese Administration", p.178。

[②] Shibata Yoshimasa, "The monetary policy under the Japanese administration", p.188，在苏拉维西有三家大公司，分别为国际电力通讯公司（International Electric Communications Company）、住友矿业公司（Suminito Mining Co.）和三井农业公司（Mitsui Agricultural Company）。

还是像苏门答腊各地在日方控制下继续经营。① 在贷款方面，当地多家小型银行曾一度筹款放贷；② 而南部开发银行的贷款仅向当地开办的日本公司发放。

> Under the military administration system, the borrowing of funds from the SDB was strictly limited to Japanese companies which flocked to the Indies during the occupation. Although under the aegis of the military administration, cash flowed indirectly into the indigenous economy through the Japanese companies but the SDB never targeted non-Japanese businesses as potential customers. As far as it has been possible to investigate the identity of the borrowers from the SDB in the Netherlands Indies, all were Japanese enterprises. Plainly, the SDB was not interested in lending money to Dutch or indigenous businesses.
>
> 在军政体制下，南部开发银行发放的贷款仅针对占领期间进驻印尼群岛的日本公司。尽管在日军政府的支持下，上述资金也会间接流入本土经济领域，但南部开发银行从未将非日本企业视为潜在客户。据不完全调查，荷属印度群岛在南部开发银行的借款人均为日本企业。显然，南部开发银行对向荷兰或本土企业给予贷款一事并不感兴趣。③

由此产生一个疑问，印尼的华商企业如果同日本企业合作，如何获得所需资金，抑或如何通过上述台湾人开办的银行借贷。

可以了解到的情况是，即使日军入侵望加锡，华人贸易区几近瓦解，华商企业仍能保存实力。正如一位目击者——布莱克·斯考特*（Black Scout）所言，最严重的轰炸发生在1944年10月16日，几乎

---

① Shibata Yoshimasa, "The monetary policy under the Japanese administration", pp. 182, 184 & 185.

② Op. cit., p. 186.

③ Shibata Yoshimasa, "The monetary policy under the Japanese administration", p. 192.

摧毁了整个华人聚集区域,① 而日本人居住的前荷兰人聚集区域并未受到严重破坏。令人惊奇的是,位于庙街的四处祠堂有三处完好无损。②

由于这场战争,成千上万的人失去了家园,不得不逃到马芝尼（Macini）村（距市中心约 3 千米）或更南边的哥哇村,那里的居民慷慨解囊,较为富裕的居民还通过收取"顶房钱"（oewang thee 或 uang kunci）提供长期租房,使租户可以自由地管理其住所。③

五 教育

有关望加锡华人教育方面的史料极少,但应与加里曼丹的情况相似,日本禁止欧洲教育机构在当地出现,但对华文教育较为支持,对于登记在册的华校及校内教师进行严格监督。在婆罗洲,日当局还实施了天皇年号纪年法,例如一份私人档案,是关于巴厘巴板（Balikpapan）一所学校的续签许可证④,文件中的日期使用了昭和（Shôwa）十九年（公历1944年）的表述。

第二节 东印度尼西亚邦时期（1946—1950 年）的望加锡华人社会

1945 年 9 月 2 日,日本宣布战败,对于新兴政权,望加锡民众的反应并不似爪哇岛、苏门答腊岛民众热情。1945 年 6 月,民族党（Partai Nasional）成立,旁尼（Bone）苏丹任党主席,萨姆·拉图兰吉（Sam Ratulangie）任副主席,但这个政党仅存在几周后解散了。⑤随后,当地的旧贵族势力宣布支持印尼共和国,拉图兰吉被苏加诺任

---

① Black Scout, "Nasibnja Kampoeng Tionghoa di Makasser", *Sin Po Special Nummer*, 1946 - 10 - 10.
② Yang Wen Chiao, "Maleman Sintjhia", *Java Critic*, Vol. 1, No. 4, January 1949.（无页码）
③ "顶房钱"指租户为获得租赁权,向房东交纳的一笔钱。此交易方式在某方面可规避相关法律规定的限制,时至今日,仍在实行,但对于此方式何时开始实行,无从而知。
④ 译者注：此证书在原文被称为"pembaruan ijin 或修了证书"。
⑤ Kahin, *Nationalism and Revolution in Indonesia*, pp. 121 - 122.

命为南苏拉威西省长，但这一局面也仅维持至 1946 年 4 月 5 日，荷兰政府逮捕拉图兰吉及其助手，还有布吉斯贵族。①

1946 年 11 月 15 日，印尼与荷兰达成协议，承认印尼共和国政权统领爪哇、苏门答腊地区，还规定共和国政权应与荷兰方合作建立印尼联邦共和国，联邦共和国由共和国（包括爪哇和苏门答腊）、婆罗洲和东印尼邦（由荷兰政府管辖的）②组成。1946 年 12 月 15 日，东印尼邦成立，以望加锡为首都，随即引发武装冲突③和韦斯特林（Westerling）发动的恐怖事件，持续至 1947 年 2 月 15 日。

在这一段充满动荡的岁月，华人也在尽全力重新夺回他们在望加锡市内的聚居地。

一 重建

太平洋战争结束后，望加锡华人结束了流离失所的状态，返回望加锡市区，但那时城市已被摧毁殆尽，唐人街最为严重，居民们只能收集建筑材料，修缮甚至重建房屋和商铺。据布莱克·斯考特的报告，被迫逃亡的居民并未从第二次世界大战同盟国手中获得任何赔偿，④而当时的房屋维修费用又十分高昂，有史料记载 1948 年 12 月，福州全郡会馆的会员当时为会馆屋舍，筹集了 20 万荷兰盾。⑤

望加锡市的华人数量众多，因此，在东印尼邦时期，重获居住地成为华人面临的严峻问题。据估计，1949 年华人人口达到 2.7 万—3 万人。⑥

---

① Op. cit., p. 355.
② 有关《林芽椰蒂协定》(Perjanjian Linggarjati) 详见 Kahin, *Nationalism an Revolution in Indonesia*, pp. 196 – 199。
③ 主要参考 H. Andi Ninnong, "Pages autobiographiques d'une princesse bugis dans la révolution"。
④ Black Scout. "Nasibnja Kampoeng Tionghoa di Makassar".
⑤ 同上。
⑥ Yang Wen Chiao, "Hoakiauw di iboe-kota N. I. T.", *Java Critic*, Vol. I, No. 4 (Sintjhia nummer), January 29, 1949, no page; Thio Heng Sioe, "Riwajat Pembangunan 'PERTIP'", in *Buku Peringetan Persatuan Tionghoa Peranakan (PERTIP) Makassar 1946 – 1953*, Makassar: Persatuan Tionghoa Peranakan "PERTIP", 1953, p. 19.

（一）华人社团及协会的重建

这一时期，各社团都努力建设一个更具政治性的组织，以便能够团结望加锡华人，并容纳各种行业的居民、青年和妇女。

1. 华侨总会

日本战败后，华人恢复了在日本占领时期被解散的社团。首先，恢复了十六个协会（名称不明），并在1945年9月下旬统一为华侨总会（Hwa Chiao Chung Hui，简称HCCH）[1]，隶属中华民国领事馆的管辖下。[2] 有关该总会的历史记载极少，但据了解，成立该总会的重要目标之一是筹建华文学校和挑选各华校领导，其出资筹建的华校包括三所小学（第一、第二和第三小学）和一所中学（华侨中学）；1949年后还将新华侨中学（Xin huaqiao zhongxue）和锡江中学（Xijiang zhongxue）纳入管理范畴。[3] 但华侨总会没有存在太长时间就面临分裂。

土生华人，特别是受过荷兰教育的人，抱怨新客华人在经济中占据主导地位，并认为，他们不理解土生华人面临的问题。1946年1月6日，部分社团代表和土生华人代表召开会议，社团包括长安堂、乐善社（Lok Siang Sia）、兄弟会（Shiong Tih hui）、南华会（Nam Hwa Federatie）、中华会（Chung Hwa Hui）、总务会（Tjiong Boe Hwee）、帕欧特雷（Paotere）、大坝岭安（Tabaringan）[4]、华侨音乐会（Hwa Kiao Im Gak Hwee）、姐妹会（Chie Mey Hui，苏连捷*为代表）等10个协会；土生华人代表，包括黄松吉和记者邓忠海*（Teng Tjong Hae）、蔡昌禄*（Tjoa Tjiong Lok）、韩文正*（Han Boen Tjeng）和汤政喜*（Thong Tjeng Hie）等人开会决定派出一个代表团与华侨总会协商，以求土生华人在总会中担任理事，或者至少在华侨总会中

---

[1] Thio Heng Sioe, "Riwajat Pembangunan 'PERTIP'", *Buku Peringatan PERTIP, Makassar 1946-1953*, Makassar: Persatuan Tionghoa Peranakan 'PERTIP', 1953, p. 19.

[2] 领馆同时负责印尼群岛东部地区，并推动了华侨总会在万鸦老、安汶和西巴布亚的建立，详见 Yang Wen Chiao, "Hoakiauw di iboe-kota N. I. T.", 无页码。

[3] 《华侨华人百科全书：教育科技卷》，中国华侨出版社1999年版，第307页。

[4] 帕欧特雷（Paotere）、大坝岭安（Tabaringan）为笔者音译。帕欧特雷和大坝岭安均为望加锡城区两处地名，有可能当时在此区域存在华人集聚区，因此出现了以地名代替社团名称的表述。

有一个分支代表土生华人群体。该代表团成功地会见了华侨总会的所有理事，然而，1946年1月16日，该团提出的长达6页的提议书最终还是遭到拒绝。①

1946年2月17日，土生华人代表举行第二次会议，决定成立中华侨生协会（Perserikatan Tionghoa Peranakan，简称为PERTIP）。值得一提的是，在雅加达也发生了类似的社团分裂事件，当地土生华人建立了新明会（Perkumpulan Cahaya Baru）。②

2. 中华侨生协会

在第二次会议上，邓忠海*提议成立有限公司，获得成员同意，随后还成立了发展委员会，负责解决土生华人日常生活中的问题（如失业、住房、贫困等），委员会主席由黄宣渊*（Oei Soan Goan）担任，同时还编制协会章程，并为南洋工商业有限公司（N. V. Nanyang Commercial and Industrial Company Ltd）编制章程。

1946年3月3日，中华侨生协会在望加锡正式成立，由地方政府负责人（Hoofd van Plaatselijk Bestuur）揭幕③，协会成员达650人。④ 1946年3月23日，南洋工商股份有限公司由迪茨（B. E. Dietz）律师作为公证人正式成立。⑤ 这些史料文献的整理，记者黄松吉发挥了重要作用。

1946年5月26日，中华侨生协会理事会，张恒寿*（Thio Heng Sioe）任理事长，由三名副理事长协助，其中第三副理事长就是黄松吉。理事会由经济、社会和政治宣传三个部门构成，还有监事会（成员包括经济学家陈德恒*或Tan Tek Heng）、董事会和顾问委员会。律师邓振宁（Teng Tjin Leng）和医生叶一仙*（Yap I Sian）也包括在顾

---

① 有关信件照片详见 *Buku Peringetan Persatuan Tionghoa Peranakan*, p. 110。

② 新明会，随后更名为印度尼西亚中华协会（Persatuan Tionghoa），印尼独立时期也曾更名为印度尼西亚中华民主党（Partai Demokrat Tionghoa Indonesia，简称为PDTI），最后更名为印尼国籍协商会（Badan Permusjawaratan Kewarganegaraan Indonesia，简称为BAPERKI），详见 Mary F. Somers, *Peranakan Chinese Politics in Indonesia*, Ph. D. Dissertation, Cornell University, 1965, p. 130。

③ Thio Heng Sioe, "Riwajat Pembangunan 'PERTIP'", p. 27.

④ 1953年，这个数字增加到2,000人。

⑤ Thio Heng Sioe, "Riwajat Pembangunan 'PERTIP'", p. 27.

问委员会当中。①

此后，中华侨生协会致力于统一各土生华人社团，但由于各社团担心被取代，这一努力最终没有成功。同时，性质类似于华侨总会的市华社联会（Shih Hwa She Lian Huey）成立，并邀请中华侨生协会加入，历经漫长的谈判，至1947年7月最终未果，后更名为中华侨团联合会（Persatuan Perkumpulan Tionghoa Perantauan）。领事王德芬（Wang Defen）、东印尼邦司法部长谢国强（Tjia Kok Tjiang）和中华妇女会（Chung Hua Fu Nu Hui）的理事们也曾联合推动社团合并，但也无济于事。1949年，中华人民共和国成立，此后，华侨总会、中华侨团联合会自行解散，而中华侨生协会仍继续运营，分别于1949年4月10日、1952年10月12日在巴里巴里（Pare Pare）、苏古明拉沙（Sungguminasa，1947年已成立办事处）建立分会，② 同年7月24日，余庆恒（Ie Kheng Heng）任协会总理事长，陈德恒*任副主席，苏连捷*任财务主管。③

3. 各类商会的成立

1908年，商会（Siang Hwee）成立，后更名为中华总商会，1949年1月重新开始活动，负责管理主要由新客华人经营的200家大型商店。④ 同时，来自福建的新客华商，联合其经营的1000家小型商铺，成立中华零售商公会（Warung Kong Hwee），商会办公地点位于比桑韦街（Pisangweg），1948年迁至市场街。⑤ 工人群体还成立了代表新客华人的中华劳工会（Zhonghua laodong hui）和代表土生华人的中华工人协会（Serikat Boeroeh Tionghoa）。⑥ 前者成立于1945年，并于1949年支持新中国政府。木工、石工群体大部分是来自广东的新客

---

① Thoeng Siong Hien, "PERTIP 10 Tahun", in *10 Tahun PERTIP Makassar 1946 – 1956*, p. 13. 有关委员会全体成员的名单详见 Thio Heng Sioe, "Riwajat Pembangunan PERTIP", p. 25。

② Thio Heng Sioe, "Riwajat Pembangunan PERTIP", pp. 29, 31.

③ *Buku Peringetan Persatuan Tionghoa Peranakan*, p. 17. 1950–1951年，苏连捷*再次任财务主管，之后她离开望加锡，定居雅加达。

④ Yang Wen Chiao, "Hoakiauw di iboe-kota N. I. T.". （无页码）

⑤ 同上；*Indonesia Timur*, February 2, 1948.

⑥ Yang Wen Chiao, "Hoakiauw di iboe-kota N. I. T.". （无页码）

华人，他们重新恢复了鲁班行。此前，有关鲁班行的成立时间说法不一，有两份史料分别指向 1907 年和 1909 年。1949 年 7 月 3 日，《东印尼日报》(*Indonesia Timur*) 也曾刊登鲁班行利用一周时间庆祝协会成立 40 周活动，庆典活动还邀请了王德芬领事。①

此外，青年群体成立的协会更加多样，最突出的当属接纳各类不同青年的华侨青年社 (Hua Chiao Ching Nian She)，但据杨蛟潮所述，该协会当时的表现并不活跃。② 三民主义青年团，是一个亲国民党、信奉三民主义的社团，并鼓动年满 18 岁的青年入党。1947 年，该社团试图合并各青年协会，但收效甚微。但蔡昌禄*夫人创立的中华妇女会，却成功联合了新客华人和土生华人群体，据悉，其丈夫蔡昌禄*是中华侨生协会 (PERTIP) 发展委员会的成员，③ 妇女会的主要目的是为女性群体提供良好的教育。

二 政治统一

东印尼邦的成立获得了部分华人的关注和支持，而另一部分华人则参与到争取民族独立的斗争中。

——土生华人知识分子群体在东印尼邦政权中的参与情况

东印尼邦政权由各地不同民族的杰出人士组成，其中许多是大学毕业的华人，从 1947 年开始，他们相继担任东印尼邦国会议员。邓振宁，法学博士，1932 年曾与陈粦如 (1904—1970)、蔡锡胤 (Tjoa Siek Ien, 1907—1987)④ 在荷兰成立印尼中华侨生协会 (Sarikat Peranakan Tionghoa Indonesia)，该协会是从中华会分离出来的社团组织。邓振宁在巨港工作多年后，于 1939 年返回望加锡；

---

① 《锡江商报》(*Sek Kang Siang Po*), April 4, 1927, 载自 *Overzicht van de Maleisch-Chineesche en Chineesche Pers*, Samengesteld door het Kantoor voor Chineesche Zaken, 1927 (4), p. 106; 《Indonesia Timur》, July 7, 1948。

② Yang Wen Chiao, "Hoakiauw di iboe-kota N. I. T.". （无页码）

③ 同上；Thio Heng Sioe*, "Riwajat Pembangunan PERTIP", p. 25.

④ 陈粦如和蔡锡胤*曾在第一期中华侨生协会纪念册写过一篇文章，有关两者的详细信息可见 Leo Suryadinata, *Prominent Indonesian Chinese: Biographical Sketches*. Singapore: ISEAS, 1995, pp. 173 – 174 & 207。

1946—1949年，领导东印尼邦国会进步派，由此可见，他应倾向支持印尼共和国。① 此外，国会议员还包括王忠美*（Ong Tiong Bie）、陈德恒*、曾存德*（Tjan Tjoen Tek）和梁辉庭*（Nio Hoei Ting）等，根据史料记载，1936年，王忠美*曾担任望加锡市议会议员；② 陈德恒*的相关资料已在上文提及；③ 而有关曾存德*和梁辉庭*，没有详细的史料记载。④

在中华侨生协会及其代表的倡议下，当地华人还曾组织活动，缅怀在日军侵略望加锡过程中保卫该市而牺牲的华人烈士——杨长水*（Jo Tiang Sioe）、林国寿*（Liem Kok Sioe）和王文祥*（Ong Boen Siong）。1948年4月5日，在巴都藏安（Batujangan）华人公墓（现已拆迁），当地华人还为他们竖立了一座用中文和印尼文篆刻的纪念碑，中华侨生协会主席张恒寿*在现场致辞。⑤

三　支持民族独立的杰出人士

由于华人的政治趋向较不稳定，支持印尼共和国政权的华人或土生华人的史料信息较难获取。但有关支持民族独立的英雄人物，当属萧国传（Siauw Kok Tjoan）、韩霖源*（Han Lien Koan）、蔡宏盛*（Tjoa Hong Seng）三人。从他们的身上可看出当时华人社会内部政治局势的复杂性。

（一）萧国传

萧国传，布吉斯华人，出生于拉邦县（Rappang）（锡登伦地区Sirendeng，位于望加锡以北约200千米处）；父亲萧渊灿*（Siauw Goang Tjang）从商，母亲布汪·森慕（Puang Semmu）。萧国传曾在当地一所荷华学校接受教育，并师从李正杨*（Lie Tjeng Yang）习武。

---

① Leo Suryadinata. *Prominent Indonesian Chinese*, p. 107 材料中曾出现邓振宁的印尼名（Nangoi T.），内容涉及其探讨新成立的印尼共和国政权。
② *Pemberita Makassar*, August 10, 14 & 29, 1936. 报道涉及王忠美对玛腰汤龙飞的批判。
③ 陈德恒*和邓振宁*是卡欣（Kahin）做研究期间的联络人。
④ *Buku Peringatan PERTIP Makassar* 1946-1953, p. 41.
⑤ *Indonesia Timur*, April 6-9, 1948. *Buku Peringetan Persatuan Tionghoa Peranakan*, p. 14 详见当时缅怀仪式及纪念碑的照片。

上图：人们在杨长水、林国寿和王文祥牺牲的地点为他们举行一场纪念仪式，即离望加锡市 9 公里处。

下图：为他们建立的纪念碑，位于巴都藏安公墓，该纪念碑是中华侨生协会管理委员会成员努力筹建的，并于 1948 年 4 月 5 日举行了揭幕仪式。

图 4-1　为缅怀在战争中作出牺牲和奉献的华人同胞，望加锡华人所做的努力

（资料来源：*Buku Peringatan PERTIP 1946 - 1953*, p. 14.）

当各地革命运动开始兴起时，萧国传在帕洛波（Palopo）集结和训练了一些曾经与荷兰军队作战但最终失败的印尼士兵。随后，他前往望加锡市，并居住在马尔德伽亚（Mardekaya）街。他化身为肥皂厂和锯木厂老板的伪装身份，为战斗人员提供庇护，协助苏拉威西印尼人民忠诚组织（Kebaktian Rakyat Indonesia Sulawesi，KRIS）藏匿武器，并将武器运至南苏拉威西省他加拉（Takalar）地区的博龙邦庚县（Polongbangkeng）。

1945年10月8日，万鸦老的青年们为了反对他们当中亲荷兰的一些人，在爪哇成立了苏拉威西印尼人民忠诚组织（KRIS）。1946年，该组织分支在南苏拉威西扩展。① 萧国传的住所还悬挂着一面红白旗，该处曾作为秘密会议的召开地，数名土生华人也曾参与其中。当住所暴露后，荷兰军队进行了查抄，找到萧国传的组织证明，并将其拘留。荷兰人在将萧国传流放马望（Mawang，哥哇县的一个小村庄）两周后，于1947年1月15日将其与其他数名革命战士处决。萧国传还是中华侨生协会的成员，1951年8月16日，当地华人在帕乃甘（Panaikan）烈士陵园（距望加锡约8千米）举行了隆重的葬礼仪式，将萧国传及与他同一天牺牲的40余名烈士遗体安葬。②

（二）蔡宏盛*

蔡宏盛*，又名阿卜杜尔·哈米德·蔡（Abdul Hamid Tjoa，逝世于1954年4月），可能出生于巴里巴里（Pare Pare），1933年，曾加入印尼民族党（PNI）望加锡支部，因"政治案件"被关押三年，后提出上诉。③ 在苏拉威西岛之外，他的名字鲜为人知，但根据中华侨

---

① 据1946年2月7日的信件，Sam Ratulangie报告南苏拉维西青年协会（Pandu Nasional Indonesia）已更名为苏拉威西印尼人民忠诚组织（KRIS），并在距离望加锡约60千米的苏巴（Suppa）、索彭（Soppeng）建立支部；1946年9月至1947年2月，该组织爪哇支部成员抵达望加锡；1947年11月17日，该组织在望加锡建立支部。Cf. J. A. Warauw et al., *KRIS 45, Berjuang Membela Negara, Sebuah Reflexsi Perjuangan Revolusi KRIS* (*Kebaktian Rakyat Indonesia Sulawesi*), Jakarta: Pustaka Sinar Harapan, 1999, p. 259, 268 – 269; Benedict R. O'G. Anderson, *Java, in a Time of Revolution, Occupation and Resistance*, 1944 – 1946, Jakarta: Equinox, 2006, p. 261。需强调的是，在这些文献中没有提到萧国传及其他土生华人的姓名。

② Thio Eang Theng, "Memperingati Seorang Pahlawan Kemerdekaan Indonesia", *Buku Peringetan Persatuan Tionghoa Peranakan*, pp. 156 – 158; *10 Tahun PERTIP Makassar 1946 – 1956*, Makassar: PERTIP, 1956, p. 41.

③ *Berita Baroe*, June 01, 1933; October 12, 1933.

生协会的资料，① 在第二次世界大战爆发前，蔡宏盛*就是一位杰出战士，并在印尼独立运动中表现活跃，与苏丹·贾里尔（Sjahrir）和穆罕默德·哈达（Hatta）关系密切；1946年，当选中华侨生协会政治委员会委员，及巴里巴里支部成员，1954年在当地逝世。

（三） 韩霖源*（Han Lien Koan）

韩霖源*，1912年出生于海南，后移居望加锡，并于1962年12月在当地逝世。他在望加锡哇卓县巴都努昂（Pattunuang）地方经营一家小店铺，同时也作为印尼共和国支持者集聚的场所，还曾提供武器、弹药支援，至1949年为躲避荷兰军的追捕，在华人公墓逃难藏身。近期，其幼子肯袖*（Kensiu）获得南苏拉威西政府的奖牌，韩霖源*这个名字才再次被追忆。②

四 经济领域的重建

日据时期结束后，华人面临不稳定的处境，商铺被摧毁，1942年前与荷兰人合作的企业尚未恢复，望加锡成为走私者的聚集地，人们纷纷将日本货币兑换成荷属东印度民政局（NICA）的新货币。③ 为了生存，1945年从乡村返回城市的诗人——何荣日（Hoo Eng Djie），开始成为一名卖鱼商人，还有很多人也开起了小店铺或摆摊过活。④

---

① 据 *10 Tahun PERTIP Makassar 1946–1956*, p. 37: "Saudara ini dapat dikatakan seorang veteran dalam pergerakan politik. Djauh dimuka Perang Dunia Kedua, sdr. Tjoa telah aktif turut dalam berbagai pergerakan kemerdekaan Indonesia. Antara temannja pada masa itu terhitung Hatta dan Sjahir. Sebagaimana biasa nasib dari pedjuang pada djaman itu, dia djuga pernah dipendjarakan oleh pemerintah djadjahan"（该同志算是政治运动的杰出战士了，二战时期，已积极参与各类独立斗争运动，曾被殖民政府囚禁，Hatta 和 Sjahir 也是其战友）。

② Cf. Kensiu, "Dari 'Malam Satu Hati' di Balai Jenderal M. Jusuf, 17 veteran Asal Tionghoa Terima Lencana", *Fajar*, February 7, 2006. 有关望加锡华裔烈士的最新名单可见 Udin Bahrum, "Tionghoa Pejuang Semangat Patriotisme", *Pecinan Terkini*, Vol. 1, No. 3, August 2008, pp. 8–9。

③ 荷属东印度民政局（NICA）是联军成立的政权，以取代日本政府，有关该政权颁布的经济政策，详见 Robert Cribb, "Political Dimensions of the Currency Question 1945–1947", *Indonesia*, Vol. 31, 1981, pp. 113–136。

④ *Buku Peringatan Persatuan Tionghoa Peranakan*, p. 53.

在此困难时期，荷兰政府试图重新夺取对望加锡的控制权[①]，集合荷兰富商，成立荷属东印度进出口管理机构（简称为 NIGIEO），以监管日本遗留下的货物储备，管理当地进出口贸易，并成立椰干基金会（Coprafonds）负责椰干贸易。该机构与日据时期类似，试图垄断进出口贸易，引起华人不满。此外，该机构仅向老客户或战前大批发商授予贸易许可证，导致许多新兴小商人被排挤，只能通过中间商甚至黑市购买商品。在万鸦老、望加锡，由于椰干基金会的存在，将椰干购买价格压得太低，也令当地商人叫苦连连，有些人抱怨，这个定价仅为世界椰干市场价的一半，许多人甚至冒着可能被捕入狱的风险，将椰干走私到棉兰老岛（Mindanao）等地。[②]

为应对当时不稳定局面，土生华人群体中的小商人决定成立协会，详细内容将在下文进行阐述。

——南洋工商业有限公司的成立

南洋工商业有限公司（N. V. Nanyang Commercial and Industrial Company），简称南洋公司，由中华侨生协会发展委员会成立。创始人：郑福宁*（The Hok Leng，1951 年逝世）、梁国祥*（Nio Kok Siong，1949 年逝世）、张恒寿*（Thio Heng Sioe）、黄松吉（Huang Sung Chie，1903—1949）、邓忠海*和汤清喜*（Thoeng Tjeng Hie），均为中华侨生协会成员。初创资金 10 万荷兰盾，后通过小商铺入股，短时间内筹集到 2 万荷兰盾，随后公司开始经营活动。建立南洋公司的最初目的是消除黑市，帮助小商铺获取所需的商品，并为失业者创造新的就业机会。

获得荷属东印度民政局（NICA）和荷属东印度进出口管理机构（NIGIEO）的认可之后，南洋公司能够使用渣华轮船公司（Java China Paketvaart Lijn，简称 JCPL）直接将进口商品从香港运至望加锡，[③]再将商品向中华侨生协会成员的商店出售。此后不久，荷属东印度进

[①] Mary F. Somers Heidhues, *Goldminers, Farmers and Traders in the "Chinese Districts" of West Kalimantan, Indonesia*, Ithaca: Cornell University, 2003, p. 214.

[②] Kahin, *Nationalism and Revolution in Indonesia*, p. 360.

[③] 一家荷兰航运公司，1902 年成立于阿姆斯特丹，荷兰名为 Koninklijk Java China Paketvaart Lijnen（皇家渣华轮船公司）。

出口管理机构还委托南洋公司向面包店和糕点店出售面粉,并负责监督面包和蛋糕的生产和销售。1946年,南洋公司能够将所得利润的8%进行分红。

然而,随着其他商家也获得了直接从香港获取商品的许可,市场上的商品过剩,南洋公司的利润也逐渐减少。荷属东印度进出口管理机构解体后,各类进口商纷纷涌现,南洋公司无法与其竞争。面包厂家对中华侨生协会的过度管控,也感到不满,并试图退出协会,随后成立面包同业会(Mian Pao Tong Jap Hwe)和东方贸易工业公司(Eastern Trading & Industrial Company)。最终,南洋公司仅负责管理农业贸易,但也不是很成功,土生华人社群的贸易合作就此戛然而止。①

五 学校和文化领域的重生

在管理学校方面,上文已提到华侨总会管理了四所学校,此外,也有其他社团、协会恢复了其在战争之前所创办的学校。由于史料有限,本部分仅概述有关私立华校或荷兰学校的重建信息。

(一) 华文教育

战前已成立的社团首先恢复了动作,并重新开办学校。例如,中华会馆(THHK)重新开设了中华学校(Chung Hua School)②,福州中华会开办清华学校。此外,战前由国民党开办的中山公学、华侨小学、平民学校和本立学校(后三个学校战前已存在)也都复校。③ 1949年10月中华人民共和国成立后,华人社会的政治分歧加剧,导致各校之间常发生争执。④

---

① 此部分主要依据 Liem Liong Teng, "N. V. Nanyang Commercial and Industrial Company LTD Makassar", in *Buku Peringetan Persatuan Tionghoa Peranakan*, p. 53 – 57。

② Yang Wen Chiao, "Tjinta dan Pengorbanan", *Tjilik Roman's*, Vol. I, No. 1, January 1949, p. 1.

③ 《华侨华人百科全书:教育科技学卷》,中国华侨出版社1999年版,第307页,可参见上一章内容。

④ Sammy Lee, "Es Putar, *Lek Tou Sa dan Bundu 'Patte'*", in L. Y. Farid dan F. M. Ibrahim eds., *Makassar di Panyingkul!*, Makassar, Panyingkul, 2007, p. 206.

（二）荷华学校（HCS）

李萨米（Sammy Lee）生于万隆，1946年与家人搬至望加锡，据他的回忆，① 有一所1908年成立的荷华学校，1946年在二门街（Jl. Pintu Dua 或 Muurstrat，现为 Jalan Serui）的原址校舍复课，学校老师大多是荷兰或华人女性。②

1947年以来，来自土生华人家庭的学生人数有所增加，师资人数匮乏。中华侨生协会在兄弟会的临时协助下，成立教育委员会，负责解决学校面临的问题。不久后，中华侨生协会还出资修缮一栋校舍，教育委员会也向所有教师发放工资津贴。随着学生人数的快速增长，校方决定增加下午班。但实际授课效果并不理想，上课时间较短、天气炎热，学生们常在教室里打瞌睡。此后，教育委员会试图重新获得位于北山洞（Goa Utara）路的一所战前荷华第二学校，但最终未果。后来在中华侨生协会及一些企业、商店和慈善家的捐款下，在城市剧院（City Theater）后侧的伯恩多阿拉（Bontoala）村购买了2000平方米的土地，通过 Neutraal Onderwijsfonds 基金会（成立于1948年12月）将这块土地的建设移交给了当地政府。③ 1950年，随着政权的更迭，该基金会和学校也解散了。

六　战后纸媒的发展情况

这一时期，很难看到报刊媒体为复兴所做的努力，因为此前的报馆大多被查收了印刷设备，或是报馆社长已经去世。下文将根据已获取的史料，进行简要概述。

（一）新的华文报诞生

接受过华文教育的望加锡华人开始兴办报业。1946年7月以来，祖籍福清的戴颂平（Tay Sung Ping）筹集资金创办周报——《匡庐日报》（*The Daily Chronicle*）。④ 在雅加达《天声日报》（*Thian*

---

① 见上一章。
② http://www.panyingkul.com/view.php?id=541. 访问于2011年1月12日。
③ "Pertip dalam lapangan Perguruan", in *Buku Peringetan Persatuan Tionghoa Peranakan*, pp. 67–69.
④ 匡庐或庐山，是江西省著名山脉名称。

Sung Yit Po)① 通讯员李兴梅（Lie Shing Mei）的帮助下，报社又筹措了一笔资金，并于1948年9月3日将报刊改为日报。1949年7月，王锦帆接任戴颂平，担任总编辑，《匡庐日报》还曾在爪哇及印尼其他岛屿发行。同年年底，王锦帆离开报社从商，戴颂平重返报社担任总编。戴颂平支持新中国，并利用报刊，促进中印尼两国关系。② 此外，战争结束后不久，《每日电讯报》（*Daily Telegraph*）在华侨总会的支持下创刊，但有关该报刊的信息极少，由国民党地方支部管理，报刊免费分发。③

除日报外，华社还刊印了几本中文或中印尼双语杂志。1947年，中华劳动会出版《大众之声》（*Suara Massa*）④ 双语月刊，但由于资金问题，没有维持很长时间。

（二）华人出版的马来语报纸的消失

战争结束后，几乎没有关于马来语报纸再刊的信息。《新报》记者郭克明（Kwee Kek Beng，1900—1975）回忆，谢国强（Tjia Kok Tjiang）曾要求其前往望加锡办报，但他礼貌地拒绝了这一请求。⑤ 郭克明一直与望加锡文化学者保持联系，1948年10月，雅加达出版的《爪哇评论》（*Java Critic*）月刊中，就刊登了不少望加锡作者的文章，其中也包括杨蛟潮（Yang Wen Chiao）的文章。

自1947年以来，局势较不明朗，《望加锡报》（*Pemberita Makassar*）⑥ 前主编黄松吉创办《新国日报》（*Negara Baru*）和《东王》

---

① 《天声日报》（*Thian Sung Yit Po*），1921年在巴达维亚创刊，是国民党地方支部负责的报刊，日据时期被禁，1945年复刊。该报亲国民党，1958年被禁。

② *Indonesia Timur*, August 21, 1948；《华侨华人百科全书：传媒卷》，中国华侨出版社1999年版，第181—182页。书中收录了该报副本，可推测该报的部分原版资料可能在中国。

③ 黄昆章：《印尼华侨华人史（1950至2004）》，第119页。

④ 黄昆章：《印尼华侨华人史（1950至2004）》，第119页。

⑤ Kwee Kek Beng, *25 Tahoen sebagi wartawan*, Batavia：Kuo, 1948, p. 113："... kaloe negrinja adaken ministerie oeroesan tourisme（pelantjongan）barangkali kita baroe pikir pinda ke Makassar boeat bantoe loekisken kaindahan alam dari Celebes."（如果国家设立旅游部，我们才会考虑迁到望加锡，以便描述苏拉威西的美景）

⑥ 见上文。

（Timur Raja）①杂志，后更名为《东印尼日报》（Indonesia Timur），②一直维持至20世纪50年代初，后再次更名为《群岛之星》（Nusantara），与《望加锡报》类似，报刊似乎是由荷兰—印尼合资公司管理，最初以报道婚丧事宜及华社新闻为主。黄松吉曾在社论专栏中使用笔名"马良"（Maliang），1949年7月16日，因交通事故意外身亡。③黄松吉离世后，土生华人对报社的影响力下降，《东印尼日报》由阿赫玛德·达昂·西亚拉（Achmad Daeng Siala）任社长，编辑部由马文康（J. Mawengkang）和沙特·达恩·西贾贾（Saud Daeng Sidjaja）负责，报刊中有关华人社会的新闻仍然存在但逐渐减少，④最终于1949年11月基本消失。同时，黄松吉的评论专栏由"划痕"（Tjorat Tjoret）取代。

一些特约记者继续报道有关华人社会生活的文章，如邓忠海*、苏连捷*和杨蛟潮，他们也时常在雅加达的马来语报纸或杂志上发表文章。邓忠海*，商人，曾为《少年之声》（Soeara Siauw Lian）报社理事，也是印尼中华党（Partai Tionghoa Indonesia，简称为PTI）望加锡支部创始人⑤。苏连捷*，曾为《国旗》（Pandji Negara）杂志撰写文章，该杂志自1948年由东印尼邦宣传部负责正式出版，自帕拉达·哈拉普（Parada Harahap）担任该杂志主编后，苏连捷*还任编委会成员和常驻助理；⑥1948年10月以来，她还一直积极为《五彩缤纷》（Pantja Warna）周刊写文章，该周刊取代了战前在雅加达发行的

---

① *Indonesia Timur*, July 7, 1949; Yang Wen Chiao, "Huang Sung Chieh", in *Java Critic*, Vol. 1, No. 12, September 1949, p. 22.

② 已查阅荷兰皇家东南亚与加勒比研究所（KITLV）馆藏的该报1948年1月至1950年7月的所有版次。

③ Yang Wen Chiao, "Huang Sung Chieh". pp. 22-23.

④ 如"Pertip dan Wuchang Day"，*Indonesia Timur*, October 10, 1949. 此外，查阅的1949年8月2日和1950年8月11日的版次中，还有关于当地华人婚丧的报道。

⑤ 有关该党在1942年前的活动，可参考上一章内容，以及"Klenteng-klenteng Tionghoa di Makassar"一文，收录于 *Buku Peringetan Persatuan Tionghoa Peranakan*, pp. 146-150。

⑥ 详见 Soh Lian Tjie, "Dugaan asal-usul Toradja", *Pandji Negara*, Vol. 2, No. 1, April 30, 1949; -, "… Makin berkembang", April 30, Vol. II, No. 1, 1949, p. 19. 杂志《国旗》（Pandji Negara）的部分版次现藏于荷兰皇家东南亚与加勒比研究所（KITLV）图书馆。

《新报周刊》(Sin Po weekiljksche-editie)。这位女性作家以描写华人文化生活见长，如庆祝春节、布吉斯—望加锡文化对土生华人的影响、华人的身份认同等。①

自1942年以来，杨蛟潮（生于1920年）已在《望加锡报》《泗水新闻》(Pewarta Soerabaja)发表多篇文章。② 战后，也向爪哇各类媒体投送文章。如果说苏连捷*常回忆在望加锡的青葱岁月，杨蛟潮则多以故乡为背景记录华人社会的历史。③ 遗憾的是，仅有几部作品为人所知。他常用杨文侨（Yang Wen Chiao）、文侨（Wen Chiao）、杨蛟潮（Yo Kao Tjiao）等名字发表文章，还有"金钱大师"（Master Fulus）和"光亮"（Terang）等笔名。杨蛟潮还在郭克明出版的杂志，以及《爪哇评论家》(Java Critic)、《五彩缤纷》(Pantja Warna)等刊物发表文章，这些文章有助于我们重新描述日据时期和东印度尼西亚邦时期的望加锡华人社会历史，也可从中洞悉20世纪20年代至独立后时期这些记者与爪哇媒体的联系。

此外，还出现了一些社团内部出版的刊物，例如在1949年出版的《中华侨生协会》月刊（Berita Bulanan"PERTIP"），但其他史料无迹可寻。④

第三节　共和国时期的望加锡华人社会（1950—1965年）

1949年8月23日至11月2日，圆桌会议在海牙举行，此后，荷

---

① Soh Lian Tjie*, "Bagimana orang Tionghoa Makassar rajaken Taon Baroe", *Pantja Warna*, No. 7, April 1949, pp. 15 – 16; -, "Pengaruh adat Makassar-Bugis, atas orang Tionghoa kelahiran Sulawesi Selatan", *Pandji Negara*, February 28, 1949（刊登于 *Pantja Warna* No. 24, September 1950), pp. 3 – 4, 38; H. D. Mangemba, *Kenallah Sulawesi Selatan*, Jakarta: Timun Mas, 1956, pp. 138 – 142; -, "Tjinta jang tida berharga", *Pantja Warna*, November 12, 1949, pp. 18 – 19.

② 见上一章论述。

③ 有关这一时期的历史，详见"Tjinta dan pengorbanan", *Tjilik Roman's*, Vol. 1, No. 1, January 1949; "Toebroekan djodo…", Op. cit. Vol. 1, No. 11, October 1949。

④ *Buku Peringetan Persatuan Tionghoa Peranakan*, p. 43.

兰从东印尼邦撤出其间接控制权，于 12 月 30 日前承认印尼主权。12 月 16 日，苏加诺当选印尼联邦共和国总统，联邦共和国与共和国政权在历经数周的会晤后，决定于 1950 年 5 月 19 日成立统一的国家政体。

在当时政权更迭的背景下，南苏拉威西出现暴力冲突事件。1950 年 4 月 5 日，印尼军营遭到突袭；新政权将联邦共和国武装部队（APRIS）派往望加锡市，印尼国民军（Tentara Nasional Indonesia，简称 TNI）司令安迪·阿齐兹（Andi Azis, 1925—1984）对此表示不满，于同月 14 日带领前荷兰皇家东印度军队（KNIL）占领望加锡市。[1] 不久后，望加锡还爆发安瓦尔·卡哈尔·穆扎克（Anwar Kahar Muzakkar, 1921—1965）叛乱。穆扎克，布吉斯人，建国时期曾与苏加诺一起参与印尼独立战争，后在努萨卡孟邦（Nusa Kambangan）被捕入狱；印尼建国后，他带领几位前游击战士发动叛乱，叛乱持续十余年，对南苏拉威西的经济造成一定的影响。[2]

随着苏拉维西加入新政权，当地华人的国籍身份面临新的问题，同时，新政府颁布的政策，也给华人报刊、华文教育，以及华人经济带来一定影响，这些方面将在本节进行详细阐述。

政权更迭，使尚未从战后重建中挺过来的华人社会雪上加霜，经济局势异常混乱，出现了返回中国或迁居雅加达、泗水等其他大城市的移民潮。

---

[1] 安迪·阿齐兹的个人经历十分传奇，曾在荷兰、英国部队服役，后被派往印度，1947 年抵达望加锡，发动武装起义后，于 1950 年 4 月 14 日移交印尼政府，被判 15 年监禁，1956 年被释放。"Kisah Azis, Pemberontakan Itu", Tempo Online (January 20, 2011), http://majalaptempointeraktif.com/id/arsip/1984/02/11/NAS/mbm. 19840211. NAS43444. id. html; "Pertualangan Andi Azis", Kompasiana, (January 20, 2011), http://sejarap-kompasiana.com/2010/08/29/petulangan-andi-azis/; Esther J. Velthoen, "Victims, Veterans and Heroes. Positioning South Sulawesi in the Indonesian Nation", in Dias Pradadimana ed., *Kontinuitas dan Perubahan dalam Sejarah Sulawesi Selatan*, Jakarta: Ombak, 2004, p. 153. 安迪·阿齐兹起义是为了应对印尼联邦共和国以及东印度尼西亚邦政府的解体（Indonesia Timur, August 14, 1950）。8 月 5 日发生的起义也有着共同的目的。

[2] S. Usman, *Tragedi Patriot dan Pemberontak Kahar Muzakkar*, Yogyakarta, Narasi, 2009, pp. 11 – 12; H. Feith, *The Decline of Constitutional Democracy in Indonesia*, Jakarta: Equinox, 2007, pp. 212 – 214.

一　国籍问题

华人面临复杂的国籍问题，主要取决于其居住在共和国管辖区域，还是东印度尼西亚邦区域。1949年12月，印尼和荷兰两国政府在海牙签订的协议中，允许自1949年12月27日以来，居住于印尼的荷兰籍华人被动拥有印尼国籍；若两年内拒绝加入印尼国籍，则成为中国籍公民。推行此政策的难度在于，已口头选择加入印尼籍的公民，无法出具书面证明。此后，印尼政府取消了该协议，重新按照1946年的规定执行，即"在印尼出生或父亲在印尼出生（虽然此方面的证件也很难获得）的公民，在立即办理印尼国籍证明的情况下，有权获得印尼国籍"。其实，相关证明也很难获取且花费高昂；外国公民须提前向印尼政府机构登记相关信息，对于华人而言，程序十分复杂。因此，有关这一时期有多少望加锡华人拒绝加入印尼国籍，较难统计。

1955年4月，中印尼两国政府签订有关双重国籍的条约，规定1949年12月27日前在印尼出生，并从未拒绝加入印尼国籍的公民，自协议签订之日起，将拥有两年时间获得印尼国籍；否则，将被纳为中国籍；对于协议签署后出生的华人子女，将被认为是中国籍。①

中华侨生协会也致力于帮助土生华人了解当时印尼的政治动态、普及国籍知识。1953年5月10日，邓振宁在《望加锡中华侨生协会十周年（1946—1956年）》刊物上撰写文章，强调国籍问题的重要性，并刊载了有关双重国籍条约的印尼语译文。②

（一）国籍选择对土生华人日常生活的影响

各类国籍政策规定，造成华人社会的分裂，社群中数量庞大的土生华人大部分选择加入印尼国籍，而数量较小的新客华人则选择了中

---

① Somers, *Peranakan Chinese Politics in Indonesia*, pp. 224 – 251; D. E. Willmott, *The National Status of the Chinese in Indonesia* 1900 – 1958, Jakarta, Kuala Lumpur: Equinox, 2009 pp. 46 – 47.

② Teng Tjin Leng*, "Pembatalan Konperensi Medja Bundar dan Status Warganegara Indonesia", in *10 Tahun PERTIP Makassar, 1946 – 1956*, pp. 75 – 87; "Naskah Pedjandjian Dwi-Kewarganegaraan Republik Indonesia-Republik Rakjat Tiongkok", *Op. cit.*, pp. 160 – 163.

国国籍。各种歧视外籍公民的经济政策，也导致华人社会的分裂加剧。

1. 土生华人社会生活的稳固

在社会生活方面，中华侨生协会以解决社会和经济问题为目标，成功合并了一些社团，但还存在部分社团保持独立。初期，为了加强土生华人与新政府的关系，帮助更多的华人参与印尼的政治生活，中华侨生协会并未干涉成员的政治意向选择，协会成员加入了各类政党，从印尼民族党（Partai Nasional Indonesia，或简称为 PNI）至印尼共产党（Partai Komunis Indonesia，或简称为 PKI）;[①] 在东印尼邦时期，协会就通过其成员，参与到市政委员会、国会及政府部门工作中，此后也参与到共和国临时国会（Dewan Perwakilan Rakyat Sementara 或简称为 DPRS）的相关事宜中，还派出数名代表参加邦加槟榔（Pangkal Pinang）、马利诺（Malino）、登巴萨（Denpasar）等多次会晤中。1954 年 6 月 12 日，中华侨生协会代表团会见访问望加锡的阿里·沙斯特罗阿米佐约（Ali Sastroamidjojo）部长。此外，根据史料记载，1950—1956 年，邓振宁曾担任临时国会议员;[②] 1954 年 3 月，在萧玉灿（Siauw Giok Tjhan，1914—1981）[③] 的推动下，印尼国籍协商会（Badan Permusyawaratan Kewarganegaraan Indonesia，或简称为 BAPERKI）在爪哇成立，向华人解释获取印尼国籍的程序，帮助华人融入印尼社会，同年 10 月，中华侨生协会帮助国籍协商会在望加锡成立支部。[④]

1955 年 5 月，中华侨生协会代表在望加锡首次与萧玉灿会面，讨论同年 9 月国会议员及 12 月的制宪议会选举，最终在竞选中，印尼国籍协商会在国会占 1 席（由萧玉灿代表），在制宪议会中占 8 席，

[①] *10 Tahun PERTIP Makassar*, *1946 - 1956*, p. 21.

[②] Leo Suryadinata, *Prominent Indonesian Chinese*, p. 107. 据该文，邓振宁是印尼国籍协商会的成员，但不久后退出。1980 年，阿天玛加雅大学（Universitas Atma Jaya）在望加锡成立，邓振宁还担任了该校董事会首任主席。

[③] 详见 Somers, *Peranakan Chinese Politics in Indonesia*, pp. 135 - 173。

[④] Thoeng Siong Hien, "'Pertip' 10 Tahun", *10 Tahun PERTIP Makassar*, *1946 - 1956*, pp. 21 - 22.

包括萧玉灿、黄自达（Oei Tjoe Tat）、叶添兴（Yap Thiam Hien）、吴银传（Go Gien Tjwan）、林群盛*（Liem Koen Seng）、黄培江*（Oei Poo Djiang）、燕亚菲（Jan Ave）和里特（C. S. Richter）。[1]

1955年之后，印尼国籍协商会在望加锡设立支部，位于中华侨生协会旁，处理政治方面的相关事宜，中华侨生协会则更专注于社会活动。[2] 无法知晓两协会的成员名单，较难了解两者之间的具体关联，也未能获得有关印尼国籍协商会在望加锡的政治对手信息，但在爪哇，国籍协商会自1960年开始变得越发重要。[3] 据了解，邓振宁（Teng Tjin Leng）曾加入国籍协商会，但不久之后退出，[4] 类似的情况也不在少数。

还需关注的是，中华侨生协会在东印尼邦时期没有建立学校，张振朗*（Thio Tjin Nong）的一篇文章中也印证了这一事实：

> 如果新客华人能够建大楼为教学及社团活动使用，为什么我们，这个数量更庞大的社群却没有能力做到呢？[5]

除兄弟会开办的小学以外，土生华人子女没有更多的学校可选，只能去印尼本地学校、新客华人办的学校（自1958年以来，新客华人开办的学校不再对印尼籍学生开放），[6] 或印尼籍华人开办的基督教私立学校。[7] 关于印尼国籍协商会是否在望加锡开办学校，没有史料记载。

---

[1] Somers, *Peranakan Chinese Politics in Indonesia*, pp. 145 – 153. 书中也有一份关于印尼国籍协商会在各区获得选票数的统计表。

[2] Somers, *Peranakan Chinese Politics in Indonesia*, pp. 145 – 153.

[3] Charles Coppel, *Indonesian Chinese in Crisis*, Kuala Lumpur, Oxford, New York, Melbourne, Oxford Universty Press, 1983, pp. 44 – 45.

[4] Leo Suryadinata, *Prominent Indonesian Chinese*, p. 107.

[5] Thio Tjin Njong, "Masalah pendidikan di dalam kalangan keturuanan Tionghoa", *10 Tahun PERTIP Makassar*, 1946 – 1956, pp. 137 – 139.

[6] *Indonesian Chinese in Crisis*, p 41.

[7] 黄昆章《印尼华侨华人史（1950—2004年）》讨论华人创办的私立学校时，未提及苏拉威西的学校情况

第四章　动荡时期的华人社会(1942—1965)　　223

　　值得一提的是，几位参与社会、政治领域的中华侨生协会成员。何荣日（Hoo Eng Djie）是最早试图吸引苏加诺关注华人少数族裔问题的人之一，1953 年 9 月 2 日，他与两位土生华人——江永宏*（Kang Eng Hong）、黄存安*（Oey Tjoen An，歌手）在总统府获得苏加诺接见。包括《新报》在内，雅加达的许多报刊对此进行了报道。① 1956 年，谢国强（Tjia Kok Tjiang）与两位学者沃尔霍夫（G. J. Wolhoff）和陈登庆*（J. E. Tatengkeng）在哈萨努丁大学（Universitas Hasanuddin，1947 年建校）创办法学院。后在马来西亚国民大学（Universiti Kebangsaan Malaysia，简称 UKM）创办法学系，并与来自拉邦（Rappang）的哈桑·郎谷伦（Hasan Langgulung，2008 年逝世）教授创办教育学院。② 邓振宁，1959—1962 年任哈萨努丁大学评议会秘书长，直至 70 年代，被评为该校杰出院士。③

　　中华侨生协会还汇总了各社团的社会活动成果，向各族贫困群体进行帮扶，为逝世者举行悼念活动等。梁存隆*（Nio Tjoen Liong）曾报道，1950—1953 年，同仁社（Tong Djin Sia）丧葬基金会曾帮助处理了 618 人的丧葬后事，其中有 271 人是非华人穆斯林（有可能其家属与华人穆斯林有密切关系），并购买了中华侨生协会用于殡葬的棺车（kwantjia 或 auto majit）。④ 同仁社是长安堂（Tiong An Tong）和四方会（Soe Hong Hwee）为丧葬服务合并而成的社团，但从侨联会社团名单来看，两个社团又单独存在，前者排在名单第 12 位，后者排在 16 位。此外，四方会应是为土生华人贫困家庭成立的社团（详见下文）。

　　2. 50 年代广告中的华人经济

　　在《望加锡中华侨生协会十周年（1946—1956 年）》纪念刊中一

---

① *Sin Po*, Vol. 3, September 15, 1953, 摘自 Claudine Salmon and Gerrit Hamonic, "Dunia Sastra dan Seni Masyarakat Tionghoa Makassar...", pp. 502 – 503。

② http://us.detiknews.com/read/2008/08/03/221212/982190/10/pendiri-fakultas-pendidikan-ukm-asal-indonesia-wafat，参考日期 2011 年 2 月 2 日。

③ Leo Suryadinata, *Prominent Indonesian Chinese*, p. 107.

④ Nio Tjoen Liong, "Laporan tentang Tong Djien Sia", *Buku Peringetan Persatuan Tionghoa Peranakan*, p. 49.

图 4 - 2 谢国强照片

资料来源：Moluks Historisch Museum（马鲁古博物馆）。

共刊登了 118 家企业广告，其中包括乌马尔·乌斯曼公司（Hadji Umar Usman & Co.）、雷亚公司（F. A. Rea & Co.）、荷兰医药化工公司（C. V. Unapharm）、哈吉卡拉公司（Hadji Kalla Coy）等非华商企业，很可能是因为这些企业当时与土生华人大商家有生意来往。

纪念刊中大部分刊登广告的企业包括进出口公司、纺织企业，以及售卖收音机、自行车、缝纫机、汽车，家电、食品、中西药、厨房用品、书等商家。

碾米厂、肥皂厂、油厂也刊登广告，例如成顺（Seng Soen），之前名为成顺油厂（Seng Soeng Oil Mills & Co），20 世纪 30 年代由甲必丹汤重昇[①]（Thoeng Tiong Pie）的养子汤文章（Thoeng Boen Tjiang）

---

① 汤重昇 1911—1916 年担任望加锡甲必丹。

创办，① 该公司的广告出现在刊物首页。面粉厂、饼干厂、布料厂、纺线厂、酒店和承包商也都刊登了广告。很少见到印刷厂的广告，例如，曾在 1953 年中华侨生协会刊物上出现的一家"华美丽印务馆"（Family），在 1956 年的刊物中已不见踪迹。② 此外，1956 年版的二次印刷，是由远在爪哇玛琅的模范出版社（The Paragon Press）负责，但当时在望加锡本地，印刷厂已较多见。

在服务行业，从荷兰殖民时期，许多土生华人已在各类欧洲人创办的公司工作，这种情况依旧延续至本时期，在保险代理（例如劳合社，N. V. Lloyd Indonesia）或银行，也有许多华人的身影。

值得注意的是，许多本地公司在爪哇设有分公司，如北方公司（Firma Utara），在雅加达设立分公司；梅加瓦蒂（Megawati）在雅加达、万鸦老设立分公司；隆发灿*（Liong Hwat Tjan）饼干厂在三马林达、泗水也设有分公司。总部位于爪哇的企业，也在望加锡设立分公司，如万隆、井里汶和泗水的巴迪克蜡染花布商家——裕祥公司（Djoe Siong Kongsi）。

3. 文体领域与体育

（1）文艺演出

在恢复当地文化，推动地方乐团演出方面，表现最活跃的当属何荣日（Hoo Eng Djie）。1950 年，他成立闪光乐队（Orkes Cahaya Berkilau，或称为 Singara Kullu-kulluwa）③，该乐队在望加锡电台举办的一场比赛中获胜，如学者哈莫尼克（Hamonic）和苏尔梦（Salmon）观察到的："……此乐队融合了当地乐器及西洋乐器，如手风琴、吉他、低音提琴和四弦琴。何荣日坚持使用传统乐器，为西洋旋律配音，保留了当地音乐的独特风格。为此，他还召集了当时著名歌手，如达恩·加辛（Daeng Gassing）、仲安*（Tjung-an）、哈桑丁（Hasa-

---

① 详见第三章论述。该企业办事处位于布鲁街（Jl. Buru）88 号，工厂厂址位于蒂博尼哥罗街（Jl. Diponegoro）315 号，现存几台旧机械。
② *Buku Peringetan Persatuan Tionghoa Peranakan*, p. 104.
③ 后更名为萨韦里加丁（Sawerigading），布吉斯族英雄史诗——"La Galigo"中的一名英雄人物。

nudin)、阿卜杜拉（Abdullah）和阿当（Adang）。"①

50 年代，望加锡文化在华人生活中的影响还较为浓厚，例如 1955 年选举人签名清单所示，仍有不少老年人能使用望加锡语和龙塔拉文（Lontara）字母签名，但随着老一辈华人的离去，这种情况也随之消失。林庆庸（Liem Kheng Yong）的翻译作品中也曾证实这一情况。②

有关电影院恢复营业及影片放映信息，不得而知，但土生华人和新客华人常通过举办各种戏剧表演筹款，例如在战前时期的慈善活动，中华侨生协会创建了戏剧团，1951 年首演，剧目常选取中国故事，如 1953 年演出汉代王昭君（Ong Tjiauw Koen）出塞和亲的故事。③

据林盛宁*（Liem Sieng Leng）撰文叙述，侨生协会创办的剧团推动了望加锡戏剧领域的发展。1955 年，此戏剧团参加在望加锡举行的印尼首届戏剧艺术节。④ 此外，自 1950 年，在各界的捐款下，中华侨生协会还拥有了一个舞狮队，在每年农历新年时进行舞狮表演⑤，舞狮队在庆典中获得的红包用于中华侨生协会的慈善活动。

（2）体育

爪哇当地人及华人的体育发展的史料较为丰富，尤其是拳击、足球、网球等方面⑥。与爪哇地区情况不同，有关南苏拉威西体育活动

---

① Gerrit Hamonic, Claudine Salmon, "Dunia Sastra dan Seni Masyarakat Tionghoa Makassar (1930 – 1950)". p. 488

② Yo Kao Tjio, Liem Kheng Yong, "Penterdjemah buku-buku tjeritera Tionghoa dalam bahasa Makassar", *Buku Peringatan Persatuan Tionghoa Peranakan* 1946 – 1956, pp. 117 – 119. 照片详见 *10 Tahun PERTIP Makassar 1946 – 1956*, p. 48。

③ Ang Thay Sang, "Sandiwara PERTIP", *Buku Peringetan Persatuan Tionghoa Peranakan Makassar* 1946 – 1953, pp. 71 – 73.

④ Liem Sieng Leng, "Sandiwara PERTIP", *10 Tahun PERTIP Makassar 1946 – 1956*, pp. 143 – 144.

⑤ Ang Thay Sang, "Barongsay PERTIP", *10 Tahun PERTIP Makassar 1946 – 1956*, pp. 113 – 115.

⑥ 摘自 Tio Ie Soei, *Riwajat satoe boxer Tionghoa (Tan Sie Tiat)*, Soerabaja, Hahn Co, 1928 和有关泗水市足球队最新的一个研究报告：Aji R. N. Bayu, *Tionghoa Surabaya dalam sepak bola*, Jakarta: Ombak, 2010. 后者的前言由 Freek Colombijn 撰笔。

第四章　动荡时期的华人社会（1942—1965）　　227

的起源尚不清楚，史料记载，1950 年，在汤费萨尔（Faisal Thoeng）带领的足球联盟（1947 年设立）倡导下，马里索（Mariso）地区兴建曼投昂因（Mattoangin）体育场。① 汤费萨尔是汤清知*（Thung Tjeng Tie, Baba Guru）的儿子，汤氏家族②的穆斯林后代。体育场项目于 1952 年动工，1957 年 7 月 8 日正式启用。下文将具体论述，新客华人社团提供的体育设施，以及土生华人青年一代如何利用体育设施，发展体育事业。

4. 华侨社群

有关华侨群体的杰出人物及人数的信息较少，这一群体没有选择印尼国籍，一些人已在印尼定居很长时间，也有一些是才居住了一段时间。

颜团亮*（Gann Thoan Lian）、韩文正*（Han Boen Tjeng）都是长期定居印尼的老华侨。颜团亮*，高级记者，1928 年任《潮声》（*Chau Sing*）报编辑；③ 韩文正*，1928 年曾担任望加锡市议会议员。④ 50 年代初，二人成立中华团结促进会，召集土生华人阶层中曾接受欧洲教育但不选择加入印尼籍的成员。⑤ 颜团亮*任主席，韩文正*任秘书长。1955 年，此协会加入侨联会（在侨联会社团名单中排第 33 位）。当时，印尼其他地区是否存在类似社团，尚不知晓。

尤扬祖（Joo Jong Tjoo，1892—1982）⑥，是在望加锡定居的新华侨。他出生于福建永春，并在那开了一家中药店。1914 年左右（也有其他资料显示几年之后），移居新加坡、望加锡和万鸦老等多地，

---

①　详见 *Ketika Stadion Matoangin dibangun* http：//www.panyingkul.com/view.php? id = 477&jenis = kabarkita（2011 年 1 月 22 日）. 文中收录了两张该体育场的地图，图片来自于 Faisal Thung.
②　有关汤氏家族已在上文进行简要叙述。
③　有关该报刊，详见上文论述。
④　Cf. *Chau Sing*, June 6, 1928. 韩文正*也曾任兄弟会主席。
⑤　Abituriënt［Goh Tjing Hok, 1919 - 1990］, "Han Boen Tjeng-Kwee Kek Beng", *Liberal*, Vol. IV, No. 131, March 10, 1956, p. 3. 该文实际是为批判雅加达记者郭克明（上文已简要叙述），文中记录该记者非常支持中国，但最终却选择加入印尼籍。
⑥　《华侨华人百科全书》, p. 637；http：//baike.baidu.com/view/2202508.htm, 2011 年 2 月 5 日；网上有关尤扬祖的各类自传文章，涉及的日期可能会与本文引用的日期有出入。

1940—1941 年回中国；1946 年返回望加锡，开办椰油、肥皂、汽水厂，并从事国际进出口贸易，后在父母的支持下，将几家工厂合并，成立协丰永乐公司，担任公司董事长；同时，被选为望加锡市华人商会会长，还曾帮助当地居民抵抗荷兰军；1953 年，返回福建，并担任了福建省副省长。

50 年代初，华侨群体的生活状况较富足，国民党的领事撤离后，他们也曾产生焦虑、犹豫，但新中国成立后，北京派来了新领事，打消了他们的疑虑，并拥护新中国。1955 年，在新领事的保护下，联合望加锡各类华侨华人社团的望加锡华侨社团联合会（简称侨联会）应运而生。

5. 侨联会——宗旨及活动

侨联会的成立恰逢华人需要相关支持的时期，其宗旨在社团章程中用中印尼双语，详细陈述，[①] 并维护各社团加入侨联会后的自由度。章程内容如下：

> 侨联会联合望加锡各类华社，宗旨是：
> 1. 统一华人社群，关注并维护华侨权利，为社群提供有利帮扶。
> 2. 促进华侨教育、文化、体育等事业的发展。
> 3. 帮助并推动华侨工商业事业的发展。
> 4. 促进中华文化与印尼文化的交流，增进两国友谊。

由于章程规定非常宽松，当地许多华社对章程内容表示赞同，并加入侨联会，再加上规定中并未细化对成员国籍的要求，已选择印尼国籍的华人也没有感到被排挤。但从 1955 年侨联会登记的 63 家社团名单中可以看出[②]，土生华人社团数量极少，仅有兄弟会（Shiong Tih

---

① 译文详见 C. Lombard-Salmon, "La communauté chinoise de Makasar, vie collective et organisations", *France Asie*, Vol. 23, No. 2, 197, 169, pp. 184–188。

② 该表格根据侨联会前秘书长 1967 年获得相关史料，及以下刊印史料 Lombard-Salmon, "La communauté chinoise de Makasar, vie collective et organisations", pp. 189–194. 依据报刊及其他史料，个别社团的成立或解散日期进行了调整。

Hui)、丧葬公会等几家社团。此外，涉及体育领域的社团并未区分社员的新客华人或土生华人身份，但总体来看，土生华人的占比极少，说明土生华人仍与新客保持距离，尚未融合。

表 4-1　　　　　　　1955 年加入侨联会的社团名单

社团名称	成员祖籍	土生华人或新客华人	社团属性	成立及解散时间
漳州同乡会	福建	新客华人	慈善	1942 前—1965
兴安会馆	福建	新客华人	慈善	1942 前—1965
福建社团联合会	福建	新客华人（大部分）	团结福建华侨；政治	1945 后—1965
琼州社	海南	新客华人	慈善	1921—1965
锦霞堂	泉州（福建）	新客华人（大部分）	吴氏祠堂（丧葬）	1928 左右—1965
广肇同侨互助会	广东	新客华人	慈善	1945 后—1965
晋江公会	福建	新客华人	慈善	1942 前—1965
新生互助会	客家	新客华人	慈善	1945 后—1965
福州全郡会馆	福建	新客华人	慈善，电影院、戏剧	1913—1965
永春会馆	福建	新客华人	慈善	1916 左右—1965
南安公会	福建	新客华人	慈善、电影院	1945 前—1965
长安堂	福建（大部分）	土生华人（富人阶层，会费较高）	丧葬（提供灵车）	1910，一直存在至 1969
正义堂	各地	土生华人	青年社团（体育、音乐、戏剧）	1945 后—1965
每日电讯报	福建	新客华人	出版报纸①	1945 后—1960？
华侨裁缝同业会	广东	新客华人	针对裁缝行业的协会及社团	1945 后—1965

① 出版《每日电讯报》（*Daily Telegraph*）。

续表

社团名称	成员祖籍	土生华人或新客华人	社团属性	成立及解散时间
四方会	各地	土生华人（贫困阶层，会费较低）	丧葬（底费用）	1934—1965？
华侨畜牧会	福建、广东	新客华人	针对畜牧行业的协会及社团	1945后—1965
兄弟会	各地	土生华人	慈善、教育	1925—1965
中华总商会	福建（大部分）、广东（小部分）	新客华人（富人阶层）	商会（进出口贸易）	1908—1965
华侨新年会	各地	土生华人	青年社团（体育、艺术）	1945后—1965
中华零售商公会	福建（大部分）	新客华人（大部分）	零售商协会	1946—1965
咖啡店公会	海南	新客华人	成员多来自琼州社，针对咖啡商铺所有人，提供工作、慈善帮扶	1946—1965
航商联合会	福建	新客华人（中产阶层）	航海、商业工会	1946—1950之间直到1965
匡庐日报社	福清（福建）	新客华人（大部分）	出版中文日报（《匡庐日报》）	1946年7月—1960年？
中华鞋业工会	福清（福建）	新客华人（大部分）	针对鞋业的行业协会及社团	1946—1950之间至1965
文化工会	广东	新客华人	针对金匠行业协会及社团	1946—1950之间至1965
鲁班行	广东	新客华人	针对木匠的行业协会及社团	1907—1965
新民会	各地	土生华人	戏剧、艺术	1945后—1965

续表

社团名称	成员祖籍	土生华人或新客华人	社团属性	成立及解散时间
锡江华侨教师工会	各地	新客华人	针对教师的行业协会及社团	1945后—1965
中华牙业工会	湖北	新客华人	针对牙医的行业协会及社团	1945后—1965
侨众剧团	福建、广东	新客华人（大部分）	戏剧	1945后—1965
中华妇女会	各地	新客华人（大部分）	教育、妇女会	1929—1965
中华团结提进会	各地	土生华人（具有西方教育背景）	团结非印尼籍土生华人	1945后—1965
新华校友会	各地	土生华人、新客华人	新华学校毕业校友会	1945后—1965
新华体育会	各地	土生华人、新客华人	体育、篮球	1942前—1965
华侨排球总会	各地	土生华人、新客华人	排球	1945后—1965
中华劳动会	各地	新客华人	工人协会	1945后—1965
中华花裙纱布工会	福清（大部分）	新客华人	团结布商	1945后—1965
摄影工会	广东	新客华人	团结摄影师，约100人	1945后—1965
旅业工会	各地	新客华人	团结酒店服务商	1945后—1965
三教会	各地	土生华人、新客华人	佛教教育	在1954年有变更，一直存在至1969
华侨公冢会	各地	土生华人、新客华人	提供华人墓地服务	1942前，一直存在至1969
飞轮体育会	广东、福建	新客华人（富人阶层）	篮球	1948—1965

续表

社团名称	成员祖籍	土生华人或新客华人	社团属性	成立及解散时间
锡江羽球总会	各地	土生华人、新客华人	羽毛球	1945后—1965
篮球总会	各地	土生华人、新客华人	篮球	1945后—1965
右联社	?	?	友谊组织	1952—1965
华侨图书馆	广东、福建	新客华人（大部分）	开办公共图书馆，提供中文书籍	1952—1965
青年群利会	?	?	青年组织	1948—1965
华中义务学校	广东、福建	新客华人（大部分）	教育，提供留学奖学金	1945后—1965
新华侨中学	广东、福建	新客华人	晋江工会开办的中学	1945后—1965
中南学校	广东、福建	新客华人	小学	1945后—1965
中华师范学校	广东、福建	新客华人	南安工会开办的师范学校	1949后—1965
广文学校	广东	新客华人	广肇同侨互助会开办的小学	1956—1965
清华中小学	福清（福建）	新客华人	教育	1945后—1965
先华学校	广东、福建	新客华人	教育	1945后—1965
侨光学校	各地	新客华人	教育	1945后—1965
南侨学校	漳州（福建）	新客华人	高中	1945后—1965
华侨小学第一校	各地	新客华人	小学	1945后—1965
育才学校	海南	新客华人	小学	1945后—1965
华侨小学第三校	各地	新客华人	小学	1945后—1965
中国公学校	各地	新客华人	小学，也接收印尼籍学生	1945后—1965
新华学校	大部分福建	新客华人	小学、中学	1953—1965
中华劳动狮团	各地	土生华人、新客华人	舞狮表演	1945后—1965

从上表可了解新客华人在经济领域主要从事的行业，涉及零售、航海、岛际贸易等行业的协会，成员多来自福建，其中福清人多从事纱布贸易、鞋业；涉及金匠、裁缝、木匠和家具行业，后三类广东人居多；此外还有摄影、咖啡贸易、牙医、酒店服务以及生猪畜牧等行业，其中海南人多涉足咖啡贸易，湖北人多从事牙医。

由此可见，侨联会的社团成员涉及各行各业，甚至在教育与文化领域发挥作用，中国驻望加锡领事也常联合侨联会，举办电影租借、图书及教材捐赠等文化活动。表格中，有26个组织位于望加锡，有15所学校与当地社团有关，其中有几所学校由基于祖籍地的华社创办，如广东肇庆华人创办广文学校，福建晋江华人创办新华侨中学，育才学校由海南华人创办，中华师范学校由南安华人开设。还有一个提供中文书籍的社团——华侨图书馆，据悉该图书馆不分族群，对公众开放。

二 限制华人的政策

1957年，印尼政府指责国民党"台湾当局"间接协助陆军上校塞缪尔（H. N. V. Samuel）在望加锡发动叛乱。塞缪尔曾宣布军事管制，并控制了苏拉维西、巴厘岛、马鲁古和努沙登加拉群岛地区，他向全体军官宣读《全体斗争宪章》（PERMESTA）。[1] 印尼政府控制住该叛乱之后，所有支持国民党的学校和组织都被永久关停，亲中国台湾的华商企业及银行被政府没收，部分华人被驱逐出境。[2]《匡庐日报》被封后，曾因领馆介入，复刊了一段时间。[3]

同时，在经济方面，印尼政府出台政策限制华人经商。例如，针对华商征收高税费；[4] 自1959年7月27日起，南苏拉威西军事统治

---

[1] Merle C. Ricklefs, *A History of Modern Indonesia since c. 1300*, pp. 255, 260, 262, 269, 291.

[2] David Mozingo, *Chinese Policy toward Indonesia 1949–1967*, Ithaca, London: Cornell University Press, 1976, p. 153.

[3]《华侨华人百科全书：传媒卷》，第181、182页，书中收录了该报刊的一页原版，可推测该报刊部分原版应藏于中国；*Indonesia Timur*, August 21, 1958。

[4] George W. Skinner, "The Chinese Minority", in Ruth T. McVey ed., *Indonesia*, New Haven: HRAF, 1963, p. 114.

者宣布，全境农村地区禁止外国人进入；高潮出现在 1959 年，政府颁布第十政府令（Peraturan Pemerintah 1959, No. 10, PP10），规定自 1960 年 1 月 1 日起，禁止外籍商人（大部分是华商）在农村拥有商铺，对于普通华商而言，他们也无法在市区生存，因为政府颁发的营业许可证，仅针对大企业。①

图 4-3 位于龙宫（Ronggong）路的广肇同侨互助会学校的碑文

（作者于 2006 年拍摄）

此后，印尼各地相继出现排华潮，1965 年"九三零"事件爆发后，反共运动席卷全国，各类华人社团、华校被封。② 1965 年 10—12 月，望加锡爆发排华运动，近 2000 家商铺、住房被损毁，南苏拉威西省的其他城市也相继爆发排华运动。③ 侨联会连同大部分分会（不包括慈善和丧葬协会）、印尼国籍协商会和中华侨生协会的地方支部被封，各社团活动场所被政府没收充公，现在位于龙宫路的穆罕默蒂亚（Muhammadiyah）学校，早在 1956 年，是广肇同侨互助会的办学

---

① Mary F. Somers, *Peranakan Chinese Politics in Indonesia*, pp. 197, 210.

② 详见 James A. C. Mackie ed., *The Chinese in Indonesia. Five Essays*, Melbourne: Nelson in association with The Australian Institute of International Affairs, 1976。（尤其是前三篇文章）

③ Coppel, *Indonesian in Crisis*, p. 60.

地点。① 随后，华校老师不得已改行从商，还有的提供私人课程，也有的靠代书维生。

三 移民潮

很难了解当时望加锡华人社会移民潮的概况，可以确定的是，印尼独立后，一些望加锡华人选择移居到新首都——雅加达。苏连捷*是一个相当令人惊讶的例子，虽然不知道她是如何设法在国家宣传部工作的同时又继续从事她的翻译工作，但可以肯定的是，她是首批担任印尼政府公务员的华人女性之一，同时也还在继续从事媒体工作，担任《印尼观察家报》（*Indonesia Observer*）的撰稿人。② 1963—1966年，她还担任国家新闻部创办的《建国五基》（*Pantjasila*）英语版月刊的编辑之一。

20世纪五六十年代，许多前往中国留学的华人青年，完成学业之后，没有返回印尼。③ 但这一时期有关望加锡的史料极少，仅了解到，新华侨中学的设立，主要为出国留学生提供服务。中国"文化大革命"结束后，在香港出现了许多以来源地（多为东南亚地区）命名的同学会，如印尼锡江同学会，于2002年成立。④

1959年第十政府令出台后，印尼各地都出现了华人搬离、迁至其他地方的情况，但人数有限。⑤

在望加锡，最后一波移民潮出现在五六十年代，史料明确记载了部分华人迁至爪哇去碰碰运气，黄奕聪（Oei Ek Tjhong，印尼名 Eka Tjipta Widjaja，1921 – 2019）就是其中一位最终成功的商人。1923年，黄奕聪出生于中国泉州，1930年随父母抵达望加锡，并在当地接

---

① 见图4-3。
② 此后，苏连捷使用印尼名诺拉·苏里安帝（Nora Suryanti）。
③ Michael R. Godley and Charles Coppel, "The Pied Piper and the Prodigal Children: A Report on the Indonesian-Chinese Students who went to Mao's China", *Archipel*, Vol. 39, 1990, pp. 179 – 198.
④ 王苍柏：《活在别处：香港印尼华人口述历史》（*Life is Elsewhere. Stories of the Indonesian Chinese in Hong Kong*），香港大学出版社2006年版，第271页。
⑤ Mary F. Somers, *Peranakan Chinese Politics in Indonesia*, p. 211. 香港锡江联谊会由望加锡华侨组成，曾于2010年赴望加锡访问，详见《国际日报》，2010年4月6日版。

图 4-4 赖辅仁的书法作品[1]

（资料来源：作者2005年在望加锡赖先生儿子的画框店拍摄）

受华文教育。日据时期，他协助父母经商，最终独立经商。1945 年，创办食品厂，市场覆盖全苏拉维西岛。1955 年，着手椰干贸易，主要是发往爪哇岛，后移居爪哇岛。一开始在东爪哇，发展较为不顺，1960 年搬至雅加达，并创办金光公司（C. V. Sinar Mas），主要经营食材、丁香和香烟的进出口贸易。1969 年，已蜕变为成功商人的他，创办比通—万鸦老食用油（Bitung Manado Oil）有限公司，该公司主要负责提炼椰油，产品能够满足印尼50%的消费需求。此后，黄奕聪还与三林（Salim）集团合作，在苏哈托时期成长为除林绍良（Liem Sioe Liong，1916—2012）之外又一位成功的华商。[2]

60 年代至新秩序初期，望加锡华人移居爪哇或国外（多为受教育阶层）的浪潮一直持续，但人数有限，也常出现整个家族一起移居的情况。

---

[1] 书法中写一句明智的话："忍"的同时须"奋"。赖辅仁祖籍在厦门，曾在新华学校担任老师。

[2] Leo Suryadinata, *Prominent Indonesian Chinese*, p. 222; Leo Suryadinata ed., *Southeast Asian Personalities of Chinese Origin. A Bibliographical Dictionary*, Foreword by Wang Gungwu, Singapore: Chinese Heritage Centre & ISEAS, Vol. 1, 2012, pp. 1266-1268.

本章小结

　　这一时期的印尼社会，尤其是华人社会经历了巨大的变化。政治与暴力事件频发，人民艰难度日，同时也给南苏拉威西地区经济带来负面影响。

　　日据时期结束后，华人社群与当局一道，努力尝试重新控制局势。政治风暴无意中使华人为其今后的命运做好准备，他们兴办社团，一方面是为了恢复经济秩序，另一方面是为了迎接崭新的政治生活。值得一提的是，土生华人在政治上的态度较新客华人更为尖锐，后者在战后快速恢复，并将各类社团置于中国领事的统一领导下，而土生华人，由于更了解印尼社会政治变化，政治选择更加激进，政治敏感度更高。

　　此外，望加锡土生华人有意疏远与新客华人的关系，为融入印尼社会，首次于1946年成立中华侨生协会（PERTIP）。类似组织也在爪哇泗水出现，泗水华人在1920—1930年，曾与印尼民族主义政治人物关系密切，1952年，印尼华裔社团（Persatuan Warga Indonesia Turunan Tionghoa，简称PERWITT）在泗水成立。随后，临近1955年大选时，全国性的土生华人社团——印尼国籍协商会（BAPERKI）成立。

　　国际社会的各类事件也影响印尼当地局势。选择中国国籍的华侨，需要在大陆和台湾地区之间做出选择；选择融入印尼社会的土生华人，也逃不过国内政治波谲云诡的影响。1965年年底，无论选择如何，华人在印尼当地的社会生活权利被剥夺。

　　随着新秩序政府组建，出现了一种新的融合，实则理解为同化更为准确，这种同化彻底改变了原来的华人社会生活。

　　放弃华人身份所做的牺牲，还是以悲剧而告终，1997年、1998年，在望加锡和雅加达相继发生反华暴乱。政府对此一直没有进行彻底披露，但对华人社群却也展示出相对开放的态度，华人能够重新彰显其身份，并对其历史表现出浓厚的兴趣。

结　　论

中国元代古籍有关广州的地方志中，曾几次提及与南苏拉威西有关的地名，在提及国外货物运抵广州时，提到过有来自望加锡的货物。此外，16世纪，西班牙人曾使用的民族名"Sangaleyes"（Sanggalea/Sangley）称呼华人，在菲律宾、南苏拉威西等地被广泛使用，但有关当时望加锡第一批华商的史料较少。中国明代有关郑和下西洋的史料中，并未提及苏拉威西，《东西洋考》（1617年）中曾提及吕宋、苏禄、文莱和马鲁古群岛等地，但未提及望加锡。

尽管如此，17世纪10年代，抵达望加锡港口的欧洲人，曾提到当地有戎克船携带丝绸、陶瓷等货物从中国抵港，当地还有售卖白酒的商人。这些戎克船很可能不是直接从中国抵达望加锡，而是途经菲律宾、马鲁古群岛或印尼其他岛屿。这一分析，也可以从望加锡首批华商的史料分析中得到证实，如王悦（Ong Watko），不仅与英国、荷兰的大商人建立商业往来，也同苏拉威西当地贵族建立联系，其玳瑁生意规模之大，不仅覆盖了苏拉威西东部沿海地区及包括布顿（Buton）在内的周边岛屿，还延伸至马鲁古群岛、帝汶群岛、菲律宾群岛南部（甚至到达马尼拉）等地。

期待未来的水下考古成果能够帮助历史学家更深入地了解位于古代苏拉威西南部海域的戎克船经过的航线情况。

荷兰东印度公司（VOC）占领望加锡城后，在其统治下，包括华商经营的贸易在内的所有贸易活动，必须符合东印度公司的要求，巴达维亚一直发挥印尼群岛第一海港的作用，荷兰港务长通过发放许可证、检查货物的方式，严格监督所有船只的进出港情况。同时，望加锡与中国的直接贸易往来受到严格管控，每年仅允许一艘戎克船抵港开展贸易活动。然而，华人在海洋贸易中表现非常活跃，港务长的记录显示，横跨18世纪，大部分被监督的贸易涉及大米、烟草、白酒、海产品，尤其是运往中国的海参，那些戎克船有的直接在望加锡开展贸易，或前往巴达维亚（如果被禁止进入望加锡港口时）。此外，戎克船的船组人员相当多是穆斯林，望加锡当地的梁氏家族似乎主导当时的帆船贸易。

自1745年以来，随着税收承包制度在巴达维亚的实施，望加锡当地的马来人和华人之间产生激烈竞争和冲突，当局干预后，情况才得到缓解。当时，望加锡居民根据祖籍地形成一个个社群聚落，并由一名社群领袖领导该聚落。这一体系在此前已经出现。社群领袖多来自较富裕的家族，并通过联姻，加强各家族的联系，其中有一部分人信仰伊斯兰教，也有一部分坚守中华文化传统。这也解释了望加锡现存的两处最古老的宗教场所的宗教属性，一处是建于17世纪末，保佑出海人的天后宫；另一处则是体现华人与穆斯林尤其是马来人通婚的清真寺。

19世纪上半叶，荷印殖民政府的政策与东印度公司时期并无较大差异，华人社群的经济情况变化较小。但是，华商通过利用孤儿院（Weeskamer，或称美色甘）作为放贷银行，收入增加，商务贷款获得发展。18世纪，望加锡华人在贸易中的表现已十分活跃，19世纪上半叶，更是在该领域发挥更为重要的作用。他们经商以"诚信"为本，若从孤儿院贷款，务必找担保人担保。还有一些人从事"非法"（从荷兰东印度公司视角来看）奴隶交易，这些奴隶被卖给布吉斯人。从孤儿院注册信息得知，华人以遗嘱的形式管理财产，使财富能够遗传给其子女（尤其是女儿）。从注册信息的签名来看，部分华人女子使用布吉斯或望加锡当地文字签字，而非穆斯林华人男子则以中文签字，从而可推测部分华人妇女已接受了教育。根据当时的报道可知，布吉斯妇女、爪哇妇女具有相当重要的社会地位，尤其是在贸易领域。此外，当时女性接受教育一般在家中进行，由其母亲负责。

1847年，贸易港口的开放标志着望加锡经济和社会转型的重要开始。政府鼓励当地华商、税收承包商与新加坡各类商人合作，并逐渐接受西方的企业法人形式，参与了新式资本主义的发展。华商（主要是土生华人）从新规定中获益，购买望加锡周边土地，用于农业和椰子种植，并在内陆甚至周边岛屿上出租种植园，但同爪哇华人相比，土地规模较小。随着第一份马来文报纸的出版，可推测，报纸的出现推动当地各族的联系，至少推动了能够阅读马来文的社群的联系。

　　同时，来自中国的移民的数量增多，并立即加入贸易领域，由于数量庞大，社会结构发生改变。他们的生活方式，如兴建宗教祭拜场所、祠堂、学校等，引起了社会"再华化"（resinisasi）。但是，很难判断"再华化"对望加锡华人妇女带来的影响。史料显示，她们毫不犹豫地参与到寺庙或其他宗教场所的活动当中，且发挥了不可忽视的作用，尤其是从她们在活动中的捐赠来看，很难想象在她们的祖籍国是否也会发生同样的情形。

　　面对华人社群的新局面，土生华人穆斯林似乎无法坚守，社群领袖间接阻止社群成员信仰伊斯兰教，导致这一群体逐渐融入当地社群，除少数人，如梁氏家族成员，土生华人穆斯林雷珍兰一职逐渐消失，这种现象也发生在爪哇岛，特别是在泗水市。

　　20世纪，荷属东印度各地废除包税制度，税收承包商不得不将其资金转移到其他本土经济领域。这一过渡十分顺利，因为殖民政府也同时实行发展南苏拉威西腹地的政策，推动咖啡、椰子和林业的发展。此外，大商人也开拓了新的商业领域，例如银行、保险、电影院以及马来文、中文报纸出版印刷等。

　　随后，针对华人社群的中文、荷兰语和马来语现代教育开始实施，各类社团及政党开始涌现，马来文、中文报刊也开始报道华人文化生活。土生华人、新客华人都已融入当地的城市生活，新客华人通过报纸关注中国的发展，土生华人一直活跃在当地及全国范围的社会生活中，土生华人穆斯林则试图重新建立从地方到覆盖全国的社团。女性群体（尤其是青年群体）表现活跃，参与各类社团活动，并在马来文报纸上表达自己的思想和观点。政府对华人社群进行间接管理，虽然玛腰是成功商人和政治地位的象征，但只是名义上的，失去了实际权力。望加锡华人逐渐热衷于参与市政工作，并通过选举代表发表意见。捐赠及互助活动在日常生活中发挥重要作用，望加锡华人经常筹集善款，帮助灾民，支援中国抗日战争，同时用于兴建学校及其他慈善事业。

直至第二次世界大战爆发前，华人社群在经济、文化领域的发展达到顶峰。第二次世界大战爆发，开启了一系列政治动荡事件的发生，并一直持续至20世纪下半叶，当地华人精英家族瓦解。由于史料匮乏，无法了解这一时期华人社群的全貌，史料仅显示了当时政权更迭之下，各类政权实施的政策，以及华人社群中表现最积极的一部分群体如何通过整合社团，应对政治和经济问题。外部政策要求，迫使华人社群内部移民潮出现，其影响较难评判。此外，对于印尼东部地区的居民来说，几年内他们已通过各自的方式，努力内化外界强迫其接受的各类政治身份，国籍问题较难作出选择。即便如此，望加锡华人一直首先将自己视为望加锡人，并为此感到骄傲，就像已移居爪哇或国外的万鸦老华人，视自己为万鸦老人一样。

本研究涉及的时期截至1965年，理由很简单，此后时间越久，越难将华人看成一个群体。随着1967年同化政策的出台，华人必须改名换姓，这种情况在历史上也曾出现，如加入穆斯林的华人，也会将自己的中文姓名改为印尼名。因此，改名换姓会使许多事情变得模糊不清，难以辨析华人社会的整体面貌，描述望加锡华人社会的历史演变。更何况，现在许多华人选择忘记以前的事情。

新秩序时期结束后，新气象在印尼华裔社群中产生，望加锡华人正尝试重振其中华特色（ketionghoaan），（正如新加坡人所说的那样，我们或多或少是"中华人"或者"we are more or less Chinese"），这是一个将来很值得研究的课题。2008年，望加锡当地出版了一本十分有意思的杂志，名叫《当代华人区》（*Pecinan Terkini*），杂志内容曾上传在网上，但该杂志并未经营很长时间。

最后，须强调的是，望加锡华人的历史，如同巴达维亚华人一样，在印尼这片土地已存在四个世纪，但鲜为人知，更少有人追溯。

术语释义

有关本书出现的术语或固定词组的释义如下，标注时遵循两点原则：第一，该词最常被使用的语言，包括：I. 印尼语，M. 马来语；以及其他语言，如 Mak. 望加锡语，S. 萨玛巴瑶（Sama）方言，W. 哇卓（Wajo）方言；Bld. 荷兰语；Th. 中文；第二，对于外来语的词源说明，包括：Ar. 阿拉伯语，Bld. 荷兰语，Skt. 梵文，P. 波斯语；Port. 葡萄牙语。

a

acte van borgtogt，Bld.，担保证书。

afschriften van testamenten，Bld.，遗嘱副本。

akung，S.，一种玳瑁类别。

arak，I，酒，阿拉伯语借词，含酒精，即通过发酵、蒸馏制作出的饮品，一般使用大米、甘蔗或椰子为原材料。

b

Baba，峇峇，P.，对土生华人的称呼，在望加锡特指土生华人穆斯林。

barongsai，I. barong 和闽南语音译词 sai 组成的合成词，barong 即舞者扮演动物时的形态，sai 即狮子，合成后可理解为：1）几位舞者扮演狮子时的形态；2）舞狮表演。

bea，bija，I.，Th.，偈仔，梵文借词。是以下词的简称：1）港口税（马来语）；2）税收

boedelkamer，I. 遗产局，荷兰语借词。

boedelmeester 武直迷，Bld.，遗产管理人员。

boko，S.，一种玳瑁类别。

brik，Bld.，双桅横帆船。

burgher，Bld.，欧洲人，尤指不在荷兰东印度公司工作的荷兰人。

c

chialoup，chaloep，sloep，Bld.，欧洲船舶，重约30拉斯特（last），约由20名水手操作。

d

dokar，I.，Bld，载客双轮马车。

duit，I.，Bld，面额较小的铜钱；8 duit 相当于1斯泰佛（stuiver）或1第纳尔（dinar）；50 stuiver 相当于1瑞克斯银币（rijksdaalder）。

e

entjim，Th.，阿婶，对妇女的称呼，即婶婶。

f

fiskaal，Bld. 财税官。

g

gambir，I.，甘密，藤本植物，在望加锡及内陆地区，可掺杂少量甘密配合槟榔叶食用。

gerasse，来自孟加拉的低质棉织布。

gongguan，Th.，公馆，华人社群首领的办公室。

gonting（konteng，kunting，kuntingan），M.，一种知名的爪哇船舶，用于捕鱼，重约8拉斯特（last）。

h

huiguan，Th.，会馆，基于祖籍地或职业成立的社团。

i

Intje（Ince），Entje，Antje，M.，阿叔、叔叔，中文借词；马来人、土生华人穆斯林常用称呼；在望加锡，Ince 也可用于称呼女子。

j

junk，djong，jong，jung，M.，音译为戎克船或艘，是一种帆船，两端用木板封盖，船底为矩形的中空盒子，船内有多道防水措施。

k

kapitan, Port 甲必丹，葡萄牙语借词，华人社群的领袖。

karet, M., 西班牙人借用的加勒比方言，玳瑁。

kati, J. I, 卡迪，重量单位，约 0.6 公斤。

kepeng, keping, J. I., 中国古代的铜钱，中间有一方孔，可将其绑在一起使用，一般以 1000 为单位起绑。

kongsie, I., 公司，中文借词，1）华人开办的企业；2）管理公司的人员。

kulitan, M., 玳瑁类别。

l

last, Bld., 重量单位，约 1250 公斤。

Letenan, Bld., lei-zhen-lan, lui-tin-lan 雷珍兰，荷兰语借词，华人社群领袖，级别低于甲必丹。

m

mardijker, Bld., 获得自由的奴隶，一般指葡萄牙人拥有的奴隶，信仰基督教。

mas, I., 1）金子；2）印尼群岛多地铸造的金币。

matoa, W., 本义是"老"的意思，哇卓（Wajo）社群领袖的称呼。

n

naamlooze vennootschap, Bld., 简称 N.V.，公共企业，现指有限公司（印尼语简称为 P.T.）。

Nanyang 南洋, Th., 旧时对东南亚地区的叫法。

negory, 马来语借词，国家。

o

oewangkang, 见 wangkang。

p

paal, Bld., pal, 一荷里

paduwakang, M., B., 运载货物的马来或布吉斯船舶，有一到三个桅杆和帆，17—19 世纪被广泛使用。

pamayang, Mak. 用于捕鱼，拖网渔船。

particuliere landerijen，Bld.，私人土地。

pedaken，petak，I.，华人建造的石屋，一般楼下是商铺，楼上用于居住。

pencalang，M.，本意是侦察船（"calang"，意思是侦查）；本书中指一种产自马来，专门用于运输商品的船舶，爪哇地区也制造此类船舶。

peranakan，I. 土生华人，出生在印尼的华人后裔，父亲多为华人，与出生于中国的新客华人（totok）形成对比。

picis，J. I.，零钱，铜币，见 kepeng。

pikul，I.，重量单位，约 60 千克。

po，lienpo，Th.，宝，即用一种骰子（被称为 po）的赌博游戏。

produk tiruan，I. 假冒产品。

potehi，Th. 布袋戏，中文借词，印尼语中常称为"wayang potehi"（瓦扬布袋戏），华人木偶戏源自福建南部。

r

ratu，S.，玳瑁类别。

rechtspersoon，Bld.，法人，见 hakim perhimpunan。

rijksdaalder，Bld. 相当于 2.5 荷兰盾。

s

Sanggalea 词源未知，据早期望加锡南部地区的说法，是对华人的旧称呼。

sarania，Mak.，基督徒，类似于印尼语或马来语中的"serani，nasrani"。

schuldkennis，Bld.，借据、欠条。

sien tjie，Th.，神主，祖先牌位。

sinshe，Th.，先生，华人对中医大夫的称呼。

siotjia，Th.，小姐，姑娘。

Siang Hwee，Th.，商会，即华人商会。

spaarbank，Bld.，存款银行。

t

tjapgomeh，I.，十五暝，闽南话，即元宵节，春节之后的第 14 至

15 个晚上。

tongkang，Th.，艟舡，古马来语借词，指中国的双桅船，与 wangkang 类似。

topho，Th.，是一种赌博游戏桌。

toptafel，Bld.，赌博游戏桌。

v

vereeniging，Bld.，社团、协会。

w

wangkang，wangka，Th.，艟舡，古马来语借词，华人使用的一种帆船，重约 170 拉斯特（last），形状类似戎克船（jung），但规模较小。

Weeskamer，Bld.，孤儿院。

wijkmeester，Bld.，村长。

附录一

苏拉威西岛地名中印尼文对照表

根据相关史料，华人碑文研究及《东南亚地名街名录》(*Directory of S. E. Asian Towns with Roads & Streets*, Singapore: The Nantao Publishing House, 1967, pp. 57 – 58)。

Amurang 亚武兰

Bajowe 峇组威
Balangnipa 峇南哖吧
Banggai（群岛）曼涯群岛
Bantaeng 频底贤（蒙古时期）；榜大英；旁打因
Bau Bau 苞苞
Bitung 比东
Bone 旁尼
Bontoala 文道仔六；本托拉
Buton（岛）武墩；浦都；布丹；布顿岛

Donggala 郎加拉；浪牙拉；东加那

Garassi 加罗沙
Gorontalo 牛郎打佬；哥伦打洛
Gowa 哥哇

Jeneponto 占尼蚌多

Kendari 肯达里
Kwandang 广丹

Luwu 劳勿；鲁沃；路五；卢伍

Majene 马英坭；马由尼
Makassar 孟嘉失（蒙古时期），傍伽虱（约1619年），茫佳虱；梦茭虱（18世纪），孟嘉锡；锡江；望嘉锡；望加锡（19—20世纪）
Malili 马里利
Mamuju 马武由；马武蛛
Manado 万雅老
Mandar 门达儿
Maros 马洛士
Muna（岛）武那

Palopo 巴洛保；帕洛波
Palu 巴路
Pare Pare 巴里巴里
Parigi 巴里宜
Peleng（岛）比麟岛
Poso 巴苏；波梭

Salayar 沙里耶
Sangihi（群岛）散其吉；珊枝岛
Sengkang 新港
Sidenreng 时宁凌
Sinjai 新惹伊；申宰
Sungguminasa 苏古明拉沙

Takalar 他加拉

Talaud（群岛）达兰岛

Togian（岛）多吉安岛

Ulu Siauw 绍坡

Watang Soppeng 苏朋

Watanpone 瓦坦波尼

附录二

望加锡华人领袖名录

……

1657 – 1665 – Loquo 罗群*（或 Loquin）[I]

……

1674 – 1678 – Ince Couko，是一名穆斯林（也被称为 Oeikoeko 黄舅哥）[II]

1679？– 1700 – Ongwatko（I Wakko, Wang Yue）王悦[III]

1701 – 1731/2 – Ongkiego 王基哥*或 Ong Kieko，王悦的儿子[IV]

1732 – ？– Ongkingsai，Ongkiego 的儿子[V]

  1732 – 1738 首位雷珍兰，名字没有记录[VI]

前后 1738 – 1748 或 1749 – Lijauko 或 Li Ruzhang（李如璋），系 Ongkiego[VII] 的侄子，在 1738 年他装修天后宫

  1739？– ？Tio Polau 赵宝老*[VIII]

1751 – ？– Que Podang 邱宝党*，Ongwatko[IX] 王悦的孙子

  1751 – Intje Biko[X] 土生华人穆斯林的首位雷珍兰或甲必丹，

  1765 Intje Tengharie 土生华人穆斯林的雷珍兰[XI]

1766 – Lim Lamseeng 林南盛*[XII]

……

1791 – 1794？– Ongtoeiko[XIII] 王翠哥*

……

1800？– 1808 – Oey Nyeeko 黄雅哥（1813 年 7 月 17 日之前去世）

1809 – 1817（？）– Limtjanko（Lim Tjanghing）林灿哥*[XIV]

1811 Letenan Peranakan Baba Aboe（谢）[XV]

1813 Letenan Peranakan，Baba Moendo[XVI]

1815 Letenan Peranakan Tja［Tjia］Binglo 谢明吕*，别名为 Baba Abos[XVII]

1817 – 1833 – Niokikong 梁旗光或 Nio It Long 梁一龙（1762 – 1837）[XVIII]

 1833 – 1834？Jo Tjekang 杨江*

 1826 – 1834 Nio Hway Tjoh 梁怀祖

 1833 – 1834？Jo Tjekang 杨江*

 1835 – 1838 Liem Tjoetjien 林春志*

 1833 – 1843 土生华人雷珍兰 Tja［Tjia］Soegoan 谢锡源*

1834 – 1836 – Nio Howaitjo 梁怀祖（去世于 1856 年）

1837？ – 1842/43？ – Lie Siauw［Tek］李绍德（1790 – 1855）

1844 – 1849 – Jo Jang 杨渊*

 1844 – 1848？土生华人雷珍兰 Koepatjio 高拔蒋*

 1849 – 1853 Jo Tjing Siang 杨清祥*

1850 – 1853 – 此时在荷印殖民政府年鉴（*Regerings Almanak*）中没有记录甲必丹的姓名

1853 – 1860 – Jo Tjing Siang 杨清祥*

 1850 – 1863？Nio Sentjiang（Tjing Sie 进秀？）[XIX]

 1853 – ？Auw Tjie-ing 欧志荣*

 1855 – ？Lie Hoen Soen 李勋顺*

 1857 – 1864 Nio The Hoe 梁得富（Yuyu 欲裕）

 1857 – ？The Tjing Hok 戴原义[XX]

 1859 – 1861 Ong Im 王欣宾

 1861 – 1862 Jo Kong Giok 杨昆玉

 1862 – 1880 Tjioe Oendjioe 周温裕*

1861 – 1864 – Ong Im 王欣宾[XXI]

1864 – 1876 – Nio The Hoe 梁得富（Yuyu 欲裕）

 1864 – 1868 Nio Tjing Sioe 梁进秀

 1869 – 1872 Nio Goan Ek 梁元益（去世于 1873 年）

 1872 – 1880 Lie An Djiang 李安然

1880 – 1887 – Lie An Djiang 李安然

　　　　1880 – 1882 Thoeng Tjam 汤堑/亦称 Tang Heqing 汤河清（1845 – 1910）

　　　　1880 – 1882 Nio Kae Hian 梁开兴

　　　　1882 – 1896 The Giok Eang 亦称戴裕丰

　　　　1882 – 1886 Auw Thiau Eang 亦称欧阳凤鸣

　　1887 – 1893 – The Tjing Hok 戴振福*亦称戴厚义

　　1893 – 1908 – Thoeng Tjam 汤堑/Tang Heqing 汤河清

　　　　1896 – 1899 Jo Hoae Giok 杨怀玉

　　　　1899 – 1903 Thio Djoe Tjing 张裕清*

　　　　1896 – ? Nio Ing Boe 梁英武（昭布）

　　　　1903 – 1904 Nio Eng Lien 梁应［麟］

　　1908 – 1910 – Thoeng Liong Hoei 汤龙飞（1872 – 1942）

　　　　1908 – 1911 Auw Tjiong Siang 欧重相*

　　　　1908 – 1914 Ang Goan Seng 洪元升

　　　　1911 – 1916 Thoeng Tiong Pie 汤重丕（1857 – 1918）

　　　　1912 – 1914 Lay Djin Heang 亦称黎仁显/Li Dachen 黎达臣（约1915年去世）[XXII]

　　　　1914 – 1916 Thoeng Kok Leang 汤国良

　　　　1914 – 1917 Lauw A Liong 刘亚隆*

　　1916 Thio Tjong Kiat 张忠吉*（于1916年逝世）

　　1916 – 1921 – Nio Eng Boe 梁英武 昭布

　　　　1916 – 1918 Oei Eng Siong 黄应祥*

　　　　1917 – 1923 Lie Eng Peng 李英炳*

　　　　1918 – 1923 Thio Eng Geap 张英业*

　　1921 – 1926 – Thoeng Liong Hoei 汤龙飞（1872 – 1942）

　　1926 – 1942 – Thoeng Liong Hoei 汤龙飞担任玛腰

　　以上是待完善的名单，整理早期的华人领袖名录多依据欧洲人和华人的笔录，再加上相关的研究成果（如脚注所示）。甲必丹的姓名使用小四号字，而雷珍兰则使用五号字，并加上空格。在1833年的《荷属东印度政府年鉴》（*Regeerings Alamanak voor Nederlandsch Indië*）中，第一次出现有关望加锡华人领袖的记载，即甲必丹——杨齐江*（Jo Tjekang），但有关甲必丹任期结束的日期通常没有明确记载。而有关雷珍兰的记载，已知1751年已有华人穆斯林雷珍兰，至1850

相关记载不再出现，可能与土生华人穆斯林融入当地社群有关。此外，自 1820 年起，《政府年鉴》（*Regerings Alamanak*）也记载了孤儿院中的华人信息，排序较为混乱，本书未将其列出。还需说明，年鉴也存在一些信息错误，尤其是社群领袖的姓名记录不完整或不准确，例如甲必丹 Lie Siauw［Tek］（1837？－1842/43？），名字中到底有没有 Tek，生卒年月也不明确，又如雷珍兰 Nio Gan［Goan］Ek 梁园益，本书对此，尽可能完善相关信息。

[I] Heather Sutherland, "Trade, Court and Company. Makassar in the Later Seventeenth and Early Eighteenth Centuries", in Elsbeth Locker-Scholten & Peter Rietbergen eds., *Hof en Handel. Aziatische vorsten en de VOC* 1620 - 1720, Leiden: KITLV, 2004, pp. 98 - 99.

[II] Cf. *Dagregisters Batavia*, 12 Januarij 1682, p. 12; Bernard Hoetink, "Chineesche Officieren te Batavia onder de Compagnie", *Bijdragen tot de Taal-Land-en Volkenkunde*, 78, 1922, pp. 97 - 98; Heather Sutherland, "Trade, Court and Company", p. 102.

[III] Cf. Heather Sutherland, "Trade, Court and Company," p. 102; Jacobus Noorduyn, "The Wajorese merchant community in Makassar", in Roger Tol, Kees van Dijk and Greg Acciaioli eds., *Authority and Enterprise among the Peoples of South Sulawesi*, Leiden, KITLV, 2000, p. 103; Claudine Lombard-Salmon, "La communauté chinoise de Makassar. Vie religieuse", *Toung Pao*, Vol. LV (4 - 5), 1969, p. 296.

[IV] Heather Sutherland, "Trade, Court and Company," p. 102; 华人相关职位由巴达维亚殖民当局任命; cf. *Nederlandsch-Indisch Plakaatboek*, Batavia: Landsdrukkerij and Denhaag: Nijhoff, 1898, Vol. 3, December 27, 1701, p. 521; Aanton A. Cense, "Sanggalea, an old word for 'Chinese' in South Celebes", *Bijdragen tot de Taal-Land-en Volkenkunde*, No. 1, 1951, p. 107. 提及 1724 年一位甲必丹逝世，但未提及其姓名。

[V] Heather Sutherland, "Trade, Court and Company," p. 102.

[VI] 据 ANRI, Makassar 308.1, Inventarssien van 1730 tot 1739, 在其 1732 年 4 月 20—25 日的记载中有提到一名华人雷珍兰，但未记录其姓名。

[VII] Inventarissen van den 1730 tot 1739 (Makassar 308.1); *Realia*, Vol. 2, p. 167, 提及 Lijauko（写错为 Lianko）于 1753 年须离开望加锡，前往巴达维亚; Claudine Lombard-Salmon, "La communauté chinoise de Makassar. Vie religieuse",

T'oung Pao, Vol. 55, No. 4 – 5, 1969, p. 296. 提及 Lijauko 的姓名有时会被写错为 Lijanko; cf. Gerrit Knaap and Heather Sutherland, *Monsoon Traders, Ships, Skippers and Commodities in Eighteenth-Century Makassar*, pp. 30 & 66.

[VIII] Makassar/Inventarissen van 1730 tot 1739); ARNAS, Secrete Dagregisters June 22 – October 20, 1802, Arsip Makassar 441.2, 1739 年和 1802 年（有关华人社群墓地的边界划定）的档案中记录了雷珍兰赵宝老*（Tio Polau）的姓名，以及华人社群墓地的边界划定。

[IX] ANRI, Arsip Makassar 332/8; 一, VOC.

[X] ANRI, VOC 1667.

[XI] ANRI, NA VOC 1667.

[XII] ANRI, Arsip Dagregisters, Makassar 396.7.

[XIII] ANRI, Makassar 324.8; Arsip Weeskamer/Makassar 346.1.

[XIV] ANRI, Arsip Makassar 246.2.

[XV] ANRI, Makassar 346.6, Weesmeesters Shuldkenissen.

[XVI] ANRI, Arsip Weeskamer resolutie Makassar 346.2.

[XVII] ANRI, Arsip Makassar 346.2.

[XVIII] 根据梁氏家谱的记载，但政府年鉴中未记载 1830、1831 和 1832 年甲必丹的姓名。

[XIX] 此处信息可能有错误，据梁氏家谱信息，仅有梁进秀（Nio Tjing Sioe）担任过雷珍兰。

[XX] 雷珍兰戴原义，福建龙溪人，1865 年为龙显宫喜捐牌匾一块；Wolfgang Franke et al. eds., *Chinese Epigraphic Materials in Indonesia*, Singapore: South Seas Society, Vol.3, p.265.

[XXI] 甲必丹王欣宾（Ong Im），漳州漳浦人，1864 年喜捐牌匾"龙显宫"一块；Wolfgang Franke et al. eds., *Chinese Epigraphic Materials in Indonesia*, Singapore: South Seas Society, Vol.3, p.264.

[XXII] 雷珍兰 Lay Djin Heang，广东梅县客家人，曾获民国政府嘉奖，于家乡逝世。该信息由其住在澳大利亚的孙子，李林肯（Lincoln Li）提供。

附录三

盼望团结

作者：莲花*（Lian Hoa）

在望加锡，接受教育的女性数量庞大，但与其他地方相比，女性组织的发展仍十分滞后，其他地区已出现由女性成立的组织，有着更大更高的人生目标和使命感。

呼吁大家！

可亲可敬的女性同胞们，

在此，向大家宣布，时隔多年后，我们已经在望加锡成立首个女性社团，一个专门为华人女性群体服务的社团。

女性社团的成立与 Patpokiongtjoe 女士、张元金娘*（Thio Goan Kiem Nio）女士在报纸上刊登的文章有密切关系，这些文章，我们已重复宣读，为的是不忘记她们的呼声，从而让我们团结起来，追寻我们的目标。

华人女性在封建旧礼的桎梏下，与奴隶无异，这样的情况已持续了多久？是没有办法废除吗？为什么女性一定要接受这样的命运？现在就是我们从桎梏中解放自己的时候，只要我们团结合作，冲破藩篱。

姐妹们！请将你们的视野看向欧洲的姐妹们！为什么她们能够做成了那么多事情？难道她们不是弱势群体的一员？国内，放眼爪哇姐妹们所做的一切，使我们，（望加锡女子），尤其是受过教育的女性，对于如此落后的状况感到惭愧。难道在这里，我们不能为追求目标做些什么吗，就如对岸的姐妹们那样？

我们不能灰心丧气，我们要满怀希望，坚定地追求我们的梦想。

是的，一开始我们将会受到各种打击和指责，但是有了奋斗的精神和团结的力量，上天一定会眷顾我们，战胜一切的困难。

筚路蓝缕，以启山林。

姐妹们，想要与我一起踏上这征途吗？让我们一起努力，实现下面的两个目标：

第一，提升女性的社会地位。

第二，为男女平权而奋斗，为社会贡献力量。

现在，我们能够在社团中实现上述目标，姐妹们，衷心邀请你们加入。请将申请表按以下信息邮寄：SO LIAT [N] TJIE, Van Schelleweg No. 4

此致

敬礼！

"TRIO JANG MOELIA"

（《潮声》，1929年3月16日）

【原文】

Persatoean jang di harep

oleh：Lian Hoa

Kaloe dipikir bahoea dalem kota Makassar djoemlahnja pendoedoek prempoean jang terpladjar ada begitoe besar, maka soenggoe sanget ketjiwa djika sampe ini sa'at ka'adaanja ini kota dibandingen sama laen2 tempat dalem doenia pergerakkan masi tinggal amat keblakang. Di laen2 tempat soeda ada bebrapa perkoempoelan jang di berdiriken oleh orang prempoean meloeloe, hal mana ada satoe tanda jang kita poenja soedara2 di sana sebrang ada mempoenjai ambeken lebi besar dan angen2 lebi tinggi dari kita disini.

SEROEAN

Soedara-soedara prempoean jang terhormat！

Bersama ini kita memberi taoe sama soedara-soedara bahoea blon selang brapa lama, kita telah mendiriken soeatoe perkoempoelan boeat kita kaoem prempoean Tionghoa di Makassar.

Itoelah berhoeboeng sama bebrapa toelisan dalem ini soerat kabar, antara laen-laen dari njonja Patpokiongtjoe dan Thio Goan Kiem Nio, jang boenjinja kita telah batja dan batja oelang. Makanja biarlah kita djangan sia-siaken itoe seroean dan hajolan soedara-soedara prempoean, marilah kita bekerdja sama-sama boeat mendapetken kita poenja maksoed.

Masih brapa lamatah kita kaoem prempoean Tionghoa moesti tinggal dibawah pengaroenja itoe adat-istiadat Tionghoa koeno, dimana kaoem prempoean ada dipandeng tida lebi dari boedak? Apatah tida ada djalan bagi kita boeat hapoesken itoe kabiasa'an? Kenapatah kita moesti tinggal manda mengalamken itoe nasib, sedeng sekarang ada koetika boeat merdekaken diri dari itoe segala atoeran-atoeran koeno, asal sadja soedara2 sekalian pada soeka bersefakat membikin bantrasan?

Soeara-soedarakoe! Palingkenlah pemandanganmoe pada kita poenja soedara2 prempoean dari bangsa Europa! Kenapatah marika itoe bisa kedjaken segala apa dan bisa berhasil begitoe banjak? Apatah marika itoe djoega boekan ada kaoem jang lemah seperti kita? Liat apa kita poenja soedara-soedara prempoean sesama bangsa di tanah Djawa dan laen tana sebrang soeda kerdjaken, dan biarlah kita, teroetama jang soeda dapet peladjaran sekola, mendjadi maloe dari sebab kita ada begitoe keblakang. Apatah kita orang disini tida bisa dan tida poenja kemampoean boeat mengedjer itoe maksoed seperti kita poenja soedara2 dari tana sebrang?

Tida, djanganlah kita mendjadi poetoes harepan, tapi biarlah kita menggoenaken ini koetika jang baek, boeat mengedjar kita poenja maksoed dengan kaoeletan dan kakerasan hati.

Ja, betoel boeat pertama kali kita memang aken tida terloepoet dari banjak tjela'an, tapi dengan bergoelet, bergoelet dengan menggaboengken tenaga mendjadi satoe dan dengan pertoeloengan Allah Jang Maha Koeasa, kita nanti menangken segala kasoekeran.

Segala permoela'an memang ada mempoenja kesoesahan.

Hajolah soedara-soedarakoe prempoean, hendaklah kita mentjoba? Kita poenja toedjoean, adalah seperti berikoet:

1e Toeroet bekerdja boeat mengangkat deradjatnja kita poenja kaoem dan bangsa.

2e Kita aken bergoelet boeat dapetken hak persama'an dengan kita poenja soedara-soedara kaoem lelaki, dan achirnja boeat mendapetken soeatoe badan oentoek bisa memberi pertoeloengan pada kita poenja sesama bangsa, baek kaoem prempoean, maoepoen lelaki atau anak2.

Boeat menoetoerken kita poenja haloean lebi djelas kita bisa lakoekekn itoe dalem kita poenja perkoempoelan, sementara boeat soedara2 prempoean jang kita harep dengan sanget soepaja soeka toeroet masoek mendjadi lid dalem kita poenja perkoempoelan, agar soedilah alamatken perminta'annja kepada Mej: SO LIAT [N] TJIE, Van Schelleweg No. 4 disini.

Disini kita menoetoep ini toelisan sambil matoerken banjak hormat dan tabe pada pembatja.

"TRIO JANG MOELIA"

(*Chau Sing*, 16 Maart 1929)

附录四

汤龙飞担任玛腰 15 周年庆

今天是汤龙飞先生庆祝其当选本市玛腰 15 周年的日子。

汤龙飞先生的履历如下：

1873 年 6 月 5 日出生，现已 69 周岁；

1899 年，担任雷珍兰，为 Zee-en Boedelkamer 顾问；

1908 年，升任甲必丹，原职务由汤重昪（Thoeng Tiong Pie）接任；

1921 年 7 月，任代理甲必丹（waarnemend Kapitein）；

1923 年 10 月 6 日，荣获威廉敏娜女王金权杖奖；

1924 年 8 月 31 日，被荷兰王国授予骑士勋章；

1926 年 9 月 30 日，被任命为玛腰，直至今日是其上任第 15 周年；

1936 年 10 月 10 日，被中国政府授予荣誉之星。

以上是汤龙飞玛腰作为本市华人领袖的简介。

作为华人社群领袖，虽然曾获非议，汤龙飞先生仍深受华族敬爱。

人非圣贤，孰能无过。除了一些小差错，必须承认汤龙飞先生对慈善事业的巨大贡献。

作为华社领袖和富豪，他有时也无法达到一部分人的期待，但请不要忘记，对于华人社群举办的各类活动，他都捐资相助。

每次慈善活动，他从未缺席，为贫民送去大米，向贫困家庭捐款，给已故贫民置办棺材。中国爆发战争、饥荒、水灾之时，汤龙飞先生也给予资金上的支援。

最后，我们祝愿汤龙飞先生官运亨通、健康长寿、财源滚滚、子孙满堂。

HSC（*Pemberita Makassar*, September 30, 1941）

【原文】
Jubileum 15 taoen dari Majoor Thoeng Liong Hoei

Ini hari toean Thoeng Liong Hoei rajaken ia poenja jubileum 15 taoen sebagi Majoor dari bangsa Tionghoa di ini kota.

Tentang toean Thoeng Liong Hoei kita bisa toetoerken sebagi berikoet：

Ia dilahirken pada tanggal 5 Juni 1873 djadinja sekarang ia soedah masoek oesia 69 taoen.

Dalem taoen 1899 ia telah diangkat djadi adviseur dari Zee-en Boedelkamer, dengan pangkat Luitenant.

Dalem taoen 1908 ia telah diangkat djadi Kapitein dari bangsa Tionghoa aken kemoedian ia meletaken djabatannja itoe dan digantiken oleh toean Thoeng Tiong Pie almarhoem.

Dalem boelan Juli taoen 1921 ia diangkat djadi waarnemend Kapitein dari bangsa Tionghoa.

Pada tanggal 6 October 1923 ia dapet anoegerahan satoe toengkat mas dari Sri Baginda Ratoe Wilhelmina.

Pada tanggal 31 Augustus 1924 ia dianoegerahken bintang Ridder in de Orde van Oranje Nassau oleh Keradjaan Nederland.

Pada tanggal 30 September 1926 ia diangkat djadi Majoor dari bangsa Tionghoa, sehingga ini hari precies 15 taoen ia pegang djabatan itoe.

Pada tanggal 10 October 1936 pemerentah Tiongkok mengaloearken satoe besluit pada mana Majoor Thoeng Liong Hoei dianoegerahken satoe bintang kehormatan boeat ia poenja djasa2, bintang mana telah diterimaken disini pada tanggal 26 Februari 1937.

Demikian ada hikajat ringkes dari toean Majoor Thoeng Liong Hoei sebagi kapala dari bangsa Tionghoa di ini kota.

Toean Thoeng Liong Hoei sebagi kapala dari bangsa Tionghoa tempo2 dapet critiek, tetapi critiek2 ini boekan berarti bahoea toean Thoeng Liong Hoei tida disoeka oleh bangsa Tionghoa.

Disampingnja kekeliroean jang tempo2 diperboeat oleh sesoeatoe manoesia, haroes diakoei, bahoea toean Thoeng Liong Hoei sering berboeat kebaekan pada sesamanja manoesia.

Sebagi kapala bangsa dan sebagi orang hartawan besar, biarpoen toean Thoeng Liong Hoei tempo2 tida mempoeasken keinginan sebagian oranmisking, tida boleh diloepaken, bahoea sedikit banjak ia ada memberiken djoega bantoean pada tiap2 gerakan dari bangsa Tionghoa di ini kota, sebagi penderma dan sebagi donateur jang setia.

Dalem gerakan amal namanja toean Thoeng Liong Hoei selamanja ada tertjatet sebagi penoendjang dan dalem banjak hal toean Thoeng Liong Hoei sering berboeat amal, seperti tiap2 Taoen Baroe Imlik menderma beras pada orang2, memberi oewang pada orang2 jang melarat, memberi peti mait pada orang2 Tionghoa miskin jang telah meninggal doenia, enz. enz.

Terhadep Tiongkok toean Thoeng Liong Hoei ada berboeat banjak djasa selakoe pernderma boeat korban2 bahaja kelaparan korban2 bahaja bandjir dan paling belakang boeat korban2 bahaja peperangan.

Achirnja kita harep toean Thoeng Liong Hoei aken mendjabat ia poenja pangkat lebih lama dan oleh Allah ia aken dikoerniaken oesa lebih toea, hidoep dalem kemachmoeran di tengah2nja ia poenja ratoesan tjoetjoe dan boejoet.

Selamat!

HSC (*Pemberita Makassar*, September 30, 1941)

附录五

华人玛腰办家宴

为了庆祝任玛腰15周年,汤龙飞先生今日下午将在其位于后街(Boelekangstraat)2号的家中举行宴席。

此事获各界关注,本市华社代表及当地政府官员悉数赴宴,其中有:Terlaag省长、王领事、望加锡市长、地方政府负责人、Beschikking副省长、省长秘书、市政监察官以及本市所有华人团体的代表。

虽然此次家宴并未发送相关邀请函,汤龙飞住所门口已摆满了华社赠送的恭贺花篮。

市长先生为此送上祝贺,郑炳裕*(The Peng Yoe)先生、张恒锡*(Thio Heng Sek)先生代表华社各界人士发表演讲。

汤国梁(Thoeng Kok Leang)先生代表汤龙飞先生对社会各界的祝贺、赞许表示诚挚感谢。汤龙飞先生表示,祖国正历经战火,希望华人同胞能众志成城、团结一致,自古以来,望加锡华人能够兼容并包,与所有向上、向好的各方合作,希望这种和谐共处的关系能够长久保持下去。

此番发言获得到场代表的热烈响应。

午后二时,宴席在欢乐的气氛中圆满结束。

(*Pemberita Makassar*, September 30, 1941)

【原文】

Receptie di roemah Toean Majoor Tionghoa

Berhoeboeng dengen ia poenja jubileum 15 taoen sebagi majoor Tionghoa di ini kota, maka toean Thoeng Liong Hoei tadi soreh telah mengadaken satoe receptie di roemahnja di 2^e Boelekangstraat.

Ini receptie mendapet perhatian besar, boekan sadja dari fihak wakil-wakil koempoelan Tionghoa, tetapi djoega dari ambtenaar BB Antara jang halir kita liat Resident Terlaag, Consul Wang, Burgermeester van Makassar, Hoofd van Plaatselijk Bestuur, Assisten-Resident ter Beschikking, Resident Secretaris, Controleur Kota dan ampir semoea wakil-wakil koempoelan Tionghoa di ini kota.

Di roewangan depan dari roemahnja toean Majoor penoeh sama karangan boenga soembangan dari ampir semoa perkoempoelan-perkoempoelan Tionghoa, lebih djaoeh dari Gemeente Makassar enz.

Haroes dibertaoeken disini, bahoea ini receptie diadaken zonder oendangan, tapi maskipoen begitoe ternjata perhatian ada besar.

Toean Resident mengangkat bitjara memberi selamat pada toean Majoor sedeng toean-toean The Peng Yoe dan Thio Heng Sek poen bikin pidato siapa jang terseboet belakangan mewakilken perkoempoelan-perkoempoelan Tionghoa di Makassar.

Toean Thoeng Kok Leang sebagi wakil dari toean Majoor mengoetjap banjak terima kasih atas itoe semoea perhatian dan poedjian-poedjian jang diberiken pada toean Majoor dan ia harep soepaja samenwerking jang sampe sebegitoe djaoeh telah didapetken oleh toean Majoor dengen goembira mengoendang orang minoem sebagi soedara. Toean Majoor antara laen2 harep soepaja persatoean dan samenwerking dalem kalangan Tionghoa dipelihara dengen baek, oentoek kepentingannja kita poenja negri sendiri, jang sekarang sedeng dalem peperangan. Ia bilang, bahoea sedari doeloe sampe sekarang ia merasa goembira sekali, sebab pendoedoek Tionghoa disini bisa beragem dan bekerdja sama2 boeat segala apa jang bermaksoed baek. Ia harep dengen sanget, soepaja ini keroekoenan dan samenwerking jang rapet aken bisa dipelihara boeat selama-lamanja.

Ini oetjapan jang berharga dari toean Majoor dapet samboetan sanget goembira dari semoa wakil2 koempoelan jang hadlir.

Pada djam doea soreh receptie ini ditoetoep dengen penoeh kegoembiraan.

(*Pemberita Makassar*, September 30, 1941)

参考文献

外文档案

Arsip Nasional Republik Indonesia（ANRI），Jakarta.（印度尼西亚共和国国家档案馆，雅加达）

望加锡档案——十八十九世纪档案

Arsip Weeskamer：（孤儿院档案）

·Afschriften van testamenten van 1811 tot 1814, Weeskamer Makassar. 346.3

·Afschriften van testamenten van 1811 – 1814, Weeskamer Makassar. 346.3

·Inventarissen van 1730 tot 1739. 308.1

·Inventarissen van 1747 tot 1749. 308.3

·Inventarissen van 1750 tot 1754. 308.4

·Testamen, besluiten, inventaris van goederen, notulen, enz. 1799 – 1815. 347.6

·Weeskamer resolutie, 23 déc. 1812 – 26 Mei 1815. 346.2

·Weesmeester Schuldkenissen, 1809 – 1813. 346.6

Justitie Crimineel（刑事司法类档案）

·Tio Polauw contra Lijauko 1751（332.8）

·1808 Justitie Crimineel Process, Chinese Inlanders Vrouwen（329.4）

Obligatie. 344.3 no.31

Secrete Dag-Register, 22 Juni – 20 Okt. 1802. 441.2c

Dagregisters. Makassar, 1805 – 1807. 115

Dagregisters Makassar 27 déc. 1809 – bloeijende maand（May）1810. 445 f

Overzicht van den Handel ende Scheepvaart te Macasser over de jaren 1846，1847 en 1848. 374. 9.

望加锡档案——二十世纪档案

· Arsip Binnen Bestuur，no. 2193

· Politiek overzicht April 1927 Celebes en Onderhoorigheden. Reel no. 1 MvO serie 4

· Politiek overzicht Mei 1927 Celebes en Onderhooeigheden. Reel no. 1 MvO serie 4

· Politiek Overzicht Juni 1927 Celebes en Onderhoorigheden. Reel no. 1 MvO serie 4

· Politiek Overzicht Juli 1927 Celebes en Onderhoorigheden. Reel no. 1 MvO serie 4

· Politiek Overzicht Augustus1927 Celebes en Onderhoorigheden. Reel no. 1 MvO serie 4

· Politiek Verslag over het Jaar 1927 van het Celebes enOnderhoorigheden. Reel no. 1 MvO serie 4

· Politiek Verslag over het Jaar 1928 van het Celebes enOnderhoorigheden. Reel no. 8 MvO serie 42

· Politiek Verslag van het Gewest Celebes enOnderhoorigheden over het Jaar 1935. Reel no. 9，MvO serie 4e

· Politiek Verslag van het Gewest Celebes enOnderhoorigheden over het Eerste Halfjaar 1936. Reel no. 8，MvO serie 42

· Politiek Verslag van het Gewest Celebes enOnderhoorigheden over de Maand Augustus 1936，Reel no. 9，MvO serie 4e

· Politiek Overzicht Januari 1936 Celebes en Onderhoorigheden. Reel no. 8 MvO serie 4

· Politiek Overzicht Maret 1936 Celebes en Onderhoorigheden. Reel no. 8 MvO serie 4

· Politiek Overzicht Mei1936 Celebes en Onderhoorigheden. Reel no.

8 MvO

・Politiek Overzicht Juni 1936 Celebes en Onderhoorigheden. Reel no. 8 MvO serie 4

・Memorie van Overgave van den afgetreden gouverneur van Celebes en Onderhoorigheden L. J. J. Caron，Buitenzorg 24sten Januari 1934（Memorie van Overgave serie 2e，Reel 22 Celebes）.

***Algemeen Rijksarchief*，Den Haag**（荷兰国家档案馆，海牙）

・VOC（荷兰东印度公司）

・Copia Siabandhaars，années 1767 – 1768，in microfilm，kode NA 1667

二十世纪档案：Ministerie van Kolonien，inv. nr. 418（1905年11月9日，一位望加锡华人要求为其儿子申请减免学费的信件副本，其姓名未记载）.

***Koninklijk Instituut voor de Taal-*，*Land-en Volkenkunde*（KITLV），Leiden**（荷兰皇家东南亚与加勒比研究所，莱顿）

・Collectie Hendrik Theodorus Chabot（1910 – 1970），about Borneo，Siauand Sulawesi Selatan（1947 – 1953）. Or. 432.

・Collectie Anton Abraham Cense（1901 – 1977）. Or. 545.

Rijksuniversiteit Leiden（国立莱顿大学总图书馆）

・Catalog Koos Kuiper：Or. 1914：9a. Or. 2233：110.（高柏编目）

外文文献

10 Tahun PERTIP，*Makassar 1946 – 1956*，Makassar，1956.

Adrianus D. Schinkel，*Staatsblad van Nederlandsch-Indië*，Batavia：Landsdrukkerij & la Haye，Vol. 162，1816 – 1948.

Anton A. Cense，"Sanggalea, an old word for 'Chinese' in South Celebes"，B. K. I，Vol. 111，No. 1，1955.

Abituriënt，"Han Boen Tjeng-Kwee Kek Beng"，*Liberal*，Vol. IV，No. 131，March 10，1956.

Agnes Kwenang and Ang Heang Tek eds. ，*In Memorial Ang Ban Tjiong 1910 – 1938*，*Buku* Pantun Melayu-Makassar，Makassar，2004.

Ahmad Adam, *The Vernacular Press and the Emergence of Modern Indonesia Consciousness* (1855 – 1913), Ithaca, N. Y.: SEAP, 1995.

AjiR. N. Bayu, *Tionghoa Surabaya dalam sepak bola*, Jakarta: Ombak, 2010.

Alfred R. Wallace, *The Malay Archipelago*, New York: Dover Publications, 1962. (1st ed. in 1869)

Andi H. Ninnong, "Pages Autobiographiques Dune Princesse Bugis Dans la Révolution", translate and noted by Ch. Pelras, *Archipel*, Vol. 13, 1977.

Andi H. Ninnong, *Riwajat Perdjoangan dan Sebagian Riwajat Hidup dari H. Andi Ninnong dan Kawan-kawan*. Propinsi Sulawesi: Departemen Penerangan Republik Indonesia, 1953.

Ang Ban Tiong, "Nasibnja kaoem penganggoer", *Berita Baroe*, October 14, 1933.

Ang Ban Tiong, *Pantoen Melajoe-Makassar in* Agnes Kwenang and Ang Heang Tek eds., Makassar, 2004.

Ang Thay Sang, "Barongsay PERTIP", *10 Tahun PERTIP Makassar 1946 – 1956*, Makassar: PERTIP, 1956.

Ang Thay Sang, "Sandiwara Pertip", *Buku Peringetan Persatuan Tionghoa Peranakan Makassar 1946 – 1953*, *Makassar*.

Ang Yan Goan, *Memoar*, Jakarta: Yayasan Nabil-Hasta Mitra, 2009.

AnnaForbes, *Unbeaten Tracks in Islands of the Far East. Experiences of a Naturalists Wife in the 1880s*, reprint, Singapore: Oxford University Press, 1987. (1st ed. in 1887)

AnthonyReid, "A Great Seventeenth Century Indonesian Family: Matoaya and Pattingaloang of Makassar", in *Masyarakat Indonesia*, Vol. 8, No. 1, June, 1981.

AnthonyReid, "Pluralism and Progress in Seventeenth-Century Makassar", *Bijdragen tot de Taal-Land-en Volkenkunde*, Vol. 156, No. 3, 2000.

AnthonyReid, "The Rise of Makassar", in *RIMA*, Vol. 17, 1983.

Arjan vanAelst, "Majapahit Picis, the Currency of Moneyless Society 1500

-1700", *Bijdragen tot de Taal-Land-en Volkenkunde*, Vol. 151, No. 3, 1995.

BernardHoetink, "Chineesche Officieren te Batavia onder de Compagnie", *Bijdragen tot de Taal-Land-en Volkenkunde*, Vol. 78, 1922.

B. Tjoi, "Riwajat Hidup Singkat Alm. A. Batjoi 'Hoo Eng Djie'", *Penjair/Pelopor Lagu-lagu Daerah Bugis Makassar Sulawesi Selatan dan Tenggara*, Ujung Pandang, March 25, 1982.

BasVeth, *Eenige Handelsprodukten van de Macassaarsche martkt*, (Overdrukt uit de Celebes Courant), 1883.

Benedict R. O'G. Anderson, *Java, in a Time of Revolution, Occupation and Resistance, 1944 – 1946*, Jakarta: Equinox, 2006. (1st ed. in Ithaca, Newyork: Cornell University Press, 1972)

Benjamin F. Matthes, *Makassaarsch-Hollandsch Woordenboek*, 's, Gravenhage: Martinus Nijhoff, 1885.

Berita Baroe (Daily News), Makassar, 1928 – 1941.

Black Scout, "Nasibnja kampoeng Tionghoa di Makasser", *Sin Po*, October 10, 1946. (Speciaal Nummer)

Black Scout, *Strange Company, Chinese Settlers, Mestizo Women and the Dutch in VOC Batavia*, The Hague: Martinus Nijhoff, 1986.

Buku Peringatan Persatuan Tionghoa Peranakan (PERTIP), Makassar 1946 – 1953, Makassar: Persatuan Tionghoa Peranakan "PERTIP", 1953.

Charles R. Boxer, "A Late Sixteenth Century Manila MS", *Journal of the Royal Asiatic Society*, No. 1/2, April 1950.

Charles R. Boxer, "Francisco Viera de Figueiredo. A Portuguese Merchant-Adventurer in South Est Asia, 1624 – 1667", *Verhandelingen van het Koninklijk Instituut voor Taal-Land-en Volkenkunde*, Vol. 22, 1967.

Charles A. Coppel, *Indonesian Chinese in Crisis*, Kuala Lumpur, Oxford, New York, Melbourne: Oxford University Press, 1983.

Charles C. McKnight, "The Rise of Agriculture in South Sulawesi Before 1600", *RIMA*, Vol. 17, 1983.

Charles C. McKnight, *The voyage to Marrege'*; *Macassaren Trepangers in Northern Australia*, Carlton: Melbourne University Press, 1976.

Chau Sing, Makassar, 1928 – 1929. (一周两版)

Chen Mong Hock, *The Early Chinese Newspapers of Singapore* 1881 – 1912, Singapore: University of Malaya Press, 1967.

Chin Yoon Feng, "The Chinese in Banjarmasin during the First Half of the Eighteenth Century", *Journal of the University of Malaya Historical Society*, Vol. VIII, 1969 – 1970.

Ching Fatt Yong and R. B. McKenna, *The Kuomintang Movement in British Malaya* 1912 – 1949, Singapore: Singapore University Press, 1990.

ChirtianPelras, "Notes sur quelques populations aquatiques de Archipel", *Archipel*, Vol. 3, 1972.

ChirtianPelras, *The Bugis*, Oxford: Blackwell Publishers, 1996.

Christiaan G. Heersink, "Selayar and the Green Gold: The Development of the Coconut Trade on an Indonesian Island (1820 – 1950)", *Journal of Southeast Asian Studies*, Vol. 25, No. 1, 1994.

Christiaan G. Heersink, *Dependence on Green Gold: A Socio-Economic History of the Indonesian Coconut Island Selayar*, Leiden: KITLV Press, 1999.

Claude Guillot, "La politique vivrière de Sultan Ageng", *Archipel*, Vol. 50, 1995.

Claudine Lombard-Salmon, "Communauté Chinoise de Makasar. Vie Collective et Organisations", *France Asie*, Vol. 197, 1969.

Claudine Lombard-Salmon, "La communauté Chinoise de Makasar, Vie Religieuse", *Toung Pao*, Vol. 55, 1969.

Claudine Lombard-Salmon, "Sjair Tiong Hwa Hwe Kwan Batavia (1905)", in Claudine Salmon, *Sastra Indonesia Awal, Kontribusi Orang Tionghoa*, Jakarta: KPG-EFEO, 2010. (1st ed. in "Le sjair de l' "Association Chinoise" de Batavia (1905), *Archipel*, 1970).

Claudine Salmon and Denys Lombard, *Les Chinois de Jakarta, Temples et Vie Collective/The Chinese of Jakarta, Temples and Communal Life*, Paris: Editions de la MSH, études insulindiennes-archipel, Vol. 1, 1980.

Claudine Salmon and Myra Sidharta, "The Manufacture of Chinese Gravestones in Indonesia—A Preliminary Survey", Archipel, Vol. 72, 2006.

Claudine Salmon and Myra Sidharta, "Traditional Chinese Medicine and Pharmacy in Indonesia Some Sidelights", Archipel, Vol. 74, 2007.

Claudine Salmon, "Confucianisme et Esprit de Réforme Dans les Communautés Chinoises d'Insulinde (fin XIX^{e}s. – début XX^{e}s.)", in J. Gernet & M. Kalinovski (.éd.), En suivant la voie royale, Mélanges en l'honneur de Léon Vandermeersch, Paris: EFEO-Etudes thématiques 7, 1997.

Claudine Salmon, "Le Goût chinois pour les nids de Salanganes et ses répercussions économiques en Indonésie (XVe/XVIe – XXIe s.)", Archipel, Vol. 76, 2008.

Claudine Salmon, "Sur Les Traces de la Diaspora des Baba des Détroits: Li Qinghui et son 'Récit Sommaire D'un Voyage Vers l'Est (1889)", Archipel, Vol. 56, 1998. Translated in "Mengikuti Jejak Diaspora Komuniti Baba di Negri-Negri Selat: Li Qinghui dan Karyanya 'Kisah Ringkas Sebuah Pengembaraan ke Timur' (1889)", Selat Melaka di Persimpangan Asia. Artikel Pilihan daripada majalah Archipel, Kuala Lumpur: Jabatan Muzium Malaysia/EFEO, 2010.

Claudine Salmon, Sastra Indonesia Awal; kontribusi Orang Tionghoa, Jakarta: KPG, 2010.

Claudine Salmon, "La Communauté Chinoise de Surabaya. Essai d'histoire, des Origines à la Crise de 1930", Archipel, Vol. 53, 1997. in "The Chinese Community of Surabaya, from its Origin to the 1930s Crisis", Chinese Southern Diaspora Studies 3. http://csds.anu.edu.au/volume 3 2009.

Claudine Salmon, "Wang Dahai et Sa Vision des 'Contrées insulaires' (1791)", in Mélanges de Sinologie Offerts à Monsieur Jacques Gernet, Etudes Chinoises, Vol. 8, No. 1 – 2, 1995.

Claudine Salmon, "Ancestral Halls, Funeral Associations, and Attempt at Resinicization in the Nineteenth Century Netherlands India", in Anthony

Reid ed., *Sojourners and Settlers, histories of Southeast Asia and the Chinese, in honour of Jennifer Cushman*, St. Leonards: Allen & Unwin, 1996.

Claudine Salmon, *Literature in Malay by the Chinese of Indonesia: A Provisional Annotated Bibliography*, Paris: Edition de Maison des Sciences de l'Homme, 1981.

Clive Day, *The Policy and Administration of the Dutch in Java*, Kuala Lumpur, New York, London, Melbourne: Oxford University Press, 1996.

Cornelis Ouwehand, "Once More: Sanggalea", *Bijdragen tot de Taal-Land-en Volkenkunde*, Vol. 111, No. 3, 1955.

David Bulbeck and Ian Caldwell, *Land of Iron, The historical archaeology of Luwu and the Cenrana Valley: Results of the Origin of Complex Society in South Sulawesi Project (OXIS)*, Hull: Centre of Southeast Asian Studies, University of Hull, 2000.

David Mozingo, *Chinese Policy toward Indonesia 1949 – 1967*, Ithaca: Cornell University Press, 1976.

Denys Lombard, *Nusa Jawa Silang Budaya, Kajian Sejarah Terpadu*. Jakarta: Gramedia, 1996. (1sted. in Paris: Editions de lEHESS, 1990)

Donald E. Willmott, *The National Status of the Chinese in Indonesia 1900 – 1958*, Jakarta, Kuala Lumpur: Equinox, 2009. (1st ed. in Ithaca: Cornell Modern Indonesia Project, 1961)

Edmund Scott, *An Exact Discourse of the Subtilties, Fashishions [sic], Pollicies, Religion, and Ceremonies of the East Indians, as well as Chyneses as Javans* ···, London, 1606, republished in William Foster ed., *The Voyage of Sir Henri Middlestone to the Moluccas 1604 – 1606*, London: Hakluyt Society, 1943.

Edward L. Poelinggomang, *Makassar Abad XIX, Studi Tentang Kebijakan Perdagangan Maritim*, Jakarta: KPG, 2002.

Encyclopaedie van Nederlandsch-Indië, Leiden: Martinus Nijhoff publishers, 1917 – 1921.

Entji' Amin, *Verhandelingen van het Koninklijk Instituut voor Taal-Land-en*

Volkenkunde, trans. C. Skinner, 's-Gravenhage: Nijhoff, 1963.

Esther J. Velthoen, "Victims, Veterans and Heroes. Positioning South Sulawesi in the Indonesian Nation", in Dias Pradadimana ed., *Kontinuitas dan Perubahan dalam Sejarah Sulawesi Selatan*, Jakarta: Ombak, 2004.

FransVorstman, "Het Gouvernement Celebes en Onderhoorigheden en Zijn Hoofdplaats Makassar", *Tijdschrift voor Economische Geographie*, Vol. 2, 1911.

François Valentijn, *Oud en Nieuw Oost-Indiën*, Dordrecht/Amsterdam: Johannes van Braam en Gerard onder den Linden, 1724 – 1726.

Frederik W. Stapel, Het Bongaais Verdrag, Ph. D. Dissertation, Rijksuniversiteit Leiden, 1922.

Gabriel Angoulvant, *Les Indes néerlandaises. Leur rôle dans l'économie internationale*, Paris: Le monde nouveau, 1930.

George W. Skinner, "The Chinese Minority", in Ruth T. McVey ed., *Indonesia*, New Haven: HRAF, 1963.

George Mc T. Kahin, *Nationalism and Revolution in Indonesia*, Ithaca-New York: Cornell University Press, 1963.

George W. Earl, *The Eastern Seas*, Singapore, Kuala Lumpur: Oxford in Asia, 1971. (1st ed. in 1837)

Gerard A. Nagelkerke, "The Origin and Development of the Urban Municipality in Indonesia", *Sojourn*, Vol. 5, No. 1, pp. 86 – 112, 1990.

Gerard A. Nagelkerke, *The Chinese in Indonesia. A Bibliography*, 18th Century – 1981, Leiden: Library of the Royal Institute of Linguistics and Anthropology, 1982.

Gerard Termorhuizen and Anneke Scholte, *Journalisten en Heethoofden, Een Geschiedenis van de Indisch-Nederlandse Dagbladpers 1744 – 1905*, Amsterdam: Nigh & van Ditmar, 2001.

Gerard Termorshuizen, "De Oudste Krant van Celebes: Het Makassaarsch Handels-en Advertieblad", in Harry A. Poeze and P. Schoorl eds., *Excursies in Celebes, Een Bundel Bijdragen Bij Het Afscheid van Jacobus Noorduyn als Directeur-secretaris Van Het KITLV—Verhandelingen van het*

Koninklijk Instituut voor Taal-Land-en Volkenkunde, Vol. 147, Leiden: KITLV Uitgeverij, 1991.

Gerrit J. Knaap, "A City of Migrants: Kota Ambon at the End of the 17th Century", *Indonesia*, Vol. 51, 1991.

GerritKnaap and Heather Sutherland, "Monsoon Traders, Ships, Skippers and Commodities in Eighteenth-Century Makassar", *Verhandelingen van het Koninklijk Instituut voor Taal-Land-en Volkenkunde*, Vol. 224, Leiden: KITLV Press, 2004.

Gilbert Hamonic and Claudine Salmon, "Dunia Sastra dan Seni Masyarakat Tionghoa Makassar (1930 – 1950)", in Claudine Salmon, *Sastra Indonesia Awal, Kontribusi Orang Tionghoa*, Jakarta: KPG, 2010. (1ˢᵗ ed. in "La vie littéraire et artistique des Chinois peranakan de Makassar (1930 – 1950)", *Archipel*, Vol. 26, 1983, pp. 143 – 178).

Gilbert Hamonic and Claudine Salmon, "Translations of Chinese Fiction into Makasarese", in Claudine Salmon ed., *Literary Migrations, Traditional Chinese Fiction in Asia (17 – 20th centuries)*, Beijing: International Culture Publishing Corporation, 1987.

Gilbert Hamonic, "Les Réseaux Marchands Bugis-Makassar, Grandeur et Décadence du Principe de la Liberté des Mers", in Denys Lombard and Jean Aubin eds., *Marchands et hommes d'affaires asiatiques dans l'Océan Indien et la Mer de Chine, 13ᵉ – 20ᵉ siècles*, Paris: EHESS, 1988.

Hadimuljonoand C. C McKnight, "Imported Ceramics in South Sulawesi", *RIMA*, Vol. 17, 1983.

Handboek voor Cultuur-en Handelsondernemingen in Nederlandsch-Indië, Amsterdam: De Bussy, 1888 – 1940.

Heather Sutherland and David S. Brée, "Quantitative and Qualitative Approaches to the Study of Indonesian Trade: The Case of Makassar", in Alfian T. Ibrahim et al. eds., *Dari Babad dan Hikayat Sampai Sejarah Kritis*, Yogyakarta: Gadjah Mada University Press, 1987.

Heather Sutherland, "Eastern Emporium and Company Town: Trade and Society in Eighteenth-Century Makassar", in Frank Broeze ed., *Brides of the Sea: Port Cities of Asia from The 16th – 20th Centuries, Sydney: N. S. W. Press, 1989.

Heather Sutherland, "Eastern Emporium and Company Town: Trade and Society in Eighteenth-Century Makassar", in Frank Broeze ed. , Brides of the Sea: Port Cities of Asia From The 16th – 20th Centuries, Sydney: N. S. W. Press, 1989.

Heather Sutherland, "Money in Makassar: Credit and Debt in an Eighteenth-Century VOC Settlement", in Edi Sedyawati, Susanto Zuhdi (peny.), Arung Samudera. Persembahan Memperingati Sembilan Windu A. B. Lapian, Depok: Pusat Penelitian Kemasyarakatan dan Budaya & Lembaga Penelitian Universitas Indonesia, 2002.

Heather Sutherland, "Power and Politics in South Sulawesi, 1860 – 1880", RIMA, XVII, 1983.

Heather Sutherland, "Slavery and the Slave Trade in South Sulawesi, 1660s—1800s", in Slavery, Bondage & Dependency in Southeast Asia, edited by Anthony Reid with the assistance of Jennifer Brewster, New York: University of Queensland Press, 1983.

Heather Sutherland, "The Makassar Malays: Adaptation and Identity, c. 1660 – 1790", Journal of Southeast Asian Studies, Vol. 32, No. 3, Oktober, 2001.

Heather Sutherland, "Trade, Court and Company, Makassar in the Later Seventeenth and Early Eighteenth Centuries", in Elsbeth Locker-Scholten and Peter Rietbergen eds. , Hof en Handel: Aziatische vorsten en de VOC 1620 – 1720. Leiden: KITLV, 2004.

Heather Sutherland, "Trepang and wangkang. The China Trade of Eighteenth-century Makassar, c. 1720—1840s", in Roger Tol, Kees van Dijk and Greg Acciaioli, eds. , Authority and Enterprise among the People of South Sulawesi, Leiden: KITLV press, 2000.

Heather Sutherland, "Trepang and Wangkang; the Chinese Trade of the Eighteenth-century Makassar, c. 1720s—1840s", Bijdragen tot de Taal-Land-en Volkenkunde, Vol. 156, No. 3, 2000.

Heather Sutherland, "Kontinuitas dan Perubahan Dalam Sejarah Makassar: Perdagangan dan Kota Abad ke – 18", in Dias Pradadimara dan Muslimin A. R. Effendy, *Kontinuitas dan Perubahan Dalam Sejarah*, Yogyakarta: Ombak, 2004.

Hendrik E. Niemeijer, "Pengurus Pusat VOC dan Lembaga-lembaga Pemerintahan Kota Batavia (1619 – 1811) Sebuah Pendahuluan", in G. L. Balk, F. van Dijk and O. J. Kortlang eds. , *The Archives of the Dutch East India Company (VOC) and the Local Institutions in Batavia (Jakarta) —Arsip Nasional Republic Indonesia*, Leiden: Brill, 2007.

Henry W. Medhurst, *A Desultory Account of the Malayan Archipelago by Ong-Ta-Hae*, Shanghae: The Mission Press, 1849.

Herbert Feith, *The Decline of Constitutional Democracy in Indonesia*, Jakarta: Equinox, 2007 (1st ed. in Ithaca: Cornell University Press, 1962).

Hoo Eng Djie, "M. C. S. Tjiong Boe Hwee dan anak-anak Tionghoa miskin", *Pemberita Makassar*, December 10, 1940.

Hou Ching-lang, *Monnaies d'offrande et la notion de trésorerie dans la religion chinoise*, Paris: Mémoires de l'Institut des Hautes Etudes Chinoises, Vol. 1, 1975.

Huang Kunzhang, "Mandeknja *Soeara Siauw Lian*", *Njaring*, January 2, 1928.

Huang Kunzhang, "Tjina tinggal Tjina", *Pemberita Makassar*, July 4, 1935.

Huang Sung Chi, "Jubileum 15 Taoen dari Majoor Thoeng Liong Hoei", *Pemberita Makassar*, September 30, 1941.

Huang Sung Chi, "Lagi Soal Shiong Tih Hui dan Chung Hwa Hui", *Pemberita Makassar*, December 28, 1933.

Huang Sung Chi, "Penghapoesan Instituut Tionghoa. Begimana Sikepnja Bangsa Tionghoa di Makassar?", *Pemberita Makassar*, July 8, 1932.

Isak A. Nederburgh, *Eenige hoofdlijnen van het Nederlandsch-Indisch Staatsrecht*, The Hague: Boerhandel Belifante, 1923.

Indonesia Timur (KITLV collection) January 1948 – July 1950.

J. N. Vosmaer, *Korte beschrijving van het zuid-oosteleijk sniereiland van Celebes, in het bizonder van de Vosmaers-bai of van Kendari; verrijkt met eenige berigten omtrent de stam der Orang Badjos, en meer andere aantekeningen*, Batavia, 1835.

Jacobus A. van de Chijs, *Dagh-Register gehouden int Casteel Batavia vant passerrende daer ter plaetse als over geheel Nederlandts-India 1624 – 1682*, Vol. 28, 's-Gravenhage: Martinus Nijhoff, 1896 – 1931.

Jacobus Anne van der Chijs, *Nederlandsch-Indisch Plakaatboek 1602 – 1811*, Batavia: Landsdrukkerij and Den Haag: Nijhoff, 16 Volumes, 1885 – 1900.

Jacobus Noorduyn, "The Wajorese Merchants Community in Makassar", in Roger Tol, Kees van Dijk and Greg Acciaoli, eds., *Authority and Enterprise Among the Peoples of South Sulawesi*, Leiden: KITLV, 2000

James A. C. Mackie ed., *The Chinese in Indonesia. Five Essays*, Melbourne: Nelson in association with The Australian Institute of International Affairs, 1976.

James R. Rush, *Opium to Java. Revenue Farming and Chinese Enterprise in Colonial Indonesia, 1860 – 1910*, Ithaca: Cornell University Press, 1990.

Jan S. Stavorinus, *Voyage par le Cap de Bonne-espérance et Batavia, à Samarang, à Makassar, à Amboine et à Surate en 1774, 75, 76, 77 et 78*, Paris: An VII de la République, 3 Volumes, 1774 – 1778.

Java [a] sche Courant, Batavia, Landsdrukkerij, No. 103, December 27, 1949.

Java [a] sche Courant, Batavia, Landsdrukkerij, No. 2, January 3, 1828.

John Crawfurd, *A Descriptive Dictionary of the Indian Islands & Adjacent Countries*, Singapore, Kuala Lumpur: Oxford in Asia, 1971. (1st ed. in London, 1820)

John Villiers, "Makassar: The Rise and Fall of an East Indonesian Maritime Trading State, 1512 – 1669", in J. Kathirithamby-Wells and John

Villiers eds., *The Southeast Asian Port & Polity*, *Rise and Demise*, Singapore: Singapore University Press, 1990.

John Villiers, "One of the Especiallest Flowers in our Garden: The English Factory at Makassar, 1613 – 1667", *Archipel*, Vol. 39, 1990.

Joyce Gani, *Cina Makassar: Suatu Kajian Tentang Masyarakat Cina di Indonesia, 1906 – 1959*, Ujung Pandang: Universitas Hassanudin, 1990.

Jozef A. Warauw, R. Palendeng, H. Kawilarang, A. S. Suseno et al., *KRIS 45, Berjuang Membela Negara, Sebuah Reflexsi Perjuangan Revolusi KRIS (Kebaktian Rakyat Indonesia Sulawesi)*, Jakarta: Putaka Sinar Harapan, 1999.

K. Sutherland, *Jaarboekje Celebes: 1864 – 1866*, Vol. 3, Makasar.

Katalogus Surat-kabar, Koleksi Perpustakaan Museum Pusat 1810 – 1973, Jakarta: Museum Pusat, 1973.

Kensiu, "Dari 'Malam Satu Hati' di Balai Jenderal M. Jusuf, 17 veteran Asal Tionghoa Terima Lencana", *Fajar* (daily news), Makassar, February 7, 2006.

Koos Kuiper (compiled and edited) with the contribution of Yuan Bingling, *Catalogue of Chinese and Sino-Western Manuscripts in the Central Library of Leiden University*, Leiden: Legatum Warnerianum, Leiden University Library, 2005.

Kwee Kek Beng, *25 Tahoen Sebagi Wartawan*, Batavia: Kuo, 1948.

LE GUILLOU Élie Jean François, *Voyage autour du monde de l'Astrolabe et de la Zélée, sous les ordres du contre-amiral Dumont d'Urville pendant les années* 1837, 38, 39 *et* 40, 2 Volumes, Paris: Berquet et Pétion, 1843.

Lea E. Williams, *Overseas Chinese Nationalism. The Genesis of the Pan-Chinese Movement in Indonesia 1900 – 1916*, Glencoe, Illinois: The Free Press, 1959.

Leo Suryadinata, ed., *Southeast Asian Personalities of Chinese Origin. A Bibliographical Dictionary*, Foreword by Wang Gungwu, Singapore: Chinese Heritage Centre & ISEAS, 2012.

Leo Suryadinata, *Peranakan Chinese Politics in Java, 1917 – 42*, Singapore: ISEAS, 1976.

Leo Suryadinata, *Prominent Indonesian Chinese: Biographical Sketches*, Singapore: ISEAS, 1995.

Léonard Blussé and Chen Menghong, *The Archives of the Kongkoan of Batavia*, Leiden-Boston: Brill, 2003.

Leonard Y. Andaya, "The Heritage of Arung Palakka. A History of South Sulawesi (Celebes) in the 17th Century", *Verhandelingen van het Koninklijk Instituut voor Taal-Land-en Volkenkunde*, Vol. 91, The Hague: Nijhoff, 1981.

Liem Liong Teng, "N. V. Nanyang Commercial and Industrial Company LTD Makassar", in *Buku Peringetan Persatuan Tionghoa Peranakan (PERTIP), Makassar 1946 – 1953*, Makassar: Persatuan Tionghoa Peranakan "PERTIP", 1953.

Liem Sieng Leng, "Sandiwara PERTIP", *10 Tahun PERTIP Makassar 1946 – 1956*, Makassar: PERTIP, 1956.

Lim Sim Djwe, *Sair Tjerita Nona Beng Kiang Lie*, Paree: Semangat, 1933.

Louisa Balk, Frans van Dijk and Diederick Kortlang eds., *The Archives of the Dutch East India Company (VOC) and the Local Institutions in Batavia (Jakarta) —Arsip Nasional Republic Indonesia*, Leiden: Brill, 2007.

Merle C. Ricklefs, *A History of Modern Indonesia Since C. 1300*, Stanford: Stanford University Press, 1993. (1st edition, 1981)

Major WilliamThorn, *The Conquest of Java; with The Subsequent Operations of the British Forces in the Oriental Archipelago*, Singapore: Periplus Editions, 1993. (1st ed. in London: T. Egerton, Military Library, 1815)

Makassaarch Handels-en Advertentie Blad, 1863.

Mary F. Somers Heidhues, *Bangka Tin and Mentok Pepper. Chinese Settlement on an Indonesian Island*, Singapore: ISEAS, 1992.

Mary F. Somers Heidhues, *Goldminers, Farmers and Traders in the "Chinese Districts" of West Kalimantan, Indonesia*, Ithaca: Cornell University, 2003.

Mary F. Somers, Peranakan Chinese Politics in Indonesia, Ph. D. Dissertation, Cornell University, 1965.

Mata Hari, Makassar, 1882.

Michael R. Godley and Charles Coppel, "The Pied Piper and the Prodigal Children: A Report on the Indonesian-Chinese Students who went to Maos China", *Archipel*, Vol. 39, 1990.

Ming Tien Nio Govaars-Tjia, Hollands Onderwijs in Een Koloniale Samenleving. De Chinese ervaring in Indonesië, 1900 – 1942, Ph. D. Dissertation, Universiteit Leiden, 1999.

Mohammad Alie Tasrief, "Pertimbangan Bahasa-Pengantar", *Pemberita Makassar*, September 13, 1932.

Muslimin A. R. Effendi, "Tionghoa Makassar di Tengah Pusaran Sejarah", in Dias Pradadimara & Muslimin A. R. Effendi, *Kontinuitas & Perubahan Dalam Sejarah Sulawesi Selatan*, Yogyakarta: Ombak, 2004.

Myra Sidharta, "Ang Ban Tjiong (1910 – 1938) dan Hoo Eng Djie (1906 – 1962): Syair dan Pantun Mabuk Cinta", in Myra Sidharta, *Dari Penjaja Tekstil Sampai Superwoman, Biografi Delapan Penulis Peranakan*, Jakarta: KPG, 2004.

Myra Sidharta, "Collecting Grey Literature from Indonesia", in Tan Chee-Beng, Colin Storey, Julia Zimmerman, eds., *Chinese Overseas, Migration, Research and Documentation*, Hongkong: Chinese University Press, 2007.

Myra Sidharta, "*Mabuk cinta*: Poetry and Songs by Hoo Eng Djie and Ang Ban Tjiong", in Ding Choo Ming and Ooi Kee Beng, eds., *Chinese Studies of the Malay World, A Comparative Approach*, Singapore: Times Media Private Limited, 2003.

Nederlandsch-Indisch Plakaatboek 1602 – 1811, cf. Jacobus Anne van de Chijs.

Nicolas Gervaise, *Description historique du Royaume de Makassar*, Paris: Editions Kimé, 2003 (first edition, 1688).

Nio Joe Lan, *Riwayat 40 Taon Tiong Hoa Hwe Koan Batavia*, Batavia: THHK, 1940.

Nio Tjoen Liong, "Laporan tentang Tong Djien Sia", *Buku Peringetan Persatuan Tionghoa Peranakan*, Makassar: PERTIP, 1953.

Njaring, Makassar, 1928.（一周两版的刊物）

Okada Fumihe, *Dotô no naka no koshû* in Anthony Reid and Oki Akira, eds., *The Japanese Experience in Indonesia: Selected Memoirs of 1942 – 1945 (Monographs in International Studies Southeast Asia Series)*, Athens: Ohio University, No. 72, 1986.

Overzicht van de Maleisch-Chineesche en Chineesche Pers, Batavia: Kantoor voor Chineesche Zaken, 1921 – 1932.

Panacea, "Kekaloetannja Onderwijs Tionghoa Jang Bisa Diliat dari Nasibnja Chung Hua Hsio Hsiao Makassar", *Panorama*, Vol. 4, No. 167, March 30, 1930.

Pandji Negara, (magazine official publié à Makassar sous les auspices de la NIT), 1948 – 1950.

Pemberita Makassar: Nieuws dan Advertentieblad (daily news), 1914 – 1941.

Peratoeran deri Roemah Perhimpoenant atas Nama "Eng Djoe Tong", Makassar, 1897.

Peratoeran derie Roemah Perhimpoenan Bernama Hong Tjiang Kongsie Terdoedoek die Makassar, (*Celebes en onderhoorigheden*), Makassar: C. J. Vardouw, 1898.

Peter Lee, "Confining and Connecting: Curating Strategies for Presenting Singapore's Baba House", in Leo Suryadinata ed., *Peranakan Chinese in Globalizing Southeast Asia*, Singapore: Chinese Heritage Centre, 2010.

Pewarta Makassar (weekly news), 1931 – 1932.

Philip OL. Tobing, *Hukum Pelajaran dan Perdagangan Amana Gappa*, Makassar: Jajasan Kebudajaan Sulawesi Selatan dan Tenggara, 1961.

Rasyid Asba, *Kopra Makassar Perebutan Pusat dan Daerah, Kajian Se-*

jarah Ekonomi Politik Regional di Indonesia, Jakarta: Yayasan Obor Indonesia, 2007.

Realia, Register op de Generale Resolutiën van Het Kasteel Batavia, 1632 – 1805, Leiden: Kolff & Nijhoff, 3 Volumes, 1882 – 1886.

Regeerings Alamanak van Nederlandsch Indië, Vol. 219, Batavia, 1815 – 1942.

Robert Batchelor, "The Selden Map Rediscovered: A Chinese Map of East Asian Shipping Routes, c. 1619", *Imago Mundi: The International Journal for the History of Cartography*, Vol. 65, No. 1, 2013.

RobertCribb, "Political Dimensions of the Currency Question, 1945 – 1947", *Indonesia*, Vol. 31, 1981.

Roderich Ptak, "China and the Trade in Tortoise-shell (Sung to Ming Periods)", in Roderich Ptak and Dietmar Rothermund, eds., *Emporia Commodities and Entrepreneurs in Asian Maritime Trade, C. 1400 – 1750*, Stuttgart: Franz Steiner Verlag, 1991.

Roderich Ptak, "The Northern Trade Route to Spice Islands: South China Sea-Sulu Zone-North Moluccas (14th to early 16th Century)", *Archipel*, Vol. 43, 1992.

Roger Tol, "Malay, Makassar, Money and Pretty Girls: The Curious Verse of Ang Ban Tjiong", in Harry A. Poeze and Pim Schoorl, eds., *Excursies in Celebes; Een bundel bijdragen bij het afscheidvan Jacobus Noorduyn als directeur-secretaris van het Koninklijk Instituut voor Taal-, Land-en Volkenkunde*, Leiden: KITLV, Uitgeverij, 1991.

Rush, J., Opium Farms in Nineteenth-century Java: Institutional Continuity and Change in a Colonial Society, 1860 – 1910, Ph. D. Dissertation, Yale University, 1977.

Russel Jones, *Chinese Loan-Words in Malay and Indonesian: A Background Study*, Kuala Lumpur: University of Malaya Press, 2009.

Sammy Lee, "Es Putar—Lek Tou Sa dan Bundu 'Patte'", in Lili Yulianti and Farid M. Ibrahim eds., *Makassar di Panyingkul!*, Makassar: Panyingkul, 2007.

Shaifuddin Bahrum ed., *Bunga Sibollo, Kumpulan Sajak (Kelong) Makassar*, Makassar: Yayasan Baruga Nusantara & Balai Kajian Sejarah dan Nilai Tradisional Makassar Grup Losari Hotel, 2006.

Shaifuddin Bahrum, *Masyarakat Peranakan Cina Makassar. Pembauran Melalui Perkawinan Antarbudaya*, Makassar: Yayasan Baruga Nusantara, 2003.

Shibata Yoshimasa, "The Monetary Policy in the Netherlands East Indies under the Japanese Administration", *Bijdragen tot de Taal-Land-en Volkenkunde*, Vol. 152, No. 4, 1996.

Sin Hwa Po (daily news), Makassar, 1934.

Sinar Mata Hari (一周三版), Makassar, 1918, 1920 – 1921.

Sirtjo Koolhof and Jan Just Witkam, *Handschrift in druk. De studie van taal en literatuur van de Indonesische archipel. Catalogus bij een tentoonstelling in de Leidse Universiteitsbibliotheek, ter gelegenheid van het honderdvijftigjarig bestaan van het Koninklijk Instituut vort Taal-, Land-en Volkenkunde*, Leiden: Universiteits bibliotheek, June 21 – July 23, 2001.

Soh Lian Tjie, "… Makin berkembang", *Pandji Negara*, Vol. 2, No. 1, April 30, 1949.

Soh Lian Tjie, "Bagimana orang Tionghoa Makassar rajaken Taon Baroe", *Pantja Warna*, Vol. 2, No. 7, April 1949.

Soh Lian Tjie, "Dugaan asal-usul Toradja", *Pandji Negara*, Vol. 2, No. 1, April 30, 1949.

Soh Lian Tjie, "Pengaruh adat Makassar-Bugis, atas orang Tionghoa kelahiran Sulawesi Selatan", *Pandji Negara*, February 28, 1949 (in *Pantja Warna*, No. 24, September 1950; H. D. Mangemba, *Kenallah Sulawesi Selatan*, Jakarta: Timun Mas, 1956).

Soh Lian Tjie, "Pengaruh adat Makassar-Bugis, atas orang Tionghoa kelahiran Sulawesi Selatan", *Pandji Negara*, February 28, 1949 (republised in *Pantja Warna*, No. 24, September 1950).

Soh Lian Tjie, "Tjinta jang tida berharga", *Pantja Warna*, November 12, 1949.

Song Ong Siang, *One Hundred Years History of the Chinese in Singapore*, Singapore: University Malaya Press, 1967. (1st edition in 1923)

Stephen Chang Tseng-Hsin, "Commodities Imported to the Chang-chou Region of Fukien during the Late Ming Period. A Preliminary Analysis of the Tax Lists found in *Tung-hsi-yang-kao*", in Roderich Ptak and Dietmar Rothermund, eds., *Emporia Commodities and Entrepreneurs in Asian Maritime Trade*, C. 1400 – 1750, Stuttgart: Franz Steiner Verlag, 1991.

Sun Wanning, "Media and the Chinese Diaspora: Community, Consumption, and Transnational Imagination", *Journal of Chinese Overseas*, Vol. 1, No. 1, Mei 2005.

Susan Abeyasekere, "Slaves in Batavia: Insight from a Slave Register", in *Slavery and Bondage & Dependency in Southeast Asia*, edited by Anthony Reid with the assistance of Jennifer Brewster, St Lucia. London. New York: University of Queensland Press, 1983.

Syafaruddin Usman, *Tragedi Patriot dan Pemberontak Kahar Muzakkar*, Yogyakarta: Narasi, 2009.

Tan Hok The, *Hikajat Kerkfonds Tionghoa di Menado*, Tjitjoeroeg, Mostika, 1937.

Telefoon gids Makassar, Mei 1937 and Mei-April 1941.

Teng Tjin Leng, "Pembatalan Konperensi Medja Bundar dan Status Warganegara Indonesia", in *10 Tahun PERTIP Makassar, 1946 – 1956*, Makassar: PERTIP, 1956.

Teng Tjong Hae, "Riwajatnja Klenteng Klenteng di Makassar", in *Buku Peringatan Persatuan Tionghoa Peranakan (PERTIP) Makassar 1946 – 1953*, Makassar: Persatuan Tionghoa Peranakan "PERTIP", 1953.

Teng Tjong Hae, "Soewaranja seperti boeroeng glatik", *Liberty*, Agustus, 1928.

Teng Tjong Hae, "Akoe poenja pengalaman", *Liberty*, April, 1928.

Thio Eang Theng, "Memperingati Seorang Pahlawan Kemerdekaan Indonesia", *Buku Peringetan Persatuan Tionghoa Peranakan 1946 – 1953*,

1953.

Thio Heng Sioe, "Riwajat Pembangunan 'PERTIP'", in *Buku Peringatan PERTIP, Makassar* 1946 – 1956, Makassar: PERTIP, 1956.

Thio Tjin Njong, "Masalah Pendidikan di Dalam Kalangan Keturuanan Tionghoa", *10 Tahun PERTIP Makassar, 1946 – 1956*, Makassar: PERTIP, 1956.

Thoeng Siong Hien, " 'PERTIP' 10 Tahun", in *10 Tahun PERTIP Makassar 1946 – 1956*, Makassar: PERTIP, 1956.

Tio Ie Soei, *Riwajat Satoe Boxer Tionghoa (Tan Sie Tiat)*, Soerabaja: Hahn Co, 1928.

Tjie Tong Han, "Sedikit tentang Almh. Ang Ban Tong (1910 – 1938)", *Java Critic*, Vol. I, No. 6, 1949.

Udin Bahrum, "Tionghoa Pejuang Semangat Patriotisme", *Pecinan Terkini*, Vol. 1, No. 3, Agustus 2008.

Van J. L. Vleming, jr., *Het Chineesche Zakenleven in Nederlandsch-Indië*, Batavia: Volkslectuur, c. 1925.

Veritas, "Ongeregeldhedden te Makassar door Veritas. Het voorgevallene met de Chinesche landverhuizers te Makassar in 1855, met opgave van de oorzaken, welke dit hebben te weg gebracht", *Tijdschrift voor Nederlandsch Indië*, Vol. 18, No. 1, 1856.

Victor Purcell, *Chinese in Southeast Asia*, London: Oxford University Press, 1965.

Wayne A. Bougas, "Gold Looted and Excavated from Late (1300 AD – 1600 AD) Pre-Islamic Makasar Graves", *Archipel*, Vol. 73, 2007.

Wolfgang Franke, Claudine Salmon and Anthony Siu, eds., *Chinese Epigraphic Materials in Indonesia*, with the assistance of Hu Chün-yin and Teo Lee Kheng, Singapore: Southeast Seas Society, 3 Volumes, 1988 – 1997.

Wong Lin Ken, *The Trade of Singapore* 1819 – 1869, Malaysia: printed for the MBRAS by Academe Art & Printing Services Sdn. Bhd. MBRAS, Reprint No. 23, 2003. (1st ed. in 1961)

Yang Wen Chiao, "Begimana 8 orang Tionghoa terkenal ditabas di Makassar", *Java Critic*, No. 7, April, 1949.

Yang Wen Chiao, "Hoakiauw di Iboe-kota N. I. T.", *Java Critic*, Sintjhia Nummer, Vol. 1 No. 14, January 29, 1949.

Yang Wen Chiao, "Huang Sung Chieh †", *Java Critic*, No. 12, September, 1949.

Yang Wen Chiao, "In Memoriam", in *Buku Peringatan PERTIP*, 1946 – 1953.

Yang Wen Chiao, "Maleman Sintjhia", *Java Critic*, Vol. I, No. 4, Januari, 1949.

Yang Wen Chiao, "Sedjarah Perang Doenia II. Tjamba… Satoe benteng pertahanan Blanda jang koeat di Indonesia dalem Perang Pacific", *Java Crtitic*, II (3), Oktober, 1949.

Yang Wen Chiao, "Tjinta dan Pengorbanan", *Tjilik Romans*, Vol. 1, Januari 1, 1949.

YerryWirawan, "Pers Tionghoa Makassar Sebelum Perang Dunia kedua", *Archipel*, Vol. 82, Paris, 2011.

Yerry Wirawan, *Les Chinois de Makassar (XVIIe – XXe s.) Essai d'histoire*, Mémoire de DEA, Paris: EHESS, 2005.

Yo Kao Tjio (Yang Wen Chiao), "Liem Kheng Yong, Penterdjemah buku-buku tjeritera Tionghoa dalam bahasa Makassar", in *Buku Peringatan 10 Tahun Persatuan Tionghoa Peranakan Makassar*, 1946 – 1956.

中文文献

陈荆和、陈育崧：《新加坡华文碑铭集录》，香港大学出版社 1972 年版。

冯爱群：《华侨报业史》，学生书局 1976 年版。

黄昆章：《印尼华侨华人史（1950 至 2004 年）》，广东高等教育出版社 2005 年版。

《华侨华人百科全书》，中华书局 1999 年版。

梁元生：《宣尼浮海到南州·儒家思想与早期新加坡华人社会史料汇

编》，香港中文大学1995年版。

林孝胜等：《石叻古跡》，新加坡南洋学会1975年版。

刘焕然：《荷属东印度概览》，（新加坡）强华图书出版社1939年版。

王苍柏：《活在别处：香港印尼华人口述历史》，东南亚研究中心、香港大学出版社2006年版。

《元大德南海志残本》，广州史志丛书1991年版。

私人档案，望加锡：

《李氏族谱》，无标题，望加锡（中文和印尼语译文）。

《梁氏族谱》，无标题，望加锡（中文和印尼语译文）。

《望加锡华侨社团联合会档案》，望加锡（包括章程和1955年加盟的社团的协会名单，章程以中文和印尼文双语编写）。

索　引

A

Abdoel Wadud 阿卜杜尔·瓦杜德　93
Abdullah 阿卜杜拉　225
Achmad Daeng Siala 阿赫玛德·达昂·西亚拉　217
Adang 阿当　225
Adjie 阿迪　90
Amana Gappa 阿玛纳·伽帕　25
Ambon 安汶　6，16，22，26，34，35，40，42，43，45，58，59，64，86，144，166，187，194—196
Amma Jacok 安马·佳卓克　76
Amoy，厦门　4，16，39，40，46，48，67—69，81，90，93，95，120，159，162
Andi Azis 安迪·阿齐兹　219
Ang Ban Tjiong 洪万昌*　175—177，186，187
Ang Goan Seng 洪元升　127

Ang Tjinnio 洪贞娘*　78
Ang Tjong Giao 洪忠娇*　147，149
Ang Tjong Sioe 洪忠秀*　176
Ankie，Hotel 安祺，酒店　136
Anxi 安溪　115，116
Apotek Rathkamp 拉特坎普药房　135
Aung 阿永*　91
Australia and China，Bank 澳大利亚和中国，银行
Auw Ean Hway 欧英怀*　118
Auw Gwie Tjie 欧微志*　163
Auw Men Tjong 欧曼忠*　162
Auw Tahie 欧大义
Auw Thiau Eang 欧阳凤鸣
Auw Tjie-ing 欧志荣*
Auw Tjiong Siang 欧重相*
Auw Toang Leang 欧传良*　166
Auw Yong Wae 欧阳慧*　117
Auwtaihie 欧大义　71，72，74，78
Ave，Jan 菲·燕亚　222

B

Baba Aboe① 峇峇阿布 82，92

Baba Betawi 峇峇巴达维 93

Baba Guru 峇峇老师

Baba Hadji Moeshin 峇峇·穆新 93

Baba Lesang 蔡礼盛* 102

Baba Maliang 黄松吉 174

Baba Moeh. Chasim 峇峇穆罕默德·卡西姆 171，189

Baba Moendo 峇峇蒙多 92

Baba Tadjoe 峇峇达裕 104

Baba Tjoelong 峇峇朱郎 104

Baba Tjoi 峇峇祖，参见 Hoo Eng Djie，何荣日

Bacan 巴占 102

Baij 巴伊克 91

Bajau 巴瑶 19，46，69

Balangnipa 峇南哖吧 86，101，107，108，119，149

Ban Hong Liong 万宏隆* 139，168

Ban Tjiang 方昌（公司） 126

Banda 班达 9，20，34，35，44，47，76，86，119，142

Banggai, kepulauan 曼涯群岛 25，32，129

Banjarmasin 马辰 11，12，28，35，44，46，49，54，57，62，152

Bao an gong 保安宫 116

Bao an lunchuan 保安轮船 99

BAPERKI 印尼国籍协商会 206，221，222，234，237

Barrong 巴龙

Batavia

Batu-Batu 巴都巴都（索彭县海西侧） 103

Batujangan 巴都藏安 209

Benli xuexiao 本立学校 214

Berita Baroe《新闻报》 128，148，150，169，173，176

Boeka 布卡（来自劳勿的仆人） 90

Boekhandel & Drukkerij Modern 书店与现代印刷厂 173

Bone 旁尼 9，11，25，30，43，46，48，101，123，125，126，203

Bonerate 博内拉泰 40，41，43，45，46

Boni-ri-Attang 博尼里阿当 128

Bontoalang 本托郎港口 83

Bontoriho 本托里霍 128

Boo Loeng 茂隆，toko obat 药店 131

---

① 译者加注：Baba Aboe 别名为谢明吕*（Tja Binglo）

Borneo 婆罗洲 20，21，65，197，203，204

Buleleng 布莱伦 97，127，128

Buton 布顿村 23，92

C

Caron, J. J. L. 卡伦 150，151

Chang'an hui 长安堂

Changantang 长安堂

Changtai 长泰市

Chartered Bank of India 印度新金山中国渣打银行简称渣打银行 134

Chau Sing 《潮声》 5，149，162，171—173，175，178，184，192，227

Chen Duanniang 陈端娘 111

Chen Fulu 陈福禄 154

Chen Fushui 陈福水 154

Chen I School 正义学校 162

CHH 中华会 148，151，152，175，208，214

Chiang Kai Chek 蒋介石 180，181

Chie Mey Hui 姐妹会 146，205

Chien Mei《健美》 159，179

Chip Bee 集美区 162

Choe Jik Toen 朱奕端* 170

Chongben tang 崇本堂 113，114

Chop Hong Guan 丰源船务 97

Chung Cheng School 中正学校 163

Chung Hua Chiao Thoan Lian Ho Hui 中华侨团联合会 207

Chung Hua Fu Nu Hui 中华妇女会 207，208，231

Chung Hua School 中华学校 156，214

Chung Hwa Hui 中华学校 146，148，151，205

Chung Shan School 中山学校 150，162

Cirebon 井里汶市 17，44，45，49，54，59，95，225

Crawfurd 克劳福（约翰·克劳福） 66

Cundeju 存德局, toko obat 药店 130

D

Daeng Gassing 达恩·加辛 225

Daeng Passabe 达恩·帕撒贝 76

Dai Houyi 戴厚义 98，100，104，105，113

Denmark 丹麦 11，18，21

Denpasar 登巴萨 128，194，221

Dietz, B. E. 迪茨 206

Djoe Siong Kongsi 裕祥公司 225

Doeri 多日村 128

Drukkerij The Peng Joe 郑炳裕印刷公司 168

E

Eastern Trading & Industrial Company, N. V. 东方贸易工业有限公司 214

Ecil My "Eerste Chineesche Indische Levensverzekering Maatschappij The Pon Poo Sioe Kongsie 中印合资保险公司

Eerste Makassaarsche Broodbakkerij

Eerste Makassarsche Oliefabriek, N. V. 锡佳食用油有限公司 129

Eka Tjipta Widjaja 黄奕聪 163, 235, 236

Empress Hotel 皇后大酒店 137

Ence Moh. Kasim 穆罕默德·卡西姆 93

Ende 英德村 83, 91, 132

Eng Djoe Hien 荣裕兴, kongsi 公司 111, 118

Eng Djoe Tong 永裕堂 110

Eng Goan 永源公司 153

Eng Lian & Co 永联公司 133

Thoeng Eng Tjiang 汤永昌 106, 119, 128

Eng Tjoan Tong 颍川堂 145

Enrekang 恩雷康县 197

F

F. A. Rea & Co, N. V. 雷亚有限公司 224

Fabriek Tjiliwong, NV. 芝利翁厂 101

Fanghutian, toko obat 访壶天, 药店 130

Feilun tiyuhui 飞轮体育会 231

Feng Aiqun 冯爱群 167

Firma Eng Djoe Hien 荣裕兴, 公司

Firma Hap Seng 合盛公司 139

Firma Seng Soen (g) 成顺公司 128

Fujian 福建 4, 15, 16, 84, 95—98, 107, 108, 113, 115, 116, 127, 133, 142, 144, 145, 155, 159, 163, 171, 179, 185, 190, 207, 227—233

Fujian gongci 福建公司

Fuqing 福清 127, 215, 230—233

Fuzhou 福州 145, 163, 204, 214, 229

G

Gan Ing Hong 颜应宏* 98

Gani, Joice 乔伊斯·佳妮 3

Gann Thoan Leng 颜团亮* 227

Gengfeng (Keng Hong) mijiao gongsi 耕丰米较公司 127

Go Gien Tjwan 吴银传　222

Go Tjan Hok 吴灿福*　144

Goan I Kie 源奕基*　121

Goan Tjoan 源全，制冰工厂137

Gorontalo 哥伦打洛　32，102，108，121，152

Gou Ging 吴银*　91

Gou Kongtjoe 吴光子*　91

Goukiolong 吴秋隆*　91

Gouloko 吴老哥*　91

Gouw Koannio 吴关娘*　79

Gowa 哥哇县　211

Gowa-Tallo 哥哇－塔洛　8

Gresik 锦石县　36，43

Guangdong 广东省　132

Guangdong lianyi huiguan 广东联义会馆　117

Guangong 关公庙　116，117

Guangwen xuexiao 广文学校　232，233

Guangzhao tongqiao huzhu hui 广肇同侨互助会　229，232，234

Guanyu 关羽　116

Gujarat 胡荼辣国（印度古吉拉特邦）　21

Guo Songshu 郭松树　154

Guo Yangsen 郭映森　142

Guomin bao 《国民报》　149，169

H

H. F. F. Hultman Kongsi 霍尔特曼公司

Hadji Kalla Coy 哈吉卡拉公司　224

Hadji Umar Usman & Co. 乌马尔·乌斯曼公司　224

Hainan 海南　145，156，212，229，230，232，233

Hakka 客家　131，144，156，229

Han Boen Nio 韩文娘*　147

Han Boen Tjeng 韩文正*　152，205，227

Handelsdrukkerij en Kantoorhandel Celebes 西里伯斯商业印刷和贸易公司　165，167

Hangshang lianhehui 航商联合会　230

Hansen & Nio Boen Lian 汉森与梁文良*（公司）　100

Hap Sing Tjan 合盛栈　101

Hap Tjoen and Co 合存公司　125

HCS partikelir 私立荷华学校　146，161

Het Handelsveem 贸易公司　5，126

Hitjahubessi 希贾胡贝西　166

Hoa Kiauw Gin Hang 华侨银行　134

Hoa Kiauw Pak Hwat Ho Wan Hwee 华侨八华合欢会　191

Hoettio 富赵*　36

Hok Kian Hok Tjioe Tjoang Koen Hwee Koan 福建福州全郡会馆 145

Hong Kaipang 洪开榜 142

Hong Tjiang Kongsi 鸿渐公祠，参见 Liangshi citang Hongkong & Shanghai Bangking Corporation 香港上海汇丰银行 108，109

Hoo Eng Djie 何荣日 148，186—189，199，212，223，225

Hoo Eng Gwee 何荣贵* 188

Hoo Kie Seng 何基盛* 187

Hoo Soen Hoo 和顺号 189

Hua Chiao Ching Nian She 华侨青年社 208

Hua Chiao Yit Po《华侨日报》 177，199

Huang Sung Chie 黄松吉 147，149，172—175，178，180—183，191，197，199，200，205，206，213，216，217

Huaqiao caifeng tongyehui 华侨裁缝同业会 229

Huaqiao gongzhong hui 华侨公冢会 231

Huaqiao paiqiu zonghui 华侨排球总会 231

Huaqiao qingnian hui 华侨新年会 230

Huaqiao tushuguan 华侨图书馆 232，233

Huaqiao xiaoxue 华侨学校

Huaqiao xumu gonghui 华侨畜牧会 230

Huazhong yiwu xuexiao 华中义务学校 232

Hubei 湖北 231

Huizhou 惠州市

Hwa Chiao Chung Hui 华侨总会 205—207，214，216

Hwa Kiao Im Gak Hwee 华侨音乐会 205

Hwa Kiauw Im Gak Hwee 华侨音乐会 147，191

Hwa Min School 华民学校 145，163

Hwa Siang Tjong Hwee 华商总会 180

I

I Wakko 王悦，参见 Ong Goat Ek

Ie Kae Tjiao 余开潮* 135

Ie Keng Heng 余庆恒 135

Ie Kheng Heng 余庆恒 207

India 印度 9，12，19，21，23，27，34，39，219

Indo China《印度支那报》 167—169，174

Indonesia Timur 东印度尼西亚国

Ing Sek Tong 永锡堂 93，112

Inggris 英国 4，10—13，16，21，22，63，65，67，75，

89，96，99，238

Intje Abdoel Cadier 阿卜杜尔·卡迪尔先生 55

Intje Abdul 阿卜杜尔先生 17

Intje Couko 黄舅哥 24，61

Intje Lanang 蓝昂先生* 79

Intje Nanna 娜娜姐也被称为黄珍娘* 76

Intje Sadollah 萨都拉先生 31，83

Intje Soeboeh 苏博先生 18

Intje Tengaharie 登阿哈里 53

Intje Tjoa 蔡（船长） 55

Intje Tjoeka 朱嘉（先生） 25

Ishaka Daeng Talli 伊沙卡·达恩·塔利 188

Io I Hok 俞一福* 121

J

J. Mohsmann & Co 莫斯曼有限公司 129

Jambi 占碑市

Java Critic《爪哇评论》 6，216

Javaasche Bank 爪哇银行 134 *Javasche Courant*《爪哇报》 5，99，101，117，118，165

Jawa 爪哇 1，6，17，33—36，39，43—46，49，54，57，59，64，69，73，89，90，93，99，106，108，122，128，130，137，140，144，147，151—153，164，165，168，174，178，181，183，184，191—193，196，201，204，211，216，218，221，222，225，226，235—237，239—241

Jiafeidian gonghui 咖啡店公会 230

Jiangsu 江苏 145

Jinjiang 晋江 133，229，232，233

Jo Hoae Giok 杨怀玉 93，95，113

Jo Jang 杨渊*

Jo [e] Kie San 杨基圣* 166，171，190

Jo Kie Soei 杨基寿* 161，166，190

Jo Kong Giok 杨昆玉

Jo Siong Tie 杨祥知* 173—175

Jo Tiang Sioe 杨长水* 197，209

Jo Tjekang 杨财江* 82

Jo Tjing Siang 杨清祥*

Jo Tjoe Tjae 杨朱财* 126

Jon Goe Tjoen 荣武存* 130

K

Kaili 凯里村 44

Kamer van Koophandel en Nijverheid 工商会 127

索　引　◈◈　295

Kampung Bandang 巴当村　23，76

Kampung Bugis 布吉斯村　23

Kampung Buton 布丹村

Kampung Cina 华族村　23

Kampung Melayu 马来村　23，128，187，190

Kampung Wajo 哇卓村　23

Kan Goang Kie 江源基　137

Kang Tjioe Sia 江苏社　145

Kanton 广东　69，96，108，115—117，131，133，141，143，169，170，207，229—233

Kantoor voor Chineesche zaken 华人事务办公室　149，169，170

Kapitan Melayu 马来甲必丹　24，55

Karaeng Matoaya 卡棱·马托亚　8—10

Kater, de W 卡特尔　105

Keng Hong & Co 耕丰米较公司　127

Khong Seng Hwee 孔圣会　135，141，143，144

Khoo Seok Wan 邱菽园　153，156

Kiem Ha Tong 锦霞堂　145，162，229

Kim Seng & Co. 金声公司　100

King & Co 王氏公司　100

Klenteng Thian Mo Kiong 天母宫　154

KMT 国民党　141，147—150，162，169，170，177，194，199，200，208，214，216，228，233

Koe Nio 高娘*　91

Koepatjio 高拔蒋*

Kok Bin Po 高拔蒋*　149，169

Kollmann, L. 科尔曼 and Oei Kang Siang　100

Kondoo, S. 孔朵　196

Kong Ek 公益公司　138

Kong Hoo Seng & Co. 孔富盛公司　132

Kong On Tae 孔安泰*　132

Kong S. Tjoan 孔斯全*　167，174

Kong Tik Soe 功德祠　112，113

Kong Weng Fat 孔翁发*　132，166

Kongmiao xuetang 孔庙学堂　153—155

Kongtik Soe 功德祠

konsulat Republik Tiongkok 中华民国领事馆　205

Koran Tiongkok Baru《新华报》173，174

Koromandel 印度科罗曼德尔　11

Kuang Hwa School 光华学校　163

Kuanglu ribao 或 *The Daily Chroni-*

cle《匡庐日报》 215，216，230，233

Kuomintang 国民党

Kwa Tjoan Sioe 柯全寿 136，147

Kwa Tjoan Siu 柯全寿

Kwan Wei Hsin 关伟信* 150

Kwee Kek Beng 郭克明 216，218

Kwee Liem Hong 郭林宏* 125

Kwee Siong Hie 郭松树

Kwee Siong Sie 郭松树 117，118

Kwong Hai 邝海* 133

L

La Tjing Nio 赖清娘* 104，105

Ladjongeroe 赖宗俄如* 105

Lai Furen 赖辅仁 236

Laij 拉伊克* 91

Lam Kiauw（Nan Qiao）南侨（印刷厂） 168

Lang Gio 郎炳* 104，105

Lanqiu zonghui 篮球总会 232

Lao Jok Koen 刘佐伟* 171

Lasoet，B. W. 拉苏特 165

Lau Bin Pang 刘明办* 102

Lauw A Liong 刘亚隆* 143

Lay Djin Heang

Lay Joe Min 149，169

Lay Kum Sun 130

Leang I Chan 147

Lee，Sammy

Leeuwen & Co.

Lembang 128

Li Dachen 黎仁显，参见 Lay Djin Heang

Li Dongyi 李东益 110

Li Fanghu 李方湖* 107

Li Guanjun 李关君 170

Li Heniang 李鹤娘 110

Li Jauko 李如璋 24，30，33，53，57—60，89

Li Juegong 黎觉公，参见 Lay Joe Min 黎友民 149

Li Lianqing 李连庆 111，154

Li Mingong 李敏公 110

Li Ruzhang 李如璋，参见 Li Jauko 李如璋

Li Sanliang 李三凉 110

Li Shanjia 李善嘉 110，111

Li Shanqiu 李善述 111

Li Shanshu 李善述 110

Li Tianju 李天居 111

Li Xingniang 李杏娘 110

Li Zhenxing 李振兴

Lian Hua 莲花 147，178

Liang Buzhao 梁布昭 154

Liang Ying Wu 梁英武，参见 Nio Eng Boe

Liang Yingtian 梁应天* 153

Liang Yuyu 梁欲裕，参见 Nio Tek Hoe 梁得富　114

Liangshi citang 鸿渐公祠，参见 Hong Tjiang Kongsi

Liao Luguan 廖禄官　115

Liao Pei Chih 廖佩琪*　170

Lie A Liat 李亚烈　131

Lie An Djiang 李安然　106，111，117，118，153

Lie Boen Jat 李文阅　101，102，111，118

Lie Boen Yat 李文阅　99，110

Lie Bon Nio 李文娘*　90

Lie Eng Djian 李安然，别名 Li Anran　155

Lie Eng Hoei 李英辉*　156

Lie Eng Peng 李英炳*　111

Lie Goan Tiong 李元状　118

Lie Goan Tjiong 李元状　99，111

Lie Hak Hauw 女学校　159

Lie Hoen Soen 女学校

Lie Hway Tjo 李怀祖*　171

Lie Ing Guang 李英光*　100

Lie Jiko 李裕哥*　91

Lie Juegong 黎友民

Lie Khong Haan 李光涵*　101

Lie Kiao Tjo Nio 李桥娘*　151

Lie Kiemseeng 李金盛*　91

Lie Lean Hie 李连喜　113

Lie Lean（g）Hie 李连喜

Lie Lean（g）Tjoan 李连全

Lie Lean（g）Tjoan（g）李连全

Lie Leang Hie 李连喜　111，117，165

Lie Leang Tjoan（g）李连全　165

Lie Lian Hie 李连喜　118，153—155

Lie Lian（g）Hian 李连贤*　156

Lie Liang Hie 李连喜　154

Lie Mo Tjeng 李慕青　174，177，199，200

Lie San Nio 李善娘*　90

Lie Shing Mei 李兴梅　216

Lie Siauw ［Tek］李绍德

Lie Siauw Tek 李绍德　107，110，111

Lie Sionio 李秀娘*　68

Lie Soe Ping 李四鹏*　99，118

Lie The Djoe 李政裕*　104，106

Lie Tik Hing 李德兴*　130

Lie Tjeng Hin 李振兴*　137

Lie Tjeng Yan 李清渊　113，117，118

Lie Tjian 李前*　128

Lie Tjie Hong 李志宏　199，200

Lie Tjien Hien 李振兴　131，155，156，165

Lie Tjien Hing 李振兴　142

Lie Tjieng Hong 李振宏*　149

Lie Tjing Goan 李清渊　111

Lie Tjing Hien 李振兴　111

Lie Tjing Hong 李清宏* 98
Lie Tjing Yan 李清渊 112，118
Lie Tjoen Eng 李俊英* 118
Lie Tjoen Tat 李存飚 111，118
Liehoetjiang 李富江* 53
Lielieko 李立哥* 91
Liem An Shui 林安瑞*，别名为 Baba Moeh. Mas'oed 峇峇穆罕默德·马苏德 151
Liem Eng Djioe 林英裕* 185
Liem Eng Leng 林英宁* 129
Liem Iam Nio 林兰娘* 90
Liem Kheng Yong 林庆庸 144，146，184，185，226
Liem Kheng Yong 林庆庸，别名为 Nai Yu 乃佑
Liem Koen Hian 林群贤 152，175
Liem Koen Seng 林群盛* 222
Liem Kok Sioe 林国寿* 197，209
Liem Sie Hoei 林锡辉* 101
Liem Sieng Leng 林盛宁* 226
Liem Tck Sioe 林德寿* 104，105
Liem The Bo 林峥茂* 105
Liem Tien Nio 林徵娘* 187
Liem Tjeng Heang 林正贤 144
Liem Tjin Eng 林振英* 134
Liem Tjing Liong 林清良，别名 Baba Maliang 峇峇马良 187

Liem Tjoen Kong 林俊光* 90
Liem Tjoeng Hong 林钟宏* 138
Liem Tjoetjien 林春志*
Liemkamlo 林甘禄*
Liepieko 李笔哥* 49
Lietjooko 李子哥* 91
Lietoanlo 李传乐* 78，79
Lietonglo 李堂乐* 79
Lietsoeko 李祖哥 24
Lijauko 李如璋 55，110
Likenglo 李庆吕* 49
Lim 林
Lim Boen Keng 林文庆 153，156
Lim Kaijzeeng 林介英* 45，49
Lim Kamlo 林甘禄* 77
Lim Kemlo 林甘禄* 72，78，79，83
Lim Lamseeng 林南盛* 58，60
Lim Lock Ee 林乐裕* 149
Lim Piok 林博* 106
Lim Ta Ek 林达英* 107
Lim Tjanko 林灿哥*
Limkamlo 林甘禄* 78
Limnauko 林南哥* 34
Limpiksioe 林碧寿* 104
Limtjanko 林灿哥* 77，78，90，93
Lin Eryun 林尔云 145
Ling Kioe Sia 宁求社 141，143
Lintjanko 林灿哥*

索　引　　299

Lishi jiamiao 李氏家庙，参见 Eng Djoe Tong 永裕堂　110—112

Lishida lunchuan 利实达轮船　99

Liu Huanran 刘焕然　162

Lizhen shudian 丽真书店　164

Lloyd Indonesia, N. V. 印尼苏埃海运有限公司　225

Loe Kon Min 吕光民*　130

Loe Pan Hong 鲁班行　132，141，208，230

Lok Siang Hwee 乐善会

Lok Siang Sia 乐善社　138，143，144，190—192，205

Lokoang 罗光*　68

Longxian gong 龙显宫　115，116，119

Loo Pang 或 Lu Ban 鲁班　117，141

Loquin 或 Loquo 罗群*　21，22

Lu Ban hang 鲁班行

Luwu 劳勿　25，44，90，102，195

Lüye gonghui 旅业工会　231

M

Macini Ayu 马芝尼阿友地区　128

Maiwa 迈瓦地区　128

Makassaarsche Courant《望加锡新闻报》　113

Malaka 马六甲　9，11，13，20，22，100

Malino 马利诺　135，221

Maluku 马鲁古　9，11，12，14，15，25，34，62，64，81，86，145，197，233

Mandar 门达儿　13，20，90，128，185

Manggarai 曼加莱　35

Maros 马洛士地区　15，89，102，188

Martapura 马尔塔普拉　49

Mata Hari《太阳报》　164

Matra 马特拉　76

Mawengkang, J. 马文康　217

Melchior, Frater 弗拉特·梅尔基奥　192

Meiri dianxunbao《每日电讯报》　216，229

Memo 备忘录

Menado 万鸦老　6，64，99，101，103，111，113，118，142，145，152，162，175，180，182，193，195—197，205，211，213，225，227，236，241

Meng-jia-shi 望加锡　1—6，8—19，21—35，39—41，43—56，58，59，61—67，69—71，73—77，79—82，84，86—104，106—111，113，115—125，127—170，173，174，

177—180, 182—187, 189—198, 200—206, 208, 209, 211—222, 225—228, 233—241

Mercantile Bank of India Ltd 印度商贸银行有限公司 134

Min [Mian] Pao Tong Jap Hwe 面包同业会 214

Min Sun Pao《民声报》 149, 150, 170, 171, 177

Ming Goan atau *Mingguang*《明光》 169

Minyak gosok Tawon "黄蜂"牌的擦油

Mohamad Arsyad 穆罕默德·阿尔萨德 93

Mohamad Jafar 穆罕默德·贾法尔 93

Mohammad Alie Tasrief 穆罕默德·阿里·塔斯里夫 166

Molukken Veem, N. V. 摩鹿加群岛货运公司 174

Mouhd Mas Oud Qasim 穆赫德·马斯·乌德·卡西姆 92

Muzakkar, Kahar 卡哈尔·穆扎卡

N

Nam Yau Motor Co 南耀车行 139

Nan qiao xuexiao 南侨学校 232

Nan'an gonghui 南安公会 229

Nanchun, toko obat 南春，药店 130

Nederlandsch Indische Escompto Maatschappij 荷属印度埃斯康普托商会 134

Nederlandsche Handelmaatshappij 荷兰贸易银行 134

Negara Baru《新国日报》 216

Negara Indonesia Timur 东印度尼西亚邦，参见 NIT 194

New Life Movement 新生活运动 145

NIGIEO 荷属东印度进出口管理机构 213, 214

Ninnong, Andi' 安迪·宁农 195

Nio 梁

Nio Boen Lian 梁文良

Nio Boen Liang 梁文良

Nio Boen Liang 梁文良

Nio Boen Liong 梁文良 100, 103

Nio Boenliang 梁文良

Nio Eng Boe 或 Liang Ying Wu 梁英武 74, 86, 109, 129, 134, 136, 142, 153—155, 165, 167, 180

Nio Eng Hie 梁应憘 137, 165

Nio Eng Hoei 梁英慧 136

Nio Eng Lian 梁应[麟] 86, 165

索　引　301

Nio Eng Lien 梁应［麟］ 109
Nio Gan［Goan］Ek 梁元益
Nio Ganlong 梁眼郎 43，55，85，86
Nio Goan Ek 梁元益 85
Nio Hiong Bing 梁香明* 109
Nio Hoei Ting 梁辉庭* 209
Nio Hongseeng 梁芳生 72
Nio Hongseng 梁芳生 43，92
Nio Howaitjo 梁怀祖
Nio Howaitjoh 梁怀祖
Nio Hwaytjo 梁怀祖
Nio Hwaytjoh 梁怀祖 82，85
Nio Ing Boe 梁英武
Nio It Long，梁一龙，别名 Nio-kikong 梁旗光
Nio Joe Lan 梁友兰* 163
Nio Kae Hian 梁开兴 86
Nio Kae Hien 梁开兴
Nio Kiangseng 梁建生 43
Nio Kikong 梁旗光 43，72，74，79，82，85，86，90，92，93
Nio Lie Nio 梁丽娘* 90
Nio Panglong 梁盼郎
Nio Panio 梁帕娘* 90
Nio Panko 梁万哥*，参见 Nio-panko 41
Nio Panlong 梁盼郎 31，32，43，53，56，60
Nio Pay Oen 梁帕温* 102

Nio Phanlong 梁盼郎 43，55，85
Nio Po Kong 梁北公 40，43，55，108
NioPoe Seng 梁配生* 86
Nio Seng Kong
Nio Sentjiang 又名 NioTjing Sioe 梁进秀 85，109
Nio Sioe King 梁瑞益 86
NioSoei Ek 梁瑞益
NioTek Hoat 梁得富
Nio Tek Hoe 梁得富 85
Nio Thek Hoe 梁得富 109
Nio Tek Sie 梁得时 119
Nio Teng Nio 梁燈娘* 92
Nio The Hoe 梁得富 86，98，104，105，109，114
Nio Tian Nio 梁甜娘* 92
NioTiang Seng 梁长盛* 86
Nio Tiong Hien 梁中兴 86
NioTjan Kong 梁旃光 86，92
Nio Tjankong 梁旃光
NioTjeng Hong 梁清风 86
Nio Tjeng Sioe & Co.，N. V. 梁清寿公司 129
Nio Tjenghong 梁清风
Nio Tjengkong 梁旌光 79
Nio Tjin Sieo 梁进秀
Nio Tjin Siu 梁进秀 102
Nio Tjing Sioe 梁进秀
Nio Tjoen Liong 梁存隆* 223

Nio Tjok Nio 梁石娘* 90

Nio Tjoeng Bo 梁钟茂* 135

Nioboenko 或 Nioboenhoe 梁文哥* 42

Nioboenpang 或 Nioboempang 梁文房* 43

Nioboko 梁北哥 40

Niodjinko 梁仁哥* 41

Nioganko 梁颜哥* 41

Niogoantan 梁元晨* 43

Nioh［t］amseeng 梁旂生* 42

Niohaysoe 或 Niohaylo 梁海赐* 42

Niohompee 梁宏碧* 42

Niohongseeng 或 Niohangseeng 梁芳生 42

Niojemko 或 Niojimko 梁仁哥* 42

Niojiekong 或 Nijikong 梁徐光* 42

Niokangseeng 梁康盛* 43

Niokanko 梁简哥* 43

Niokiangseeng 梁建生 43

Niokikong 梁旗光 42

Niokimseng 梁金生* 43

Niokiseeng 梁旗生 42

Nioletko 梁乐哥* 42

Niopako 梁北哥 34，35

Niopanko 梁万哥* 41

Niopeenglo 梁炳龙* 41

Niopoko 梁北哥

Niopoko 或 Nioboko 梁北哥 41

Nioseeng［ko］梁盛哥* 53

Nioseengeeng 梁盛英* 43

Nioseengkong atau Nioseengkeng 梁旌光 42

Niosenkeng 梁旌光 43

Nioso［e］ngkeng 梁旌光 42

Niosoenkong 梁旌光 42

Niosoko 梁苏哥* 42

Nioteko 梁德哥* 33，42

NIT 东印度尼西亚邦

Njaring《响亮》 5，172，175，178，184

Njio Kong Tjiau 梁光朝* 101

Njioo Kok Khian 梁光谦* 101

Njioo Kong Tjiauw 梁光朝* 101

Nu Tze Lian Ho Hui 女子联合会 146，147，179

Nusantara《群岛之星》 217

O

O Hinio 黄喜娘* 78

Oea Batjo an Manarai 黄万子* 105

Oei

Oei Boen Nio 黄文娘* 105

Oei Ek Tjhong

Oei Eng Siong 黄应祥*

Oei Hong Bie 黄宏美* 171，173，174，178

Oei Kang Siang 黄江祥* 100

Oei Kiang Hie, Njonja 黄江喜夫人* 181

Oei Kie Giat 黄基业* 190

Oei Kiem Giap 黄金业* 188

Oei Kiem Nio 黄金娘* 142

Oei Kongtjing 黄光清* 85, 94

Oei Lausia 黄柳霞* 91

Oei Lioe Oei 黄柳凰* 134

Oei Liong Giok 黄隆玉* 128

Oei Liong Tjiang 黄隆昌* 167—169, 174

Oei Nyeeko 黄雅 31, 32, 73, 75, 80, 83—85, 87, 93, 95, 121

Oei Poo Djiang 黄培江* 222

Oei Seeuwen and Co 黄寿源公司 126

Oei Sioe Tjoan 黄秀金* 139

Oei Siong Kiat 黄松吉 174

Oei Soan Goan 黄宣渊* 206

Oei Soan Nio 黄宣娘* 118

Oei Tjainio 黄才娘 55

Oei Tjoan Goan 黄全源* 125

Oei Tjoe Tat 黄自达 222

Oei Tok Sing 黄端盛* 119

Oei Yat Hoei 黄越辉* 171

Oeij Hoako 黄华哥* 37

Oeij Nyeeko 黄雅 81

Oeij Tjensoei 黄振瑞* 73, 85

Oeikoeko 黄舅哥

Oeitjenhoen 黄振勋* 73, 75, 84, 85

Oeitjensoei 黄振瑞* 84

Oej Nyeeko 黄雅

Oetang 吾当 79

Oey Kongtjeng 黄光政 73, 75, 84, 85

Oey Nyeeko 黄雅 73, 75

Oey Tjensoei 黄振瑞*

Oey Tjinnio 黄珍娘* 75, 76

Okada Fumihide 冈田文秀 196, 197, 200

Ong 王

Ong Boen Siong 王文祥* 197, 209

Ong Goat Ek [Ko] 王悦（哥）

Ong Goat Tjoen 王月俊 145

Ong Im 王欣宾 98, 102, 103, 112

Ong Kieko 王基哥* 32, 56, 57

Ong Taing 王达英* 78

Ong Then Kie 王登基* 82

Ong Tiong Bie 王忠美* 148, 209

Ong Tjoe Tek 王朱德* 119

Ong Watko 王悦 32, 238

Ongieko 或 Ongkiego 王基哥*

Ongkingsay 王庆思* 33, 52, 57, 59, 60

Ongsoeijgoang 王史光* 71

Ongtaijhien 王泰兴* 72, 77

Ongtaing 王达英*
Ongtoeiko 王翠哥* 58
Ongwatko 王悦 24
Ouw Gouw 胡娥 94

P

Pabrik biskuit Liong Hwat Tjan 隆发灿* 225
Padang 巴东 95, 101, 167
Padangsche Hulpbank 巴东汇丰银行 101
Pak Hwat Ho Wan Hwee 华侨八华合欢会 191
Palembang 巨港 49, 208
Pandji Negara《国旗》 5, 217
Pangkal Pinang 邦加槟榔市 221
Pankajene 庞卡杰内山区 76
Pantja Warna《五彩缤纷》 6, 217, 218
Paotere 帕欧特雷港 104—106
Papua, orang 巴布亚人 102
Papua Nugini 巴布亚新几内亚
Pare Pare 巴里巴里 102, 126, 127, 199, 207, 211, 212
Partai Komunis Indonesia 印尼共产党 188, 221
Partai Tionghoa Indonesia 印尼中华党 148, 152, 178, 217
Partai Tionghoa Islam Indonesia 或 PTII 印尼中华伊斯兰教联合会 148

Partij Tionghoa Islam Indonesia 或 PTII 印尼中华伊斯兰教联合会
Pasir 帕西尔地区 47
Patingaloang 帕廷加隆 104—106
Pei Cheng School 培正学校 162
Pemberita Makassar《望加锡报》 5, 113, 114, 131, 132, 136, 142, 143, 148, 153, 159, 161, 165—170, 174—177, 179—184, 188, 191, 193, 197, 216—218
Pen Lie School 本立学校 163, 214
Peng Bing School 平民学校 145, 163, 214
PERMESTA 全体斗争宪章 233
Perniagaan《贸易报》 175
Persatoean Islam Tionghoa（PIT）中华伊斯兰党 148, 150, 151, 173
PERTIP 中华侨生协会 6, 199, 206—209, 211—215, 218, 220—223, 225, 226, 234, 237
PERWITT, xviii, 印尼华裔社团 237
Peters, Jacob Willem 雅各布·威廉·彼得斯 79
Pewarta Makassar《锡声》 5, 173, 178, 184, 196
Pewarta Soerabaja《泗水新闻》

179，218

Phie Nai Sui 彭乃水　133

Pingmin xuexiao 平民学校

PKI 印尼共产党

PNI 印尼民主民族党

Portugis 葡萄牙　9，11，18，20

PTI 印尼中华党

Q

Qiaoguang xuexiao 侨光学校　232

Qiaolian hui 侨联会　6，223，227，228，233，234

Qiaozhong ju tuan 侨众剧团　231

Qinghua zhong xiaoxue 清华中小学　232

Qinghua xuexiao 清华学校　214

Qingnian qunli hui 青年群利会　232

Qingyuan zhenjun miao 清元真君庙　120

Qiongzhou she 琼州社　145，229，230

Qiu Chongshan 邱崇善　127

Qoukeko 邱启哥*　45

Quanshenghao 泉盛号（公司）　154

Quanzhou 泉州市

Que 秋

Que Podang 邱宝党*　55，58，60

Quepiaulong 邱彪龙*　39

Quepodang 邱宝党*

R

Ratulangie, Sam 萨姆·拉图兰吉　198，203

Rathkamp, Apotek 拉特坎普，药房　135

Regana 雷加纳　91

Rembang 伦邦市

Rijspellerij merk Keng Hong 耕丰品牌

Richter, C. S. 里特　222

S

Sadia 萨迪亚　80

Saha 萨哈　80

Said Jamaluleili Bahrun 赛义德·贾马卢利·巴伦　93

Said Mohamad Bahrun 赛义德·穆罕默德·巴伦　93

Sam Liem Kongsie 山林公司　137

Samuel, H. N. V. 塞缪尔（陆军上校）　233

Sanjiaohui 三教会　231

Sanrabone 桑拉博内镇　17

Sanwang gong 三王宫

Sartono Nitisastro 萨托诺·尼蒂萨斯特罗　132

Saud Daeng Sidjaja 沙特·达恩·西贾贾　217

Sawietto Atas 萨维多安达斯　128

Schinne, van, syahbandar 范・施内,港务长 68,69

Seeman, Manders 曼德斯・西曼 129

Segeri 司吉利地区 101

Sek Kang Siang Po《锡江商报》169

Selayar 塞拉亚岛 35,40,44,45,107,123,125,126

Selebes Sinbun Sya 西里伯斯新闻社 196

Semarang 三宝垄市 34—36,38,43,44,49,57,64,81,90,95,97

Sen Soeng 成顺(公司)

Seng Kie Bioscoop "生机"电影院

Seng Soeng 成顺公司 129

Seng Soeng Oil Mills & Co 成顺油厂 224

Serikat Islam Makassar 望加锡伊斯兰联盟 190

Shandong 山东 180

Shanghai Commercial Press 上海商务印书馆 164

Sheying gonghui 摄影工会 231

Shia Thoan Lian Hap Hwee 社团联合会 170,229

Shih Hwa She Lian Huey 市华社联会 207

Shi-ning-ling mijiao youxian gongsi 时宁凌米较有限公司 127

Shiong Tih Hui 兄弟会 146,151,152,161,171—173,178,180,191,205,215,222,228,230

Shun'an lunchuan 顺安轮船 99

Shunfenghao 顺风号 98,120

Shunyuanhao 顺源号 120

Siang Boe Tjong Hwee 商务总会 142

Siang Hwee 商会 125,127

Siauw Giok Tjhan 萧玉灿 221,222

Siauw Kok Tjoan 萧渊灿* 209

Sidenreng 时宁凌 127

Sie Ang School 锡安学校 163

Sie Hok 施富 94

Sie Hok Goan 施福源 158

Sie Hok Tjeng 施福政* 168

Sie Hwa School 锡华学校 163

Sie Koe Tiao 施国朝* 105

Sie Liong Siang 施隆祥* 135,158

Sien Boe Tae 新舞台 190

Sien Boe Tai 新舞台 143,156,190,191

Sien Boe Tek [Tai?] 新舞台

Sien Nien Thoan 新年团 188

Sien Seng Ho Djuen Tung Thjoh Tjing Hwee 新生活运动促进会 145

索　引　307

Sientje Bioskoop 信志电影院　138
Siep Foo Fie Kwon 集和会馆　145，163
Sifang hui 四方会
Sin Hwa Po《新华报》　173，176，184
Sin Ming Hui 或 Perkumpulan Cahaya Baru 新明会　206
Sin Po《新报》　6，152，175，176，216，223
Sinar Mas 金光公司　236
Sinar Matahari《日光报》　166
Sing Hien & Co. 盛兴公司　128
So Chu Tiong 或 Su Zichang 苏子长　155
Soe Hong Hwee 四方会　147，148，223，230
Soeka Madjoe "快乐前进"面包店　138
Soeara Siauw Lian《少年之声》　172，175，217
Soehonghie 苏宏杰*　16
Soehonji 苏宏义*　114
Soekarno 苏加诺　203，219，223
Soh Lian Tjie 苏连捷*　147，161，179，186，195，198，205，207，217，218，235
Somba Opu 松巴奥普街　9，133
Song Ong Siang 宋旺相　97，100
Stavorinus 斯塔沃里努斯　29，47，50，51，60，61
Su A Kioe 苏亚秋*　163
Su Ling Tjoet 苏玲朱*　163
Sultan Alaudin 苏丹·阿拉丁　9
Sultan Hasanudin 苏丹哈桑丁　11
Sumbawa 松巴哇市　41
Sun Yat Sen 孙中山　141
Surabaya 泗水市　240
Syam, H. M. Amin 西姆-阿民
Syekh Yusuf Tuanta Salamka ri Gowa　189

T

Tabaringan 大坝岭安　205
Tae Hok Lie 程富礼*　144
Tahir, Hadji Moh. 穆罕默德·达何尔　93
Tallo 塔洛县　8，103—105，200
Tambora, Sumbawa 松巴哇岛，坦博拉　44
Tan Hok Goan 陈福源*　125
Tan Hok Lok 陈福禄　139
Tan Hong Teng　200
Tan Kamsoeij 陈淦瑞*　78
Tan Khai Soei 陈凯瑞*　128
Tan Kim Sing & Co 陈金声有限公司　100
Tan Koang Liat 陈光烈*　170
Tan Kong Kae 陈光凯*　139
Tan Siong Tjoan 陈祥全*　125

Tan Tek Heng 陈德恒* 159,
  198,206,207,209
Tan Tjhiauw Tien 陈照徵* 133
Tang Deling 汤得令 119
Tang Heqing 汤河清 98,113,
  142
Tang Xiancha 仙槎 120
Tang Xiangheng 汤祥珩,参见 Tang
  Yongchuan 116,119,120,
  165
Tang Xiangseng 汤祥珩
Tang Yongchuan 汤祥珩,参见
  Tang Xiangheng 汤祥珩
Tang Zhangya 汤章雅 116,119
Tangha Nio 汤霞娘* 91
Tanhok Nio 陈福娘* 31,32
Tankingtjo 陈庆朱* 34
Tanteanteeng 陈地登* 82
Tatengkeng,J. E. 陈登庆 223
Tantjinkon 陈真光* 79
Tati 达帝,别名 Ang Tjinnio 洪
  贞娘*
Tatoe 达都* 90
Tawon Jaya,PT 蜜蜂为记标莪术
  油 131
Tay Sung Ping 戴颂平 215,216
Tayem B. Tjoi 达艳* 187
Tek Ho 德和（公司） 118
Tek Kie paad 德基巴（商店）
  117
Tek Sian Sia 德善社 144

Tempo《时代》 132
Teng Tjin Leng 邓振宁 206,
  208,220—223
Teng Tjong Hae 邓忠海* 116,
  149,152,172,174,175,
  177,178,205,206,213,
  217
Teng Tjong HaE 邓忠海*
Tengeko 邓英哥* 36
Ternate 涧仔低市 13,35,102
Than djiamko 陈詹哥* 37
Than I En 陈亿恩* 95
Than Khan 陈简* 106
Than Senko 陈盛哥*
Than Tiong 陈忠* 105
Thanbonsoe 陈文淑* 91
Thankeko 陈启哥* 35—37
Thankoe 陈高* 106
Thansengko 陈盛哥* 35—37
Thay Yoe "泰佑" 碾米厂 126
The Boen Hie 郑文禧 112
The Bonsang 郑文山* 79
The China Cinema Theatre 中华电
  影院
The China United Assurance Socie-
  ty,Ltd.,华安合群保寿股份
  有限公司 135
The Gio Eang 戴裕丰 104,105
The Giok Eang 戴裕丰 119
The Indonesian Company Singapore
  印新公司 172

索　引　309

The Peng Joe 郑炳裕* 　172，198
The Ping Liong & Co 郑平隆公司　98
The Soei Lang Nio 戴瑞兰娘* 　118
The Soei Tioe Nio 戴瑞畴娘　160
The Soerabaja Commercial Press Company Limited 泗水商务印书馆　168
The Tiong Hie 郑忠喜* 　131
The Tjin Hok 戴振幅*，又名戴原义　98，104
Thee Soko 郑苏哥* 　37
Thian Mo Kong Kiong 天母宫
Thian Nan Shin Pao《天南新报》 153—155
Thian Sung Yit Po《天声日报》215
Thie［The？］Ing Tjai 郑英财* 　101
Thio 张
Thio A Han 张阿汉* 　134
Thio Djoe Teng 张裕登* 　159
Thio Djoe Tjing 张裕清* 　89
Thio Eng Geap 张英业* 　89
Thio Gee Tjae 张义财* 　89
Thio Gie Long 张义龙* 　89
Thio Ginseng 张金盛* 　68，73，77—79
Thio Gio Hoei 张玉辉* 　106
Thio Goan Kim Nio 张元金娘* 　179
Thio Hamptek 张涵德* 　78
Thio Heng Sek 张恒锡* 　139
Thio Heng Sioe 张恒寿* 　206，209，213
Thio Hoeng Hang 张香芳* 　168
Thio Koen Hong 张军宏* 　136，148
Thio Lian Nio 张霖娘* 　79，93，94
Thio Liannio 张霖娘* 　78
Thio Phak Siem 张拔沁* 　197
Thio Sian Nio 张仙娘　91
Thio Tek Goan 张德源* 　167
Thio Tjin Nong 张振朗* 　222
Thio Tjing San 张清山* 　136
Thio Tjioe Tioe 张子畴　149，170
Thio Tjoe Tioe 张子畴
Thio Tjoeng Kiat 张忠杰* 　159
Thio Tjong Kiat 张忠杰*
Thio Tjong Tiat 张忠吉* 　144
Thio Toen Ho 张俊河* 　89
［Tiong Hwa］Lie Hak Tong（中华）女学堂　137，159
Thoeng Boen（g）Tjiang 汤文章　120，130，141，224
Thoeng Boeng Tjiang 汤文章
Thoeng Cung［Tiong］San 汤忠山* 　170，171，188
Thoeng Eng Tjiang 汤永昌，参见 Tang Xiangheng 汤祥珩
Thoeng Eng Tjoan 汤永川　116，

119

Thoeng, Faisal 汤费萨尔 227

Thoeng Hoo Tjing 汤河清，参见 Tang Heqing

Thoeng Kok Leang 汤国梁 181, 183, 200

Thoeng Kok Sang 汤国山 183, 200

Thoeng Kok Tjeng 汤国政 183, 200

Thoeng Kok Tjien 汤国振 183, 200

Thoeng Liong Hoei 汤龙飞 114, 121, 125—129, 136, 137, 142, 147, 160, 163, 181—183, 200, 209

Thoeng Liong Lam 汤隆岚* 121

Thoeng Siang Hong, 参见 Tang Xiangheng 汤祥珩

Thoeng Siang Tjam 汤祥堑 120

Thoeng Tang Longbo 汤隆博 142

Thoeng Tek Liang 汤德良* 146

Thoeng Tiong Pie 汤重畀 113, 120, 121, 128—130, 134, 141, 142, 144, 159, 160, 182, 224

Thoeng Tiong San 汤忠山*

Thoeng Tjam 汤堑，参见 Tang Heqing 汤河清，Thoeng Hoo Tjing

Thoeng Tjeng Hie 汤清喜* 213

Thoeng Tjheng Hie 汤清喜* 173

Thoeng Tjin Yong 汤进永* 126

Thorn 托恩 67, 86

Thung Tjeng Tie 汤清知*，参见 Baba Guru 峇峇老师 227

Thung-an 汤安*

Tianbao, toko obat 天保，药店 130

Tiang Guan & Co 长源公司 97

Tianhou 天后 24

Tianhou gong 天后宫 4, 24, 57, 60, 61, 83, 87, 97—100, 102, 110, 114, 115, 118—120, 239

Tiao Kak Sie 潮觉寺 44

Timur Raja《东王》 216

Ting Tjam & Co 庭堑公司* 126, 129

Tiong An Tong 长安堂 141, 143, 144, 190, 205, 223, 229

Tiong Hoa Hak Tong 中华学堂 137, 144, 153, 155—160, 162, 163, 166, 190

Tiong Hoa Hoen Pien Lee 中华香便旅* 136

Tiong Hoa Im Gak Hwee 中华音乐会

Tiong Hoa Siao Lean Hwee 中华少年会 143, 144, 166, 190

Tiong Hoa Siao Leang Hwee 中华少年会

索　引　311

Tionghoa Lie Hak Hauw 中华女学校　191

Tiongkok 中国　6，9，11—16，19，21，28，29，34，36，37，39，40，44—51，54，58，59，61—64，66—69，80，86，91，93，96，97，107，109，110，115—117，119，122—124，131，135，139，141—145，150，151，153，158—160，162，164，166，167，169，170，177，179—183，185，187，189—193，195，200，201，205，207，219，220，226—228，232，233，235，237—241

Tja［Tjia］Soegoan 谢锡源*

Tja Binglo 谢明吕*　78，82，91，92

Tja Bingo 谢明吕*，参见 Baba Aboe 峇峇阿布

Tjadewa Tanette 来自涧仔底的者黎哇

Tjakenko 谢更哥*　34

Tjan Tjoen Tek 曾存德*　209

Tjang Kong Sing 曾光兴*　119

Tje A Kao 徐阿厚*　132

Tje Cenko 齐征哥*　45

Tje Entjong 齐应聪*　78

Tje Lacko 齐六哥*　45，49

Tjetjoan 齐泉　68

Tjia Kok Tjiang 谢国强　207，216，223

Tjia Tjoeng Teng 谢宗登*　175

Tjiah Poh Tjiang 谢宝昌*　136

Tjie Tong Han 谢唐韩*　176，184

Tjien Hing Djoe 曾恒裕*　119

Tjin Tjay Hwee 进财会　181

Tjioe Oendjioe 周温裕*

Tjiong Boe Hwee 总务会　137，205

Tjo Soe Kong 祖师公　116，117

Tjo［Tio］polauw 赵宝老*　35，36，60，83

Tjoa 蔡　89

Tjoa, Abdul Hamid 阿卜杜尔·哈米德·蔡　211

Tjoa Eang Giok 蔡丰玉*　126

Tjoa Ganko 蔡颜哥*　78，79

Tjoa Kae Kie 蔡凯启*　103

Tjoa Kaekie 蔡凯启*　105

Tjoa Lesang 蔡礼盛*，参见 Baba Lesang 峇峇礼盛

Tjoa, S. B. 蔡先生*　159

Tjoa Tjiong Lok 蔡昌禄*　205，208

Tjoa Tjoeting　106

Tjoan Bagaleh　105

Tjoe Desang

Tjong Tek Tong　120

TL Gann 或 Gann Thoan Leng 颜团

亮* 171
Toa Sung-ong 卓松安* 37
Toh Ha 卓霞* 166
Toh Tjoan Kheng 卓全庆* 166
Tok Hoen Han（Zhuo Yunhan）卓云涵 155
Tompo-Balang 东邦巴郎村 127
Tong Djin Sia 同仁社 223
Tong Pao《同胞》 149，175
Tsjing Tomko 清端哥* 36

U

Unapharm, C. V. 荷兰医药化工公司 224

V

Volks Drukkerij 人民印刷厂 171，172
Volksdrukkerij 荷兰印刷公司 189

W

Wadjo 哇卓 9，13，25，26，30，48
Wanbao yuan lunchuan 万保源轮船 99
Wanchun, toko obat 万春，药店 130
Wang Defen 王德芬 207
Wang Jiaoweng 王角翁 153
Wang jue 王觉 142
Wang Nanzhen 王南振 100
Wang Xinbing 王欣宾，参见 Ong Im
Wang Yue 王悦，参见 Ong Goat Ko
Wangjiaxi huaqiao shetuan lianhehui 望加锡华侨社团联合会 228
Warackang 瓦拉刚* 91
Warung Kong Hwee atau Zhonghua lingshoushang gonghui 中华零售商公会 207，230
Wasilah《媒体》 173
wayang Kongfoe "Tjoe Koen Eng" 广府哇扬戏"朱群英" 190
Widjaja, Eka Tjipta 黄奕聪
Wee Bin & Co. 黄敏企业 96，97
Wenhua gonghui 文化工会 230
Wijk, van, W. C. 范·维克 166
Woldemar, Fred 弗雷德·沃尔德马尔 18
Wolhoff, Drs. G. J. 沃尔霍夫 223
Wong Lin Ken 黄麟根 64，97
Wong The Foen 王德芬 141，146，181，199，208
Wu Zichun, toko obat 吴子春，药店 130

X

Xiamen 厦门

Xianhua qiao zhong xuexiao 先华学校 232

Xie [Tja] Ru 谢汝□ 44

Xiefeng yongle gongsi 协丰永乐公司 228

Xijiang huaqiao jiaoshi gonghui 锡江华侨教师工会 231

Xijiang ribao《锡江日报》 169

Xijiang yiyao lianhehui 锡江医药联合会 130

Xijiang yuqiu zonghui 锡江羽球总会 232

Xijiang zhongxue 锡江中学 205

Xin huaqiao zhongxue 新华侨中学 205, 232, 233, 235

Xing'an huiguan 兴安会馆 229

Xinhua tiyu hui 新华体育会 231

Xinhua xuexiao 新华学校 231, 232

Xinhua zhongxiao youhui 新华校友会 231

Xinminhui 新民会 230

Xinsheng huzhu hui 新生互助会 229

Xiongdi hui 兄弟会

Xuansheng miao 宣圣庙 154

Y

Yamasaki Gunta 山崎军太 198

Yan Zhongqiu 颜中秋 153

Yang Huaiyu 杨怀玉

Yang Seng Ie 养生院 67, 136

Yang Wen Chiao 杨文侨, 参见 Yo Kao Tjio 161, 174, 177, 179, 196, 199, 218

Yang Yuantai 杨源泰 100

Yap Giok Seng 叶玉生* 134

Yap I Sian 叶宜仙* 136

Yap Kie Hoat 叶基发* 136, 148

Yap Thiam Hien 叶添兴 222

Yinni xijiang tongxue hui 印尼锡江同学会 235

Yo

Yo Kao Tjiao 杨蛟潮, 别名为 Yang Wen Chiao 杨文侨 172, 179, 196, 199, 200, 208, 216—218

Yo Kao Tjio 杨蛟潮, 参见 Yang Wen Chiao 杨文侨 161, 177, 179, 187

Yongchun 永春市

Yongchun huiguan 永春会馆 145, 229

Yonghechun, toko obat 永和春, 药店 130

Yongling miao 永灵庙

Yongtaihe, toko obat 永太和, 药店 130

Yongwanhe, toko obat 永万和, 药店 130

Youlianshe 右联社 232

Yu cai xuexiao 育才学校 232, 233

Yuan Shikai 袁世凯 114, 121, 156

Z

Zhang Ming 张铭 131

Zhanglong 漳龙 84

Zhangzhou 漳州 84, 113, 179, 229, 232

Zheng Junqing 郑浚卿 153

Zhengyitang 正义堂 229

Zhonghua funü hui 中华妇女会

Zhonghua huaqun shabu gonghui 中华花裙纱布工会 231

Zhonghua laodong hui 中华劳工会 207

Zhonghua laodong shituan 中华劳动狮团 232

Zhonghua lingshoushang gonghui 中华零售商公会

Zhonghua qiaosheng xiehui 中华侨生协会

Zhonghua shifan xuexiao 中华师范学校 232, 233

Zhonghua tuanjie tijin hui 中华团结提进会 231

Zhonghua xieye gonghui 中华鞋业工会 230

Zhonghua yaye gonghui 中华牙业工会 231

Zhonghua zong shanghui 中华总商会 207, 230

Zhonghua zongshanghui 中华总商会

Zhongnan xuexiao 中南学校 232

Zhongshan gongxue 中山公学 214

Zushi gong 祖师公